Total Quality Management

Schriften zum Controlling

Herausgegeben von Thomas Reichmann

Band 16

PETER LANG
Frankfurt am Main · Berlin · Bern · New York · Paris · Wien

Anette von Ahsen

Total Quality Management

Komponenten und organisatorische
Umsetzung einer unternehmensweiten
Qualitätskonzeption

PETER LANG
Frankfurt am Main · Berlin · Bern · New York · Paris · Wien

Die Deutsche Bibliothek - CIP-Einheitsaufnahme

Ahsen, Anette von:
Total-quality-management : Komponenten und
organisatorische Umsetzung einer unternehmensweiten
Qualitätskonzeption / Anette von Ahsen. - Frankfurt am Main ;
Berlin ; Bern ; New York ; Paris ; Wien : Lang, 1996
  (Schriften zum Controlling ; Bd. 16)
  Zugl.: Bremen, Univ., Diss., 1995
  ISBN 3-631-30309-2

NE: GT

D 46
ISSN 0178-9619
ISBN 3-631-30309-2
© Peter Lang GmbH
Europäischer Verlag der Wissenschaften
Frankfurt am Main 1996
Alle Rechte vorbehalten.

Das Werk einschließlich aller seiner Teile ist urheberrechtlich
geschützt. Jede Verwertung außerhalb der engen Grenzen des
Urheberrechtsgesetzes ist ohne Zustimmung des Verlages
unzulässig und strafbar. Das gilt insbesondere für
Vervielfältigungen, Übersetzungen, Mikroverfilmungen und die
Einspeicherung und Verarbeitung in
elektronischen Systemen.

Printed in Germany 1 2 3 5 6 7

Geleitwort

Die Reihe Schriften zum Controlling ist auf das Spannungsfeld zwischen Theorie und Praxis gerichtet. Es sollen Entwicklungen aus den Bereichen Rechnungswesen und Controlling aufgegriffen und kritisch diskutiert werden. Die theoretische Entwicklung von Controlling-Konzeptionen sowie deren praktische Umsetzung stellen ebenso einen Schwerpunkt der Reihe dar, wie der Versuch, interessante Probleme aus dem betrieblichen Rechnungswesen aufzugreifen, um sie einer Lösung zuzuführen. Schnell wechselnde Marktverhältnisse und abnehmende Anpassungsfähigkeit vieler Unternehmen erfordern komplizierte Entscheidungsstrukturen und leistungsmäßig angepaßte Management-, Informations-, Steuerungs- und Kontrollsysteme. Die Betonung der Reihe wird auf der Entwicklung und praktischen Verankerung von Führungsinstrumenten liegen. Im Vordergrund der Reihe werden Entwicklungen und praktische Erprobungen von Führungsinstrumenten stehen, die sich in der neueren Diskussion im Controlling abzeichnen.

Mit der Arbeit wird eine weitgehend geschlossene Konzeption eines umfassenden Total-Quality-Management-Systems (TQM) vorgelegt. Sie basiert auf einer detaillierten Differenzierung der Systemkomponenten: der Strategien, Instrumente und Evaluierungsmöglichkeiten. Für sie werden Ausgestaltungsvorschläge entwickelt. Gezeigt wird, wie ein alle Unternehmensbereiche und alle hierarchischen Ebenen umfassendes TQM organisatorisch umgesetzt werden kann. Dabei erfolgt eine Loslösung von herkömmlichen Konzepten, die meist mit einer recht starken Zentralisierung einhergehen. Vorgeschlagen wird dagegen eine stärker prozeß- und projektorientierte Organisation. Zwei empirische Fallstudien zeigen auf, in welchem Umfang und in welcher Form Total-Quality-Management-Systeme bei Mercedes-Benz und Ford realisiert werden. Sie belegen die Notwendigkeit einer integrierten, die Interdependenzen zwischen den TQM-Komponenten berücksichtigenden Ausgestaltung einer solchen Konzeption.

Professor Dr. Thomas Reichmann

Vorwort

Die vorliegende Arbeit stellt die Druckfassung der Dissertation dar, die ich seit ihrer Inangriffnahme im Jahre 1991 wissenschaftlich begleitet habe. Sie behandelt ein Thema, das zur damaligen Zeit sehr aktuell geworden war. Seitdem ist das Schrifttum allerdings regelrecht „explodiert": Einerseits existiert eine Vielzahl von Veröffentlichungen zu einzelnen Aspekten; andererseits gibt es durchaus auch einige zusammenfassende Darstellungen.

Wenn die Arbeit dennoch in der vorliegenden Reihe veröffentlicht wird - wofür ich dem Herausgeber sehr zu Dank verpflichtet bin -, so in meiner Sicht hauptsächlich aus zwei Gründen: Einmal wird, in einem ersten Hauptteil, eine „Zusammenschau" der vielen Einzelaspekte vorgenommen; er ist mehr analysierend und nennt sich dementsprechend auch „Analyse der Komponenten und der organisatorischen Umsetzungsmöglichkeiten des Total Quality Managements". Zum anderen wird in einem zweiten Hauptteil - wohl erstmals in der Literatur - anhand zweier Fallstudien ein Einblick in die Praxis des TQM gegeben.

Der erste Hauptteil besteht wiederum aus 3 Einzel-Teilen: I enthält - in komplexer Form - Betrachtungen über Begriff und historische Entwicklung des TQM. II schafft zunächst eine Systematik, in die die - wie erwähnt, vielen - Einzelaspekte des TQM eingeordnet werden können: *Strategien, Instrumente* und *Evaluierung*; anschließend werden diese Komponenten ausführlich und dennoch kompakt dargestellt. Unter III wird die von der Verfasserin in der Einleitung aufgeworfene Fragestellung „Wie kann ein alle Abteilungen und hierarchische Ebenen umfassendes Total Quality Management organisatorisch umgesetzt werden?" zu beantworten versucht und dabei, wie Kollege Reichmann im „Geleitwort" bereits hervorhebt, teilweise Neuland betreten.

Der zweite, *empirische* Hauptteil ist keineswegs ein bloßer „deskriptiver Anhang", sondern wesentlicher Bestandteil der Arbeit. Er hat einerseits einen durchaus selbständigen, *methodischen* Wert: indem er zeigt, daß mit solchen „qualitativen" Designs wie (Einzel-)Fallstudien - eher entgegen dem, eigentlich auch vom Unterzeichner vertretenen, „mainstream" der empirischen Sozialforschung (weil eben kaum Repräsentanz ermöglichend) - bei sorgfältiger Vorgehensweise, mit „Interview-Leitfaden" etc., sich sehr komplexe Fragestellungen sinnvoll angehen lassen. Andererseits besteht der Wert eben in der „Konfrontation der Theorie mit der Praxis". Jedoch (wie der Zweitgutachter, Kollege Grenzdörffer, m.E. treffend hervorgehoben hat): Die Fallstudien enthalten mehr als ein Spiegelbild der zunächst ausgebreiteten Schemata und Zusammenhänge; die Verfasserin gibt ein gutes Beispiel dafür, daß eine Reflexion praktischer Handlungen zur Theoriebildung beiträgt; sie weist nach, daß trotz eines ausgesprochenen Bezugs auf die inzwischen anerkannten Instrumente deren Anwendung viele Möglichkeiten offen läßt. Insofern glaube ich, daß die vorliegende Arbeit nicht nur dem Wissenschaftler, sondern auch dem Praktiker interessante Einblicke zu geben vermag!

Professor Dr. Manfred Hüttner

Vorwort

Meiner Arbeit möchte ich einen herzlichen Dank an all die Menschen voranstellen, die zu ihrer Entstehung auf vielfältigste Art und Weise beigetragen haben. Da es unmöglich ist, sie alle zu nennen, können nur einige hervorgehoben werden.

Dank in jeder Beziehung schulde ich meinem Doktorvater, Prof. Dr. Manfred Hüttner, der mir eine sehr interessante und schöne Zeit als wissenschaftliche Mitarbeiterin ermöglichte und mir bei allen größeren und kleineren Problemen, die die Arbeit an einer Dissertation mit sich bringt, zur Seite gestanden hat.

Prof. Dr. Klaus Grenzdörffer danke ich dafür, daß er die Mühe des Korreferats übernahm, Prof. Dr. Hans-Dietrich Haasis und Prof. Dr. Detlef Krause für ihre Teilnahme am Colloquium.

Für ihr Korrekturlesen, für - teilweise stundenlange - Diskussionen und vieles andere mehr danke ich vor allem meiner Zwillingsschwester Kathrin Effenberger sowie den Diplom-Ökonomen Hajo Fischer, Marcus Lippold und - last not least - Ulf Schwarting, mit dem mich zudem drei Jahre sehr freundschaftlicher und konstruktiver Zusammenarbeit im Büro verbinden.

Die Fallstudien im II. Hauptteil der Arbeit konnten nur entstehen durch die Hilfe zahlreicher Mitarbeiter der Unternehmen Mercedes-Benz und Ford, die viel Zeit und Mühe für sehr offene Diskussionen der verschiedenen Aspekte des Total Quality Managements in diesen Unternehmen aufbrachten. Insbesondere seien hier Diplom-Ingenieur Stefan Tiburg und Dr. Hans Geesmann von Mercedes-Benz hervorgehoben.

Prof. Dr. Thomas Reichmann danke ich dafür, daß er die vorliegende Dissertation in die von ihm herausgegebene Reihe „Schriften zum Controlling" aufnimmt.

Mein ganz besonderer Dank gilt Marco.

Anette von Ahsen

Inhaltsübersicht

Einleitung

Erster Hauptteil: Analyse der Komponenten und organisatorischen Umsetzungsmöglichkeiten des Total Quality Managements

Teil I: Begriff und historische Entwicklung des Total Quality Managements
1. Der Begriff der Qualität und des Total Quality Managements
2. Die historische Entwicklung des Total Quality Managements
3. Zwischenergebnisse

Teil II: Komponenten des Total Quality Managements
1. Erläuterung der Systematik
2. Strategien des Total Quality Managements
3. Instrumente des Total Quality Managements
4. Evaluierung des Total Quality Managements
5. Zwischenergebnisse

Teil III Die organisatorische Umsetzung des Total Quality Managements
1. Einführung: Organisatorische Rahmenbedingungen
2. Organisatorische Gestaltungsspielräume beim Einsatz von Total-Quality-Management-Komponenten
3. Strukturelle Einordnung und Koordination am Total Quality Management beteiligter Organisationseinheiten
4. Zwischenergebnisse

Zweiter Hauptteil: Zwei Fallstudien zum Total Quality Management in Unternehmen der Automobilindustrie
1. Einführung
2. Erste Fallstudie: Total Quality Management bei Ford
3. Zweite Fallstudie: Total Quality Management bei Mercedes-Benz
4. Zwischenergebnisse

Schlußbetrachtung

Inhaltsverzeichnis

Verzeichnis der Darstellungen xvii
Verzeichnis der Abkürzungen xxi

Einleitung 1

Erster Hauptteil: Analyse der Komponenten und organisatorischen Umsetzungsmöglichkeiten des Total Quality Managements 7

Teil I Begriff und historische Entwicklung des Total Quality Managements 9

1. Der Begriff der Qualität und des Total Quality Managements 9
   1.1 Qualitätsbegriffe und ihre Auswirkungen auf das Qualitätsmanagement 9
   1.2 Qualitätsmerkmale 12
   1.3 Der Begriff des Total Quality Managements 16

2. Die historische Entwicklung des Total Quality Managements 19
   2.1 Die Entwicklung in den USA 19
      2.1.1 Die Entwicklung bis zum Zweiten Weltkrieg 19
      2.1.2 Entwicklungen während des Zweiten Weltkriegs und bis 1950 22
      2.1.3 Entwicklungen der 50er und 60er Jahre 24
         2.1.3.1 Qualitätskostenrechnung 24
         2.1.3.2 Total Quality Control 25
         2.1.3.3 Null-Fehler-Konzepte 26
      2.1.4 Entwicklungen seit 1970 28
         2.1.4.1 Die Einführung von Qualitätszirkeln 28
         2.1.4.2 Die "Wiedergeburt" von Regelkarten 29
         2.1.4.3 Verstärkte Kundenorientierung des Qualitätsmanagements 31
         2.1.4.4 Verstärkt strategische Ausrichtung des Qualitätsmanagements 32
   2.2 Die Entwicklung in Japan 34
      2.2.1 Anfänge des Qualitätsmanagements nach dem Zweiten Weltkrieg 34
      2.2.2 Entwicklungen in den 60er Jahren 37
      2.2.3 Entwicklungen seit den 70er Jahren 40
   2.3 Die Entwicklung in der Bundesrepublik Deutschland 43
      2.3.1 Die Entwicklung bis Ende des Zweiten Weltkriegs 44

2.3.2 Die Entwicklung nach dem Zweiten Weltkrieg bis 1970 45
2.3.3 Qualitätsmanagement in den 70er Jahren 46
2.3.4 Qualitätsmanagement seit 1980 48
2.3.5 Der aktuelle Stand des Qualitätsmanagements in der
       Bundesrepublik Deutschland 50

3. Zwischenergebnisse 54

Teil II Komponenten des Total Quality Managements 55

1. Erläuterung der Systematik 55
2. Strategien des Total Quality Managements 61
   2.1 Unternehmensinternes strategisches Qualitätsmanagement 61
       2.1.1 Strategische Handlungsfelder 61
       2.1.2 Quality Function Deployment 68
           2.1.2.1 Grundgedanken und Ziele 68
           2.1.2.2 Das methodische Vorgehen beim Quality Function
                   Deployment 69
               2.1.2.2.1 Phase 1: Qualitätsplan Produkt 70
               2.1.2.2.2 Phase 2: Qualitätsplan Teile 74
               2.1.2.2.3 Phase 3: Qualitätsplan Prozeß (Prozeß- und Prüf-
                         ablaufpläne) 76
               2.1.2.2.4 Phase 4: Qualitätsplan Produktion (Arbeits- und
                         Prüfanweisungen) 77
           2.1.2.3 Zusammenfassende Einschätzung 77
   2.2 Unternehmensübergreifendes strategisches Qualitätsmanagement:
       die Lieferantenbeziehungen 79
       2.2.1 Einkaufsstrategien 80
       2.2.2 Aufgabenteilung zwischen Kundenunternehmen und Zuliefe-
             rern hinsichtlich des Total Quality Managements 82

3. Instrumente des Total Quality Managements 87
   3.1 Produkt- und prozeßorientierte Instrumente 87
       3.1.1 Statistische Qualitätssicherung 87
           3.1.1.1 Annahmeprüfungen 88
               3.1.1.1.1 Grundgedanken und Systematik von Annahme-
                         prüfungen 88
               3.1.1.1.2 Das methodische Vorgehen bei der Annahme-
                         prüfung 89
           3.1.1.2 Statistische Prozeßregelung 91
               3.1.1.2.1 Grundgedanken der Statistischen Prozeßregelung
                         und Systematik von Qualitätsregelkarten 91
               3.1.1.2.2 Das methodische Vorgehen bei der Statistischen
                         Prozeßregelung 94
           3.1.1.3 Prozeßfähigkeitsstudien 96
       3.1.2 Qualitätsdesign: Die Taguchi-Methode der statistischen
             Versuchsplanung 99
           3.1.2.1 Grundgedanken und Ziele 99

3.1.2.2 Das methodische Vorgehen beim Paramater-
           Design 100
 3.1.3 Fehlermöglichkeits- und -einflußanalyse (FMEA) 107
    3.1.3.1 Grundgedanken und Formen der FMEA 107
    3.1.3.2 Das methodische Vorgehen bei der FMEA 108
3.2 Mitarbeiterorientierte Instrumente 111
 3.2.1 Qualitätszirkel..111
    3.2.1.1 Definition und Ziele 111
    3.2.1.2 Problemlösungstechniken im Rahmen der Qua-
            litätszirkelarbeit..116
 3.2.2 Betriebliches Vorschlagswesen 118

4. Evaluierung des Total Quality Managements 121

4.1 Qualitätsaudits 121
 4.1.1 Grundgedanken und Ziele 121
 4.1.2 Die Zertifizierung nach DIN EN ISO 9000ff. 122
 4.1.3 Der European Quality Award 128
 4.1.4 Der Malcolm Baldrige National Quality Award 130
4.2 Messung der Kundenzufriedenheit 132
4.3 Qualitätskostennachweise 137
 4.3.1 Der traditionelle Qualitätskostennachweis.............................138
 4.3.2 Kritik am traditionellen Qualitätskostennachweis und
        alternative Ansätze...140

5. Zwischenergebnisse 144

Teil III Die organisatorische Umsetzung des Total Quality Managements 147

1. Einführung: Organisatorische Rahmenbedingungen 147
2. Organisatorische Gestaltungsspielräume beim Einsatz von Total-
   Quality-Management-Komponenten 152

2.1 Organisation des Strategischen Total Quality Managements 152
 2.1.1 Planungsorgane 152
 2.1.2 Konflikt um die Führungsrolle im Total Quality Manage-
        ment am Beispiel des Quality Function Deployment 155
2.2 Organisation des Einsatzes der Instrumente 159
 2.2.1 Organisation des Einsatzes der produkt- und prozeß-
        orientierten Instrumente 159
    2.2.1.1 Organisation des Einsatzes der statistischen
            Qualitätssicherung 159
    2.2.1.2 Organisation des Einsatzes von Taguchi-Verfahren
            und Fehlermöglichkeits- und -einflußanalyse 162
 2.2.2 Organisation des Einsatzes der mitarbeiterorientierten
        Instrumente 165
    2.2.2.1 Organisation der Qualitätszirkelarbeit.....................165
    2.2.2.2 Organisation des Betrieblichen Vorschlagswesens 170

2.3 Organisation der Total-Quality-Management-Evaluierung 173
2.4 Die Beteiligung verschiedener Unternehmensbereiche bei
   unterschiedlichen Zentralisationsgraden 175

3. Strukturelle Einordnung und Koordination am Total Quality
   Management beteiligter Organisationseinheiten 179
   3.1 Die Qualitätsabteilung 179
   3.2 Aufbau einer Sekundärorganisation für das Total Quality
       Management 182
   3.3 Die Bedeutung von Produkt- und Prozeßmanagern für die orga-
       nisatorische Umsetzung des Total Quality Managements 186
       3.3.1 Die Bedeutung des Produktmanagers für die organi-
             satorische Umsetzung des Total Quality Managements 186
             3.3.1.1 Das Konzept des Produktmanagements 186
             3.3.1.2 Mögliche Aufgabenfelder des Produktmanagers
                     im Total Quality Management 188
       3.3.2 Die Bedeutung des Prozeßmanagers für die organi-
             satorische Umsetzung des Total Quality Managements 190
             3.3.2.1 Das Konzept des Prozeßmanagements 190
             3.3.2.2 Mögliche Aufgabenfelder des Prozeßmanagers
                     im Total Quality Management 196

4. Zwischenergebnisse 200

Zweiter Hauptteil: Zwei Fallstudien zum Total Quality Management in Unternehmen der Automobilindustrie 203

1. Einführung 205
   1.1 Ziele der Durchführung der Fallstudien 205
   1.2 Bestimmung der Untersuchungsanlage 206
       1.2.1 Zur Durchführung von Fallstudien 206
       1.2.2 Zur Interview-Gestaltung und Auswertung der Fall-
             studien 209

2. Erste Fallstudie: Total Quality Management bei Ford 214
   2.1 Einführung 214
   2.2 Strategische Komponenten des Total Quality Managements bei
       Ford 215
       2.2.1 Interne Strategien 215
       2.2.2 Lieferantenstrategien 219
   2.3 Instrumente des Total Quality Managements bei Ford 223
       2.3.1 Produkt- und prozeßorientierte Instrumente 223
       2.3.2 Mitarbeiterorientierte Instrumente 227
   2.4 Total-Quality-Management-Evaluierung bei Ford 228
   2.5 Organisation des Total Quality Managements bei Ford 231

3. Zweite Fallstudie: Total Quality Management bei Mercedes-Benz 236
   3.1 Einführung 236
   3.2 Strategische Komponenten des Total Quality Managements bei Mercedes-Benz 237
      3.2.1 Interne Strategien 237
      3.2.2 Lieferantenstrategien 244
         3.2.2.1 Einkaufsstrategien 244
         3.2.2.2 Ergebnisse einer empirischen Studie zu den Beziehungen zwischen Mercedes-Benz und seinen Zulieferern 250
   3.3 Instrumente des Total Quality Managements bei Mercedes-Benz 252
      3.3.1 Produkt- und prozeßorientierte Instrumente 252
         3.3.1.1 Statistische Qualitätssicherung 252
         3.3.1.2 Fehlermöglichkeits- und -einflußanalyse 255
      3.3.2 Mitarbeiterorientierte Instrumente 261
         3.3.2.1 Werkstattkreise 261
         3.3.2.2 Betriebliches Vorschlagswesen 267
   3.4 Total-Quality-Management-Evaluierung bei Mercedes-Benz 269
      3.4.1 Qualitätsaudits 269
         3.4.1.1 Produktaudits 269
         3.4.1.2 Systemaudits 276
      3.4.2 Messung der Kundenzufriedenheit 278
      3.4.3 Qualitätskostennachweise 280
   3.5 Organisation des Total Quality Managements bei Mercedes-Benz 283

4. Zwischenergebnisse 295

Schlußbetrachtung 299

Literaturverzeichnis 309
Anhang: Interview-Leitfaden 339

Darstellungsverzeichnis

Darst. I.2.2-1: Kreislauf der Produktentwicklung nach *Deming* (nach DEMING 1956, S. 13) 36

Darst. I.2.2-2: Prozeßvariationen (modifiziert nach SULLIVAN 1984, S. 16) 41

Darst. I.2.3-1: Einsatzdauer verschiedener Verfahren des TQM (Stand 1991) (modifiziert nach SPECHT/SCHMELZER 1991, S. 59) 52

Darst. II.1-1: Komponenten des Total Quality Managements................57

Darst. II.2.1-1: Unternehmensinterne und -externe Kunden-Lieferanten-Beziehungen (modifiziert nach PÜTZ 1992, S. 166) 64

Darst. II.2.1-2: Stellenwert und Realisierung von Strategien und Rahmenbedingungen im TQM (modifiziert nach SCHILDKNECHT 1992, S. 199) 67

Darst. II.2.1-3: Phasen des Quality Function Deployment (modifiziert nach PFEIFER 1993, S. 42) 69

Darst. II.2.1-4: Phasen der Produktplanung (modifiziert nach FORTUNA 1988, S. 26)...........71

Darst. II.2.1-5: Die Beziehungsmatrix der Phase 1 am Beispiel "Heißluftregler" im Automobil (modifiziert nach DE VERA ET. AL. 1988, S. 37).............73

Darst. II.2.1.6: Teileplanung im Rahmen des QFD-Projektes "Heißluftregler" (modifiziert nach DE VERA ET. AL. 1988, S. 36) 75

Darst. II.2.2-1: Lieferantenstruktur bei BMW (Stand 1992) (Quelle: BMW, zitiert nach BEUTHNER 1992, S. 50)............81

Darst. II.2.2-2: Möglichkeiten der Verteilung von Prüfaktivitäten zwischen Zulieferer und Kundenunternehmen (nach ISHIKAWA 1985, S. 166) 83

Darst. II.2.2-3: Beurteilung der Lieferantenprogramme von Automobilherstellern aus Sicht der Zulieferer (modifiziert nach SELZLE 1994, S. 3) 85

Darst. II.3.1-1: Ausprägungen der statistischen Qualitätssicherung 88

Darst. II.3.1-2: Ausprägungen von Regelkarten (modifiziert nach RINNE/MITTAG 1995, S. 340 u. STAAL 1990, S. 134) 93

Darst. II.3.1-3: Qualitätsregelkarte mit zweiseitigen Eingriffs- und Warngrenzen (modifiziert nach RINNE/MITTAG 1995, S. 332) 95

Darst. II.3.1-4: L9-Orthogonales Feld (modifiziert nach SCHWEITZER/BAUMGARTNER 1992, S. 86) 103

Darst. II.3.1-5: Einbeziehung von Störfaktoren in die Versuchsanordnung (modifiziert nach SCHWEITZER/BAUMGARTNER 1992, S. 86) 105

Darst. II.3.1-6: Formblatt für die FMEA (modifiziert nach BERENS 1989, S. 130f.) 109

Darst. II.3.2-1: Vergleichende Gegenüberstellung unterschiedlicher mitarbeiterorientierter Qualitätsförderungskonzepte (modifiziert nach CORSTEN 1987, S. 253) 113

Darst. II.3.2-2: Schritte bei der Einführung und Realisierung von Qualitätszirkelarbeit (modifiziert nach DOMSCH 1985, S. 432) 115

Darst. II.3.2-3: Ishikawa-Diagramm für die Ursachensuche bei Prozeßstreuungen (nach ISHIKAWA 1986, S. 22) 117

Darst. II.4.1.1: Vergleich der Darlegungsforderungen nach DIN EN ISO 9001, 9002 und 9003 (modifiziert nach DIN EN ISO 9000-1: 1994, S. 42f.) 124

Darst. II.4.1-2: Zertifizierungsstand von Automobilherstellern, Stand: Mitte 1994 (modifiziert nach SCHMITZ 1994, S. 32) 125

Darst. II.4.1-3: Gründe für das Angehen von Zertifizierungsprojekten (nach PRICE WATERHOUSE, o.J., o.S.) 127

Darst. II.4.1-4: Kriterien bei der Vergabe des EQA und ihre relative Bedeutung (nach EFQM [HRSG.] 1992a, S. 11) 129

Darst. II.4.1-5: Kriterien bei der Vergabe des MBA und ihre relative Bedeutung (nach NEVES/NAKHAI 1994, S. 70) 130

Darst. II.4.2-1: Modell der Kundenzufriedenheit und Ansatzpunkte zur Messung (modifiziert nach SCHÜTZE 1992, S. 190) 136

Darst. II.4.3-1: Gliederung der qualitätsbezogenen Kosten (modifiziert nach KANDAOUROFF 1994, S. 767) 139

Darst. II.4.3-2: Nicht-kostenorientierte TQM-Kennzahlen (modifiziert nach KANDAOUROFF 1994, S. 781) 142

Darst. III.2.1-1: Beteiligung von Mitarbeitern verschiedener Unternehmensbereiche an den Phasen des Quality Function Deployment 157

Darst. III.2.2-1: Aufgabenverteilung bei FMEA-Anwendungen (modifiziert nach TLACH 1993, S. 279) 164

Darst. III.2.2-2: Verknüpfung der Linienorganisation mit der Qualitätszirkelorganisation und Aufgabenverteilung (modifiziert nach DOMSCH 1985, S. 434) 169

Darst. III.2.2-3: Wichtige Aktivitäten am BVW beteiligter Mitarbeiter und Organe (modifiziert nach THOM 1993, S. 98) 172

Darst. III.2.4-1:	Beteiligung verschiedener Unternehmensbereiche an Komponenten des TQM bei weitgehender Zentralisation	176
Darst. III.2.4-2:	Beteiligung verschiedener Unternehmensbereiche an Komponenten des TQM bei weitgehender Dezentralisation	177
Darst. III.3.1-1:	Beispiel der Organisationsform des Qualitätswesens für ein mittleres oder großes Unternehmen (nach GASTER 1987, S. 29)	180
Darst. III.3.2-1:	Grundstruktur des organisatorischen Aufbaus eines umfassenden, integrierenden Qualitätsmanagements (nach RITTER/ZINK 1992, S. 255)	183
Darst. III.3.3-1:	Integration von Tätigkeiten im Konstruktionsprozeß (nach PLESCHAK 1991, S. 183)	193
Darst. III.4-1:	Möglichkeit der organisatorischen Umsetzung des Total Quality Managements	201
Darst. 1-1:	Im Rahmen der Fallstudien geführte Interviews	208
Darst. 2.1-1:	Produktionsstätten der Ford-Werke AG (modifiziert nach O.V. 1995d, S. 86f.)	214
Darst. 2.2-1:	Das "Total Quality Operating System" bei Ford (modifiziert nach DIERKES 1994, o.S.)	217
Darst. 2.3-1:	Beziehungen zwischen Fehlerarten, -folgen und -ursachen am Beispiel der Lichtmaschine eines Automobils (nach FORD MOTOR COMPANY 1992a, S. C-1)	225
Darst. 2.3-2:	L8-Feld des Taguchi-Projektes "Lötprozeß zur Anbindung von Komponenten an eine Schaltplatte (modifiziert nach FORD MOTOR COMPANY 1991, S. 11)	226
Darst. 2.4-1:	Fragen im Rahmen des Systemaudits von Ford	230
Darst. 2.5-1:	Die Organisation der Ford Motor Company (nach DONE 1994, S. 11)	232
Darst. 2.5-2:	Organisation Vorstandsbereich "Karosserie und Montage" (modifiziert nach O.V. 1993d, S. 16)	233
Darst. 2.5-3:	Verschiedene Team-Ebenen im Rahmen des TQM bei Ford (modifiziert nach FORD MOTOR COMPANY 1992b, o.S.)	234
Darst. 3.1-1:	Pkw- und Nfz-Werke von Mercedes-Benz in der Bundesrepublik Deutschland (modifiziert nach MERCEDES-BENZ AG 1993d, o.S.)	237
Darst. 3.2-1:	Elemente des Kontinuierlichen Verbesserungsprozesses bei Mercedes-Benz (nach MERCEDES-BENZ AG 1993b, o.S.)	239

Darst. 3.2-2:	Der Kontinuierliche Verbesserungsprozeß bei Mercedes-Benz (modifiziert nach MERCEDES-BENZ AG 1993a, o.S.)	241
Darst. 3.2-3:	Kriterienkatalog zur Beurteilung von Zulieferern (nach MERCEDES-BENZ AG 1993c, o.S.)	248
Darst. 3.3-1:	Auszug aus dem Fehlerbaum für das "Technikzentrum Scheiben" (modifiziert nach MERCEDES-BENZ AG 1992e, o.S.)	257
Darst. 3.3-2:	Ausgefülltes Formblatt für die FMEA zum "Technikzentrum Scheiben" (modifiziert nach MERCEDES-BENZ AG 1992e, o.S.)	258
Darst. 3.3-3:	Anzahl der Werkstattkreise in den Werken von Mercedes-Benz 1987-1991 (nach MERCEDES-BENZ AG 1992f, o.S.)	263
Darst. 3.3-4:	Ablaufplan eines Werkstattkreises (WSK) bei Mercedes-Benz (modifiziert nach MERCEDES-BENZ AG 1992d, S. 6)	265
Darst. 3.4-1:	Verschiedene Prüfebenen im Werk Bremen von Mercedes-Benz	270
Darst. 3.4-2:	Produktaudit Gesamtfahrzeug: S124, Ergebnisse 1 bis 5/1993 (modifiziert nach MERCEDES-BENZ AG 1993f, o.S.)	274
Darst. 3.4-3:	Ablauf von Produktaudits bei Mercedes-Benz	275
Darst. 3.4-4:	Mögliche Systematik der Qualitätskosten (modifiziert nach ENßLIN 1993, S. 85)	282
Darst. 3.5-1:	Organisationsstruktur von Mercedes-Benz, Stand: Anfang 1995 (modifiziert nach o.V. 1994d, o.S.)	284
Darst. 3.5-2:	Organisation der Qualitätssicherungs-Abteilung im Werk Bremen (nach MERCEDES-BENZ AG 1992g)	287
Darst. 3.5-3:	Beteiligung verschiedener Bereiche im Bremer Werk von Mercedes-Benz an den Elementen des Total Quality Managements	292

Abkürzungsverzeichnis

AGZ	Abgaszentrum
BR	Betriebsrat
DGQ	Deutsche Gesellschaft für Qualität
DQS	Deutsche Gesellschaft zur Zertifizierung von Qualitätssicherungssystemen
E.F.Q.M.	Eurorean Foundation for Quality Management
EQA	European Quality Award
FMEA	Fehlermöglichkeits- und -einflußanalyse
F&E	Forschung und Entwicklung
ggfs.	gegebenenfalls
GS	Gütesicherung
JUSE	Japanese Union of Scientists and Engineers
KVP	Kontinuierlicher Verbesserungsprozeß
MB	Mercedes-Benz
m.E.	meines Erachtens
MBA	Malcolm Baldrige Award, ausführlicher Titel:
MBNQA	Malcolm Baldrige National Quality Award
Nfz	Nutzfahrzeug
o.J.	ohne Jahresangabe
o.O.	ohne Ortsangabe
o.S.	ohne Seitenangabe
Pkw	Personenkraftwagen
QFD	Quality Function Deployment
QFR	Qualitätsförderung und Revision
QOS	Quality Operating System
QST	Qualitätssicherung Technik
QSG	Qualitätssicherung Gesamtfahrzeug
QZ	Qualitätszirkel
SQR	Statistische Qualitätsregelung
SQS	Statistische Qualitätssicherung
TQM	Total Quality Management
u.U.	unter Umständen
VDA	Verband der Automobilindustrie e.V.
VDI	Verein Deutscher Ingenieure e.V.

Einleitung

Zu wenigen betriebswirtschaftlichen Themen ist in den letzten Jahren so viel gesagt und geschrieben worden wie zum Total Quality Management (TQM). Ein Großteil der Unternehmen hat entsprechende Konzepte eingeführt oder ist dabei, dies zu tun.[1] Im Hinblick auf kaum ein Thema besteht aber auch eine vergleichbare Vielfalt an Ansätzen und Meinungen. Schon über den Begriff der Qualität besteht wenig Einigkeit, geschweige denn über jenen des (Total) Quality Managements sowie über dessen Bestandteile und Umsetzungsmöglichkeiten. Heterogene Entwicklungen haben zu zahlreichen unterschiedlichen Vorgehensweisen, aber auch inhaltlichen Schwerpunkten geführt.

Dies legt es nahe, eine Systematik zu erarbeiten, die es ermöglicht, einen Überblick über die Komponenten zu bekommen und auch die Beziehungen zwischen ihnen zu erkennen. Hiernach sucht man in der Literatur bisher weitgehend vergeblich. So schreibt *Schildknecht*: "Eine Zusammenstellung und Systematisierung relevanter Methoden und Instrumente ist weder für traditionelle noch für umfassende Konzepte im Sinne von TQM in der Literatur auszumachen."[2] Es stellen sich daher folgende Fragen:

Was bedeutet der schillernde Begriff "Total Quality Management"? Welche Komponenten umfaßt das Konzept, und in welche Gruppen können sie zusammengefaßt werden? Wie lassen sich die Beziehungen zwischen diesen Komponenten(gruppen) beschreiben?

In dieser Arbeit werden die Komponenten im Hinblick auf ihre Ziele und Anwendungsmöglichkeiten drei verschiedenen Gruppen zugeordnet: Erstens gibt es *strategische* Komponenten des Total Quality Managements, die den langfristigen Handlungsrahmen vorgeben. Sie dienen auch der Kanalisierung des Einsatzes der *Instrumente*. Diese wiederum setzen an verschiedenen Punkten und unter Einbeziehung unterschiedlicher Mitarbeitergruppen mit dem Ziel der Ermöglichung von Produkt- und/ oder Prozeßverbesserungen an. Schließlich gibt es eine Reihe von Möglichkeiten der TQM-*Evaluierung*.

---

1 Dies zeigen z.B. die empirischen Studien von SCHILDKNECHT 1992, S. 176-366; SPECHT/SCHMELZER 1991; ZÖLLER/ZIEGLER 1992.
2 SCHILDKNECHT 1992, S. 163.

Eine in sich konsistente und konsequente *Umsetzung* der inzwischen großen Anzahl der Komponenten erfordert entsprechende organisatorische Voraussetzungen sowie Leitungs- und Koordinierungsbemühungen. Hierin kann - nach traditioneller Sichtweise - das Aufgabenfeld der Qualitätsabteilung gesehen werden. Eine andere Möglichkeit besteht in dem Versuch einer *Dezentralisierung* zumindest von Teilbereichen dieser Aktivitäten. In vielen Definitionen des TQM-Begriffs - so auch in der im Rahmen dieser Arbeit verwandten - kommt die Forderung zum Ausdruck, daß alle Unternehmensmitglieder für die Qualität verantwortlich sein sollen, bzw. es wird konstatiert, daß dies gerade ein das TQM charakterisierendes Moment sei. Dies bleibt jedoch so lange eine Leerformel, wie keine Überlegungen zu der Frage erfolgen, welche Mitarbeiter[3] in welcher Form und an welchen Bestandteilen des Total Quality Managements konkret beteiligt sind bzw. sein können.

Die Diskussion dieses Aspektes weist zwei inhaltliche Schwerpunkte auf: *Erstens* ist zu untersuchen, welche organisatorischen Spielräume für die Umsetzung der einzelnen TQM-Komponenten überhaupt bestehen. Dabei wird deutlich, daß eine Integration bestimmter Aktivitäten in funktionale Bereiche erfolgen kann, diese können also aus dem Verantwortungsbereich der Qualitätsabteilung ausgegliedert werden. Gleiches wird realisierbar durch den Aufbau einer - möglicherweise recht umfangreichen - Sekundärorganisation: Abteilungs- und/oder hierarchieübergreifende Teams können Lösungen für funktionsübergreifende Probleme erarbeiten und umsetzen. Aus diesen Überlegungen entsteht *zweitens* die Frage, welche organisatorischen Implikationen das TQM für das Unternehmen bzw. für bestimmte Subsysteme aufweisen kann. Es entstehen insbesondere Abstimmungsprobleme, für die Lösungen gefunden werden müssen. Zusammenfassend lautet der zweite Fragenblock dieser Arbeit:

Wie kann ein alle Abteilungen und hierarchische Ebenen umfassendes Total Quality Management organisatorisch umgesetzt werden?

Im Rahmen dieser Arbeit sollen sowohl *theoretische* Überlegungen zu den vorstehenden Fragenbereichen angestellt als auch *empirische* Resultate gewonnen werden. Dieser Zielsetzung wird entsprochen, indem den theoretischen Überlegungen zwei Fallstudien zum Total Quality Manage-

---

3 Eine allgemeine Bemerkung sei an dieser Stelle eingefügt: Alle in dieser Arbeit verwendeten männlichen Bezeichnungen gelten auch für die weibliche Form. (Wenn z.B. von "dem Produktmanager" die Rede ist, kann es sich dabei ebenso gut um eine Frau wie um einen Mann handeln.)

ment der Unternehmen *Ford* und *Mercedes-Benz* an die Seite gestellt werden. Diese dienen zum einen der Überprüfung der Zweckmäßigkeit der zuvor entwickelten Systematik für eine adäquate Erfassung und Beschreibung des Total Quality Managements in Produktionsunternehmen. Zum anderen geht es um die Untersuchung folgender Aspekte:

In welchem Umfang und mit welchem Erfolg werden welche Komponenten des Total Quality Managements in den Unternehmen Ford und Mercedes-Benz angewandt? Wie werden die jeweiligen Konzepte organisatorisch umgesetzt, d.h., in welcher Weise und in welchem Ausmaß sind Mitarbeiter der verschiedenen Abteilungen und hierarchischen Ebenen beteiligt?

Während allgemein zur Verbreitung verschiedener Bestandteile des TQM in Unternehmen zahlreiche Untersuchungen vorliegen, finden sich ähnlich umfangreiche *Fallstudien* in der Literatur m.E. bisher nicht. Insofern liegt ein **innovativer Kern** der vorliegenden Arbeit im zweiten Hauptteil. Um diesen erstellen zu können, mußte jedoch auch die *Systematik*, anhand derer die Komponenten des TQM eingeordnet werden, geschaffen werden, da die wenigen hierzu vorliegenden Vorschläge in der Literatur als wenig geeignet für die Thematik dieser Arbeit einzuschätzen sind. Ein dritter innovativer Aspekt liegt schließlich in Teil III des ersten Hauptteils, also in den Überlegungen zu *organisatorischen* Fragestellungen. Diese werden bisher allenfalls fragmenthaft und sehr verstreut in der Literatur behandelt.

Der *Aufbau der Arbeit* folgt dem beschriebenen Gedankengang. Der an diese Einleitung anschließende *erste Hauptteil* enthält die theoretischen Betrachtungen. Er gliedert sich in drei (römisch bezifferte und in arabisch bezifferte Abschnitte untergliederte) Teile. Ziel von *Teil I* ist zunächst das Schaffen der begrifflichen Grundlagen für die weiteren Überlegungen: Es geht um die *Definition der Begriffe* "Qualität" und "Total Quality Management" (Abschnitt 1). Daran schließt sich eine Beschreibung der *historischen Entwicklung* des Qualitätsmanagements zum heute so viel diskutierten Total Quality Management an (Abschnitt 2).

In *Teil II* werden die Komponenten des Total Quality Managements beschrieben und systematisiert. Zunächst erfolgt dabei eine *Begründung der Systematik* (Abschnitt 1). Darauf folgt die Darstellungen der *Strategien* (Abschnitt 2), der *Instrumente* (Abschnitt 3) und der Möglichkeiten zur *Evaluierung* des Total Quality Managements (Abschnitt 4).

In *Teil III* werden *organisatorische Fragestellungen* in den Mittelpunkt gerückt. Dabei werden zunächst die organisatorischen *Gestaltungsspielräume* im Hinblick auf eine mehr oder weniger stark ausgeprägt *zentrale* oder *dezentrale* Planung und Realisierung der verschiedenen Komponenten diskutiert. Im Anschluß daran wird das Blickfeld noch erweitert: Untersucht werden sollen die Argumente für und wider eine Einbeziehung zum einen von sekundärorganisatorischen Einheiten und zum anderen von Querschnittsfunktionen - konkret geht es um Produkt- und Prozeßmanager - in die organisatorische Umsetzung von Total Quality Management.

An den ersten Hauptteil der Arbeit schließt sich ein *zweiter Hauptteil* mit *Fallstudien* zum Total Quality Management in den Unternehmen *Ford* (Abschnitt 2) und *Mercedes-Benz* (Abschnitt 3) an.[4] Ihre Beschreibung erfolgt gegliedert analog der Systematik in Teil II und III des ersten Hauptteils: Zunächst werden Strategien, Instrumente und Evaluierungsmöglichkeiten, die in den Unternehmen genutzt werden, beschrieben, danach die jeweilige Organisation des Total Quality Managements. Die Arbeit endet mit einer Schlußbetrachtung.

Quer durch die Arbeit zieht sich eine Fragestellung, die ein hohes Konfliktpotential sowohl für die theoretische Diskussion als auch für die praktische Umsetzung von Total Quality Management in sich birgt. Es handelt sich dabei um den Zusammenhang zwischen Marketing und Total Quality Management. Bei einer Schwerpunktsetzung auf einen kundenorientierten Qualitätsbegriff bzw. auf entsprechend ausgerichtete Total-Quality-Management-Strategien ergeben sich weitreichende Überschneidungen. Letztlich findet sich sowohl in der Marketing- als auch in der TQM-Literatur der - mehr oder weniger deutlich formulierte - Anspruch, für eine kundenorientierte Unternehmensführung zu stehen. Deren Konkretisierung stellt sich allerdings durchaus unterschiedlich dar. Deutlich werden die Probleme bzw. entstehen Konflikte im Hinblick auf die Diskussion der organisatorischen Umsetzung bzw. der Aufgabenteilung zwischen Mitarbeitern der Marketing- und der Qualitätsabteilung. In Teil III des ersten Hauptteils dieser Arbeit wird dies am Beispiel des

---

4 Im ersten Hauptteil der Arbeit legten die sehr unterschiedlichen Fragestellungen es nahe, ihre Behandlung in mehreren (römisch bezifferten) Teilen zu realisieren. Eine solche Unterteilung schien im zweiten Hauptteil nicht angebracht, da hier keine grundsätzlich unterschiedlichen Themen zu diskutieren sind. Zudem hätten anderenfalls die Einleitung und Zwischenergebnisse als römisch bezifferte Teile behandelt werden müssen.

Quality Function Deployment aufgezeigt. In der Schlußbetrachtung erfolgt eine kurze Zusammenfassung dieser Diskussion.

Am Ende dieser Einleitung sollen noch einige notwendige *Abgrenzungen* vorgenommen werden. Ziel dieser Arbeit ist *nicht* die Beantwortung der - ohne Zweifel wichtigen - Frage, ob und wenn ja: in welchem Ausmaß es mit Hilfe des Total Quality Managements gelingt (gelingen kann), den Unternehmenserfolg zu erhöhen. Dies hätte Untersuchungen eigener Art erfordert, die den Rahmen dieses Vorhabens weit gesprengt hätten.[5] Von der *Zweckmäßigkeit des TQM* wird daher ausgegangen.

Die Ausführungen dieser Arbeit beziehen sich auf *Produktionsunternehmen*; beide Fallstudien betreffen Unternehmen der *Automobilbranche*. Inwieweit die einzelnen Überlegungen (z.B. zur Anwendung verschiedener Instrumente) mehr oder weniger modifiziert auf *Dienstleistungs*unternehmen übertragbar sind, wird nicht diskutiert. Keine grundsätzliche Beschränkung erfolgt im Hinblick auf die Unternehmensgröße. Jedoch ist davon auszugehen, daß der Detaillierungsgrad insbesondere der organisatorischen Regelungen im Hinblick auf verschiedene Komponenten in Abhängigkeit von z.B. der Mitarbeiterzahl als einem Größenkriterium variiert, insbesondere bei eher kleinen Unternehmen also vereinfacht wird.

Um einiger Verwirrung beim Lesen der Arbeit vorzubeugen, sei schließlich noch auf folgenden Umstand hingewiesen: Innerhalb und auch zwischen den einzelnen Teilen erfolgt mehrmals ein *Perspektivenwechsel*. Grundsätzlich sind die Betrachtungen quasi aus Sicht der Unternehmensleitung geschrieben. (Daher werden z.B. Fragen der Beurteilung der einzelnen Komponenten aus Sicht von Arbeitnehmern bzw. Arbeitnehmervertretungen nur am Rande erwähnt.) In Teil II des ersten Hauptteils werden die verschiedenen Komponenten jedoch teilweise recht detailliert beschrieben. Mit solchen Fragen setzen sich aber natürlich eher die Mitarbeiter verschiedener Abteilungen auf unterschiedlichen hierarchischen Ebenen auseinander als die Mitglieder der Unternehmensleitung. Der Schwierigkeitsgrad der Komponenten sowie die methodische Vorgehensweise bei ihrer Umsetzung haben jedoch Auswirkungen auf die möglichen organisatorischen Spielräume ihres Einsatzes. Um diese bei der Diskussion organisatorischer Aspekte angemessen berücksichtigen zu können, scheint es angebracht, die Verfahren jeweils so weit "heruntergebro-

---

5 Vgl. hierzu (durchaus kontrovers) z.B. die Arbeiten von FRITZ 1994, S. 1045-1062 und WONIGEIT 1994.

chen" darzustellen, daß diese Aspekte sichtbar werden. Die Formulierung von Zwischenergebnissen am Ende jeden Teils soll helfen, den "roten Faden" noch einmal zu verdeutlichen.

Erster Hauptteil:
Analyse der Komponenten und organisatorischen Umsetzungsmöglichkeiten des Total Quality Managements

Teil I Begriff und historische Entwicklung des Total Quality Managements

1. Der Begriff der Qualität und des Total Quality Managements

1.1 Qualitätsbegriffe und ihre Auswirkungen auf das Qualitätsmanagement

Zahlreiche sehr unterschiedliche Qualitätsdefinitionen deuten darauf hin, daß über diesen Begriff in Literatur und Praxis wenig Einigkeit herrscht. Grundsätzlich gibt es *zwei Sichtweisen*, aus denen heraus Qualität beurteilt werden kann[1]:
- Aus der Sicht des produzierenden Unternehmens besteht ein *interner* Qualitätsbegriff, der sich auf den *Grad der Erreichung angestrebter Produkt- und Prozeßmerkmale* bezieht.
- Aus der Perspektive des Kunden ist ein Qualitätsbegriff von Bedeutung, der mit der Formulierung "Adäquanz der Problemlösung" umschrieben werden kann (*externer* Qualitätsbegriff). Hier geht es um den *Grad der Erreichung von Kundenanforderungen*.

Diese beiden Auffassungen lassen sich noch aufteilen in jeweils zwei Ansätze, auf die im folgenden kurz eingegangen werden soll.[2]

(a) Der interne Qualitätsbegriff

(a.1) Der produktorientierte Ansatz

Dem produktorientierten Ansatz zufolge haben Qualitätsunterschiede bei Produkten ihre Ursache in Differenzen der Bestandteile, Eigenschaf-

---

1 Vgl. z.B. DICHTL 1991, S. 149; DÖGL 1986, S. 97; KIVENKO 1984, S. 6; SCHAAFSMA/ WILLEMZE 1973, S. 4f. u. 338.
2 *Garvin* unterscheidet noch einen fünften, "transzendentalen" Ansatz, nach dem Qualität etwas Einzigartiges und Absolutes ist, etwas, was sich nicht präzise messen läßt, sondern nur durch Erfahrung kennengelernt werden kann. "This definition borrows heavily from Plato's discussion of beauty." (GARVIN 1984b, S. 25.) Ein solcher philosophischer Ansatz der Qualitätsdefinition bringt für das im Rahmen dieser Arbeit interessierende Thema des Qualitätsmanagements in Unternehmen keine Ansatzpunkte und wird daher im weiteren vernachlässigt.

ten und Materialien.³ Da dies im allgemeinen meßbare Größen sind, stellt nach diesem Ansatz Qualität insgesamt ebenfalls ein intersubjektiv überprüfbares und meßbares Merkmal dar. So ist beispielsweise hochwertiges Speiseeis vor allem durch einen hohen Anteil an Butterfett gekennzeichnet und ein guter Teppich durch eine hohe Knotenanzahl pro Quadratzentimeter.⁴

Eine verbesserte Produktqualität kann diesem Ansatz entsprechend erreicht werden, indem höherwertige Bestandteile und Rohmaterialien verwendet werden und Innovationen, die durch die F&E-Abteilung ermöglicht werden, zum Einsatz kommen. Nicht deutlich ist, wie bei ausschließlicher Zugrundelegung dieses Qualitätsbegriffs entschieden werden kann, *welche* Materialien und Eigenschaften ein Produkt als qualitativ hochwertig auszeichnen.

(a.2) Der fertigungsorientierte Ansatz

Auch eine prozeß- oder fertigungsorientierte Qualitätsdefinition versucht, einen "objektiven" Maßstab zur Festlegung und Messung von Qualität zu finden. "Ausgangspunkt der eher objektiven Qualitätsauffassung ist die Vorstellung von allgemein gültigen Verwendungszwecken von Produkten, die es erlauben, Produktmerkmale nach ihrer 'Tauglichkeit' für diese Zwecke zu differenzieren und zu bewerten."⁵ Sind die Spezifikationen für ein Produkt festgelegt, so bedeutet jede *Abweichung* eine *Qualitätsminderung*. Entsprechend definiert auch *Crosby* Qualität als die Erfüllung von Anforderungen, die eindeutig festgelegt werden müssen: "Damit werden Qualitätsprobleme zu Problemen der Nichtübereinstimmung oder mangelnden Sollerfüllung, und Qualität wird meßbar."⁶

Eine solche Qualitätsdefinition führt dazu, daß die *innerbetrieblichen Voraussetzungen* zur Qualitätsschaffung ins Blickfeld gerückt werden. Dazu gehört hinsichtlich des Produkt- und Prozeß-Designs das "Reliability-Engineering"⁷, hinsichtlich der Produktion vor allem die statistische Quali-

---

3 Vgl. LEFFLER 1982, S. 956.
4 Vgl. GARVIN 1988, S. 42.
5 BEHRENS/SCHNEIDER/WEINBERG 1978, S. 134; vgl. auch GEIGER 1992, S. 34; KAWLATH 1969, S. 119; LINDE 1977, S. 6f.; WIRZ 1915, S. 5f.
6 CROSBY 1986, S. 14; vgl. auch ebenda, S. 7; GEIGER 1992, S. 34; SCHAAFSMA/WILLENZE 1973, S. 4; SIEGWART/OVERLACK 1986, S. 65.
7 Vgl. BOEHM 1963, S. 124-127, 181-186. Hierunter ist eine Analyse wichtiger Produktkomponenten zwecks Identifizierung möglicher Versagensformen und die

tätssicherung[8]. Hinzu kommen aufbau- und ablauforganisatorische Aspekte sowie Überlegungen zur Einbeziehung von Zulieferern in das Qualitätsmanagement-Konzept.[9]

(b) Der externe Qualitätsbegriff

(b.1) Der kundenorientierte Ansatz

Die Bedürfnisse des Kunden gelten diesem Ansatz zufolge als der alleinige Maßstab für eine Beurteilung von Produktqualitäten. Entsprechend definieren schon DORFMANN/STEINER: "By quality we mean any aspect of a product, including the services included in the contract of sales, which influences the demand curve."[10] Ausgangspunkt ist dabei die Überlegung, daß für den Absatzerfolg eines Unternehmens die subjektive Qualitätsbeurteilung durch die Abnehmer entscheidend ist. Diese wiederum hängt zum einen von den Anforderungen an das Produkt und dem vorgesehenen Verwendungszweck ab, zum anderen davon, wie das Produkt vom Anwender im Vergleich zu denen der Konkurrenz beurteilt wird. Konsequenz des kundenorientierten Konzeptes ist es, daß der Marktforschung, insbesondere den Möglichkeiten, herauszufinden, was zu möglichst hoher Kundenzufriedenheit führt, verstärkt Beachtung geschenkt wird.[11]

Zwei *Probleme* werden im Zusammenhang mit diesem Ansatz genannt: Zum einen stellt sich die Frage danach, wie die diversen Kundenwünsche aggregiert werden, um zu einheitlichen Anforderungen an das Produkt zu kommen. Zum anderen - und hierin sieht *Garvin*[12] ein noch grundsätzlicheres Problem - sind Qualität und Maximierung der Kundenzufriedenheit nicht identisch: So sei es durchaus möglich, daß ein Konsument

---

Erarbeitung alternativer Designs zur Erhöhung der Zuverlässigkeit zu verstehen. (Vgl. auch KAMISKE/BRAUER 1993, S. 164.)
8   S. hierzu Teil II, Abschnitt 3.1.1.
9   Vgl. ENGELHARDT/SCHÜTZ 1991, S. 395.
10 DORFMANN/STEINER 1954, S. 831; vgl. auch BEHRENS/SCHNEIDER/WEINBERG 1978, S. 135; ENGELHARDT/SCHÜTZ 1991, S. 395; JURAN 1969, S. 9 u. 12; KAWLATH 1969, S. 54-103; KUEHN/DAY 1962, S. 101; LISOWSKI 1928, S. 46-48; SIMMONS 1970, S. 4f.; TAKEUCHI/QUELCH 1983, S. 141.
11 Vgl. ENGELHARDT/SCHÜTZ 1991, S. 395.
12 Vgl. GARVIN 1984b, S. 27. *Oess* verdeutlicht dies anhand eines Beispiels aus der Musik: Er betont, ein Millionenhit der Rolling Stones müsse keineswegs als "besser" beurteilt werden im Vergleich zu einer klassischen Sinfonie und könne trotzdem häufiger gekauft werden (vgl. OESS 1993, S. 32).

eine bestimmte Marke aufgrund ihrer ungewöhnlichen Ausstattung oder ihres Geschmacks bevorzugt und trotzdem ein anderes Markenprodukt als qualitativ höherwertig beurteilt. M.E. ist dieser scheinbare Widerspruch darauf zurückzuführen, daß hier davon ausgegangen wird, daß für viele Konsumenten (auch) der produktbezogene Ansatz einer Qualitätsdefinition von Bedeutung ist. Dies ist für die Unternehmung aber nur dann relevant, wenn dadurch die Kaufentscheidung verändert wird!

(b.2) Der wertorientierte Ansatz

Beim Kaufakt wirken meist Qualitäts- und Preisüberlegungen zusammen. Qualität wird nach dem wertorientierten Ansatz unter Einbeziehung der Produktpreise definiert. Ein Erzeugnis ist danach ein Qualitätsprodukt, wenn eine qualitativ hochwertige Leistung zu einem akzeptablen Preis vorliegt.[13] Umfragen sowohl in den USA als auch in Deutschland zeigen, daß immer mehr Verbraucher auf das Preis-/Leistungsverhältnis besonders achten.[14]

1.2 Qualitätsmerkmale

Die Erörterung verschiedener Möglichkeiten, den Begriff der Qualität zu definieren, verhilft zum einen zu einem umfassenderen Verständnis dessen, was Qualität bedeutet. Sie erklärt aber auch, warum selbst innerhalb eines Unternehmens oft unterschiedlich über die Qualität der Produkte geurteilt wird: Das Urteil kann mit der Qualitätsdefinition variieren.

Die beschriebenen Definitions-Ansätze bleiben in der jetzigen Form aber (notwendigerweise) sehr allgemein. Wenn es darum geht, z.B. die Qualität von zwei Produkten zu vergleichen, ist es zweckmäßig, konkrete *Kriterien* festzulegen, die als Rahmen, innerhalb dessen über Qualität sinnvoll diskutiert werden kann, dienen. Die Bedeutung, die den einzelnen Kriterien zukommt, hängt dabei von der gewählten Qualitätsdefinition ab. Ein solcher Kriterienkatalog findet sich bei *Garvin*:[15]

Ein wichtiges Qualitätskriterium besteht in der *technischen Funktionalität*, also in dem Ausmaß, in dem ein Produkt für seinen Verwendungs-

---

13 Vgl. z.B. SCHAAFSMA/WILLEMZE 1973, S. 5.
14 Vgl. MUNKELT 1991, S. 42.
15 Vgl. auch zu folgendem GARVIN 1984a, S. 42, S. 30-33; GARVIN 1988, S. 49-60.

zweck geeignet ist. Die technische Funktionalität eines Fernsehers ist z.b. bestimmt durch die Merkmale Klang, Bildklarheit und Farbe. Unterschiede in diesen *primären Merkmalen* eines Produktes werden vom Anwender nicht in jedem Fall auch als Qualitätsunterschiede empfunden. Vielmehr wird jeder Verwender hohe Qualität mit dem Vorhandensein und der entsprechenden Ausprägung der für ihn wichtigen Leistungsmerkmale gleichsetzen: "[...] the performance of a product would correspond to its objective characteristics, while the relationship between performance and quality would reflect individual reactions."[16] Diese Dimension der Qualität kombiniert somit Elemente sowohl des produkt- als auch des anwenderbezogenen Qualitätsansatzes.

Unter der *Ausstattung* sind die *sekundären Merkmale* eines Produktes oder einer Dienstleistung zu verstehen, welche die Basisfunktionen ergänzen (z.b. die Weiterverwendbarkeit von Verpackungen eines Produktes). Das Verhältnis zwischen der Ausstattung und der Qualität ist analog dem zwischen der technischen Funktionalität und der Qualität - auch hier finden sich somit Elemente des produkt- und des anwenderorientierten Ansatzes.[17]

Die *Zuverlässigkeit* eines Gutes drückt sich in der Wahrscheinlichkeit eines Produktversagens innerhalb einer bestimmten Zeitspanne aus. Sie wird gemessen anhand verschiedener Kennzahlen, wie "Mean Time between Replacement" (MTBR), "Mean Time between Maintenance" (MTBM) oder "Mean Time to Repair" (MTTR).[18] Das Kriterium spielt insbesondere bei langlebigen Gütern eine große Rolle. Die *Haltbarkeit* eines Produktes hängt eng mit seiner Zuverlässigkeit zusammen. Gemeint ist die Lebensdauer eines Produktes, die insbesondere bei technischen Produkten nicht kalendarisch gemessen wird, sondern als Häufigkeit der (Be-)Nutzung eines Produktes bis zu dessen physischer Zerstörung.[19]

---

16 GARVIN 1984b, S. 30. So ist das Merkmal "Stereo-Ton" für die Qualitätsbeurteilung von Fernsehern für verschiedene Käufer sicher von unterschiedlicher Bedeutung!
17 Die Unterscheidung zwischen primären und sekundären Merkmalen entspricht jener zwischen Basis- und Nebenleistungen eines Produktes. (Vgl. HÜTTNER/ PINGEL/SCHWARTING 1994, S. 130.) Die Zuordnung konkreter Merkmale zu einer der beiden Kategorien kann im Einzelfall problematisch sein.
18 Vgl. FEIGENBAUM 1991, S. 574; JURAN 1989, S. 92; KELLER/SOHAL/TEASDALE 1990, 101f.
19 So beträgt die Lebensdauer einer Bildschirmröhre in einem Fernseher durchschnittlich 5000 Stunden; die Häufigkeit des Ein-, Aus- und Umschaltens bedeu-

Unter *Normgerechtigkeit* ist das Ausmaß zu verstehen, in dem ein Produkt den festgelegten Spezifikationen entspricht. In vielen Unternehmen spielt die Normgerechtigkeit eine wichtige Rolle. Sowohl sie als auch die Zuverlässigkeit und Haltbarkeit sind eng mit dem fertigungsbezogenen Qualitätsansatz verbunden.

Möglichkeit, Schnelligkeit und Leichtigkeit von Reparaturen sind ebenso Merkmale der *Servicefreundlichkeit* wie die Bereitstellung von Gebrauchsanleitungen, die in verständlicher Weise den Benutzer über alle bei Gebrauch des Produktes zu beachtenden Fakten informieren.[20] Die Qualitätsdimensionen *Beschwerdemanagement* und *Kundendienst* gewinnen in diesem Zusammenhang immer mehr an Bedeutung. Eine telefonische Umfrage im Jahr 1991 bei 120 der 200 größten deutschen Unternehmen - befragt wurden die Einkaufsentscheider - führte zu dem Ergebnis, daß 91,1% der Befragten einen zuverlässigen Kundendienst erwarteten, jedoch nur 75% diese Forderung zum damaligen Zeitpunkt schon als erfüllt ansahen.[21]

Ästhetische Aspekte, etwa, wie gut ein Produkt aussieht, sich anfühlt, klingt, schmeckt usw. sind in hohem Maße eine Frage des individuellen Geschmacks. Diese Qualitätsdimension steht in engstem Zusammenhang mit dem anwenderorientierten Qualitätsbegriff. Die Bedeutung des Designs zeigt sich u.a. daran, daß selbst Industriegüterunternehmen gezielt Designer mit der Aufgabe der Gestaltung des Äußeren ihrer Produkte beauftragen. "Insofern stellt das Design eine wichtige Komponente dar, die von vielen Unternehmen noch zu wenig im Zusammenhang mit der Produktqualität gesehen wird."[22]

Da Kunden vor dem Kauf kaum vollständige Informationen über die (relevanten) Produkteigenschaften haben können, müssen sie sich häufig auf

---

tet eine zusätzliche Belastung, so daß die Lebensdauer der Bildschirmröhre je nach Gewohnheiten des Benutzers ca. 5-10 Jahre beträgt (vgl. OESS 1993, S. 46).
20 Vgl. OESS 1993, S. 47-49.
21 Die Umfrage wurde im Auftrag der Trainingsgesellschaft *Learning International GmbH Deutschland* durchgeführt von der schweizerischen *MMS-Consulting* (vgl. STIPPEL 1991, S. 76). Die "Sensibilität in der Beratung" wurde als viertwichtigstes Kriterium von 80,7% der Befragten gefordert und von 67,3% als erfüllt beurteilt. Der Anteil derer, die ihre Erwartungen noch als unerfüllt ansahen, war bei diesen Kriterien wesentlich größer als bei den anderen Merkmalen. Hier könnte für den Qualitätswettbewerb der nächsten Jahre also ein sehr wichtiges Feld liegen. (Vgl. auch HOROVITZ 1989; NEUBAUER/LUCHS 1991, S. 45-52.)
22 OESS 1993, S. 55; vgl. auch NUSSBAUM u.a. 1988, S. 84f.

indirekte Maße beschränken, um Produkte in ihrer Qualität zu vergleichen. Hier spielt das *Image* von Produkten eine große Rolle, das in einem komplexen und kaum nachzuprüfenden Zusammenspiel von mit dem Produkt bisher gemachten Erfahrungen, kommunikationspolitischen Maßnahmen der Unternehmen, aber auch der Persönlichkeit des Verbrauchers, also seinen kognitiven und emotionalen Dispositionen und Fähigkeiten, entsteht.[23]

Die Ausführungen von *Garvin* zu den verschiedenen Definitionsansätzen und Merkmalen von Qualität sind in der Literatur mehrfach aufgegriffen und zum Teil auch erweitert worden. Ein solcher Versuch findet sich bei *Dögl*[24], der einige zusätzliche Kriterien nennt, die allerdings nicht für alle Produkte in gleichem Maße, sondern insbesondere für Investitionsgüter relevant sind.

Sowohl für Investitions- als auch für Konsumgüter von Bedeutung ist die *Umweltgerechtigkeit* eines Produktes. Sowohl während der Herstellung als auch bei Ge- bzw. Verbrauch und Entsorgung sind zum einen Gesetzesauflagen hinsichtlich der Umweltgerechtigkeit, zum anderen entsprechende Kundenforderungen zu berücksichtigen.[25] Immerhin gaben bereits 1987 63% der bundesdeutschen Bevölkerung zwischen 14 und 64 Jahren an, gezielt umweltfreundliche Produkte zu kaufen.[26]

Gerade bei Investitionsgütern, aber auch bei manchen Konsumgütern (Musikanlagen, Personalcomputer), stellt die *Integralqualität* ein wichtiges Qualitätsmerkmal von Produkten dar, also das Ausmaß, in dem sich ein Produkt in seine Umsysteme integrieren läßt.[27]

"*Zukunftsoffenheit* besitzt ein System dann, wenn es aufgrund seiner materiellen und immateriellen Struktur so beschaffen ist, daß es interne und

---

23 Vgl. HÜTTNER/PINGEL/SCHWARTING 1994, S. 30f.; KROEBER-RIEL 1992, S. 189ff.; NIESCHLAG/DICHTL/HÖRSCHGEN 1994, S. 456-459; RINGBECK 1986, S. 5.
24 Vgl. DÖGL 1986, S. 100-113.
25 Vgl. DÖGL 1986, S. 112; MATSCHKE/LEMSER 1992, insb. S. 92-101; ZORN 1991, S. 584.
26 Vgl. RAFFEE/WIEDMANN 1987, S. 355; zu ähnlichen Studien WICKE ET. AL. 1992, S. 422-432; vgl. ebenda (S. 119-588) ausführlich zu den Möglichkeiten einer verstärkten Umweltorientierung verschiedener Unternehmensbereiche.
27 Vgl. BACKHAUS 1992, S. 312; DÖGL 1986, S. 103; MEGEN/BONS 1985, S. 19; STAUDT/ HINTERWÄLLER 1982a, S. 135. Komponenten, die ausschließlich für den Einbau in bestimmte Aggregate entwickelt werden, haben eine geringere Integralqualität als solche Komponenten, die mit Schnittstellen ausgestattet sind, die es ermöglichen, daß sie in die unterschiedlichsten Aggregate eingebaut werden können.

externe Schnittstellen besitzt, die eine technisch-wirtschaftlich oder politisch-gesellschaftlich notwendige Substitution einzelner Subsysteme oder Elemente des Gutes ermöglichen, ohne dabei die anderen Elemente des Gutes obsolet zu machen."[28]

Oess[29] erweitert den Katalog von Qualitätsmerkmalen um die *Sicherheit* von Produkten. Während für technische Geräte, Werkzeuge, Sport- und Bastelgeräte sowie Spielzeug seit 1979 Geräte-Sicherheitsgesetze bestimmte Standards vorschreiben, gibt es für den Heim- und Freizeitbereich wenige solche Grundlagen, trotz der zahlreichen Unfälle, die hier jährlich passieren. Das Kriterium Sicherheit hat auch durch Veränderungen von rechtlichen Rahmenbedingungen produzierender Unternehmen an Bedeutung gewonnen.[30]

Die Liste von Qualitätskriterien kann um so weniger vollständig sein, je mehr der kundenorientierte Qualitätsbegriff zugrundegelegt wird. Hier hängt es allein von den (potentiellen) Kunden ab, nach Maßgabe welcher (und wie gewichteter) Kriterien ein Produkt als qualitativ hochwertig angesehen wird. Jedoch hilft die Formulierung und Zugrundelegung einer solchen Liste als Orientierungsrahmen.

1.3 Der Begriff des Total Quality Managements

So unterschiedlich die Vorstellungen davon sind, was unter Qualität zu verstehen ist, so vielfältig sind auch die Konzepte eines *Qualitätsmanagements*.[31] In Anlehnung an die verschiedenen Qualitätsbegriffe lassen sie

---

28 DÖGL 1986, S. 111; Hervorhebung durch d.Verf.; vgl. auch STAUDT/HINTERWÄLLER 1982b, S. 1024.
29 Vgl. auch zu folgendem OESS 1993, S. 50-52; REDDY 1980, S. 53 und auch schon JURAN 1972, S. 30-32.
30 S. Abschnitt 2.3.4.
31 Im Zusammenhang mit der historischen Entwicklung wird im folgenden allgemein von *Qualitätsmanagement* gesprochen. Der im weiteren Verlauf der Arbeit zugrundegelegte Terminus *Total Quality Management* bezeichnet dagegen einen umfassenderen Ansatz, den inzwischen viele Unternehmen zu realisieren beanspruchen. Eine Definition erfolgt unten.
Der Begriff *Qualitätssicherung* wurde bis zum Frühjahr 1993 einerseits im Sinne von Qualitätsmanagement, andererseits im Sinne von "Qualitätsdarlegung" verwendet (letzteres als Folge der Übersetzung des hierfür verbreiteten amerikanischen Begriffs "quality assurance"). Um Mißverständnisse zu vermeiden, emp-

sich danach unterscheiden, ob der Schwerpunkt eher auf der Prüfung der Endprodukte auf Fehlerfreiheit und auf der Gewährleistung der Prozeßsicherheit während des laufenden Prozesses oder auf einer Erfassung und Umsetzung von Kundenanforderungen und -restriktionen liegt.

Garvin[32] schlägt vor, den im Unternehmen verwendeten Qualitäts- und damit Qualitätsmanagementbegriff an den jeweiligen Stand des Produktes innerhalb seines Lebenszyklus anzupassen: Im Rahmen der Produktentwicklung müssen mit Hilfe der Marktforschung Anforderungen potentieller Käufer an das Produkt identifiziert werden, wobei eine *kunden*bezogene Qualitätsauffassung zugrunde liegt. In den weiteren Phasen gewinnt dann die *fertigungs*bezogene Sichtweise größere Bedeutung, wenn es darum geht, den Fertigungsprozeß festzulegen und das Produkt herzustellen, wobei der Verwendungszweck nie vernachlässigt werden darf und ggfs. Änderungen entsprechend den Kundenreaktionen vorgenommen werden sollten.

Der Begriff des *Total* Quality Managements geht von einem Qualitätsbegriff aus, der sowohl produkt- und fertigungsorientierte als auch kundenbezogene Aspekte umfaßt. Aufgrund dieses umfassenden Qualitätsbegriffes weitet sich auch das Verständnis von Total Quality Management: ***Total Quality Management*** umfaßt alle Verfahren und Maßnahmen, die dazu dienen, die Qualität der hergestellten Produkte zu erhöhen. Dabei wird unter Qualität verstanden (a) die Übereinstimmung der Eigenschaften eines Gutes mit den Anforderungen (potentieller) Kunden dieses Gutes[33] und (b) die Übereinstimmung der Leistungserstellungsprozesse mit den Anforderungen, die einerseits durch (a) und andererseits durch den Gesetzgeber an sie gestellt werden.

Nicht nur der umfassende Qualitätsbegriff ist jedoch entscheidend für die im weiteren Verlauf dieser Arbeit verwandte Definition des Begriffs To-

---

fiehlt die *Deutsche Gesellschaft für Qualität*, den Terminus nicht mehr zu verwenden. Gleiches gilt für den Begriff *Qualitätskontrolle*, der aus der nicht-sinngemäßen Übersetzung von "quality control" entstanden ist. (Vgl. DGQ [Hrsg.] 1993, S. 30, 34f., 98 u. 132f.)

32 Vgl. GARVIN 1984b, S. 29.

33 Eine solche Definition bedeutet auch, daß eine Veränderung der Wertschätzung eines unveränderten Produktmerkmals durch Kunden die Qualitätseinschätzung verändern kann! Eingeschlossen in diese Definition ist die Antizipation (noch) nicht explizit formulierter Kundenwünsche. Auch der wertbezogene Qualitätsbegriff ist hier enthalten; auf ihn wird im folgenden aber zumindest schwerpunktmäßig nicht abgestellt.

tal Quality Management. Hinzu kommt der Anspruch, daß *alle Abteilungen und Bereiche* des Unternehmens sowie auch *Mitarbeiter aller hierarchischen Ebenen* einbezogen sind, also nicht die Hauptverantwortung und der größte Teil der Aufgaben bei einer Qualitätsabteilung liegt. Entsprechend definiert auch der Ausschuß der *Deutschen Gesellschaft für Qualität (DGQ)* TQM als "auf der Mitwirkung aller ihrer Mitglieder beruhende Führungsmethode einer Organisation, die Qualität in den Mittelpunkt stellt und durch Zufriedenstellung der Kunden auf langfristigen Geschäftserfolg sowie auf Nutzen für die Mitglieder der Organisation und für die Gesellschaft zielt."[34]

---

34 Vgl. DGQ (HRSG.) 1993, S. 30. S. näheres zu dieser Institution in Abschnitt 2.3.2. Bei dem angesprochenen Ausschuß handelt es sich um den *DGQ-Lenkungsausschuß Gemeinschaftsarbeit (LAG)*. Der in der Definition genannte "Nutzen für die Gesellschaft" bedeutet "Erfüllung der Forderungen der Gesellschaft" (ebenda, S. 25 u. 31). Insbesondere sind damit Gesetze und Verordnungen gemeint.

2. Die historische Entwicklung des Total Quality Managements

In den folgenden Abschnitten soll die historische Entwicklung des Qualitätsmanagements in den USA, in Japan und in Deutschland beschrieben werden. Dabei sind manche *Pauschalierungen* nicht zu vermeiden, insbesondere bei der Beschreibung des japanischen Qualitätsmanagements: In fast allen Quellen wird hier von *der* japanischen Vorgehensweise gesprochen. Tatsächlich unterscheidet sich das Qualitätsmanagement verschiedener Unternehmen auch in Japan z.T. beträchtlich[35], in wesentlich stärkerem Maße trifft dies allerdings auf deutsche und amerikanische Unternehmen zu[36].

Die Beschreibung der Entwicklung des Total Quality Managements soll auch dazu dienen zu verdeutlichen, in welch hohem Ausmaß sich die Zahl der dabei angewendeten Verfahren erhöht hat und inwiefern inhaltliche Schwerpunkte modifiziert wurden. Erst aus dieser veränderten Situation heraus stellt sich die Frage, welche Stellung das Qualitätsmanagement in der gesamten Unternehmung einnimmt bzw. zweckmäßigerweise einnehmen sollte und wie die einzelnen Bestandteile organisatorisch eingeordnet werden können.

2.1 Die Entwicklung in den USA

2.1.1 Die Entwicklung bis zum Zweiten Weltkrieg

Qualitätsmanagement im heutigen Sinne gab es vor der Industrialisierung nicht. Mit dem Einsetzen der Industrialisierung und der Massenfertigung ging eine völlige Veränderung in den Betrieben auch im Hinblick auf Qualitätsaspekte einher. Die maschinelle Fertigung führte dazu, daß die hergestellten Produktteile wesentlich uniformer wurden und daher nicht mehr in mühsamer Kleinarbeit zueinander "passend" gemacht werden mußten. Andererseits erforderte der maschinelle Zusammenbau eine so große Austauschbarkeit, wie sie nicht immer erreicht wurde, so daß formale Prüfungen notwendig wurden. Für diese wiederum kam der Entwicklung von Meßgeräten große Bedeutung zu. Die Prüfungen fanden

---

35 Vgl. WOMACK/JONES/ROOS 1992, S. 254.
36 Vgl. PABST 1972, S. 15; SULLIVAN 1986b, S. 39.

verstärkt Akzeptanz, da sie nun nicht mehr nur subjektiv nach dem Augenschein erfolgten, sondern mit Hilfe eines intersubjektiv überprüfbaren Prozesses.[37]

Im späten 19. Jahrhundert entstand mit dem Taylorismus ein neues Konzept der Arbeitsorganisation, dessen Hauptmerkmale es waren, daß Lenkungs- und Ausführungsarbeiten getrennt und disponierende sowie kontrollierende Tätigkeiten in "indirekte Bereiche" verlagert wurden. Dies galt auch für das Qualitätsmanagement und die Verantwortung hierfür, die verstärkt auf Vorgesetzte und später auf Fachabteilungen übertragen wurden. Deren Aufgabe war es, hergestellte gute von schlechten Produkten zu trennen, um zu verhindern, daß fehlerhafte Teile an die Konsumenten ausgeliefert wurden.[38]

Es war der Aufbau eines nationalen Telefonnetzes, der zur Entwicklung eines ersten Konzeptes des Qualitätsmanagements führte: Strenge Kontrollen sollten gewährleisten, daß die Produkte, die anderen Unternehmen zugeliefert wurden, hohen Qualitätsansprüchen genügten. 1925 wurde daher ein "Inspection Engineering Department" bei *Western Electric*, die alle Prüfungen und Tests für die *Bell Telephone Laboratories* durchführte, eingerichtet. Diese Abteilung beschäftigte sich mit der Frage, wie möglichst viele Informationen über die Qualität im Unternehmen aus möglichst wenig Prüfdaten gezogen und wie diese Daten präsentiert werden konnten. Mitglied der Gruppe war neben *H. Dodge, H. Romig* und *G.D. Edwards* auch *W.A. Shewhart*[39], dessen 1931 aus dieser Arbeit entstandenes Werk "Economic Control of Quality of Manufactured Product" als Meilenstein im Qualitätsmanagement bezeichnet werden kann.[40]

Shewhart erkannte, daß jeder Prozeß Schwankungen unterliegt, die auf zwei unterschiedliche Ursachenarten zurückzuführen sein können: *"allgemeine"* Ursachen sind rein zufällig (z.B. ein Lagerspiel in Maschinen, Werkzeugschwankungen aufgrund eines Spiels, Strom- und Spannungs-

---

37 Vgl. GARVIN 1988, S. 3; HOUNSHELL 1983, S. 6 u. 34f.; WOMACK/JONES/ROOS 1992, S. 35ff.; ZINK/SCHILDKNECHT 1992a, S. 75.
38 Vgl. JURAN 1988b, S. 35G.2f.
39 Später gehörte auch *Joseph Juran* dieser Gruppe an (vgl. ABBOTT/LEAMANN 1982, S. 1000).
40 Vgl. BANKS 1989, S. 7; GARVIN 1988, S. 6; JURAN/GRYNA 1970, S. 21. Bereits 1925 veröffentlichte *Shewhart* einen Aufsatz im *Journal of the American Statistical Association*, in dem er seine Ideen erstmals vorstellte. (Vgl. WADSWORTH/STEPHENS/ GODFREY 1986, S. 6.)

schwankungen). Beim Vorliegen von ausschließlich allgemeinen Schwankungsursachen wird von einem "stabilen Prozeß" gesprochen. *"Systematische"* bzw. "spezielle" Ursachen sind dagegen z.b. Werkzeugverschleiß, Veränderungen in Temperatur oder Feuchtigkeit von Werkstoffen, Ermüdung des Personals, Werkzeugbeschädigungen.[41]

Ziel der Anwendung statistischer Methoden der Qualitätssicherung sollte es sein, auftretende Schwankungen nach ihren Ursachen zu unterscheiden. Hierzu entwickelte *Shewhart "Process Control Charts" (Regelkarten)*, mit deren Hilfe Schwankungen an Prozeß- oder Produktmerkmalen erfaßt und graphisch visualisiert wurden.[42] Ein großer Vorteil gegenüber bisherigen Ansätzen war es, daß die Aufzeichnungen bereits *während* des Produktionsprozesses gemacht wurden und man somit Fehler nicht erst bei Endkontrollen entdeckte, also wenn das gesamte Produktionslos fertiggestellt war. Dieses Vorgehen ermöglichte es nicht nur, die Fehler insgesamt zu reduzieren, sondern auch, den Prüfaufwand nach dem Herstellungsprozeß zu vermindern.[43]

Zur selben Zeit, als *Shewhart* seine Arbeiten zur Prozeßregelung anfertigte, trieben andere Forscher der *Bell Laboratories* die Praxis der Stichproben voran und damit das zweite wichtige Standbein des damaligen Qualitätsmanagements. Maßgeblich beteiligt waren hier *H. Dodge* und *H. Romig*. Sie entwickelten **Stichprobenpläne**, die sicherstellten, daß für einen festgelegten Fehler-Level die Wahrscheinlichkeit, ein ungenügendes Los zu akzeptieren, auf einen bestimmten Prozentsatz begrenzt wurde: Für eine bestimmte Losgröße prüfte man eine festgelegte Anzahl Einheiten. Überschritt die Anzahl der fehlerhaften Teile die erlaubte Anzahl, angegeben in der Stichprobentabelle, wurde das gesamte Los zurückgewiesen.[44]

---

41 Vgl. DEMING 1986, S. 309-370; GARVIN 1988, S. 6; SCHAAFSMA/WILLEMZE 1973, S. 4f.
42 Vgl. GARVIN 1988, S. 7. Im deutschen Sprachgebrauch wurden Process Control Charts zunächst unter dem Begriff *"Kontrollkarte"* eingeführt, obwohl ihr Ziel Steuerung bzw. Regelung ist, was der Begriff "control" auch ausdrückt. Nach DIN 55350 ist daher inzwischen der Ausdruck *"Regelkarte"* verbindlich (vgl. LERNER 1994, S. 26; MASING 1978, S. 57), der auch im weiteren Verlauf dieser Arbeit verwendet werden soll.
43 HUTCHINS 1984a, S. 44f.
44 Vgl. GARVIN 1988, S. 8; JURAN/GRYNA 1970, S. 335-371. Das Risiko bestand dabei darin, aufgrund der Stichprobenergebnisse ein Los zu akzeptieren, welches tatsächlich (zu) viele fehlerhafte Teile enthielt, oder andersherum, ein Los mit tatsächlich nur wenig Fehlern zurückzuweisen. *Dodge* und *Romig* sprachen hier

Bei der *Bell Telephone Company* führten diese Entwicklungen zu einer starken Qualitätsverbesserung der Telefonausrüstungen und des Services: Die Prüfkosten sanken, die Qualität stieg, und mit den weniger zu korrigierenden Fehlern stieg auch die Produktivität der Arbeiter. "Surprisingly, however, neither sampling techniques nor process control charts had much of an immediate impact outside the Bell System. Most of the original research was published in technical journals with limited circulation. Only with the advent of World War II and the need to produce munitions in large volumes did the concepts of statistical quality control gain a wider audience."[45]

2.1.2 Entwicklungen während des Zweiten Weltkriegs und bis 1950

Die Notwendigkeit, Kriegsmaterial in großen Mengen und mit guter Qualität herzustellen, führte zum vermehrten Einsatz und zur Weiterentwicklung der neuen Stichprobenverfahren. 1942 wurde eine "Quality Control Section" im Verteidigungsministerium eingerichtet, besetzt vor allem mit Statistikern von *Bell Laboratories*. Bald entstand ein neues Set von Stichprobentabellen, welches noch einfacher zu handhaben war und auf dem Konzept des *"Acceptable Quality Level" (AQL)* basierte.[46] Bis zu diesem Zeitpunkt hatten die Prüfungen die Produktion von Kriegsmaterial stark verzögert. Durch diese neuen Entwicklungen konnten Prüfer schneller wesentlich größere Mengen bewältigen; substantielle Qualitätsverbesserungen waren ebenfalls festzustellen.[47]

Um die Methoden des Qualitätsmanagements auch in der Industrie zu verbreiten, wurden 1941 und 1942 erstmals Kurse für Unternehmensmitglieder zu diesem Thema veranstaltet. Bei Kriegsende waren Institute in 25 Staaten beteiligt; 8000 Menschen wurden in Kursen (u.a. von *Shewhart*

---

vom *Konsumenten-* und *Produzentenrisiko* (vgl. DODGE 1969a, S. 79f; BANKS 1989, S. 8f.). Der Oberbegriff solcher Verfahren ist "Annahmestichproben" (es findet sich teilweise auch der Terminus Abnahmestichproben). S. ausführlich Teil II, Abschnitt 3.1.1.1.

45 GARVIN 1988, S. 9, vgl. auch ABBOTT/LEAMAN 1982, S. 1001; WADSWORTH/STEPHENS/ GODFREY 1986, S. 11; ZINK/SCHILDKNECHT 1992a, S. 76.
46 Vgl. DODGE 1969b, S. 155f.; Garvin 1988, S. 9; JURAN/GRYNA 1970, S. 346. Als AQL wird der niedrigste Qualitätslevel bezeichnet, der gerade noch akzeptiert wird. (S. Teil II, Abschnitt 3.1.1.1.)
47 Vgl. ABBOTT/LEAMAN 1982, S. 1001.

und *Deming*) unterrichtet, die von eintägigen bis zu zehntägigen Seminaren reichten und an denen Ingenieure, Prüfer und andere Praktiker des Qualitätsmanagements teilnahmen.[48]

Aus diesen Kursen entstanden lokale Gemeinschaften für Qualitätsmanagement. Ab Oktober 1945 schlossen sich verschiedene dieser Gruppen zusammen, 1946 entstand daraus die *American Society for Quality Control (ASQL)*, bis heute Amerikas dominierende Organisation auf diesem Gebiet.[49] Seit 1944 erschien die erste amerikanische Zeitschrift zum Thema Qualität, nämlich die *"Industrial Quality Control"*. Nach seiner Gründung "adoptierte" die ASQL diese Zeitschrift.[50] Zwischen 1942 und 1948 wurden in den Qualitätsabteilungen vieler Unternehmen Regelkarten in hohem Ausmaß angewendet, 1949 waren sie allerdings vielerorts wieder verschwunden.[51]

Im nachhinein erschien es als Fehler, daß das Qualitätsmanagement so lange auf spezielle Abteilungen beschränkt blieb, während sich das Top-Management meist nicht zuständig fühlte: "They (Quality control departments, die Verf.) took quality away from everybody, which was of course entirely wrong, as quality control is everybody's job [...]. There was no structure to teach management their responsibilities. Attempts by Dr. Hollbrook Working, one of the instructors in the 10-day courses given in 1942-45, to reach management by inviting them to come to the course for half a day, were noble but ineffective."[52] Gegen Ende der 40er Jahre war das Qualitätsmanagement immerhin als Disziplin etabliert. Die angewandten Methoden waren primär statistisch und auf die Produktionsstätten beschränkt. Dies änderte sich allmählich in den 50er und 60er Jahren.

---

48 Vgl. DODGE 1969c, S. 228; BANKS 1989, S. 10.
49 Vgl. ABBOTT/LEAMAN 1982, S. 1001; BANKS 1989, S. 10; GRANT/LANG 1991, S. 31.
50 Vgl. GARVIN 1988, S. 11. 1967 beschloß die ASQL die Einstellung der Herausgabe der Industrial Quality Control und an seiner Stelle die Herausgabe zweier Zeitschriften: Die "Quality Progress", welche sich insbesondere mit Neuigkeiten aus der ASQL und mit nicht-technischen Themen befaßt, und das "Journal of Quality Technology", eher den mehr technischen Aspekten des Qualitätsmanagements und statistischen Entwicklungen gewidmet. (Vgl. WADSWORTH/ STEPHENS/GODFREY 1986, S. 8.)
51 Diese Entwicklung wurde auch darauf zurückgeführt, daß viele (Vor-)Arbeiter in der neuen Technik eine nicht akzeptable Veränderung ihrer Arbeit sahen (vgl. DEMING 1982, S. 101f.; JURAN 1957, S. 8-12).
52 DEMING 1986, S. 487f.

2.1.3 Entwicklungen der 50er und 60er Jahre

Die Phase der 50er und 60er Jahre ist durch verschiedene Entwicklungen gekennzeichnet, die zu einer wesentlichen Erweiterung des Qualitätsmanagements führten. Allerdings fanden die im folgenden beschriebenen Neuerungen keine sofortige Verbreitung in amerikanischen Unternehmen - z.T. wurden sie sogar zuerst in Japan angewendet.

2.1.3.1 Qualitätskostenrechnung

Den Beginn einer Qualitätskostenrechnung[53] markiert das Erscheinen der ersten Auflage von *Joseph Jurans* "Quality Control Handbook" im Jahre 1951.[54] Bei *Feigenbaum* erfolgte dann erstmals eine Einteilung der Qualitätskosten nach Vermeidungskosten, Prüf- sowie internen und externen Fehlerkosten[55], die bald allgemein übernommen wurde. *Juran* unterschied diese Kosten später noch in vermeidbare und unvermeidbare Kosten. Als *unvermeidbar* wurden z.B. Prüfkosten betrachtet, als *vermeidbar* insbesondere Kosten durch Fehler und Produktversagen (z.B. zerstörtes Material, Arbeitsstunden für Nacharbeit und Reparatur, Beschwerdevorgänge). Bei letzteren handelte es sich um solche Kosten, die mit Hilfe des Qualitätsmanagements reduzierbar waren. Mit diesen Kosteneinteilungen war eine Entscheidungshilfe zur Beantwortung der Frage gegeben, wieviel in Qualitätsverbesserungen zweckmäßigerweise investiert werden sollte: mindestens so lange diese Kosten niedriger waren als die durch sie vermiedenen Kosten![56]

Nach einer Schätzung *Feigenbaums* war Anfang der 60er Jahre in vielen amerikanischen Unternehmen von folgender Verteilung der Qualitätskosten auszugehen:
  Interne/externe Fehlerkosten: 65-70%
  Prüf- und Beurteilungskosten: 20-25%
  Fehlerverhütungskosten: 5-10%.
Eine solche Situation wurde als ineffizient angesehen. Insofern diente - und dient - die Qualitätskostenrechnung als Anlaß bzw. als Argument für verstärkte Bemühungen um Qualitätsverbesserungen, insbesondere um

---

53 Hierunter ist die Zusammenstellung und Auswertung qualitätsbezogener Kosten zu verstehen. (S. hierzu Teil II, Abschnitt 4.3.)
54 Vgl. OESS 1993, S. 311.
55 Vgl. FEIGENBAUM 1991, S. 116-119.
56 Vgl. JURAN/GRYNA 1970, S. 59-62.

eine Verminderung von Fehlerkosten und vermehrte Investitionen in Fehlervermeidungsmaßnahmen.[57]

2.1.3.2 Total Quality Control

1956 erweiterte *Feigenbaum* den Kreis der in das Qualitätsmanagement einzubeziehenden Funktionen: "[...] control must start with the design of the product and end only when the product has been placed in the hands of a customer who remains satisfied."[58] Damit war ein wichtiger Schritt hin zum heutigen Verständnis eines Total Quality Managements erreicht.

Feigenbaum zufolge erfordern die Einführung und Veränderung von Produkten aus der Qualitätsmanagement-Perspektive immer wieder die gleichen Aktivitäten, die er in vier Kategorien einteilt[59]:
- *New design control*, welche die Qualitätsbemühungen im Hinblick auf Kosten, Produktleistungen, Sicherheit und Zuverlässigkeit entsprechend der Konsumentenanforderungen umfaßt.[60]
- *Eingangskontrollen* zugelieferter Materialien oder Teile mittels Inspektionen und Tests, z.B. auf der Grundlage von Stichprobenplänen.
- *Produkt- und Prozeßkontrolle* z.B. mittels Regelkarten, um eventuelle Fehler noch während des Produzierens feststellen zu können. Außerdem werden Verpackung und Versand sowie der Service einbezogen.
- *Spezielle Prozeßstudien*, also das Durchführen besonderer Analysen von Verarbeitungsproblemen mit dem Ziel der Elimination von Fehlern und der Verbesserung des Qualitätslevels.

Um diese Aufgaben erfolgreich bewältigen zu können, müssen verschiedene Abteilungen eng zusammenarbeiten, angefangen vom Marketing über das Ingenieurwesen und die Fertigung, bis hin zum Service.

Feigenbaum und *Juran* plädierten ausdrücklich für eine Einbeziehung des Top-Managements, also ein Abrücken vom bisherigen Vorgehen, nach dem Qualitätsprobleme alleinige Angelegenheit der Qualitätsabteilung waren. Sie waren sich zudem einig darüber, daß die Notwendigkeit für

---

57 Vgl. FEIGENBAUM 1968, S. 14; OESS 1993, S. 314.
58 FEIGENBAUM 1956a, S. 94; FEIGENBAUM 1956b, S. 22f.
59 Vgl. zu folgendem FEIGENBAUM 1956a, S. 95-97; FEIGENBAUM 1958, S. 7f.; FEIGENBAUM 1991, S. 613-821. Etwas ausführlicher wird auf diese Systematik in Teil II, Abschnitt 1 zurückgekommen.
60 Diese Betonung des anwenderorientierten Qualitätsbegriffs stellt einen wichtigen neuen Akzent in *Feigenbaums* Konzept dar. (Vgl. OESS 1993, S. 73.)

einen neuen Typ des *Qualitätsmanagers* bestand, der sich deutlich vom bisherigen *Prüfer* unterscheiden sollte, da er sich nicht nur in statistischen Methoden auskennen mußte, sondern auch in allen anderen inzwischen entwickelten Vorgehensweisen des Qualitätsmanagements.[61] Hierzu gehörten insbesondere Fortschritte im Bereich des Reliability Engineering, dessen Hauptaugenmerk der Sicherung der Produktleistung über die Zeit galt.[62] Diese Entwicklungen hingen mit dem Anwachsen der Raumfahrt und der Elektroindustrie in den USA zusammen. Erneut spielten Produkte für das Militär eine wichtige Rolle: Hier trat ein eklatanter Mangel an Zuverlässigkeit zutage. Mit Hilfe der Wahrscheinlichkeitsrechnung wurden formale Methoden zur *Vorhersage* der Zuverlässigkeit entwickelt. Wichtiger war jedoch noch das dahinterstehende Ziel, nämlich die *Verbesserung* der Zuverlässigkeit! Ein wichtiger Schritt in diese Richtung war die Entwicklung der *Failure Mode and Effect Analysis (FMEA)*.[63]

2.1.3.3 Null-Fehler-Konzepte

Ihren Ursprung hatten Null-Fehler-Konzepte 1961/62 in der *Martin Company*, die Raketen für die US-Armee produzierte, deren Qualität zwar als grundsätzlich gut eingeschätzt, aber nur aufgrund massiver Prüfungen erreicht wurde.[64] Nachdem besondere Anreize zur Fehlervermeidung für die Arbeiter geschaffen worden waren und eine weitere Intensivierung der Prüfungen stattfand, konnte man am 12.12.1961 eine fehlerfreie *Pershing Missile* an *Cape Caneveral* ausliefern. Einen Monat später verpflichtete sich das Unternehmen zur Auslieferung der ersten *Field Pershing*, die sowohl schneller als bisherige vergleichbare Projekte fertig werden als auch völlig fehlerfrei sein sollte. Da für Prüfungen kaum Zeit blieb, wurde an die Mitarbeiter appelliert, sich besonders um die Vermeidung von Fehlern zu bemühen. Das Projekt verlief in jeder Hinsicht erfolgreich. Diese Erfahrung führte zu einem Umdenkungsprozeß im Unternehmen; der Erfolg wurde primär der veränderten Haltung des Managements zugeschrieben: "Management had never questioned its own at-

---

61 Vgl. FEIGENBAUM 1952, S. 30; GARVIN 1988, S. 14; JURAN 1969, S. 12f.; PALL 1987, S. 11. *Feigenbaum* spricht daher vom "quality control engineer". (Vgl. FEIGENBAUM 1956b, S. 94.)
62 Vgl. BOEHM 1963, S. 124-127 u. 181-186; BUDNE 1982, S. 1023.
63 Vgl. BICKING 1967, S. 491-493; WADSWORTH/STEPHENS/GODFREY 1986, S. 9. Zur FMEA s. Teil II, Abschnitt 3.1.3.
64 Vgl. auch zu folgendem HALPIN 1966, S. 11-15.

titude towards the problem of defects. The reason behind the lack of perfection was simply that perfection had not been expected. The one time management demanded perfection, it happened."[65]

In der Folge entstanden "Null-Fehler-Programme", als deren Grundsatz galt: "Doing it right the first time".[66] Wichtiger Bestandteil war das *"Error Cause Removal" (ECR)*: Auf einem einfachen Formular sollte jeder Mitarbeiter die Probleme darstellen, die ihn an der Erfüllung der Null-Fehler-Norm hinderten. Problemlösungen waren dabei nicht gefragt, diese blieben dem jeweils zuständigen Funktionsbereich überlassen.[67] Eine wichtige Rolle spielte für diese Programme der unternehmensinterne Wettbewerb zwischen verschiedenen Gruppen um die niedrigste Fehlerquote.[68] *Crosby* berichtete von Unternehmen, die ihre Nacharbeits- und Garantiekosten um 60% vermindern konnten, nachdem das Null-Fehler-Konzept eingeführt worden war.[69]

Ein solches Null-Fehler-Konzept widersprach der gesamten Entwicklung des Qualitätsmanagements während der vorausgegangenen 30 Jahre gleich in zweifacher Hinsicht: Zum einen wurde wesentlich stärker als bisher die Bedeutung der Motivation und Fähigkeiten der Arbeiter für die Produktqualität in den Blickpunkt gerückt. Zum anderen hatte man sich bisher immer mit bestimmten Fehlerquoten abgefunden (und sich entsprechend auf "Acceptable Quality Levels" geeinigt). Nun fand sich plötzlich die Überzeugung, "Null Fehler" seien grundsätzlich möglich und entsprechend anzustreben. Um diesen Punkt entstand eine heftige Debatte. Sehr populär und vieldiskutiert sind in diesem Zusammenhang die Bücher von *Crosby*[70], der in den 60er Jahren bei *Martin* arbeitete.

Voraussetzung für den Erfolg solcher Programme war, daß ein großer Teil der Fehlerursachen in mangelnder Aufmerksamkeit der Arbeiter

---

65 HALPIN 1966, S. 15.
66 Vgl. CROSBY 1967, S. 32. Dieser Ausdruck findet sich allerdings schon 1956 bei Feigenbaum (FEIGENBAUM 1956b, S. 94).
67 Vgl. CROSBY 1967, S. 37f.; HALPIN 1966, S. 16, 59f., 85-91 u. 201-205. Diese Maßnahmen wurden zu Bestandteilen des "14-Schritte-Konzeptes" von *Crosby* zur Erreichung von "Null Fehlern". (Vgl. CROSBY 1986, S. 111-117 u. 147-217.)
68 Vgl. HALPIN 1966, S. 57, 61 u. 81f. So wurden Belohnungen für solche Gruppen im Unternehmen ausgeschrieben, deren Fehlerquote 50% unter dem AQL blieb (vgl. HALPIN 1966, S. 12).
69 Vgl. CROSBY 1970, S. 15.
70 Z.B. "Cutting the Cost of Quality" aus dem Jahre 1977 und "Qualität bringt Gewinn" (1986).

bzw. in von ihnen erkennbaren Problemen im Fertigungsprozeß begründet lag. Studien *Jurans* zeigten jedoch bald, daß ein großer Teil von Qualitätsproblemen z.B. durch die Produkt- und Prozeßentwicklung verursacht und nur durch das Management zu beheben war.[71] Dies legte die Vermutung nahe, daß Null-Fehler-Konzepte in ihrer Wirkung für die meisten Unternehmen zwar wichtig, aber begrenzt waren, und daß sie unter Umständen dazu benutzt wurden, um die Qualitätsverantwortung insbesondere beim Auftreten von Mängeln vom Management auf die Produktionsarbeiter abzuwälzen.[72]

2.1.4 Entwicklungen seit 1970

Die wichtigen Entwicklungen des Qualitätsmanagements seit 1970 haben ihre Ursache bzw. ihr Vorbild in *japanischen Konzepten*. Es ist charakteristisch für diese Phase, daß Ideen und Konzepte aus Japan übernommen wurden; nachdem während der Nachkriegsphase amerikanische Experten das Qualitätsmanagement in Japan einführten, kehrte sich der Wissensstrom nun um: Es waren die amerikanischen Unternehmen, die von den Japanern lernten.[73] Vier Aspekte sollen kurz beschrieben werden, nämlich die Einführung von Qualitätszirkeln, eine "Wiederentdeckung" von Qualitätsregelkarten auch im Zusammenhang mit veränderten Beziehungen zu Zulieferern, ein gewandeltes Qualitätsverständnis und schließlich eine vermehrt strategische Ausrichtung des Qualitätsmanagements.

2.1.4.1 Die Einführung von Qualitätszirkeln

Seit 1967 besuchten Qualitätszirkel-Leiter aus Japan vor allem die USA, später auch Europa. Es wurden Ideen über Themen wie Produktivität und Qualitätsmanagement ausgetauscht.[74] Anfang der 70er Jahre schickte

---

71 Vgl. JURAN 1969, S. 12.
72 Vgl. auch die Kritik an diesen Konzepten bei ZINK 1992b, S. 24-26. Hinzu kommt, daß solche Programme meist in Einzelfertigungsunternehmen entwickelt wurden, wo die Arbeitsgestaltung gerade zur damaligen Zeit eine ganz andere war als in Massenfertigungsunternehmen mit wesentlich stärker repetitiven Arbeitsformen (vgl. JURAN 1969, S. 13).
73 Dies hatte erste Anfänge bereits Mitte der 60er Jahre, als *Ishikawa* in den USA erste Vorträge über Qualitätsmanagement hielt, verstärkte sich aber seit Mitte der 70er Jahre (vgl. ISHIKAWA 1982, S. 1104).
74 Vgl. STAAL 1987, S. 7.

die Firma *Lockheed* in Kalifornien sechs ihrer Mitarbeiter auf eine Studienreise nach Japan, um die Wirkungsweise, den Aufbau und die Zielsetzung der Qualitätszirkel zu ergründen. Da die Mitarbeiter überzeugt waren, daß dieses japanische Konzept auch im Westen praktikabel sein würde, kam es im November 1974 zur Gründung der ersten solchen Gruppen bei *Lockheed*, die zwar viel beachtet wurden, aber erst 1977 bei fünf weiteren Unternehmen Nachahmung fanden.[75] Nach einigen Jahren war das Konzept in zahlreichen Unternehmen verbreitet. Aber: "Most Quality Control-Circles in America are, I fear, management's hope for a lazy way out, management in desperation."[76] *Deming* verglich die anfänglich positive Wirkung von Qualitätszirkeln mit dem Hawthorne-Effekt, der später "verglüht". Zumindest ist festzustellen, daß man sich irrtümlich in manchen amerikanischen Unternehmen allein von Qualitätszirkeln gewaltige Qualitätsverbesserungen versprochen hatte.

Die Qualitätszirkel in den USA unterschieden sich dabei in einigen Punkten von ihren Vorbildern in Japan. In einer 1983 gehaltenen Rede betonte *Ishikawa* folgende Differenzen: Während die Treffen in den USA immer während der Arbeitszeit stattfinden, gibt es in Japan keine strikte Regelung; manche finden während, andere nach der Arbeitszeit statt. In den USA bekommen einzelne Arbeitnehmer für erfolgreiche Vorschläge monetäre Belohnungen; in Japan werden alle Arbeitnehmer beteiligt.[77]

2.1.4.2 Die "Wiedergeburt" von Regelkarten

Der in vielen Unternehmen hohe Anteil zugelieferter Teile und/oder Materialien führte zu einem Überdenken der Beziehungen zu den Zulieferern und einer möglichen engeren Zusammenarbeit mit ihnen. Dabei spielte auch die Tendenz zu *Just-in-Time-Konzepten* eine wichtige Rolle,

---

75 Vgl. STAAL 1987, S. 8. Der Begriff *Quality Control Circles* entspricht genau dem japanischen Ausdruck. Durchgesetzt hat sich im Westen jedoch der Begriff *Quality Circle* bzw. *Qualitätszirkel*, da das Wort "Control" hier einen zu negativen Klang hatte. 1977 wurde der *Internationale Verband für Qualitätszirkel* (International Association of Quality Circles, IAQC) gegründet, der es als seine Aufgaben ansah, seine Mitglieder in diesem Thema aus- und fortzubilden, Qualitätszirkel weiter zu verbreiten und einen internationalen Gedanken- und Erfahrungsaustausch in diesem Bereich zu fördern. (Vgl. STAAL 1987, S. 8.)
76 DEMING 1982, S. 109; vgl. dort auch zu folgendem; SANDHOLM 1983, S. 20.
77 Vgl. DEMING 1986, S. 137. Zu den Unterschieden zwischen japanischen und amerikanischen Qualitätszirkeln vgl. auch GROOCOCK 1988, S. 290.

bei deren Verwirklichung "aus materialwirtschaftlicher Sicht das Resultat einer möglichen Eingangsprüfung vorbestimmt [ist, die Verf.]: das Ergebnis muß gut sein. Daraus folgt die Frage: warum überhaupt noch prüfen?"[78] In der Folge begannen einige Unternehmen, von wichtigen Zulieferern die Anwendung von Regelkarten zur Statistischen Prozeßregelung zu verlangen; diese sollten den Lieferungen beigelegt werden. Bereits 1988 wendeten 93% der Zulieferer für die Automobilindustrie Qualitätsregelkarten an (1983 waren es noch nur 19% gewesen), lediglich 19% der Zulieferer gaben 1988 jedoch die Regelkarten an die belieferten Unternehmen weiter.[79]

Der Einsatz von Regelkarten gewann jedoch nicht nur für Zulieferer eine neue Bedeutung: 1981 lief im amerikanischen Fernsehen eine Sendung mit dem Titel "If Japan can, why can't we?".[80] In dieser Sendung beschrieb *Deming* die Einführung der statistischen Qualitätssicherung in Japan und ihre dortige wesentlich weitere Verbreitung als in den USA.[81] Die Folge war eine heftige Diskussion über diese Ansätze und Qualitätsmanagement allgemein; *Deming* wurde, 81jährig, vom *Ford*-Präsidenten als Top-Consultant eingestellt; später beriet er auch *General Motors* und *Chrysler* sowie die Einkaufsmanager des *Pentagon*.[82]

Sein Ansatz baute auf dem auf, was er vierzig Jahre zuvor in Japan gelehrt hatte, war aber um einiges erweitert. Eine strikte Absage erteilte er Annahmestichprobenplänen. Null Fehler sollten dagegen das angestreb-

---

78 DÖNICKE 1986, S. 61. Vgl. zu Just-in-Time-Konzepten z.B. GÖRGENS 1994 u. WILDEMANN 1988.
79 Vgl. WOMACK/JONES/ROOS 1992, S. 168; vgl. allgemein auch DEMING 1982, S. 27-29. Nutzt der Zulieferer Regelkarten, so kann davon ausgegangen werden, daß seine Lieferungen von zumindest gleichbleibender Qualität sind bzw. daß durch die Eliminierung von systematischen Fehlern sogar eine Verbesserung zu erwarten ist (vgl. ebenda, S. 51f.).
80 Vgl. MACK 1992, S. 111f.; MOHR 1991, S. 86.
81 Vgl. GROOCOCK 1988, S. 1. Eine empirische Untersuchung von 1976 zeigt allerdings, daß ca. 70% von 173 antwortenden Unternehmen Regelkarten und/oder Annahmestichproben-Verfahren nutzten (vgl. SANIGA/SHIRLAND 1977, S. 31). Noch 1984 fehlte allerdings das Thema "Qualitätsmanagement" als wichtiges Thema in den meisten Materialien, Textbüchern usw. für Aus- und Weiterbildungsmaßnahmen (vgl. ZIMMERMANN 1984, S. 26f.).
82 Vgl. MOHR 1991, S. 86. Auch der japanische Qualitätsexperte *Taguchi* ist seit Beginn der 80er Jahre in den USA tätig, insbesondere als Executive Director des *American Supplier Institute*, um japanische Entwicklungen hier einzuführen. (Vgl. MÜLLER 1992, S. 285.)

te Ziel sein. *Deming* distanzierte sich jedoch deutlich von den ursprünglichen Null-Fehler-Konzepten und schloß sich der schon Ende der 60er Jahre an ihnen geäußerten Kritik an. Als Alternative unterstrich er die Zweckmäßigkeit der Anwendung von Regelkarten sowie die enge Kooperation mit (in ihrer Anzahl zu reduzierenden) Zulieferern insbesondere kritischer Teile und schließlich den Einbau von Redundanzen.[83]

2.1.4.3 Verstärkte Kundenorientierung des Qualitätsmanagements

Ein veränderter Qualitätsbegriff kann weitreichende Auswirkungen auf das Qualitätsmanagement haben. Mit dem seit Beginn der 70er Jahre einsetzenden Wandel hin zur Verwendung eines *kundenorientierten Qualitätsbegriffs* hielt in den 80er Jahren das in Japan bereits weiter verbreitete kundenorientierte Qualitätsmanagement verstärkt Einzug in amerikanische Unternehmen.[84] Dem vor allem fertigungsorientierten Qualitätsbegriff und damit -management wurde als mindestens ebenso wichtig die Erfüllung von Kundenanforderungen an die Seite gestellt. Dabei lag die Überlegung zugrunde, daß selbst eine erfolgreiche Prozeßregelung wenig hilft, wenn sie sich auf die "falschen" Merkmale bezieht.

Infolge dieser Entwicklung erlangte die Marktforschung ein ganz neues Gewicht innerhalb des Qualitätsmanagements: Konkurrenz- und Konsumentenforschung stiegen in ihrer Bedeutung. Die Beschwerden von Kunden spielten ebenfalls eine neue Rolle; sie wurden zu einer wichtigen Quelle für Marktinformationen.[85] Die auf vielfältige Weise gewonnenen Informationen über Kundenanforderungen wurden erstmals mit Hilfe des *Quality Function Deployment (QFD)*, eines während der 70er Jahre in Japan entwickelten Verfahrens für die Produkt- und Prozeßentwicklung, genutzt.[86]

---

83 Vgl. DEMING 1986, S. 133 sowie S. 430-433; WADSWORTH/STEPHENS/GODFREY 1986, S. 501.
84 Vgl. GARVIN 1988, S. 24; HAGAN 1984b, S. 21. Zwar hatte es solche Ansätze auch vorher schon gegeben (s. etwa die Quellen in Fußnote 10); diese hatten allerdings wenig methodische und konzeptionelle Konsequenzen.
85 Vgl. GARVIN 1988, S. 24f.; GROOCOCK 1988, S. 90-106; HAGAN 1984b, S. 24; ISHIKAWA 1984, S. 18f.; JURAN 1969, S. 9f.
86 S. zum Quality Function Deployment Teil II, Abschnitt 2.1.2. 1988 wendete *Lincoln Continental* als erstes amerikanisches Unternehmen dieses Verfahren an. Vgl. SULLIVAN 1988, S. 18.

In die Diskussion kam während der 70er Jahre auch das Qualitätskriterium *Normgerechtigkeit*: "There is obviously something wrong when a measured characteristic barely inside a specification is declared to be conforming; outside it is declared to be nonconforming. The supposition that everything is all right inside the specifications and all wrong outside does not correspond to this world. A better description of the world is the Taguchi loss function in which there is minimum loss at the nominal value, and an ever-increasing loss with departure either way from nominal value."[87] Das Ziel aller Maßnahmen wurde nach diesem - ebenfalls in Japan entwickelten - neuen Verständnis darin gesehen, den Produktionsprozeß kontinuierlich so zu verbessern, daß die Verteilung der wichtigsten Qualitätsmerkmale um die angestrebten Sollwerte so eng wie möglich war.[88]

2.1.4.4 Verstärkt strategische Ausrichtung des Qualitätsmanagements

Insgesamt wurden die Perspektive des Qualitätsmanagements und der Methodenkatalog breiter. In manchen Unternehmen begann sich die Forderung durchzusetzen, es zum Bestandteil des strategischen Planungsprozesses zu machen, daß jede Geschäftseinheit den Platz der Qualität in ihren Geschäftsstrategien identifiziert, langfristige Qualitätsziele etabliert und erklärt werden sollte, wie z.B. die Koordination zwischen betroffenen Stabs- und Linienfunktionen zu gewährleisten ist: "Efforts of this sort are clearly innovation in quality management. But the strategic approach to quality also incorporates elements of the movements that preceded it. For example, statistical quality control continues to be an important tool. Interfunctional teams are still employed to ensure that engineering and manufacturing needs are coordinated. Considerable efforts is devoted to shaking down designs before they are produced. Even though precise techniques have evolved - reliability methods, for example, now rest on principles of experimental design and go by the name of 'off-line quality control' - the earlier movements have contributed much succes of the strategic approach. Strategic quality management, then, is more an extension of its precessors than a denial of them."[89]

---

87 DEMING 1986, S. 141; s. zu dem Ansatz von *Taguchi* Abschnitt 2.2.3.
88 Vgl. DEMING 1982, S. 78; s. hierzu auch Abschnitt 2.2.3.
89 GARVIN 1988, S. 27.

Die Bedeutung eines strategisch ausgerichteten Qualitätsmanagements kommt auch zum Ausdruck in den Kriterien des *Malcolm Baldrige National Quality Award (MBA)*, der seit 1987 in den USA jährlich verliehen wird und inzwischen einen sehr hohen Bekanntheitsgrad erreicht hat: Bereits 1990 wurden fast 200.000 Exemplare der Ausschreibungsunterlagen auf Anfrage verschickt. Viele Unternehmen richten sich mit ihrem Qualitätsmanagement nach den Kriterien dieses Preises.[90]

Der Preis entstand in Zusammenarbeit verschiedener Stellen: Sowohl in vielen Unternehmen als auch auf seiten der amerikanischen Regierung bestanden seit Beginn der 80er Jahre verstärkt Bemühungen um ein verbessertes Qualitätsmanagement. Unter Leitung der *American Society for Quality Control* wurde im Februar 1982 das *National Advisory Council for Quality (NACQ)* gegründet. Gemeinsam mit anderen - privaten und öffentlichen - Organisationen schlug das NACQ schließlich die Einrichtung eines Qualitätspreises vor, der eng an den japanischen Deming-Preis angelehnt sein sollte.[91] Im September 1985 wurde ein Komitee gebildet - ausschließlich mit privaten Mitgliedern, z.B. Mitarbeitern von *Ford, McDonell Douglas Corp.* -, das später unter dem Namen *National Organization for the United States Quality Award* die Beurteilungskriterien erarbeitete. Schließlich wurden Kontakte zu Regierungsbeamten geknüpft, die letztlich zur Unterzeichnung des *Malcolm Baldrige Quality Improvement Act* am 20. August 1987 durch Präsident *Reagan* führten. Das *National Institute of Standards and Technology (NIST)* wurde aufgrund seiner Neutralität ausgewählt, das Programm zu managen und z.B. die Prüfer auszuwählen. Diese entstammen vornehmlich dem privaten Sektor, teilweise aber auch den Universitäten und der Regierung, wobei ein starker Einfluß der Regierung auf die Preisvergabe jedoch ausgeschlossen sein soll.

Zusammenfassend ist festzustellen, daß die USA beginnen, den methodischen Vorsprung Japans aufzuholen, wobei eine sehr enge Zusammenarbeit zwischen amerikanischen und japanischen Fachleuten zu erkennen ist. Ähnliches gilt für jene Bestandteile des Qualitätsmanagements, die dem motivatorischen und arbeitsorganisatorischen Bereich zuzuordnen sind. So werden - wenn auch erst sehr allmählich - Leistungsvorgaben nicht mehr rein stückzahlen-, sondern auch qualitätsbezogen festgelegt; außerdem findet eine langsame Verlagerung der Qualitätsverantwortung

---

90 Vgl. ZINK U.A. 1992a, S. 586. S. ausführlicher zum MBA und dessen Kriterien Teil II, Abschnitt 4.1.4.
91 Vgl. auch zu folgendem DECARLO/STERETT 1990, S. 21-27.

auf die Produktionsebene und die Beseitigung der Nachteile einer tayloristischen Arbeitsorganisation statt.[92] Unterstützt werden die Qualitätsbemühungen schließlich durch den verstärkten Einsatz von EDV im Qualitätsmanagement.[93]

2.2 Die Entwicklung in Japan

2.2.1 Anfänge des Qualitätsmanagements nach dem Zweiten Weltkrieg

Vor dem Zweiten Weltkrieg gab es in japanischen Unternehmen insgesamt nur wenig Bemühungen um ein Qualitätsmanagement. Die Ausnahme stellten einige Hochtechnologie-Unternehmen dar, die primär für den militärischen Bedarf fertigten, ohne allerdings Methoden der Massenproduktion einzuführen.

Nach Ende des Zweiten Weltkriegs gab es in Japan praktisch einen wirtschaftlichen Stillstand, die meisten Fabriken und Produktionsstätten waren zerstört. Für den Wiederaufbau kam erschwerend hinzu, daß japanische Unternehmen über Jahrzehnte hinweg als Hersteller minderwertiger Ware galten.[94] Produzierte Güter konnten daher nur im Inland, wo es nichts anderes gab, verkauft werden; Importe wie Rohstoffe, Energie und Lebensmittel mußten kreditfinanziert werden. Auf Initiative des Oberkommandierenden der amerikanischen Streitkräfte in Japan, *General Douglas MacArthur*, wurden amerikanische Qualitätsspezialisten nach Japan eingeladen: 1947 besuchte *Deming* Japan als Berater in der Anwendung von Stichproben.[95]

Im März 1948 wurde der Verband der japanischen Wissenschaftler und Ingenieure neu gegründet *(Japanese Union of Scientists and Engineers, JUSE)* und veranstaltete im September 1949 ein erstes Seminar zum Thema Qualitätsmanagement.[96] Außerdem wurden Ende der 40er Jahre japanische Ingenieure in die USA geschickt, um dort die Techniken des Qualitätsmanagements zu studieren. Zwischen *Ken-ichi Koyanagi*, dem dama-

---

92 Vgl. MOHR 1991, S. 90.
93 S. die Literaturhinweise in Teil III, Abschnitt 1.
94 Vgl. SCHARRER 1991, S. 698.
95 Vgl. PABST 1972, S. 14; STAAL 1987, S. 5.
96 Vgl. DEMING 1982, S. 101.

ligen Direktor der JUSE, und *Deming*, der 1950 erneut nach Japan kam, entstand eine enge Zusammenarbeit. Im Laufe der Jahre leitete *Deming* zahlreiche Kurse, auch vor Wissenschaftlern, leitenden Ingenieuren und Top-Managern zum Thema "Grundlagen der statistischen Qualitätssicherung".[97]

Im Unterschied zu den USA, wo das Qualitätsmanagement lange Zeit ausschließlich Sache der entsprechenden Abteilungen blieb, wurden in Japan die Führungskräfte somit von Beginn an mit einbezogen: "It was vital not to repeat in Japan in 1950 the mistakes made in America. Management must understand their responsibilities. The problem was how to reach top management in Japan."[98] Der Umstand, daß die Einführung des Qualitätsmanagements stets von der Unternehmensleitung ausging, wurde häufig als wichtige Ursache für die rasche und breite Anwendung der neuen Ideen und Verfahren gesehen.[99]

Deming verwies in seinen Kursen von Beginn an auch auf die Notwendigkeit, statistische Verfahren in den verschiedensten Bereichen anzuwenden, angefangen bei der Rohmaterialannahme bis hin zur Garantie-Bearbeitung. Zudem plädierte er dafür, bei der *Produktentwicklung* umfassender als bisher vorzugehen. Während sie bisher durch die drei Schritte Produktentwicklung, Produktion und anschließend Verkauf gekennzeichnet war, propagierte er eine Erweiterung zu einem Kreislauf, der auch die Marktforschung einbezog, gemäß Darst. I.2.2-1 (auf der folgenden Seite).

Diese Darstellung benutzte *Deming* erstmals im August 1950 bei einer Konferenz mit japanischen Topmanagern, deren Thema die Verantwortung des Managements hinsichtlich der Systemverbesserung, der Anwendung statistischer Methoden des Qualitätsmanagements und der unternehmensweiten Bemühungen um Qualitätsverbesserungen war. Solche

---

[97] Vgl. DEMING 1975, S. 25-29; STAAL 1987, S. 5; KAMISKE/TOMYS 1990, S. 494.
[98] DEMING 1986, S. 488; vgl. auch JURAN 1982, S. 17.
[99] Vgl. STAAL 1987, S. 7. Ein weiterer Grund bestand in der Unterstützung der Entwicklung des Qualitätsmanagements durch die japanische Regierung. Im Juli 1949 wurde das "Industrial Standardization Law" verabschiedet, das festlegte, daß Unternehmen, die bestimmte, vom Ministerium für Internationalen Handel und Industrie vorgeschriebene Qualitätsanforderungen erfüllten, berechtigt waren, das *JIS (Japanese Industrial-Standards)*-Zeichen auf ihren Produkten zu benutzen. Außerdem wurden Qualitätskontrollvorschriften für Exporte entwickelt: Exportlizenzen wurden nur erteilt, wenn die Produkte bestimmte Qualitätsprüfun-

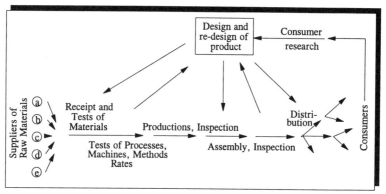

Darst. I.2.2-1: Kreislauf der Produktentwicklung nach *Deming* (nach DEMING 1956, S. 13)

Konferenzen und Kurse begründeten die Disziplin der Marktforschung in vielen japanischen Unternehmen.[100]

Mitglieder der *JUSE* erstellten eine Broschüre "Grundlagen der statistischen Qualitätskontrolle", die schnell große Verbreitung fand. Die daraus resultierenden Lizenzgebühren wurden einer Stiftung zugeführt, die erstmals im Dezember 1950, von da an jährlich, einen *"Deming Preis"* an Einzelpersonen oder Unternehmen, "die sich um die Verbreitung, Anwendung und Verknüpfung statistischer Methoden besondere Verdienste erworben haben", verlieh.[101] Zwar war (und ist) mit diesem Preis kaum ein direkter finanzieller Vorteil verbunden, wohl aber ein großer Prestigegewinn.[102]

1950 begann der japanische Qualitätsexperte *K. Ishikawa,* die Ideen und Methoden *Shewharts* zu studieren, auch während einiger Studienreisen in die USA. Dort stellte er zu seiner Überraschung fest, daß sie weniger verbreitet in der Anwendung waren, als er angenommen hatte: "However, it was a little surprising for me to see that in the companies in the United States, where I visited for study, the methods and concept devised by Dr. Shewhart were not being applied very much in those days. I wished to import his concept into Japan, so that Japanese products would improve

---

gen in Form von Stichproben passiert hatten. Vgl. PABST 1972, S. 14; PISTORIUS 1973, S. 253.
100 Vgl. DEMING 1982, S. 102-105.
101 Vgl. STAAL 1987, S. 6.
102 Vgl. KAMISKE/TOMYS 1990, S. 495.

2. Die historische Entwicklung des Total Quality Managements

in quality."[103] Bald darauf wurde die statistische Qualitätssicherung in einigen - und bald in fast allen - Unternehmen eingeführt. In Japan wurde sehr früh ein größeres Gewicht auf die Prozeßregelung vor allem mit Hilfe von Regelkarten gelegt als auf Annahmestichproben.[104]

1954 wurde *Joseph M. Juran* von der JUSE[105] nach Japan eingeladen; er hielt Vorträge über das "Management der Qualitätskontrolle" (u.a. vor ca. 300 Spitzenmanagern der japanischen Wirtschaft), die als Durchbruch des sich bis dahin nicht so erfolgreich wie erwartet entwickelnden Qualitätsmanagements betrachtet wurden.[106] Seine Inhalte ergänzten die statistischen Kenntnisse, die *Deming* vermittelt hatte, durch einen verstärkt *kundenorientierten Qualitätsbegriff* ("fitness for use"). *Juran's* Konzept stützte sich in erster Linie auf kleine ressortübergreifende Teams, die von Projekt zu Projekt schrittweise Qualitätsverbesserungen erarbeiten sollten. Ziel der Gruppen war es, das normale bzw. als normal angesehene Fehlerniveau zu senken. *Juran* wurde in Japan begeistert gefeiert; insbesondere durch *Ishikawa* wurde sein Konzept weiterentwickelt.[107]

2.2.2 Entwicklungen in den 60er Jahren

1961 und 1962 erhielten zwei japanische Unternehmen den Deming-Preis, die ihre Qualitätsaktivitäten wesentlich weiter als bisher üblich faßten: Sie schlossen Marketing, Design, Verkauf und Verwaltung neben dem Produktions- und dem Inspektionsbereich mit ein.[108] Ihre Erfolge regten auch andere Unternehmen dazu an, ihre Qualitätsaktivitäten auszuweiten. Ursache für diese Entwicklung war u.a. die Erkenntnis, daß der größte Teil der Kundenbeschwerden durch Fehler im Design und in den zugelieferten Komponenten verursacht wurde. Hier wurden daher Ansatzpunkte für Verbesserungen mit dem Ziel einer erhöhten Kundenzufriedenheit gesehen. Diese Ideen gingen in ihren Grundlagen auf

---

103 ISHIKAWA 1967, S. 115; vgl. auch BANKS 1989, S. 11.
104 Vgl. ISHIKAWA 1984, S. 16.
105 Zum Aktivitätsspektrum der JUSE vgl. KAMISKE/TOMYS 1990, S. 495.
106 Vgl. KONDO 1988, S. 35 F.3; SCHARRER 1991, S. 699.
107 Vgl. MOHR 1991, S. 91; ZINK/SCHILDKNECHT 1992a, S. 92-95. JURAN wurde vom japanischen Kaiser die höchste Auszeichnung verliehen, die ein Ausländer bisher erhalten hat, nämlich der "Second Class of the Order of the Sacred Treasure" als "Dank für die Einführung der Qualitätssicherung in Japan und die Förderung der amerikanisch-japanischen Freundschaft" (vgl. JURAN 1989, S. 389).
108 Vgl. KONDO 1988, S. 35 F.3.

Feigenbaum zurück, stellten jedoch insofern eine japanische Innovation dar, als sie hier wirklich in die Praxis umgesetzt wurden.

Die zweite wichtige Entwicklung betraf die Rolle der *Produktionsarbeiter* im Qualitätsmanagement. Im Gegensatz zu den damaligen Konzepten im Westen hielt man in Japan die Mitarbeiter sehr wohl für fähig, situations- und sachbezogene Fehler zu identifizieren und z.T. auch zu beheben bzw. zu vermeiden. Generell waren japanische Unternehmen nie so sehr an *Taylors* Konzepten ausgerichtet wie viele amerikanische. Vielmehr blieb immer ein Teil der Planung auch den Produktionsarbeitern überlassen.[109] Dieses Prinzip wurde auch auf das Qualitätsmanagement angewendet: "The broad based Quality Control Departments, with its arrays of Quality Control Engineers, Reliability Engineers and still other specialist categories, so commonly found in America, is a minority organization form in Japan."[110]

Ausschlaggebend und Voraussetzung hierfür war die Tatsache, daß infolge der zahllosen Trainings- und Weiterbildungsprogramme Kenntnisse um theoretische Grundlagen und Methoden nicht nur in allen Funktionsbereichen, sondern auch sehr früh auf allen hierarchischen Ebenen verbreitet waren: Für obere Führungskräfte bis hin zum Vorarbeiter waren Kurse zur statistischen Qualitätssicherung mehr oder weniger Pflicht.[111] Es wurde diskutiert, ob nicht auch Arbeiter an diesen Kursen teilnehmen sollten, und man einigte sich auf eine freiwillige Teilnahme. Auf diese Weise erlangten auch die Produktionsarbeiter Kenntnisse über die Methoden des Qualitätsmanagements sowie der Problemanalyse und -bewältigung. Die Ausbildungsmaßnahmen erstreckten sich dabei auch auf unkonventionelle Formen[112]: Zwischen 1956 und 1962 liefen im Radio verschiedene Qualitäts-Kurse, seit 1960 auch im Fernsehen. 1961 erschien ein Magazin "Qualitätskontrolle für Vorarbeiter", herausgegeben von *Ishikawa*, das vielfach als Textbuch von Arbeitern benutzt wurde.

---

109 Vgl. JURAN 1967, S. 330 u. 333.
110 JURAN 1967, S. 330.
111 Vgl. JURAN 1969, S. 14; ISHIKAWA 1972, S. 18; STAAL 1987, S. 7.
112 Diese waren schon deshalb notwendig, weil die Anzahl derer, die erreicht und unterrichtet werden sollte, ungeheuer groß war (vgl. ISHIKAWA 1972, S. 18). Vgl. zu folgendem DEMING 1986, S. 491; JURAN 1967, S. 331; KONDO 1988, S. 35 F.5; STAAL 1987, S. 7. 1968 erschien, basierend auf Artikeln aus dieser Zeitschrift "Qualitätskontrolle für Vorarbeiter", das Buch "Guide to Quality Control" von *Ishikawa*, das zum Ziel hatte, auf eine den Arbeitern verständliche Weise die Methoden darzustellen (vgl. ISHIKAWA 1986, S. iii).

1968 stellte *Feigenbaum* fest, daß in Japan und den USA die gleichen Methoden der statistischen Qualitätssicherung angewendet wurden, der Unterschied jedoch darin bestand, daß in Japan fast jeder Mitarbeiter über diese Verfahren unterrichtet war, während in den USA nach wie vor eine Wissenskonzentration auf eine entsprechende Abteilung vorlag.[113]

Seit Ende 1962 bildeten sich in japanischen Unternehmen Arbeitsgruppen, die "Quality Control Circles" genannt wurden.[114] Dabei trafen sich Gruppen von mehreren Arbeitnehmern - sowohl während der Arbeitszeit als auch in Pausen und hinterher -, um über Qualitätsprobleme bei ihrer Arbeit zu sprechen und Vorschläge zur Problemlösung zu erarbeiten. "The formalization of Quality Control-Circles was accomplished by Dr. K. Ishikawa by 1960. A Quality Control-Circle is the natural Japanese way of working together. Dr. Ishikawa brought to the attention of management the importance of making full use of the successes of small groups of workers in elimination of special courses of variability of product, and in improvement of the system, through changes in tools, changes in design, and even in alteration of the production process."[115] Welchen Verbreitungsgrad die Qualitätszirkel erreichten, wird daraus ersichtlich, daß sie allein zwischen 1962 und 1981 ca. 15 Millionen Projekte analysierten und Lösungsvorschläge ausarbeiteten, wobei ca. 80% der Vorschläge angenommen und realisiert wurden.[116]

Die Verbreitung von Qualitätszirkeln in Japan verlief in etwa parallel zu jener der Null-Fehler-Konzepte in den USA. Vergleicht man beide Ansätze, so wird deutlich, daß in der japanischen Ausprägung des Qualitätsmanagements den Arbeitern wesentlich mehr Interesse an und Fähigkeiten zu der Lösung von Qualitätsproblemen zugetraut wurde. In japanischen Unternehmen wurden entsprechend die Arbeitnehmer in ganz anderem Umfang darin trainiert, Probleme zu analysieren und die wichtigsten herauszufinden, um schließlich Lösungen zu erarbeiten und möglichst auch umzusetzen. Hierbei angewandte Methoden waren vor allem Pareto-Analysen zur Ermittlung der dringlichsten Probleme, die Erstellung von

---

113 Vgl. FEIGENBAUM 1968, S. 11; BOX U.A. 1988, S. 38-40.
114 Vgl. BANKS 1989, S. 14; STAAL 1987, S. 7.
115 DEMING 1986, S. 491; vgl. auch JURAN 1967, S. 330f. ISHIKAWA (1982, S. 1107) spricht sogar davon, daß bereits seit 1952 in Japan die ersten Qualitätszirkel bestanden.
116 Vgl. STAAL 1987, S. 7. Der Einfluß der JUSE auf die Entwicklung in Japan ist sehr groß und läßt sich vergleichen mit dem der IAQC in den USA. "Ohne diese Verbände wäre die Entwicklung dieser Ideen weder in Japan noch in den USA so schnell und erfolgreich verlaufen." (STAAL 1987, S. 8; vgl. auch KAMISKE/TOMYS 1990, S. 493.)

Ursache-Wirkungs-Diagrammen, das Beurteilen von Prozeßregelkarten und die Durchführung von Korrelationsanalysen.[117]

2.2.3 Entwicklungen seit den 70er Jahren

Das Qualitätsmanagement in Japan während der 70er Jahre war dadurch gekennzeichnet, daß konsequenter als in den USA der kundenorientierte Qualitätsbegriff nicht nur propagiert, sondern auch zur Grundlage des Handelns genommen wurde. Ein Beispiel hierfür ist die Entwicklung des *Quality Function Deployment (QFD)* durch *Akao*.[118] Angewendet wurde es erstmals 1972 auf der Werft von *Mitsubishi Heavy Industries* in Kobe; von *Toyota* und seinen Zulieferern wurde es dann weiterentwikkelt.[119] Der Begriff "Quality Function Deployment" bedeutet ungefähr "Ableitung von Qualitätsanforderungen". Ziel ist es, Kundenanforderungen an ein Produkt stufenweise in Produktspezifikationen und dann in Fertigungsprozeßanforderungen zu übersetzen. Das Problem besteht dabei darin, verbale qualitative Kundenanforderungen in meßbare Spezifikationen zu transformieren und diese "konsequent durch alle Stufen des Prozeßablaufs zu tragen".[120]

Nach Meinung *Sullivans* ist es charakteristisch für den japanischen Ansatz von Qualitätsmanagement, daß mehr Anstrengungen im Qualitäts-Design während der *Produktentwicklung* unternommen werden, wofür das QFD ein Beispiel sei, während in amerikanischen Unternehmen der Schwerpunkt der Bemühungen eher auf der Lösungen von auftretenden Problemen, während und nach der Produktion, liege.[121]

Ungefähr zur gleichen Zeit, als das Quality Function Deployment entwickelt wurde, rückte das Qualitätskriterium *Normgerechtigkeit* in den Blickpunkt der Diskussion. Bisher war der Zielwert für bestimmte Produkt- und Prozeßmerkmale normalerweise mit Toleranzen versehen und

---

117 Vgl. JURAN 1967, S. 335; MOHR 1991, S. 91. Bei *Ursache-Wirkungs-Diagrammen* handelt es sich um eine von *Ishikawa* entwickelte formalisierte Technik zur Suche nach Ursachen von Qualitätsproblemen (vgl. PISTORIUS 1973, S. 255f.; s. auch Teil II, Abschnitt 3.2.1.2).
118 Vgl. auch AKAO 1987, S. 1.1-1.22; MACK 1992, S. 113. S. zu diesem Verfahren Teil II, Abschnitt 2.1.2.
119 Vgl. HAUSER/CLAUSING 1988, S. 57.
120 MÜLLER, H.W. 1992, S. 281.
121 Vgl. SULLIVAN 1986b, S. 40; TAGUCHI/PHADKE 1988, S. 77.

2. Die historische Entwicklung des Total Quality Managements 41

mit Hilfe von Statistischer Prozeßregelung deren Einhaltung angestrebt worden. Hier setzte *Taguchi* mit seinen Überlegungen an. Er forderte als Zielsetzung, Produktionsprozesse mit möglichst eng um den Zielwert liegenden Abweichwerten zu schaffen. Selbst ein Prozeß, bei dem einige Qualitätsmerkmale außerhalb der Toleranzen liegen (Prozeß (a) in Darst. I.2.2-2), sei einem Prozeß vorzuziehen, der zwar eine vollständige Einhaltung der Toleranzen gewährleiste, bei dem die Verteilung der Merkmale aber so liege, daß der Soll-Wert nur selten getroffen werde (Prozeß (b)).[122]

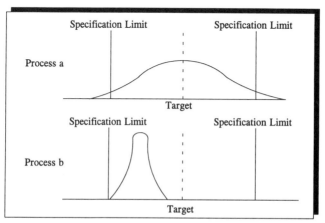

Darst. I.2.2-2: Prozeßvariationen
(modifiziert nach SULLIVAN 1984, S. 16)

Taguchi plädierte damit für ein Qualitätsverständnis, dem zufolge Abweichungen vom Zielwert, je größer sie werden, einen um so größeren Verlust für den Kunden und das Unternehmen bedeuten, selbst dann, wenn vorgegebene Toleranzen eingehalten werden.[123]

Zusammenfassend kann das japanische Qualitätsmanagement wie folgt beschrieben werden[124]: *Erstens* gilt weit verbreitet der Unternehmensgrundsatz, daß die Qualität kontinuierlich immer weiter verbessert werden muß: "'Pursuing the last grain of rice in the corner of the lunchbox' ist im japanischen zwar die Bezeichnung für einen übergenauen Menschen, doch beschreibt sie treffend das oben bezeichnete Phänomen der

---
122 Vgl. OESS 1993, S. 45.
123 Vgl. MOHR 1991, S. 91f.; TAGUCHI 1989, S. 19f.
124 Vgl. OESS 1993, S. 83-85.

kontinuierlichen Verbesserung. Für die Japaner ist jeder Fehler ein 'Reiskorn', dem nachgegangen werden und der eliminiert werden muß."[125] In diesem Zusammenhang ist auch das Qualitätsverständnis *Taguchi's* zu sehen. Das Bestreben einer **kontinuierlichen Verbesserung** wird *Kaizen* genannt.[126]

Qualität wird *zweitens* primär aus der **Perspektive der Kunden** definiert. Aus dieser Schwerpunktsetzung folgt, daß der Marktforschung und ihren Techniken eine besonders große Bedeutung zukommt, was z.B. zur Entwicklung des Quality Function Deployment geführt hat.

Drittens werden in das Qualitätsmanagement *alle wichtigen betrieblichen Funktionen* einbezogen. Die überfunktionale Zusammenarbeit in Teams bei der Lösung von Qualitätsproblemen wird in hohem Maße gefördert; hierbei handelt es sich um eine Maxime, die von *Feigenbaum* übernommen wurde.

Viertens - und dies ist wieder eine spezifisch japanische Entwicklung - werden *alle hierarchischen Ebenen* des Unternehmens einbezogen. Planung und Steuerung sind vor allem Aufgaben des *Topmanagements*. Große Bedeutung kommt dabei ein- oder zweimal jährlich durchgeführten Planungsrunden und Audits zu. Dabei werden Qualitätsziele zunächst vom Topmanagement als Konzept formuliert und mit den Abteilungsleitern diskutiert, die anschließend die Pläne untereinander und später mit dem mittleren Management besprechen. Die Kette wird fortgeführt bis zu den Leitern der Qualitätszirkel. Aus diesen Diskussionen gehen zahlreiche Veränderungen und Konkretisierungen hervor, bevor die modifizierten Pläne zum endgültigen Entscheid an das Topmanagement zurückgeleitet werden.[127] Dieser allerdings sehr zeitraubende Abstimmungsprozeß wird als *"policy deployment"* (*"hoshin kanri"*) bezeichnet. Die Einbeziehung von Mitarbeitern der *unteren hierarchischen Ebenen* in das Qualitätsmanagement erfolgt insbesondere in Form von *Qualitätszirkeln*, was in engem Zusammenhang mit den Bemühungen der JUSE zur Durchfüh-

---

125 Vgl. OESS 1993, S. 84.
126 Vgl. IMAI 1993; WOMACK/JONES/ROOS 1992, S. 156. Im Zusammenhang hiermit sei als "typisch japanisches" Element des TQM das *Poka Yoke* (übersetzt etwa: "Vermeidung unbeabsichtigter Fehler") erwähnt. Hierbei handelt es sich um ein "Prinzip, welches technische Vorkehrungen und Einrichtungen zur Fehlerverhütung bzw. zur sofortigen Fehleraufdeckung umfaßt." (KAMISKE/ BRAUER 1993, S. 53.) Es wurde von *S. Shingo* im Rahmen des *Toyota Production System (TPS)* entwickelt. (Vgl. ebenda, S. 53-55; SHINGO 1986; SHINGO 1992.)
127 Vgl. KONDO 1988, S. 35F.12f., 35F.18 u. 35F.15-35.

rung umfassender Aus- und Weiterbildungs-Maßnahmen auf allen Ebenen steht.

In der Literatur findet sich schließlich noch der Anspruch des japanischen Qualitätsmanagements formuliert, daß jeder, der mit dem Unternehmen in Berührung kommt - als Lieferant, als Konsument, oder wie auch immer - sich wohl fühlen und vollkommen zufriedengestellt werden soll. Diese zunächst sehr abstrakt und idealistisch anmutende Forderung konkretisiert *Kondo* anhand eines Beispiels: Klimaanlagen werden häufig in dicht besiedelten Städten benutzt. Neben dem Bedarf an angenehmer Temperatur und Luftfeuchtigkeit besteht die Forderung nach möglichst wenig Geräuschen und geringem Energieverbrauch: Einige der Beschwerden über diese Produktart kommen von Nachbarn, die sich durch den Geräuschpegel gestört fühlen.[128]

Die japanische Auffassung von Qualitätsmanagement bezeichnet OESS[129] als das "umfassendste und erfolgreichste Konzept" in diesem Bereich; als ihr bedeutendster Vertreter gilt *Ishikawa*, der zur Abgrenzung von den amerikanischen Konzepten von *Company Wide Quality Control* in japanischen Unternehmen spricht.[130]

2.3 Die Entwicklung in der Bundesrepublik Deutschland

Die Geschichte des deutschen Qualitätsmanagements ist in erster Linie dadurch gekennzeichnet, daß wenig eigenständige Entwicklungen auszumachen sind; Konzepte und Methoden aus den USA und später aus Japan wurden vielmehr nach und nach auch in deutschen Unternehmen übernommen. Daher wird die deutsche Entwicklung im folgenden nur kurz beschrieben und dann durch die Ergebnisse einiger empirischer Untersuchungen der letzten Jahre zum aktuellen Stand des Qualitätsmanagements ergänzt.

---

128 Vgl. KONDO 1988, S. 35F.21; WOMACK/JONES/ROOS 1992, S. 66f.
129 Vgl. OESS 1993, S. 83.
130 Vgl. ISHIKAWA 1989, S. 70f.; zusammenfassend auch SANDHOLM 1983, S. 20f.

2.3.1 Die Entwicklung bis Ende des Zweiten Weltkriegs

Seit Beginn des 19. Jahrhunderts bemühten sich deutsche Unternehmen, Anschluß an die industrielle Entwicklung Englands zu bekommen. Um seine Vormachtstellung zu halten, versuchte sich Großbritannien auch dadurch gegen die neue Konkurrenz zu wehren, daß ausländische Produkte nach dem sogenannten *Merchandise Marks Act* vom 22.8.1887 mit einem Hinweis auf ihr Ursprungsland versehen werden mußten. Die Wirkung war jedoch nicht die erhoffte: Da zu diesem Zeitpunkt in deutschen Unternehmen viele naturwissenschaftliche Entdeckungen in der Produktion von Gütern eingesetzt werden konnten, wurde das "Made in Germany" bald zu einem Ausdruck für hohe statt für niedrige Qualität.[131]

Mit der Industrialisierung gingen auch in Deutschland weitgreifende Änderungen in den Unternehmen einher. Anders als in den USA gab es jedoch ein ausgeprägtes Handwerk mit entsprechend qualifizierten Arbeitern. In der zweiten Hälfte des 19. Jahrhunderts begann eine zielstrebige Lehrlingsausbildung innerhalb der Industrie, um den Qualitätsstand durch vermehrte und den neuen Entwicklungen adäquate Fachkenntnisse zu verbessern. Gleichzeitig wurden die ersten Ingenieure ausgebildet.[132] Dies in Verbindung mit der Bereitschaft, sich in hohem Maße auf Kundenwünsche einzustellen, führte zu Wettbewerbserfolgen.

Mit der Durchsetzung stärker arbeitsteiliger Organisationskonzepte ging in den Unternehmen auch die Einführung spezieller Qualitätsabteilungen einher. Diese hatten häufig jedoch nur eine Alibifunktion: "Gute Facharbeiter, die körperlich nicht mehr in der Lage waren, aktiv im Produktionsprozeß zu arbeiten, wurden ohne zusätzliche Ausbildung und ohne Vollmachten in eine Art Altersheim, genannt Kontrolle, geschickt. Die Prüfaufgabe wurde weitgehend abgedrängt in eine Zählfunktion von Stückzahlen (für die Lohnabrechnung) und zum Sortieren nach gut und schlecht."[133] Neben der Tatsache, daß keine Rückführung der Prüfergebnisse zur Steuerung des Fertigungsprozesses erfolgte, war an diesem Vorgehen besonders problematisch, daß am fertigen Produkt nur noch ein

---

[131] Vgl. REIHLEN/PETRICK 1987, S. 129; STAUDT 1982, S. 11. Zum vorindustriellen Qualitätsmanagement vgl. FÜSSINGER 1980, S. 388-389; LERNER 1968, S. 1-17; LERNER 1973, S. 155-158.
[132] Vgl. auch zu folgendem OESS 1993, S. 136f. Die Parallele zur späteren Entwicklung in Japan ist unverkennbar!
[133] FÜSSINGER 1980, S. 389.

Teil der qualitätsrelevanten Merkmale geprüft werden konnte.[134] Auch brachte das System Motivationsprobleme mit sich. Eine deutliche Änderung des Qualitätsmanagements trat erst nach dem Zweiten Weltkrieg ein.

2.3.2 Die Entwicklung nach dem Zweiten Weltkrieg bis 1970

Insbesondere zwei Aspekte kennzeichneten die nächsten 25 Jahre. Dabei handelte es sich zum einen um die Einführung von in den USA entwickelten statistischen Methoden des Qualitätsmanagements und zum anderen um eine Förderung des Qualitätsmanagements in den Unternehmen durch eine bundesweite Organisation.

Statistische Methoden der Qualitätssicherung fanden nach Ende des Zweiten Weltkriegs zunächst in England, dann auch im übrigen Europa Eingang. In Deutschland waren sie Ende der 40er Jahre zwar bekannt, wurden jedoch nur sehr zögernd angewandt, was teilweise im Fehlen einschlägiger deutschsprachiger Literatur für Praktiker begründet lag. *Deming* führte zwar 1953 auch in Deutschland Seminare durch, praktisch kam es jedoch nur zu wenig Konsequenzen.[135] Erst sehr allmählich setzten sich Stichprobenverfahren und - weniger - Regelkarten durch, wenn die Anwendung auch weit hinter der in den USA zurückblieb.[136] Trotzdem waren deutsche Produkte als von hoher Qualität bekannt und international sehr erfolgreich. Gerade aufgrund dieses langandauernden Erfolgs ergab sich andererseits nicht die Notwendigkeit, neue Qualitätskonzepte zu erwägen: Es erschien als völlig ausreichend, den Status quo zu sichern.[137]

Rationalisierungs- und Automatisierungsbemühungen in Verbindung mit dem Einsatz von Gastarbeitern aufgrund mangelnder deutscher Arbeitskräfte verschärften die Notwendigkeit zum Einsatz weitreichender Kontroll- und Sicherungsmechanismen. Wenn auch in deutschen Unterneh-

---

134 Einigen Untersuchungen zufolge konnten auf diese Weise nur ca. zwei Drittel der Fehler überhaupt entdeckt werden (vgl. GOLÜKE/STEINBACH 1986, S. 763).
135 Vgl. MASING 1978, S. 58; REMPEL 1973, S. Vf. *Deming* war 1953 Dozent an der Universität in Kiel, dem Institut für Sozialforschung in Frankfurt, der Technischen Akademie in Wuppertal und in der Technischen Hochschule in Nürnberg (vgl. MOHR 1991, S. 86).
136 Vgl. MASING 1961, ohne Seitenangabe; SPILLER 1982, S. 42f.
137 Vgl. STAUDT 1982, S. 12.

men nicht die gleiche scharfe Trennung zwischen Planungs- und Ausführungsarbeiten gemacht wurde wie in den USA, so öffnete sich doch die Schere zwischen den Anforderungen, die z.b. statistische Verfahren des Qualitätsmanagements an die Anwender stellten, einerseits und qualifikatorischem Potential auf der Ausführungsebene andererseits.[138] Verschärft wurde die Situation noch durch die weit verbreitete Entlohnung von Akkordarbeitern ausschließlich nach der hergestellten Menge. Insofern wurde verstärkt die Notwendigkeit der Einrichtung von Prüfabteilungen mit entsprechend ausgebildeten Mitarbeitern gesehen.

Gefördert wurde die Entwicklung des Qualitätsmanagements in deutschen Unternehmen durch die Gründung des *Ausschusses für wirtschaftliche Fertigung (AWF)* am 24.10.1952, aus dem 1957 die *Deutsche Arbeitsgemeinschaft für statistische Qualitätskontrolle (ASQ)* entstand, die sich ihrerseits 1972 in die *Deutsche Gesellschaft für Qualität e.V. (DGQ)* verwandelte.[139] Ziele dieser Institution waren vor allem die Förderung der wirtschaftlichen Qualitätssicherung und der Einsatz statistischer Verfahren hierbei. Außerdem sollte ein internationaler Erfahrungsaustausch auf diesem Gebiet und eine Zusammenarbeit mit ähnlichen Organisationen unterstützt werden. Ingenieure und Techniker wurden in Seminaren der DGQ geschult[140] - wobei im Gegensatz zur japanischen Entwicklung auch an diesem Punkt wieder deutlich wird, daß das Qualitätsmanagement eindeutig als Aufgabe von entsprechenden Abteilungen angesehen wurde, während Topmanager sich nicht involviert fühlten und auch kaum an solchen Seminaren teilnahmen.

2.3.3 Qualitätsmanagement in den 70er Jahren

Vermehrte Qualitätsdiskussionen entstanden in den 70er Jahren, als zum einen neben der technischen Perfektion und Zuverlässigkeit andere Kundenanforderungen stärker ins Gewicht zu fallen begannen und zum anderen durch das Aufkommen neuer - insbesondere auch japanischer - Konkurrenten der internationale Wettbewerb verschärft wurde.[141] Hinzu kamen auch durch den vieldiskutierten Wertewandel[142] entstandene Moti-

---

138 Vgl. SCHLÖTEL 1988, S. 35D.4.; STAUDT/HINTERWÄLLER 1982b, S. 1026.
139 Vgl. SAUTER 1959, S.29; MASING 1978, S. 58.
140 Vgl. OESS 1993, S. 137.
141 Vgl. STAUDT 1982, S. 12.
142 Vgl. z.B. HONDRICH 1988, S. 297-335; INGLEHART 1979, S. 24-29; KLAGES 1987, S. 1-16; KMIECIAK 1976; SCHMIDTCHEN 1984.

vationsprobleme deutscher Arbeitnehmer, denen man u.a. dadurch zu begegnen versuchte, daß die in den 60er Jahren in den USA entwickelten Null-Fehler-Programme "mit der üblichen zeitlichen Verzögerung" auch in deutschen Unternehmen Anwendung fanden.[143] Es wurde erwartet, daß durch ein Sichtbarmachen der entstandenen Streuung von Qualitätsmerkmalen (z.B. durch Regelkarten) und einen "leichten Druck seitens der Betriebsleitung"[144] die Qualität stark würde verbessert werden können.

In den 70er Jahren wurden auf diesen Annahmen aufbauend "umfassende Qualitätsprogramme" entwickelt, denen die Überzeugung zugrundelag, daß die Mitarbeiter nur in der Lage seien, ihre Einstellung zur Arbeit zu verändern, während sach- und situationsbezogene Fehlerquellen ausschließlich durch die Fachabteilungen ermittelt und beseitigt werden könnten. Bald kam an den Null-Fehler-Konzepten jedoch auch in Deutschland eine ähnliche Kritik auf, wie das zuvor schon in den USA der Fall gewesen war. Entsprechend verebbte die Begeisterung für diese "umfassenden Qualitätsprogramme" Mitte der 70er Jahre wieder.[145]

In Japan waren inzwischen völlig neue Konzepte des Qualitätsmanagements, die alle betrieblichen Funktionen und alle hierarchischen Ebenen sowie eine permanente Qualitätsverbesserung umfaßten, entwickelt worden. "Dieser dynamischen und geballten Bewegung standen die Deutschen [...] mit einem Konzept der Qualität gegenüber, das nach wie vor auf von Technikern vorgegebenen Spezifikationen, Kontrollen, Inspektionen und Prüfstrategien beruhte. Qualität war zum damaligen Zeitpunkt für den Westen immer noch eine technische Aufgabe."[146]

Die 70er und ersten 80er Jahre waren schließlich dadurch geprägt, daß viele Manager auch aus deutschen Unternehmen nach Japan reisten, um die dortigen Methoden und Vorgehensweisen zu studieren. 1981 gab es bei *VW* die ersten *Werkstattkreise*, bei *Bosch-Siemens* nannten sich diese Werkstattforen.[147] Sie hatten die Erschließung von Produktchancen und die Förderung der Produktqualität sowie verbesserte Arbeitsbedingungen

---

143 ZINK 1992b, S. 24; ein Beispiel findet sich bei WILDEMANN 1982, S. 1050.
144 SCHAAFSMA/WILLEMZE 1973, S. 4.
145 Vgl. STAUDT/HINTERWÄLLER 1982b, S. 1032; ZINK 1992, S. 77.
146 OESS 1993, S. 141.
147 Vgl. SCHARRER 1991, S. 703; WILDEMANN 1982, S. 1050. Zwar gab es schon seit 1972 in verschiedenen Unternehmen "Lernstattzentren" u.ä., doch hatten diese einen anderen Ursprung und andere Intentionen (vgl. ACKERMANN 1989, S. 63-67; DEPPE 1992, S. 82-91).

zum Ziel. Allerdings kritisieren *Staudt/Hinterwäller*, daß der "Japan-Tourismus" meist nur die Übernahme von Partiallösungen, wie z.B. die Einführung von *Qualitätszirkeln*, welche z.T. eher unüberlegt, dafür aber um so begeisteter eingeführt wurden, als Ergebnis hatte.[148] Probleme entstanden dadurch, daß die Qualitätszirkel schon deshalb nicht so erfolgreich wie in Japan sein konnten, weil die Arbeitnehmer nicht in Analyse- und Problemlösungstechniken trainiert waren. Insgesamt setzte eine lebhafte Diskussion über die Frage einer Übertragbarkeit japanischer Konzepte auf deutsche Unternehmen ein.[149]

2.3.4 Qualitätsmanagement seit 1980

Noch Anfang der 80er Jahre war das Qualitätsmanagement in vielen deutschen Unternehmen auf Stichproben und Statistische Prozeßregelung beschränkt.[150] Allmählich begann man jedoch, den Qualitätsbegriff umfassender zu definieren und in das Qualitätsmanagement verschiedene Unternehmensbereiche zu involvieren. Ebenso wurde die mit der Einführung von Qualitätszirkeln begonnene Einbeziehung aller hierarchischen Ebenen fortgeführt.[151] Nach wie vor fanden Null-Fehler-Konzepte Beachtung. Der in manchen Unternehmen angestrebte Weg dorthin begann sich jedoch zu verändern: Hauptmaßnahmen waren nicht mehr Appelle an eine andere Einstellung zur Arbeit bzw. zu Fehlern bei der Arbeit, sondern die Schaffung erweiterter Handlungsspielräume und veränderter situativer Rahmenbedingungen, die ein fehlerfreies Arbeiten ermöglichen sollten.[152]

Allmählich bot (und bietet) die DGQ immer mehr Qualitäts-Seminare explizit für Manager an.[153] Daß Qualitätsmanagement in den 80er Jahren verstärkt als Problem des Managements angesehen wurde, hing auch mit stark gestiegenen Kosten für Produktrückrufe und Garantiefälle zusam-

---

148 Vgl. STAUDT/HINTERWÄLLER 1982b, S. 1026 u. 1033; ähnlich: ISHIKAWA 1982, S. 1107; WILDEMANN 1982, S. 1047.
149 Vgl. MÜLLER/KRUPP 1982, S. 1115f.; WILDEMANN 1982, S. 1043-1052; ZINK/SCHICK 1981, S. 360-364.
150 Vgl. GOLÜKE/STEINBACH 1986, S. 764.
151 Vgl. GAUGLER 1988, S. 503f.; HANSEN, W. 1981, S. 256-259; STAUDT/HINTERWÄLLER 1982b, S. 1028.
152 Vgl. ZINK/SCHILDKNECHT 1992a, S. 77.
153 Vgl. SCHLÖTEL 1988, S. 35D.5; vgl. zum Seminarangebot der DGQ z.B. FUHR/STUMPF 1993, insb. S. 25.

men sowie mit der Sorge vor rechtlichen Problemen beim Auftreten von Qualitätsmängeln: "Der Bundesgerichtshof (BGH) hat in einer langen Kette seiner Entscheidungen ausgeführt, daß es zu den immanenten Unternehmer-/Unternehmenspflichten gehört, QM-Systeme zum Schutz vor Produktfehlern und daraus resultierenden Schäden einzusetzen."[154] Nach dem Prinzip der *Gefährdungshaftung* reicht es aus, daß ein Unternehmen ein fehlerhaftes Produkt in den Verkehr gebracht hat, um eine Schadensersatzpflicht zu begründen. Eine strafrechtliche Verfolgung setzt dagegen "ein Verschulden im Sinne eines nicht ausreichenden bzw. nicht eingehaltenen Qualitätsmanagementsystems voraus [...] Im Falle einer Auseinandersetzung muß der Produzent vor allem nachweisen können, daß sein Produkt zum Zeitpunkt der Auslieferung fehlerfrei war, bzw. das eingesetzte Qualitätsmanagementsystem dem Stand der Technik - derzeit u.a. nach DIN ISO 9000-9004 und 10011 - entsprach und eingehalten wurde."[155]

Zu den zu beachtenden Regelungen gehört auch, daß ein Abnehmer laut Handelsrecht (§§ 377/378) verpflichtet ist, sich von der Mängelfreiheit einer Ware zu überzeugen. Von dieser Pflicht kann ein Lieferant einen Abnehmer vertraglich entbinden. Allerdings sind solche Vereinbarungen nur wirksam, wenn sich der Abnehmer von der Fähigkeit des Lieferanten, diese Vertragsforderung auch erfüllen zu können, überzeugt hat. Dies kann z.B. mittels Qualitätsaudits geschehen.[156] Auf dem europäischen Markt variieren dabei die geforderten Konformitätsnachweise mit den Produktgruppen. Sie reichen hin bis zum Nachweis eines auf Basis der oben angesprochenen DIN-Normen zertifizierten Qualitätsmanagement-Systems.[157]

In methodischer Hinsicht waren die 80er und sind die 90er Jahre durch die allmähliche Übernahme in den USA und in Japan entwickelter Verfahren gekennzeichnet, was auch die Ergebnisse einiger empirischer Studien, auf die im folgenden Abschnitt kurz eingegangen wird, zeigen.

---

154 KASSEBOHM/MALORNY 1993, S. 571.
155 KÖSTER 1994, S. 980. Vgl. auch BANKS 1989, S. 14; THOMAS 1994, S. 733-744. S. zur Diskussion um die rechtliche Relevanz von Zertifizierungen auch noch Teil II, S. 124f.
156 Vgl. auch zu folgendem MÜLLER/KIENZLER 1992, S. 285.
157 S. hierzu ausführlich in Teil II, Abschnitt 4.1.2.

2.3.5 Der aktuelle Stand des Qualitätsmanagements in der Bundesrepublik Deutschland

1992 befragte die *Pa Consulting Group*, Fachbereich Total Quality Management, in Zusammenarbeit mit *Karriere/Handelsblatt* schriftlich deutsche Unternehmen nach dem Stand ihres Qualitätsmanagements, ihren Zielrichtungen, Strategien und Methoden. 204 Unternehmen beteiligten sich an der (nicht repräsentativen) Umfrage.[158] Einige wichtige Ergebnisse dieser und zweier anderer Studien sollen im folgenden kurz vorgestellt werden.

Insbesondere die größeren und international tätigen Unternehmen haben sich in den letzten zehn Jahren verstärkt mit dem Thema Total Quality Management beschäftigt.[159] Auffällig hoch ist mit 51% die Anzahl der Unternehmen, die gerade mit einem Konzept des Total Quality Managements begonnen haben bzw. bei denen der Prozeß seit einiger Zeit läuft. In einer Studie der Universität Kaiserslautern aus den Jahren 1989/90 wurde dieser Wert noch mit nur knapp 35% angegeben.[160] *Zöller/Ziegler* werten dies als Hinweis darauf, daß Total Quality Management weiter an Bedeutung gewonnen habe.[161] Beide Studien zeigen eine große *Uneinheitlichkeit des Qualitätsmanagements* in deutschen Unternehmen.

Die meisten der in einer Untersuchung von *Specht/Schmelzer* befragten Unternehmen gaben an, *Strategien* der verstärkt vorbeugenden Qualitätsplanung und der Integration der Qualitätsverantwortung in die Linie

---

158 Dabei handelte es sich um 47 Unternehmen (=23%) aus der Automobilindustrie, 31 Unternehmen (=15%) aus der Elektro-, 29 (=14%) aus der Maschinenbau- und 24 Unternehmen (=12%) aus der Chemie-Branche sowie 73 Unternehmen (=36%) aus verschiedenen Branchen. (Vgl. ZÖLLER/ZIEGLER 1992, S. 10.) Die Gesamtheit der beteiligten Unternehmen wurde auf eher unüblichem Wege zusammengesetzt: Ein erster "Aufruf zu dieser Aktion [...] erfolgte im September/Oktober 1991 in Management Wissen und Handelsblatt/Karriere. Gleichzeitig wurden ausgewählte Unternehmen aufgefordert, an der Untersuchung teilzunehmen." (Ebenda, S. 9.)
159 Vgl. ZÖLLER/ZIEGLER, 1992, S. 10.
160 Vgl. ZINK/SCHILDKNECHT 1990, S. 260. In dieser Studie wurden 728 Unternehmen schriftlich befragt, die Anzahl der verwertbaren Antworten betrug 198; dies entspricht 27,2%. (Vgl. ebenda, S. 259.)
161 Dabei kann allerdings nicht ausgeschlossen werden, daß einige Qualitätsinitiativen fälschlicherweise unter dem Gesamtbegriff des Total Quality Managements eingeordnet wurden (vgl. ZÖLLER/ZIEGLER 1992, S. 13). Bei ZINK/SCHILDKNECHT

anzustreben (insbesondere in Form von Selbstprüfungen), knapp die Hälfte verfolgen eine "Null-Fehler-Strategie". Bei etwas mehr der befragten Unternehmen gibt es ein *Quality Deployment*, also eine Ableitung von auf die jeweiligen Geschäftsbereiche oder Abteilungen zugeschnittenen Qualitätspolitik aus der allgemein gültigen für das Gesamtunternehmen.[162] Gefragt, wovon sie sich besonders großen Nutzen im Hinblick auf Qualitätsverbesserungen versprechen, geben nur 36% der von *Zöller/ Ziegler* befragten Unternehmen einen Prozeß der "kontinuierlichen Verbesserung" an. "Dies ist um so verwunderlicher, als gerade die japanische Industrie in diesem Bereich, Stichwort 'Kaizen', die Grundlage ihres Erfolges sieht."[163]

Hinsichtlich der *Methoden* geben bei *Zöller/Ziegler* (nur) 125 Unternehmen, also 60%, an, daß sie regelmäßig Werkzeuge zur Prozeßverbesserung und -kontrolle einsetzen. Konkret sind dies bei 95 der beteiligten Unternehmen sowohl Statistische Prozeßregelung als auch die FMEA (vor allem in der Automobilbranche), 37 der beteiligten Unternehmen benutzen die Taguchi-Methode und 29 das Quality Function Deployment. 45 Unternehmen nennen noch andere Methoden.[164] Qualitätsregelkarten, Fehler-Strichlisten und auch Qualitätszirkel werden offenbar fast ausschließlich in der Fertigung angewandt, Wertanalyse, FMEA, QFD und Taguchi-Methode dagegen häufiger in der Entwicklungsphase.[165]

1990 stellen *Zink/Schildknecht* fest, daß das Ausmaß, in dem die Unternehmen die verschiedenen Methoden des Qualitätsmanagements verwirklichen, und jenes, in dem sie es planen zu tun, noch weit auseinanderliegen.[166] Am größten ist dieser Unterschied beim QFD, aber auch, und das ist m.E. aufgrund ihrer frühen Entwicklung überraschend, bei der Statistischen Prozeßregelung. Darstellung I.2.3-1 zeigt die Antwortenverteilung aus der Studie von *Specht/Schmelzer* auf die Frage der bisherigen Einsatzdauer verschiedener Methoden in der Produktentwicklung:

(1990, S. 260) gaben 35% der Unternehmen an, daß ihnen Total Quality Management entweder nicht bekannt sei oder sie es nicht planen umzusetzen.
162 Vgl. SPECHT/SCHMELZER 1991, S. 36f.
163 ZÖLLER/ZIEGLER 1992, S. 16.
164 Vgl. ZÖLLER/ZIEGLER 1992, S. 30. Die Verfahren werden in Teil II dieser Arbeit erläutert.
165 Vgl. SPECHT/SCHMELZER 1991, S. 54-56.
166 Vgl. ZINK/SCHILDKNECHT 1990, S. 262.

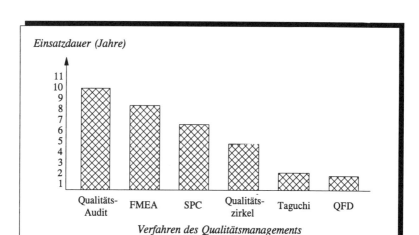

Darst. I.2.3-1: Einsatzdauer verschiedener Verfahren des TQM (Stand 1991) (modifiziert nach SPECHT/SCHMELZER 1991, S. 59)

Es zeigt sich, daß sich die Methoden hinsichtlich der bisherigen Einsatzdauer für die befragten Unternehmen in zwei Gruppen einteilen lassen: Ältere Methoden sind die Qualitätsaudits und die Fehlermöglichkeits- und -einflußanalyse (FMEA) sowie Qualitätszirkel und die Statistische Prozeßregelung (SPC). Neuere Methoden, wie die Taguchi-Methode und das Quality Function Deployment (QFD) werden erst seit wenigen Jahren angewandt. Hinsichtlich aller Verfahren wurden starke Schwankungen bezüglich der Einsatzdauer festgestellt. Zu beachten ist, daß diese Studie von *Specht/Schmelzer* aufgrund der geringen Anzahl beteiligter Unternehmen nicht als repräsentativ für deutsche Unternehmen betrachtet werden kann. Insgesamt scheint aber die Aussage gerechtfertigt, daß in vielen Unternehmen die 80er Jahre durch den Einsatz zahlreicher (für deutsche Unternehmen) neuer Methoden gekennzeichnet sind.

Hinsichtlich der Einbeziehung der Mitarbeiter in das Qualitätsmanagement und damit verbundener Projekte und Problemlösungsgruppen stellen *Zöller/Ziegler* fest, daß 26% der befragten Unternehmen dies verwirklichen.[167] Immerhin haben 75% der an der Umfrage beteiligten deutschen Unternehmen Systeme für Verbesserungsvorschläge eingerichtet. Von den Vorschlägen werden allerdings bei 10% der beteiligten Unternehmen nur 1-10% auch umgesetzt; bei 21% der beteiligten Unternehmen werden

---

167 Vgl. ZÖLLER/ZIEGLER 1992, S. 22.

mehr als 70% der Vorschläge verwirklicht. Als Vergleichsbeispiel wird *Toyota* angeführt: Hier werden mehr als 95% der jährlich eine Million Verbesserungsvorschläge realisiert.[168]

Bei fast der Hälfte der durch *Zöller/Ziegler* befragten Unternehmen sind die **Beurteilungskriterien** des TQM hauptsächlich an Größen wie Umsatz, Kosten oder Produktionsvolumen orientiert. 37% der befragten Unternehmen führen (noch) keine Kundenzufriedenheitsbefragungen durch, 26% alle zwei oder drei Jahre und 31% jährlich oder häufiger. Dabei lassen sich deutliche Branchenunterschiede feststellen. Nur 64 (31%) der befragten Unternehmen, die überhaupt Kundenzufriedenheitsbefragungen durchführen, leiten daraus tatsächlich Verbesserungsvorschläge ab.[169]

Entsprechend der Studie von *Zöller/Ziegler* streben deutsche Unternehmen allmählich eine stärkere Kundenorientierung und eine stärkere Einbeziehung aller Mitarbeiter an. "Dies ist sicherlich auch vor dem Hintergrund der Historie der deutschen Industrie zu sehen, die in ihren tragenden Säulen des Mittelstandes doch sehr technisch und ingenieurwissenschaftlich geprägt ist. Dies spiegelt sich auch in den aktuellen Befragungsergebnissen wider. Weder im Bereich der Kundenorientierung noch der Mitarbeiterorientierung werden in der Gesamtbetrachtung Werte erreicht, die für Total Quality-Organisationen charakteristisch sind."[170]

---

[168] Vgl. ZÖLLER/ZIEGLER 1992, S. 32.
[169] Vgl. ZÖLLER/ZIEGLER 1992, S. 17f.; 27 und 37-46.
[170] ZÖLLER/ZIEGLER 1992, S. 34.

3. Zwischenergebnisse

In Literatur und Praxis finden sich nicht nur zahlreiche differierende Qualitätsbegriffe, sondern auch verschiedene Ausprägungen des Qualitätsmanagements. Je nachdem, welcher Qualitätsbegriff dem Qualitätsmanagement eines Unternehmens schwerpunktmäßig zugrundeliegt, werden inhaltlich recht unterschiedliche Schwerpunkte gesetzt. Diese lassen sich insbesondere danach differenzieren, ob sie eher produkt- bzw. prozeßorientierte einerseits oder eher kundenorientierte Aspekte andererseits betonen. Total Quality Management beansprucht, beide Qualitätsbegriffe gleichzeitig zu berücksichtigen. Sowohl Mitarbeiter aller (funktionalen) Bereiche als auch aller hierarchischen Ebenen sollen dabei einbezogen werden.

Dieses sehr umfassende Verständnis des Total Quality Managements entstand als bisheriges Ergebnis einer langjährigen Entwicklung; dabei lassen sich länderspezifisch deutliche Unterschiede erkennen. Die ersten Anfänge des Qualitätsmanagements wurden in den USA erprobt. Dabei handelte es sich in erster Linie um statistische Verfahren der Qualitätskontrolle. Es waren dann allerdings japanische Unternehmen, die diese Methoden als erste fast flächendeckend anwandten und zudem ein wesentlich weiter gefaßtes Verständnis von Qualität(smanagement) entwickelten, das schließlich in das heutige Verständnis von Total Quality Management mündete.

In deutschen Unternehmen herrschte lange Zeit noch ein traditionelles, stark durch produkt- und fertigungsorientierte Aspekte geprägtes Qualitätsmanagement vor. Dies ändert sich etwa seit Beginn der 80er Jahre. Insgesamt kann festgestellt werden, daß in vielen deutschen Unternehmen vermehrt ein "unternehmensweites Qualitätsmanagement" angestrebt wird, wobei deutliche unternehmensspezifische Unterschiede sichtbar sind. Je größer die Zahl der angewandten Verfahren wird, um so mehr stellt sich die Frage nach einer Systematik, mittels derer ein Überblick über die Bestandteile des Total Quality Managements erlangt werden kann. Ziel von Teil II ist daher die Entwicklung einer solchen Systematik und die Beschreibung der verschiedenen Komponenten(gruppen) auf dieser Grundlage.

Teil II Komponenten des Total Quality Managements

1. Erläuterung der Systematik

Wichtige Ziele dieser Arbeit sind die Erkenntnis von Zusammenhängen verschiedener Bestandteile und Verfahren des Total Quality Managements sowie Überlegungen dazu, welche Abteilungen bzw. Funktionen im Unternehmen dabei inwiefern und an welchen Elementen beteiligt sind (bzw. zweckmäßigerweise sein sollten). In Teil II sollen die einzelnen *Komponenten* des Total Quality Managements erläutert und ihre *Interdependenzen* aufgezeigt werden.

In der Literatur werden schwerpunktmäßig *einzelne Verfahren* oder Gruppen von Verfahren dargestellt und diskutiert. Im Gegensatz dazu wird im folgenden eine *Systematik* der Bestandteile des Total Quality Managements insgesamt beschrieben. Hierzu gibt es bislang kaum Versuche.[1] In gewisser Weise eine Ausnahme stellt *Feigenbaums* Werk "Total Quality Control" dar.[2] Auf dessen Einteilung der Komponenten soll daher zunächst kurz eingegangen werden.

Feigenbaum hat in der ersten Ausgabe seines Buches (1956) erstmals den Begriff "Total Quality Control" geprägt und damit ein für damalige Verhältnisse geradezu revolutionäres Verständnis von Qualitätsmanagement begründet, das sich nämlich über das gesamte Unternehmen erstrecken sollte.[3] Er behält auch in der jüngsten Ausgabe seines Buches aus dem Jahr 1991 die gleiche, nur um einige neu entwickelte Verfahren erweiterte, Einteilung wichtiger Qualitätsmanagement-Aktivitäten bei. Diese orientiert sich an den verschiedenen Phasen der Produktentwicklung und -erstellung[4]:
1. Bereits während der *Produkt- und Prozeßentwicklung* werden weite Teile der Qualität vorbestimmt. Hier werden Zielwerte für Produkt- und Prozeßmerkmals-Ausprägungen festgelegt und Anstrengungen

---

1 Vgl. SCHILDKNECHT 1992, S. 163.
2 FEIGENBAUM 1991.
3 S. Abschnitt 2.1.3.2 in Teil I dieser Arbeit.
4 Vgl. zu folgendem FEIGENBAUM 1991, S. 615-821. Die meisten der genannten Verfahren werden in den folgenden Abschnitten dieses Teils erläutert. Die Begriffe Verfahren und Methode werden in dieser Arbeit synonym verwandt.

unternommen, um die Toleranzen zu reduzieren. Verfahren, die dabei zur Anwendung kommen, sind vor allem Prozeßfähigkeitsstudien, Toleranzanalysen, Fehlermöglichkeits- und -einflußanalysen, Prototypen-Tests, Sicherheits- und Zuverlässigkeitsstudien und Produkttests.
2. In je höherem Ausmaß die Produktion auf Vorleistungen angewiesen ist, um so größer ist die Bedeutung der Verfahren zur **Kontrolle zugelieferter Teile und Materialien** sowohl von fremden als auch vom eigenen Unternehmen. In diesen Zusammenhang sind z.B. Zuliefereraudits und -beurteilungen, Verhandlungen über die Qualitäts-Anforderungen, Prüfverfahren und Stichprobenpläne einzuordnen.
3. Die Aktivitäten des Qualitätsmanagements während der Fertigung bezeichnet *Feigenbaum* als **Produktkontrolle**. Hierzu zählen zerstörende und nicht-zerstörende Tests, Statistische Prozeßregelung mittels Regelkarten, Annahmestichproben, Qualitätsaudits, Training und Instruktion der Mitarbeiter sowie die Analyse von Kundenbeschwerden.
4. *Spezielle Prozeßstudien* kommen beim Auftreten von Schwierigkeiten zur Anwendung. Dabei handelt es sich nicht um grundsätzlich andere Verfahren als die eben genannten, sondern diese werden zur Lösung besonderer Probleme genutzt.

Diese Systematik erscheint für die vorliegende Arbeit aus zwei Gründen nicht als zweckmäßig. *Erstens* werden manche der erst vor relativ kurzer Zeit entwickelten Verfahren gar nicht oder nur äußerst kurz erwähnt, und sie lassen sich auch nicht eindeutig einer der Gruppen zuordnen. Dies betrifft vor allem das *Quality Function Deployment (QFD)*. Das QFD dient während der gesamten Produktentwicklung, Produktionsplanung und Produktion selbst der *Steuerung des zielgerechten Einsatzes der die Qualität betreffenden Aktivitäten*. Mehr oder weniger zeigen sich Überschneidungspunkte mit allen vier Gruppen im Schema *Feigenbaums*. M.E. liegt dies darin begründet, daß es sich beim QFD insofern nicht um ein mit den anderen vergleichbares Verfahren handelt, als es im Rahmen des *strategischen* Qualitätsmanagements angewandt wird. *Feigenbaums* Systematik beschränkt sich jedoch auf *Instrumente*. (Strategische Aspekte diskutiert er im dritten Teil seines Buches, wobei hauptsächlich organisatorische und personalwirtschaftliche Aspekte erläutert werden.) Auch im Hinblick auf die qualitätsrelevanten Beziehungen zu Zulieferern werden strategische Aspekte wenig berücksichtigt.

Zweitens ergeben sich durch *Feigenbaums Einteilung innerhalb der Instrumente Doppelnennungen*. So sind Verfahren der statistischen Qualitätssicherung (Annahmestichproben, Statistische Prozeßregelung) sowohl in die Gruppe der Methoden zur Kontrolle zugelieferter Teile und Materialien einzuordnen als auch in jene zur Produktkontrolle. Ähnlich verhält es sich mit der Fehlermöglichkeits- und -einflußanalyse und der Taguchi-Methode: Sie können nicht nur für Produkt- und Prozeß*entwicklungen*, sondern auch für *Verbesserungsprojekte* bzw. beim Auftreten von *Problemen* eingesetzt werden.

Im weiteren Verlauf dieser Arbeit soll daher eine andere Systematik Verwendung finden, gemäß Darst. II.1-1. Dabei wird zunächst zwischen operativen und strategischen Komponenten des Total Quality Managements und im Hinblick auf erstere weiter zwischen einerseits eher produkt- bzw. prozeßorientierten und andererseits eher mitarbeiterorientierten Elementen unterschieden. Strategische Komponenten können unternehmensintern oder -übergreifend (auf die Zulieferer) ausgerichtet sein. Schließlich gibt es eine Gruppe von Verfahren zur Evaluierung des Total Quality Managements.[5]

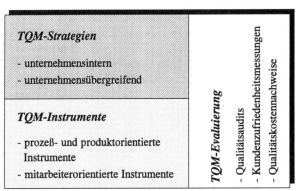

Darst. II.1-1: Komponenten des Total Quality Managements

---

[5] Eine vom Ansatz her ähnliche Einteilung verwendete die Unternehmensberatungsgesellschaft *PA Consulting Group* im Rahmen einer empirischen Untersuchung (vgl. ZÖLLER/ZIEGLER 1992, S. 6), deren Ergebnisse in Teil I, Abschnitt 2.3.5 angesprochen wurden. Allerdings wurden hier zahlreiche Aspekte nicht berücksichtigt (z.B. die strategischen Lieferantenbeziehungen, aber auch die gesamte Evaluierung des Qualitätsmanagements). Zudem fand eine Vermischung mit organisatorischen und technischen Fragestellungen statt, die im Rahmen dieser Arbeit nicht zweckmäßig scheint.

Bei *produkt- und prozeßorientierten Instrumenten* (Abschnitt 3.1) des Total Quality Managements handelt es sich um solche Verfahren, die auf eine Optimierung bestehender (Produktions-)Prozesse oder auf eine verbesserte Produkt- bzw. Prozeßentwicklung gerichtet sind. Hierzu gehören die Verfahren der statistischen Qualitätssicherung sowie die Taguchi-Methode und die FMEA.[6] Um dem umfassenden Anspruch eines TQM zu entsprechen, sind möglichst alle Mitarbeiter im Unternehmen einzubeziehen. Als in diesem Sinne *mitarbeiterorientierte* Instrumente sind Qualitätszirkel und das Betriebliche Vorschlagswesen (Abschnitt 3.2) zu bezeichnen.

Die Trennung zwischen einerseits produkt- bzw. prozeßorientierten und andererseits mitarbeiterorientierten Instrumenten soll dabei nicht bedeuten, daß die Fertigungsmitarbeiter von der Anwendung der ersten Instrumentengruppe ausgeschlossen sind. In vielen Unternehmen bestehen beispielsweise Bemühungen um eine Verlagerung von Prüfaufgaben auf Fertigungsstellen, so daß auch die Regelkarten im Rahmen der Statistischen Prozeßregelung von den Fertigungsmitarbeitern geführt werden. Zudem hängt es von der Qualifikation und Motivation, aber auch von den organisatorischen Rahmenbedingungen ab, welche Verfahren von welchen Mitarbeiter(gruppe)n erfolgreich angewandt werden können. Die als mitarbeiterorientiert bezeichneten Instrumente werden jedoch im Gegensatz zu den anderen meist ausdrücklich deshalb eingeführt, um alle Mitarbeiter in das Qualitätsmanagement einzubeziehen und um die Ideen und Kenntnisse gerade der Fertigungsmitarbeiter für eine Verbesserung der Qualität zu nutzen.

Hinzu kommt, daß das Betriebliche Vorschlagswesen und die Einführung von Qualitätszirkeln *mitbestimmungspflichtig* sind und ihr Einsatz bzw. die Ausprägung ihres Einsatzes daher nicht allein durch die Unternehmensleitung bestimmt werden kann. In einer *Betriebsvereinbarung* sind die Grundsätze bezüglich der Organe, deren Zusammensetzung, Aufgaben und der von ihnen anzuwendenden Verfahren festzuhalten.[7] Der Mitbestimmungspflicht unterliegen allerdings "nur die generellen Richtlinien über die Organisation des Vorschlagswesens, also auch die Festlegung der Prämien, wobei jedoch wie bei Sozialeinrichtungen oder der Lohngestaltung der Arbeitgeber hinsichtlich des Dotierungsrahmens frei ist. Ebenso entfällt das Mitbestimmungsrecht hinsichtlich der Beurteilung des einzelnen Verbesserungsvorschlags. Das gleiche gilt für die Bestellung

---

6   Die verschiedenen Verfahren werden in den folgenden Abschnitten erklärt.
7   Vgl. FITTING U.A. 1992, S. 1176; PANSEGRAU 1994, S. 24; SCHWAB 1991, S. 145-150.

eines Beauftragten für das betriebliche Vorschlagswesen."[8] Im Hinblick auf die Mitbestimmung werden Qualitätszirkel zum betrieblichen Vorschlagswesen dazugezählt; für beide mitarbeiterorientierten Instrumente gelten also dieselben Bestimmungen.

Operative Maßnahmen bestimmen die laufenden Aktivitäten während relativ kurzer Perioden und gerade bei täglich und überraschend auftretenden Problemen. Erfahrungen vieler Unternehmen haben gezeigt, daß allein durch die Einführung solcher Elemente im Unternehmen langfristig *nicht* der erhoffte Erfolg erzielt werden konnte.[9] Ein wichtiger Grund dafür lag in der Vernachlässigung strategischer Aspekte. Zweckmäßigerweise werden Entscheidungen über den Instrumenteneinsatz im Qualitätsmanagement auf die Ziele hin *kanalisiert*. Die Kanalisierungsfunktion von Strategien beruht auf ihrem Richtliniencharakter, auf der Vorgabe mittel- bis langfristiger Handlungsrahmen. Nach *Kreikebaum*[10] ist eine strategische Planung vor allem dadurch gekennzeichnet, daß sie sich zum einen sowohl auf das Unternehmen insgesamt wie auch auf mehrere Teilbereiche und Funktionen erstreckt. Zum anderen fällt sie in den Aufgabenbereich der Unternehmensleitung. Strategische Ziele sind der Aufbau und Erhalt von Erfolgspotentialen.[11] Neben sachlichen spielen auch zeitliche Aspekte eine Rolle: Strategien sind immer mittel- bis langfristig orientiert und verzögert bzw. in Stufen wirksam, dazu schwer korrigierbar.[12]

Strategische Komponenten des Total Quality Managements (Abschnitt 2) dienen entsprechend dazu, die langfristigen Zielpositionen im Hinblick auf Qualitätsaspekte zu fixieren und die zu ihrer Erreichung zweckmäßigen Handlungsschwerpunkte, Ressourcen und Verfahren zu bestimmen. Das strategische TQM beruht auf einer systematischen Erfassung und Beurteilung externer Risiken und Chancen sowie interner Stärken und Schwächen.

Qualitätsstrategien betreffen dabei nicht nur das eigene Unternehmen: In der Gestaltung der Beziehungen zu *Zulieferern* und in der Verteilung der die Qualität betreffenden Aufgaben zwischen diesen und dem auftraggebenden Unternehmen wird ein weiteres strategisches Handlungsfeld gese-

---

8 HOYNINGEN-HUENE 1993, S. 273; vgl. dort auch zu folgendem.
9 S. auch Abschnitt 2.1.4.4 in Teil I dieser Arbeit.
10 Vgl. KREIKEBAUM 1993, S. 25-27.
11 Vgl. HAHN 1982, S. 5.
12 Vgl. BECKER 1993, S. 112-116.

hen.[13] Dies liegt nicht nur darin begründet, daß ein im Vergleich zu früher, als sich der diesbezügliche Instrumenteneinsatz mehr oder weniger auf Annahmestichproben beschränkte, wesentlich größeres Spektrum an eingesetzten Verfahren üblich ist (z.B. Statistische Prozeßregelung beim Zulieferer, Audits und Lieferantenbewertungen, gemeinsame Anwendung mancher Instrumente, etwa der Fehlermöglichkeits- und -einflußanalyse oder der Taguchi-Methode sowie gemeinsam durchgeführte Weiterbildungen). Es ist zudem eine wichtige strategische Frage, welche Leistungen - und damit verbunden auch: welches Know How - im eigenen Unternehmen verbleiben und was an andere (und welche bzw. wieviele) Unternehmen abgegeben werden soll bzw. wessen Kenntnisse man zusätzlich nutzen möchte.

Neben den bisher angesprochenen Strategien und Instrumenten gibt es Verfahren zur *Evaluierung* des Total Quality Managements (Abschnitt 4). Hierzu gehören *Kundenzufriedenheitsmessungen* und die *Qualitätskostennachweise*, aber auch verschiedene Formen der *Auditierung*. Die Verfahren stellen jeweils schwerpunktmäßig auf verschiedene Qualitätsaspekte ab; sie sollen zumindest kurz beschrieben werden.

Es ist im Verlauf der folgenden Abschnitte insgesamt nicht möglich, jeden Aspekt und jedes Verfahren des Total Quality Managements in allen Einzelheiten zu erläutern - dies würde den Umfang dieser Arbeit sprengen und scheint im Hinblick auf die Zielsetzungen auch nicht notwendig. Ausführlicher wird vor allem auf das Quality Function Deployment eingegangen, das in deutschen Unternehmen (noch) relativ wenig verbreitet ist. Es stellt jedoch ein gerade für diese Arbeit interessantes Verfahren dar, weil hier die unterschiedlichsten Unternehmensbereiche einbezogen sind bzw. sein können. Insgesamt ist es das Ziel von Teil II, die einzelnen Komponenten so zu beschreiben, daß auch die Beziehungen, die zwischen ihnen bestehen, deutlich werden und darauf aufbauend (in Teil III) organisatorische Aspekte des TQM diskutiert werden können.

---

13 Vgl. ABEND 1992, S. 48-52; EICKE/FEMERLING 1991, S. 54-56.

2. Strategien des Total Quality Managements

2.1 Unternehmensinternes strategisches Qualitätsmanagement

2.1.1 Strategische Handlungsfelder

Planungsgegenstand des strategischen Total Quality Managements sind die umfassenden, mittel- bis langfristigen Schwerpunkte und Zielsetzungen eines Unternehmens im Hinblick auf die Qualität der Produkte, die Grundsätze des Qualitätsmanagements und die zu ihrer Schaffung notwendigen Prozesse: "Die vielfach allgemein gehaltene Formulierung von Leitbildern und Zielen im Rahmen der Qualitätspolitik muß für eine erfolgreiche Umsetzung konkretisiert werden, sofern ein TQM-Konzept nicht nur verbale Absichtserklärungen beinhalten soll. [...] Zu diesem Zweck sind [...] geeignete Strategien abzuleiten, mit deren Hilfe die gestellten Aufgaben unter bestmöglicher Verwendung der Ressourcen zu erreichen sind."[14]

Enge Verbindungen bestehen zwischen dem strategischen Total Quality Management und dem strategischen Marketing: *Oess*[15] bezieht sogar in die TQM-Strategien auch die Auswahl des (der) durch das Unternehmen zu bearbeitenden Marktes (Märkte) sowie die Gestaltung des Produkt-Portfolios ein. Zwar sind beide Strategie-Bereiche aufeinander abzustimmen, doch scheint es m.E. nicht zweckmäßig, eine Vermischung vorzunehmen. Daher werden *Marketing-Strategien* im weiteren Verlauf dieser Arbeit nicht berücksichtigt. Das Problem der *Überschneidungen* von Marketing und Total Quality Management tritt allerdings an verschiedenen Stellen wieder auf.

---

14 SCHILDKNECHT 1992, S. 124, in Anlehnung an die allgemeinen Ausführungen zur strategischen Unternehmensführung von HINTERHUBER 1992a, S. 28; s. auch schon kurz Abschnitt 1. Der Begriff *Qualitätspolitik* wird in der Literatur teilweise - wie hier bei *Hinterhuber* und *Schildknecht* - als den Strategien übergeordnet definiert, teilweise auch synonym verwandt. (Vgl. z.B. DGQ [HRSG.] 1993, S. 29f.) Im folgenden wird auf diesen Begriff verzichtet und ausschließlich von *Strategien* des Total Quality Managements gesprochen.

15 Vgl. OESS 1993, S. 153-169, der sich dabei auf ein unveröffentlichtes Vortragsmanuskript von *Mecklinger* bezieht. (Der Vortrag - zum Thema: "Qualität als Instrument der Unternehmenspolitik" - wurde auf dem 2. *Deutschen Quality Circle Kongreß* in Bonn gehalten, vgl. OESS 1993, S. 153, Fußnote 1.)

Unter der Voraussetzung einer umfassenden Definition des TQM-Begriffs, wie er auch im Rahmen dieser Arbeit verwandt wird, sind den Planungen sowohl der produkt- und prozeßorientierte *Qualitätsbegriff* einerseits als auch der kundenorientierte Qualitätsbegriff andererseits zugrunde zu legen.[16] Den externen Risiken und Chancen sowie den internen Stärken und Schwächen entsprechend können dabei *Schwerpunkte* gesetzt werden.[17] Aufgabe der Strategien ist es dann auch, den Einsatz der Instrumente entsprechend zu steuern, z.B. in Form von Entscheidungen darüber, die *Anwendung welcher TQM-Instrumente* im Unternehmen vorrangig forciert wird. Verfahren wie die *Fehlermöglichkeits- und -einflußanalyse*[18] sind schon von ihrer grundsätzlichen Vorgehensweise her auf den kundenorientierten Qualitätsbegriff ausgerichtet, weil die Bestimmung besonders dringlich zu behebender Fehlerursachen bei Produkten und Prozessen hier nach Maßgabe (auch) der Bedeutung des Fehlers bzw. der Fehlerfolgen für den Kunden geschieht. Der intensive Einsatz dieses Verfahrens wird bei kundenorientierten Qualitätsstrategien gefördert.

Andere Instrumente des Total Quality Managements scheinen eher auf das Erreichen der produkt- und prozeßorientierten Qualitätsziele ausgerichtet zu sein. Dies gilt z.B. für die *Taguchi-Methode*[19], mit der robuste Prozesse und Produkte geschaffen werden sollen, also eine möglichst weitgehende Reduzierung von Toleranzen angestrebt wird, aber auch für die *Statistische Prozeßregelung*, mit der die Einhaltung vorgegebener Toleranzen gesteuert werden soll. Allerdings spielt es für die Kundenzufriedenheit eine wichtige Rolle, *im Hinblick auf welche Produktmerkmale* solche Bemühungen unternommen werden. Bei der Verfolgung kundenorientierter TQM-Strategien ist nach Wegen zu suchen, um die Auswahl dieser Qualitätskriterien entsprechend der für Kunden wichtigen Anforderungen an ein Produkt zu treffen. Ein wichtiges Hilfsmittel kann hierbei das - im nächsten Abschnitt näher zu beschreibende - *Quality Function Deployment* sein.

---

16 Entsprechende Ansprüche an ihr TQM werden von vielen Unternehmen formuliert. Vgl. z.B. die verschiedenen Aufsätze in MEHDORN/TÖPFER (HRSG.) 1994 sowie im Hinblick auf die Unternehmen *Ford* und *Mercedes-Benz* die Abschnitte 2.2.1 und 3.2.1 im zweiten Hauptteil dieser Arbeit.
17 Dies gilt - in engem Zusammenhang hiermit stehend - auch für die Entscheidung darüber, welches Gewicht unterschiedlichen Qualitäts*kriterien* zugeordnet wird. S. Teil I, Abschnitt 1.2.
18 S. hierzu Abschnitt 3.1.3.
19 S. hierzu Abschnitt 3.1.2.

Nicht nur der Instrumenteneinsatz wird mittels der Strategien kanalisiert: Das gleiche gilt auch für die *Evaluierung* des Total Quality Managements. Bei solchen Strategie-Ausprägungen, die den Schwerpunkt deutlich auf produkt- und prozeßorientierte Aspekte legen, mag eine Beschränkung auf *Qualitätsaudits* und die *Qualitätskostenrechnung* angemessen scheinen. Je stärker der kundenorientierte Qualitätsbegriff in den Vordergrund gerückt wird, desto weniger werden *Kundenzufriedenheitsbefragungen* verzichtbar sein.[20] Auch die Auditierungen - insbesondere Produktauditierungen - können jedoch mehr oder weniger stark auf eine Prüfung solcher Merkmale zugeschnitten sein, die für Kunden von großer Bedeutung sind. Insgesamt fördern die verschiedenen Ausprägungen der TQM-Strategien jeweils einen unterschiedlichen Einsatz der anderen Komponenten des Total Quality Managements. Dies gilt im Hinblick auf die Auswahl und Gewichtung sowohl der verschiedenen Instrumente als auch der Evaluierungsmöglichkeiten.

Neben der Entscheidung über den Schwerpunkt im Hinblick auf den zugrunde zu legenden Qualitätsbegriff sind im Rahmen des strategischen Total Quality Managements Entscheidungen über den Stellenwert von *vorbeugendem (präventivem) Qualitätsmanagement* im Verhältnis zu nachträglichen Prüfungen zu treffen. Eine starke Ausprägung des präventiven Qualitätsmanagements bedingt eine konsequente *Prozeß-* im Gegensatz zur ausschließlichen *Ergebnisorientierung*.[21] Eine systematische Analyse und Optimierung von Prozessen in allen Unternehmensbereichen ist Voraussetzung für die Schaffung ausreichender Prozeßfähigkeiten und rechtzeitiger Eingriffsmöglichkeiten.

In diesem Zusammenhang wird die Institutionalisierung *interner Kunden-Lieferanten-Beziehungen* diskutiert.[22] Die Orientierung an Kundenwünschen als strategische Grundausrichtung eines Unternehmens wird dabei dahingehend erweitert, daß nicht nur die Schnittstelle gegenüber *externen* Kunden betrachtet, sondern analoge Überlegungen für den unternehmens*internen* Bereich angestellt werden. In beiden Fällen bestehen die grundsätzlichen Probleme darin, zum einen die Anforderungen an

---

20 Das heißt allerdings nicht, daß auf die anderen Möglichkeiten verzichtet werden könnte: Gerade im Zusammenhang mit der Qualitätsmanagement-Zertifizierung sind entsprechende Audits unausweichlich; auch ein gewisses Ausmaß an Qualitätskostennachweisen wird hier gefordert. Insofern handelt es sich nicht um vollständig substituierbare Alternativen.
21 Vgl. IMAI 1993, S. 39-45.
22 Vgl. ebenda, S. 76f.; SCHILDKNECHT 1992, S. 125-134.

eine zu erbringende Leistung zu erfassen und zum anderen die erbrachten Leistungen einer kundenorientierten Beurteilung zu unterziehen. Ebenso wie im Falle unternehmensübergreifender Kunden-Lieferanten-Beziehungen werden häufig entsprechende Anforderungskataloge für interne Lieferanten sogar schriftlich fixiert. Diesem Zweck dienen in manchen Unternehmen *"Qualitätszahlen"* oder *"-kennwerte"*, die für die verschiedenen Bereiche einen Maßstab für die zu erbringende Qualität darstellen sollen. Beispiele sind Indizes für Kundenzufriedenheiten mit bestimmten Produkt-Aspekten und Reparaturhäufigkeiten; sie dienen insbesondere dem Zweck, Verbesserungen zu fördern, indem sie gemessen werden.[23]

In einer Situation, in der eine Tendenz zu einem verstärkten *Outsourcing* vieler Unternehmen zu verzeichnen ist, stehen manche Unternehmensbereiche tatsächlich in unmittelbarer Konkurrenz zu externen Zulieferern. So konstatiert der Leiter des Geschäftsbereichs Materialwirtschaft bei *BMW*: "Eine Make-or-buy-Entscheidung im herkömmlichen Sinn gibt es bei BMW nicht mehr. Unsere Sparten werden wie Zulieferer behandelt und in die Anfrageaktivitäten einbezogen."[24] Von der Idee her können ganze Unternehmenseinheiten, aber auch Abteilungen, Arbeitsgruppen oder sogar einzelne Mitarbeiter sowohl Kunde als auch Lieferant sein, z.B. gemäß Darst. II.2.1-1.

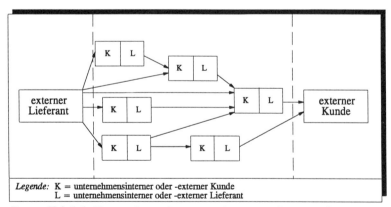

Darst. II.2.1-1: Unternehmensinterne und -externe Kunden-Lieferanten-Beziehungen (modifiziert nach PÜTZ 1992, S. 166)

---

23 Vgl. RUNGE 1994, S. 72.
24 O.V. 1993c, S. 28.

Die Bewältigung auftretender Abstimmungsprobleme zwischen den internen Kunden und Zulieferern wird als Voraussetzung dafür betrachtet, daß die Anforderungen der externen Kunden erfüllt werden können. Diese *Schnittstellenproblematik* ist dann besonders gravierend, wenn ein sehr stark ausgeprägter Spezialisierungsgrad im Unternehmen vorliegt. Auf die Bedeutung der Veränderung oder Reduktion von Schnittstellen durch die Einführung *prozeßorientierter Organisationsstrukturen* wird in Teil III, Abschnitt 3.3.2 dieser Arbeit eingegangen.

Ähnlich wie die Schwerpunktsetzung des Qualitätsbegriffs führt auch die Umsetzung mehr oder weniger präventiv ausgerichteter Qualitätsmanagement-Strategien zu unterschiedlichen Konsequenzen für den zweckmäßigen *Einsatz der Instrumente*: Die Umsetzung eines präventiven Qualitätsmanagements führt beispielsweise zu einem weitgehenden Ersatz von Annahmestichproben durch Statistische Prozeßregelung sowie zum intensiven Einsatz der Taguchi-Methode und der Fehlermöglichkeits- und -einflußanalyse. Die Anwendung der letzten beiden Verfahren wird u.U. sogar auf den unternehmensübergreifenden Bereich ausgeweitet, indem Systemlieferanten einbezogen werden. (Hier sind z.B. die Aktivitäten von *Mercedes-Benz* und dem Zulieferer *Leonische Drahtwerke* in Form einer gemeinsamen FMEA im Logistik-Bereich einzuordnen.[25])

Die Frage der *Einbeziehung unterschiedlicher Unternehmensbereiche und hierarchischer Stufen* in das Total Quality Management impliziert ein weiteres strategisches Entscheidungsfeld. In japanischen Unternehmen findet sich häufig ein als *Policy Control*[26] bezeichnetes Vorgehen. Dabei werden Qualitätsziele zunächst durch das Topmanagement formuliert und dann mit den Mitarbeitern der nächsten hierarchischen Stufe diskutiert. "From this discussion the draft plans of each division are made. The draft plan of each division is then further discussed among the divisional and lower managers and finally among the supervisors and the QC circle leaders."[27] Aus diesen Diskussionen können weitreichende Veränderungen der Pläne resultieren. Diese werden dem Topmanagement vorgelegt, das die letzte Entscheidung hierüber trifft. Ein solches Verfahren ist langwierig und mit möglicherweise heftigen Diskussionen und Reibungsverlusten verbunden. Es trägt aber zur Umsetzung der Idee

---

25 S. hierzu im zweiten Hauptteil, Abschnitt 3.3.1.2.
26 Das Verfahren wird auch als *Quality Deployment* bzw. - japanisch - als *Hoshin Kanri* bezeichnet. (Vgl. KONDO 1988, S. 35.F.13.)
27 KONDO 1988, S. 35F.13 ("QC circles" steht für "Quality Control Circles", s. zu den Begriffen Teil I, Abschnitt 2.1.4.1; vgl. auch OESS 1993, S. 169-171.)

einer Einbeziehung aller Bereiche und hierarchischen Stufen auch in die Qualitätsmanagement-Planung bei.[28]

Eine Festlegung auf Strategien, die die Bedeutung der Einbeziehung möglichst vieler Mitarbeiter(gruppen) betonen, legt zudem eine Intensivierung der Bemühungen um eine verbreitete Anwendung der *mitarbeiterorientierten* Instrumente (Qualitätszirkel und das Betriebliche Vorschlagswesen) nahe. Auch die Qualitätsaudits sind in diesem Fall so zu gestalten, daß Aspekte der Qualifikation und Motivation von Mitarbeitern sowie der Grad ihrer Einbeziehung erfaßt werden. Konsequenzen haben solche Strategien schließlich für die zu schaffenden *organisatorischen Rahmenbedingungen*.

In engem Zusammenhang hiermit steht die Frage, wie das Total Quality Management durch das *Personalmanagement* unterstützt werden kann: Ein umfassendes Total Quality Management erfordert häufig veränderte Einstellungen und Verhaltensweisen, die Übernahme neuer oder erweiterter Aufgaben (etwa durch die Integration von Prüfaufgaben in die Fertigung oder durch die Beteiligung von Mitarbeitern an Qualitätszirkeln) und ein damit verändertes Rollenverständnis. Es ergibt sich in vielen Fällen die Notwendigkeit einer weitreichenden Qualifikation der Mitarbeiter.[29] Empirische Studien zeigen die Bedeutung, die personalwirtschaftlichen Konzepten im Rahmen des TQM inzwischen in vielen Unternehmen zukommt.[30] Bei diesen Zusammenhängen handelt es sich jedoch nicht um *Bestandteile* des Total Quality Managements, sondern um *Rahmenbedingungen*, die zum erfolgreichen Umsetzen des TQM allerdings unverzichtbar sein können. Weitere solche Rahmenbedingungen sind eine angemessene *EDV-Ausstattung* bzw. die Entwicklung entsprechender *Software*, um damit die Anwendung der TQM-Instrumente zu unterstützen. Schließlich erfordert Total Quality Management entsprechende *organisatorische* Rahmenbedingungen. Allein auf diese zuletzt genannte Ka-

---

28 Ein ähnliches Vorgehen findet sich inzwischen auch im Unternehmen *Ford* (s. hierzu im zweiten Hauptteil, Abschnitt 2.2.1 dieser Arbeit).
29 Vgl. FEIGENBAUM 1991, S. 200-210; RITTER/ZINK 1992, S. 248-252; SCHILDKNECHT 1992, S. 342-344; WOMACK/JONES/ROOS, 1992, S. 94. Möglichkeiten der gezielten Förderung des Qualitätsbewußtseins durch Anreizsysteme zeigen CLEARY/CLEARY 1993, S. 69-72; HAIST/FROMM 1989 und MÜLLER 1984; ORTLIEB 1993.
30 Vgl. z.B. DERRICK/DESAI/O'BRIEN 1989; RYAN 1989a, S. 37f. In mangelnder Motivation und/oder Weiterbildung wird der Grund für einen Großteil der Qualitätsprobleme vieler Unternehmen gesehen. (Vgl. z.B. BODE 1989, S. 211-213; FOURIER 1991, S. 616f.; HUCKLENBROICH 1993, S. 154-158; QUENTIN/KAMINSKI 1989, S. 644-646; WITTIG 1991, S. 465-467; WOLF 1992, S. 133-137.)

2. Strategien des Total Quality Managements

tegorie von Rahmenbedingungen wird im Rahmen dieser Arbeit näher eingegangen; dies erfolgt in Teil III.

In einer empirischen Untersuchung (befragt wurden die Leiter der Qualitätsabteilungen von Unternehmen in Deutschland mit mehr als 1000 Mitarbeitern) stellt *Schildknecht* fest, daß strategischen Aspekten des Qualitätsmanagements in vielen Unternehmen großes Gewicht zugeordnet wird; der Realisierungsgrad scheint dagegen noch schwächer ausgeprägt. Dies zeigt Darst. II.2.1-2.

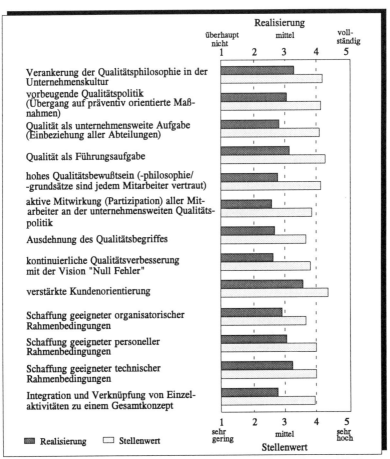

Darst. II.2.1-2: Stellenwert und Realisierung von Strategien und Rahmenbedingungen im TQM (modifiziert nach SCHILDKNECHT 1992, S. 199)

Im Rahmen des strategischen Qualitätsmanagements geht es einerseits darum, Handlungsalternativen zu erarbeiten und festzulegen. Andererseits ist es zweckmäßig, durch die Anwendung bestimmter Verfahren zu gewährleisten, daß die inhaltlichen Vorstellungen auch tatsächlich zu einem Handlungsrahmen für den Einsatz verschiedener Instrumente führen. Insofern sind bei der strategischen Qualitätsmanagement-Planung neben *inhaltlichen* auch *verfahrensbezogene* Fragen zu berücksichtigen. Besondere Bedeutung kommt seit einiger Zeit hier dem *Quality Function Deployment* zu, auf das daher im folgenden Abschnitt näher eingegangen wird.[31]

2.1.2 Quality Function Deployment

2.1.2.1 Grundgedanken und Ziele

Das Quality Function Deployment (QFD) ist ein umfassendes Verfahren zur Qualitäts- bzw. Qualitätsmanagement-Planung während des gesamten Prozesses der Produkt- und Prozeßentwicklung sowie Fertigung. Es verfolgt vor allem das Ziel, eine kundenorientierte Produktentwicklung zu gewährleisten.[32] QFD ist dabei *kein* Kontrollinstrument und auch kein Ansatz zur Produktentwicklung selbst. Vielmehr handelt es sich um ein Verfahren, das *kritische Merkmale identifiziert*, auf die sich der Zeitaufwand sowie die Bemühungen um Produkt- und Prozeßverbesserungen konzentrieren sollten. Ziel ist es, "to translate customer requirements into important final product control characteristics that are to be deployed through the product design, development, processing, and production control system."[33]

Der bisherige Schwerpunkt der Anwendung von QFD lag - wenn man die Inhalte der Veröffentlichungen und insbesondere die veröffentlichten Fallstudien als Indikator nimmt - auf der Produkt*entwicklung*; die Anwendung des Verfahrens betrifft jedoch alle Phasen von Konzeption und

---

31 Auch weitere Methoden der strategischen Unternehmens- und Marketingplanung, so die Portfolio-Methode, können hier - mit entsprechenden Modifikationen - angewandt werden (vgl. z.B. DÖGL 1986, S. 190-247; HORVATH/URBAN 1990, S. 32f.).
32 Neben den Kundenwünschen können zusätzlich weitere Anforderungen (z.B. Ziele wie der Umweltschutz oder rechtliche Restriktionen) einbezogen und beliebig gewichtet werden.
33 SULLIVAN 1986b, S. 41; vgl. auch AKAO 1987; KOGURE/AKAO 1983, S. 26f.

Design über die Fertigung, bis hin zu Produktverbesserungen während des späten Produktlebenszyklus.[34]

2.1.2.2 Das methodische Vorgehen beim Quality Function Deployment

Im wesentlichen sind *vier* Phasen des QFD unterscheidbar: die (konzeptionelle) Produktplanung, die Teileplanung, die Prozeß- und schließlich die Produktionsplanung. Darst. II.2.1-3 veranschaulicht das Vorgehen.

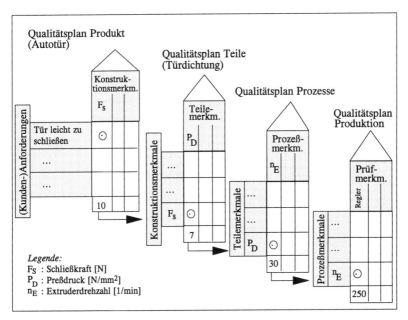

Darst. II.2.1-3: Phasen des Quality Function Deployment
(modifiziert nach PFEIFER 1993, S. 42)

---

[34] Vgl. z.B. AKAO 1987; BURN 1990; DE VERA U.A. 1988, S. 35-38; FORTUNA 1988, S. 24f.; HAUSER/CLAUSING 1988; SULLIVAN 1986b, insbesondere S. 39. Für gewöhnlich wird dabei ein umfangreiches Projekt, wie die Entwicklung eines Nachfolgemodells durch Automobilhersteller, in zahlreiche kleinere QFD-Projekte aufgeteilt. (Für den neuen *Ford Mondeo* wurden z.B. neun Projekte - und auch diese nur für bestimmte Bereiche des Fahrzeugs - realisiert. S. im zweiten Hauptteil, Abschnitt 2.2.1.)

Im Rahmen der ersten Phase geht es mittels der Erarbeitung eines "Qualitätsplans Produkt" darum, den Anforderungen, die (potentielle) Kunden an ein Produkt stellen, *Konstruktionsmerkmale*, die das Produkt in meßbaren Ausdrücken beschreiben, gegenüberzustellen und diejenigen der Konstruktionsmerkmale, denen im Hinblick auf die Kundenzufriedenheit besondere Bedeutung zukommt, auszuwählen. (Eine Kundenanforderung für eine Autotür könnte z.B. sein, daß sie sich leicht schließen läßt; ein entsprechendes Konstruktionsmerkmal ist etwa die "Türschließkraft $F_s = 10N$".) Aus solchen Konstruktionsmerkmalen ermittelt man in der zweiten Phase des QFD die wichtigen Merkmale der einzelnen *Produktkomponenten*. (In diesem Falle könnte dies z.B. der "Preßdruck der Türdichtung" sein.) Aus diesen Spezifikationen werden wiederum die Anforderungen an die *Produktionsprozesse* abgeleitet. (Der Preßdruck einer Türdichtung ist z.B. stark abhängig vom Prozeßparameter "Extruderdrehzahl".) In einem letzten Schritt wird für die Prozesse die Auslegung der *Fertigungs- und Prüfmittel* erarbeitet. (Die Extruderdrehzahl wird vor allem bestimmt durch die Stellung des Drehzahlreglers.) Die einzelnen Phasen des Quality Function Deployment werden in den folgenden Abschnitten beschrieben.

2.1.2.2.1 Phase 1: Qualitätsplan Produkt

Fünf Schritte kennzeichnen die erste Phase, gemäß Darst. II.2.1-4 (auf der folgenden Seite).

(1) Ermittlung von Anforderungen an das Produkt
Mittels Verfahren der *Marktforschung* werden die Wünsche der Kunden möglichst in deren eigenen Worten erfaßt.[35] Wichtige Informationen können gerade auch von unzufriedenen Kunden (z.B. aus dem Beschwerdemanagement) kommen. Weitere mögliche Quellen sind Händlerhinweise, Forderungen aus der Verkaufs- oder der Werbeabteilung, Berichte einschlägiger Zeitschriften oder sonstige Erfahrungsberichte. Im Ergebnis entsteht eine Liste der für Kunden wichtigen Merkmale.

Neben den Kundenanforderungen gibt es weitere Restriktionen und Rahmendaten für die Produktgestaltung in Form *unternehmenspolitischer Standards* (z.B. Begrenzungen des Benzinverbrauchs in der Automobilin-

---

[35] Vgl. auch zu folgendem AKAO 1987; BURN 1990, S. 72-78; HAUSER/CLAUSING 1988; SULLIVAN 1986b, S. 41.

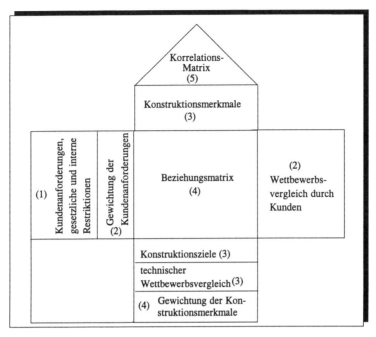

Darst. II.2.1-4: Phasen der Produktplanung (modifiziert nach FORTUNA 1988, S. 26)

dustrie und andere imagepolitische Restriktionen) sowie *gesetzlicher Rahmenbedingungen* (beim Auto etwa die Vorschriften über Schadstoff- und Geräuschemissionen und Sicherheitsstandards).

(2) Gewichtung der Anforderungen und Wettbewerbsvergleich
Die so gewonnenen Anforderungen an das Produkt werden nach ihrer Bedeutung für die Kunden (und nach Möglichkeit von ihnen selbst) gewichtet. Dabei ergibt sich ein methodisches Problem, wenn die Informationen aus unterschiedlichen Quellen kommen, also vor allem bei Projekten der Produktverbesserung.[36] Beschränkt man sich auf eine einzige Quelle, z.B. auf eine Befragung von Produktverwendern, ist es zweckmä-

---

36 Hier wird in der Praxis häufig auf Gruppendiskussionen zurückgegriffen, in denen dann versucht wird, die Daten aus verschiedenen Quellen in eine Rangfolge zu bringen. Ein anderes Vorgehen wird dagegen bei *Ford* realisiert; s. zu beiden Abschnitt 2.2.1 und 3.2.1 im zweiten Hauptteil dieser Arbeit.)

ßig, die Bedeutung, die einzelne Produkteigenschaften für diese Personen haben, ebenso abzufragen wie die Einschätzung hinsichtlich der Kriterienerfüllung des interessierenden Produktes im Vergleich zu Konkurrenzprodukten. Zugrunde gelegt werden kann etwa eine Skala von 1 bis 5. Als Ergebnis können sowohl die Mittelwerte als auch die Varianz interessant sein. *Niifugi/Kubota*[37] betonen die Möglichkeit, die Wichtigkeitseinschätzungen der Kunden mit dem Wettbewerbsvergleich durch die Kunden zu verbinden, so daß einem Kundenmerkmal ein noch größeres Gewicht zugeordnet wird, wenn die eigenen Produkte im Vergleich zu denen der Konkurrenz hier eine Schwäche aufweisen.

(3) Festlegung der Konstruktionsmerkmale und Wettbewerbsstandards-Untersuchung

Entwicklungs-Ingenieure planen und beschreiben die technischen Konstruktionsmerkmale des Produktes; wo möglich, wird ein optimaler Zielwert angegeben. Die Konstruktionsmerkmale werden so der Liste der (gewichteten) Kundenmerkmale gegenübergestellt, daß eine Matrix entsteht, wie sie Darstellung II.2.1-5 zeigt.

Ein Wettbewerbervergleich hinsichtlich der technischen Konstruktionsmerkmale ermöglicht eine Einschätzung der eigenen Leistung in Relation zu jener der Konkurrenz.

(4) Ausfüllen der Beziehungsmatrix

Die Beziehungen zwischen Kundenanforderungen und Konstruktionsmerkmalen werden ermittelt und in die betreffenden Matrixfelder eingetragen. Dabei werden Symbole für starke und schwache Beziehungen sowie für "keine Beziehungen" verwendet. Den Symbolen können Werte zugeordnet werden, z.B.: starke Beziehung = 5; normale Beziehung = 3; schwache Beziehung = 1 und keine Beziehung = 0.[38] Die Bedeutung der Konstruktionsmerkmale ergibt sich aus den mehr oder weniger starken Beziehungen, die sie zu den (gewichteten) Kundenmerkmalen aufweisen. So berechnet man die Gewichtung des Konstruktionsmerkmals "durable" (erste Spalte der folgenden Darstellung II.2.1-5) wie folgt: starke Beziehungen bestehen zu den Kundenanforderungen "quiet", "low warranty"und "long life" (also: 5·5 + 5·5 + 5·5); normale Beziehungen bestehen zu den Merkmalen "inexpensive" und "drop integrity" (also: 3·3 + 3·1) und schwache Beziehungen schließlich zu keinem Merkmal. Die Summe

---

37 Vgl. NIIFUGI/KUBOTA 1987, S. 2.1-2.3; s. hierzu auch Abschnitt 4.2.
38 Die Werte können auch anders festgelegt werden; hier wird dem nachstehend zu beschreibenden Beispiel gefolgt.

der Produkte beträgt 87 und bezeichnet damit das Gewicht dieses Konstruktionsmerkmals.

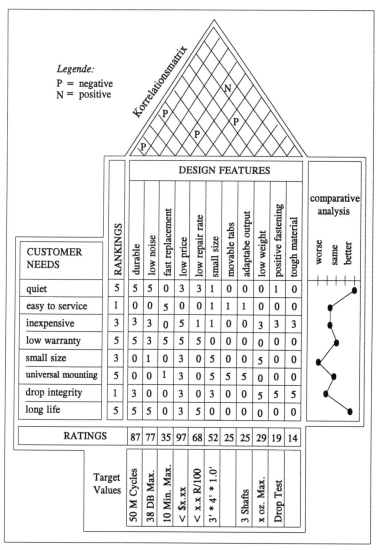

Darst. II.2.1-5: Die Beziehungsmatrix der Phase 1 am Beispiel "Heißluftregler" im Automobil (modifiziert nach DE VERA ET. AL. 1988, S. 37)

Aus der Matrix ist zum einen allgemein der Zusammenhang zwischen Kundenanforderungen und Konstruktionsmerkmalen ersichtlich, zum anderen aber auch, ob gewährleistet ist, daß jede Kundenanforderung durch Konstruktionsmerkmale erfaßt und der Grad ihre Erfüllung damit beeinflußbar ist. Dies ist die Voraussetzung dafür sicherzustellen, daß keine Anforderung "unter den Tisch fällt". Eine freie Zeile repräsentiert eine nicht berücksichtigte Kundenforderung, eine besonders volle Spalte mit einem hohen Gewicht ein wichtiges Konstruktionsmerkmal, von dem viele Anforderungen abhängen.

(5) Erstellen der Korrelationsmatrix
Die technischen Konstruktionsmerkmale unterliegen zahlreichen Interdependenzen. Im folgenden gilt es daher zu prüfen, inwieweit eine "Verbesserung" des einen Merkmals eine Veränderung eines der anderen Merkmale verursacht. Dies geschieht in der Korrelationsmatrix (dem "Dach" der Matrix), wobei wiederum Symbole verwendet werden, und zwar, um die Richtung der wechselseitigen Wirkung auszudrücken. "In vielen Fällen liefert das Dach den Ingenieuren die entscheidenden Informationen, weil sie es benutzen können, die Vor- und Nachteile einer technischen Lösung gegeneinander abzuwägen, indem sie den Kundennutzen die ganze Zeit im Auge behalten."[39] Schließlich wird der technische Schwierigkeitsgrad einer Veränderung der Merkmale eingeschätzt. Ist die Erfüllung einer Kundenanforderung von mehreren Konstruktionsmerkmalen abhängig, kann zur Veränderung jenes ausgewählt werden, bei dem dies mit den geringsten technischen Problemen verbunden ist. Aus der vollständig ausgefüllten Darstellung ist zu erkennen, welchen Konstruktionsmerkmalen in der nun folgenden Teileplanung besondere Aufmerksamkeit zukommen muß.

2.1.2.2.2 Phase 2: Qualitätsplan Teile

Von den Ergebnissen der ersten Phase werden die besonders hoch gewichteten Konstruktionsmerkmale ausgewählt und in die Zeilen der Matrix für die Teileentwicklung eingetragen: "Konstruktionsmerkmale, ausgedrückt in technischen Daten, wie zum Beispiel 'foot/pounds' für Schließenergieaufwand, bilden dann die Reihen in einem weiteren Haus der Teileentwicklung; dabei werden die Merkmale der Teile - wie Scharniereigenschaften oder die Dicke der Wasserisolierungen - zu Spalten."[40]

---

39 HAUSER/CLAUSING 1988, S. 67.
40 HAUSER/CLAUSING 1988, S. 70.

2. Strategien des Total Quality Managements

Das beschriebene Vorgehen wird in Darst. II.2.1-6 an dem in Darst. II.2.1-5 begonnenen Beispiel veranschaulicht.

piece part quality characteristic / product features	importance rating	worm						worm gear + pinion		idler gear		output gear		wiper		
		concentricity	finish	molding defects	material	clean	clean	molding effects	material	molding defects	clean	molding defects	strength	load, contact	material	clean
durable	9	5	5	5	5	3	3	5	5	3	3	3	5	5	5	3
low noise	8	5	3	5	1	5	5	5	1	3	3	1	1	-	-	-
fast replacement	4	-	-	-	-	-	-	-	-	-	-	-	-	-	-	-
low selling price	10	-	-	-	-	-	-	-	-	-	-	-	-	-	-	-
low repair rate	7	5	3	5	3	3	3	5	3	3	3	3	5	5	3	3
small size	5	-	-	-	-	-	-	-	-	-	-	-	-	-	-	-
movables tabs	3	-	-	-	-	-	-	-	-	-	-	-	-	-	-	-
multi-output shafts	3	-	-	-	-	-	-	-	-	-	-	-	-	-	-	-
low weight	3	-	-	-	-	-	-	-	-	-	-	-	-	-	-	-
positive fastening	2	-	-	-	-	-	-	-	-	-	-	-	-	-	-	-
tough material	1	-	-	-	-	-	-	-	-	-	-	-	-	-	-	-
		120	90	120	74	88	90	120	74	72	72	56	88	80	48	48

Darst. II.2.1-6: Teileplanung im Rahmen des QFD-Projektes "Heißluftregler" (modifiziert nach DE VERA ET AL. 1988, S. 36)

Die Beziehungsmatrix wird analog dem Vorgehen in der ersten Phase erstellt. Im hier dargestellten Beispiel werden alle Spalten der ersten Matrix in die Zeilen der zweiten übernommen; entsprechend ihrer Gewichte erfolgt eine Bezifferung von 1 bis 10.[41] Den Zeilen gegenübergestellt werden - als Spalten - *Teilemerkmale,* also Qualitätsmerkmale der einzelnen Produktteile und Baugruppen. In dieser zweiten Phase wird somit tiefer "ins Detail gegangen". Wie in der ersten Matrix, so wird auch hier das Ausmaß der Beziehungen zwischen beiden Dimensionen angegeben; entsprechende Gewichtungen sind erneut das Ergebnis. Das Vorgehen er-

---

[41] Dieses Vorgehen erscheint m.E. insofern als problematisch, als die teilweise großen Unterschiede der Gewichte so "egalisiert" werden. Zudem sind in der ursprünglichen Darstellung bei *DeVera et al.* zwei Konstruktionsmerkmale im Qualitätsplan Produkt und in jenem für die Teile unterschiedlich benannt; dies wurde für die vorliegende Arbeit in der Darst. II.2.1-6 geändert.

folgt durch die Anwendung z.B. der *Taguchi-Methode* oder der *Fehlermöglichkeits- und -einflußanalyse*, mit Hilfe derer die Teilemerkmale und Konstruktionsparameter optimiert werden. Im Ergebnis entstehen Zielwerte für die kritischen Teilemerkmale. Ziel der zweiten Phase ist es insgesamt, die Beziehungen zwischen den - nach Maßgabe der Kundenanforderungen - gewichteten Konstruktionsmerkmalen einerseits und den Teilemerkmalen andererseits aufzuzeigen. Für letztere sind im weiteren die Herstellungsprozesse zu planen:

2.1.2.2.3 Phase 3: Qualitätsplan Prozeß (Prozeß- und Prüfablaufpläne)

Die wichtigen und hinsichtlich eines möglichen Auftretens von Fehlern risikoreichen Teile-Merkmale werden zu Zeilen der Prozeß-Entwicklungsmatrix. Ziel dieser dritten Phase des QFD ist es, einen geeigneten *Herstellungsprozeß* für kritische Teile auszuwählen bzw. - sofern nötig - die Entwicklung anzuregen sowie kritische Prozeßoperationen und -parameter festzustellen. Die Prozeßplanungs-Matrix stellt dann die Beziehungen zwischen den Teilemerkmalen einerseits und den notwendigen kritischen *Arbeitsschritten* zu ihrer Herstellung andererseits dar.[42] Hierbei kommt insbesondere der *Taguchi-Methode* zur Schaffung robuster Prozesse große Bedeutung zu: "The designed experiment established the real relationships and strength of relationships in the QFD matrices."[43] Auch *Prozeßfähigkeitsstudien* sowie *Prozeß-FMEAs* spielen eine wichtige Rolle.[44]

Analog zum Vorgehen in den vorangegangenen Phasen wird die Beziehungsmatrix ausgefüllt. Mittels der Bestimmung der freien Zeilen und Spalten steht beim Analysieren der Matrix die Frage im Vordergrund, ob die kritischen Prozeßparameter ausreichend kontrollierbar sind. Die Bestimmung der "richtigen" Prozeßparameter ist dabei Voraussetzung; sie müssen so ausgewählt sein, daß ihre korrekte Kontrolle die Einhaltung der Spezifikationen der Teilemerkmale garantiert.

Der letzte Schritt dieser Phase besteht darin, diejenigen Prozeßparameter, die im weiteren Verlauf besonders untersucht werden sollen, zu bestimmen. Es werden insbesondere solche Prozeßmerkmale ausgewählt, die

---

42 Vgl. AKAO 1987, S. 1.16-1.18.
43 ROSS 1988a, S. 43; hier findet sich auch ein Beispiel.
44 Vgl. zu diesen Verfahren die Abschnitte 3.1.1 u. 3.1.3.

schwer kontrollierbar sind und/oder neue Verfahren bzw. spezielle Kontrollsysteme erfordern.

2.1.2.2.4 Phase 4: Qualitätsplan Produktion (Arbeits- und Prüfanweisungen)

Ziel der letzten Phase des QFD ist es zu untersuchen, wie für die in der dritten Phase ausgewählten und entwickelten Prozesse ein korrekter Ablauf gewährleistet werden kann. Im einzelnen gilt es, folgende Punkte zu bestimmen:
- kritische Kontrollanforderungen,
- Anforderungen zur Aufrechterhaltung der Produktion,
- Anforderungen zur Gewährleistung der Fehlersicherheit,
- Ausbildungs- und Trainingsanforderungen für die Mitarbeiter.

In einen *Qualitäts-Kontrollplan* werden ausgewählte Prozeßparameter des "Qualitätsplans Produktion" übertragen. Die Kontrollaktivitäten sind festzulegen, d.h. die Kontrollinstruktionen, die Kontrollhäufigkeit sowie die benötigten Meßwerkzeuge und deren Inspektionsintervalle.[45] Neben diesen Kontrollplänen werden *Instandhaltungspläne* für maschinelle Anlagen erstellt und - sofern dies als notwendig empfunden wird - die Robustheit von Prozessen (z.B. mittels der Taguchi-Methode) erneut erhöht. Schließlich ist das Fertigungs- und gegebenenfalls das Kontrollpersonal rechtzeitig zu instruieren und zu trainieren.

2.1.2.3 Zusammenfassende Einschätzung

Das QFD ermöglicht es, die gesamte Produkt- und Prozeßplanung auf den Kundenanforderungen aufzubauen; dadurch kann eine starke Verringerung nachträglicher Veränderungen am Produkt erreicht werden.[46]

---

45 Ein Beispiel zeigt AKAO 1987, S. 1.17a.
46 Vgl. SULLIVAN 1986b, S. 39. Der Anspruch des QFD, ein Verfahren der Qualitäts- und Qulitätsmanagement-Planung während der gesamten Produkt- und Prozeßentwicklung sowie Fertigung zu sein, legt die Frage nahe, in welchem Verhältnis es zu dem in der Marketing-Literatur verbreiteten *6-Stufen-Plan von Innovationsprojekten* zu sehen ist. (Vgl. zu letzterem z.B. HÜTTNER/PINGEL/ SCHWARTING 1994, S. 145-165.) Dabei ist festzustellen, daß QFD-Projekte an einem Punkt beginnen, an dem zumindest die *Ideensuche* und auch das *Screening*

Der Einsatz der verschiedenen Instrumente des Qualitätsmanagements wird auf das Erreichen der strategischen Qualitätsziele hin kanalisiert.

Es sind jedoch auch *Probleme* des Quality Function Deployment zu beachten. So nimmt *erstens* die Planung und Umsetzung der vier verschiedenen Phasen relativ viel Zeit in Anspruch. Dem kann zumindest teilweise begegnet werden, indem Projekte langfristiger geplant und/oder intensiver (mit mehr Mensch-Stunden) realisiert werden. *Zweitens*, und unter Umständen mit dem ersten Problem in Zusammenhang stehend, wird bemängelt, der Anspruch der Durchführung eines solch umfangreichen Projektes, angefangen von den Ermittlungen der Kundenanforderungen bis hin zur Planung der Qualitätsprüfungen, sei nicht durchzuhalten. Sinnvoll realisiert werden könne allenfalls die erste Phase. (Ähnlich wird von Mitarbeitern des Unternehmens *Mercedes-Benz* argumentiert.) Erfolgreich durchgeführte Projekte zeigen jedoch, daß ein solches Vorhaben nicht unmöglich ist.[47]

Einschränkend ist *drittens* m.E. festzustellen, daß im Rahmen des QFD eine starke Konzentration auf die Optimierung *technischer Konstruktionsmerkmale* erfolgt. Wenig einbezogen sind dagegen Überlegungen zur Optimierung der Prozesse im indirekten Bereich, soweit sie nicht unmittelbar mit der Ausprägung bestimmter Konstruktionsmerkmale zusammenhängen. Allerdings kann die Anwendung der Matrizen auch auf andere Problemstellungen übertragen werden; SWANSON faßt dies unter den Begriff *Quality Benchmark Deployment* (QBD): "QBD is a variation of quality function deployment (QFD). While QFD identifies the functional characteristics of products and services that satisfy customers' expectations, QBD identifies the organizational processes, practices, and structural factors that satisfy customers' expectations."[48]

Trotz der Probleme wird im Quality Function Deployment ein wirkungsvolles Verfahren gesehen, das zu einer erfolgreichen Umsetzung

---

abgeschlossen sind. Die meisten Berührungspunkte ergeben sich in der Phase der *Produktentwicklung und -tests*. Danach "gabelt" sich das Vorgehen: Im 6-Stufen-Plan folgt die *Instrumente-Mix-Festlegung* für die Phase der Produkteinführung auf dem Markt sowie die Durchführung von *Markttests*. Im Rahmen des QFD werden die *Qualitätspläne Prozeß und Produktion* erarbeitet. Dies geschieht für gewöhnlich nicht mehr durch Marketing-Mitarbeiter, sondern durch Entwicklungsingenieure verschiedener Abteilungen. (S. hierzu konkreter Teil III, Abschnitt 3.1.2 und dort insbesondere Darst. III.2.1-1.)

47 Vgl. z.B. BURN 1990; DEVERA U.A. 1988, S. 35-38; HAUSER/CLAUSING 1988.
48 SWANSON 1993, S. 81. Zum Benchmarking allgemein s. - kurz - in Abschnitt 4.1.4.

von TQM-Strategien beitragen kann. Im Hinblick auch auf das QFD stellt MÜLLER[49] zusammenfassend fest: "Der Unterschied der heutigen Anwendung dieser Methoden im Gegensatz zu ihrem Gebrauch in der Vergangenheit ist, daß die Verfahren zum Gegenstand der definierten Unternehmensstrategien werden und flächendeckender unternehmensweit eingesetzt werden." Voraussetzung hierfür ist die Bereitschaft der betroffenen Mitarbeiter zur Teamarbeit auch im Bereich der Konstruktions- und Planungsabteilungen. Solche Teams arbeiten zweckmäßigerweise von einem sehr frühen Planungsstadium an zusammen; sie sind funktionsübergreifend zusammengesetzt.[50]

2.2 Unternehmensübergreifendes strategisches Qualitätsmanagement: die Lieferantenbeziehungen

Die Eigenfertigungstiefe vieler Unternehmen sinkt; auch Unternehmen, die lange Zeit großen Wert darauf legten, alle wichtigen Teile selbst zu produzieren, beziehen inzwischen verstärkt Zulieferanten mit ein.[51] In dem Maße, in dem diese Entwicklung fortschreitet, wächst die Abhängigkeit der Produktqualität vom Qualitätsmanagement der Zulieferer. "Solange sich ein Zulieferproblem nur innerbetrieblich stellt, könnte es durch entsprechende investive und konzeptuelle Maßnahmen, aber auch durch Nutzen übergreifender Weisungsbefugnisse (Direktionalrechte) sowie durch Mitarbeitermotivation über personelle Anreizsysteme und schließlich auch durch Sanktionen relativ einfach gelöst werden. Weit schwieriger stellt es sich jedoch, sobald es sich um system-'fremde' Zulieferer handelt, bezüglich derer das Beeinflussungspotential seitens der Abnehmer - allein schon unternehmensrechtlich - erheblich schwächer ausgeprägt ist."[52] Von entsprechender Bedeutung sind die Entscheidungen darüber, welche Leistungen von - welchen - Zulieferern übernommen werden sollen (Abschnitt 2.2.1) und wie die Qualität dieser Leistungen zu sichern ist (Abschnitt 2.2.2).

---

49 MÜLLER 1992, S. 297.
50 Vgl. BURN 1990, S. 70; KENNY 1988, S. 30; ROSS 1988a, S. 44; SIMON 1992, S. 672.
51 Vgl. z.B. EICKE/FEMERLING 1991, S. 54f. In diesem Zusammenhang wird häufig von *Outsourcing* gesprochen (vgl. HÜTTNER 1995, S. 114f. sowie die dort angegebene Literatur); ausführlich zu (internationalen) Unternehmenskooperationen vgl. SELL 1994.
52 Kern 1989, S. 291; vgl. allgemein hierzu z.B. BENKENSTEIN/HENKE 1993, S. 77-91.

2.2.1 Einkaufsstrategien

Zugelieferte Teile werden häufig in unterschiedliche Kategorien eingeteilt. So differenziert man vielfach zwischen folgenden Arten[53]:
- *Standardprodukte* bietet ein Zulieferer ohne größere Modifikationen mehreren Kundenunternehmen an.
- *Spezielle Komponenten* müssen dagegen für gewöhnlich in mehrerer Hinsicht variiert werden. (Beispiele aus der Automobilindustrie sind Außenspiegel, Scheinwerfer und Tanks.) Hier werden vom Zulieferer auch die Entwicklung bzw. Optimierung von Produktionsprozessen erwartet.
- *Komplexe Systeme* werden unter größtmöglicher Anpassung an fahrzeugspezifische Erfordernisse erstellt (z.B. elektronisch geregelte Fahrwerke und Einspritzanlagen). Hier sind zusätzlich meist Forschungs- und Entwicklungs-Leistungen gefordert; erwartet werden "Entwicklungssprünge" und weitreichende Produkt- und Prozeßinnovationen. Für Zulieferer solcher Leistungen findet der Begriff *Systemlieferanten* Verwendung.

Insbesondere im Hinblick auf Systemlieferanten findet sich häufig eine relativ enge Zusammenarbeit. Gemeinsame Tätigkeiten bei einer *Entwicklungspartnerschaft*[54] können beispielsweise das Suchen nach Lösungsprinzipien, die Problemaufgliederung in realisierbare Module sowie die Gestaltung des gesamten Produktes sein. In der Verantwortung des Kundenunternehmens verbleiben dagegen meist die Klärung und Präzisierung der Aufgabenstellung.[55] Eine solche Form der Zusammenarbeit ist meist langfristig angelegt, während mit Zulieferern von Standardprodukten und häufig auch von "speziellen Komponenten" häufig Jahresverträge geschlossen werden. Die Fristigkeit der Verträge wirkt sich wiederum auf das Verhältnis der Unternehmen zueinander aus und spielt gerade für Aspekte des Qualitätsmanagements eine wichtige Rolle.

---

53 Vgl. z.B. ABEND 1992, S. 50f. und etwas anders PICOT 1991, S. 340.
54 Der Begriff "Partnerschaft" findet in diesem Zusammenhang oftmals Verwendung. Zu berücksichtigen ist dabei, daß es sich häufig um ein Abhängigkeitsverhältnis handelt, bei dem der Zulieferer die wesentlich schwächere Position innehat. (Bei Verfolgung von Single-Sourcing-Strategien - s. hierzu unten - begibt sich andererseits auch das Kundenunternehmen in eine gewisse Abhängigkeit vom Zulieferer.) Vgl. allgemein hierzu z.B. die verschiedenen Beiträge in MENDIUS/WENDELING-SCHRÖDER (HRSG.) 1991.
55 Vgl. WILDEMANN 1992b, S. 401.

2. Strategien des Total Quality Managements

Neben der Entscheidung darüber, für welche Leistungen (System-)Lieferanten gesucht werden, stellt sich die Frage nach ihrer *Anzahl*. In der Diskussion findet sich das Schlagwort *Single-Sourcing*, d.h. die Konzentration - im Extremfall - auf einen Zulieferer.[56] (Unter *Multiple*-Sourcing versteht man entsprechend eine Situation, in der Geschäftsbeziehungen zu mehreren Lieferanten für ein Teil bzw. System bestehen. Hierfür spricht zum einen die geringere Abhängigkeit vom einzelnen Zulieferer, zum anderen die Möglichkeit des Profitierens von Forschungs- und Entwicklungs-Anstrengungen mehrerer Unternehmen.[57]) Single-Sourcing schließt nicht aus, daß der Zulierer, als Systemlieferant, weitere Unterlieferanten heranzieht, was zu einem sehr komplexen Beziehungsgeflecht führen kann. Wie für manche Bereiche, so findet sich auch hier eine besonders weitgehende Ausprägung dieses Prinzips in der japanischen Automobilindustrie, auch in der deutschen Automobilindustrie gibt es inzwischen jedoch ähnliche Tendenzen.[58] Für das Unternehmen *BMW* zeigt dies Darst. II.2.2-1.

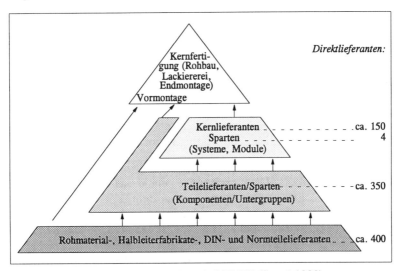

Darst. II.2.2-1: Lieferantenstruktur bei BMW (Stand 1992)
(Quelle: BMW, zitiert nach: BEUTHNER 1992, S. 50)

---

56 Vgl. DEMING 1986, S. 36-40; HELPER 1991, S. 19; SPEKMAN 1988, S. 75f.; WILDEMANN 1992b, S. 397.
57 Vgl. MÜLLER 1992, S. 179.
58 Eine repräsentative Umfrage bei Zulieferern der Automobilbranche in Deutschland zeigte, daß zum einen die meisten von ihnen mehrere Hersteller beliefern

Es wird durch das Prinzip des Single-Sourcing und die Einbeziehung von Systemlieferanten möglich, die Fertigungstiefe zu vermindern und trotzdem die Anzahl der Lieferanten, zu denen ein direkter Kontakt besteht, zu senken.[59] Zu diesen Lieferanten werden meist relativ enge Beziehungen aufgebaut, auch mit weitreichenden Konsequenzen für die Entscheidungen über die Aufgabenteilung im Hinblick auf das zugelieferte Teile betreffende Qualitätsmanagement. Hierauf wird im folgenden Abschnitt eingegangen.

2.2.2 Aufgabenteilung zwischen Kundenunternehmen und Zulieferern hinsichtlich des Total Quality Managements

Je mehr von einem Lieferanten abhängt, desto mehr wird ein Kundenunternehmen versuchen, zum einen möglichst viel über dessen Qualitätsmanagement in Erfahrung zu bringen, zum anderen aber auch darauf Einfluß zu nehmen.[60] Nach wie vor verwendet werden *Annahmekontrollen* - entweder als Vollkontrollen oder in Form von Stichproben.[61] Sie allein werden allerdings von vielen Unternehmen nicht mehr als ausreichend erachtet. Es läßt sich vielmehr schon seit längerem die Tendenz beobachten, die Verantwortung für Qualität und deren Kontrolle vermehrt den Zulieferern zu übertragen und diese gleichzeitig bei der Entwicklung eines leistungsfähigen Qualitätsmanagements zu unterstützen.[62] Darstellung II.2-2 zeigt mögliche Ausprägungen einer Verantwortungsverlagerung.

Im achten Schritt sah *Ishikawa* schon 1985 ein ideales Stadium, "in which process analysis has progressed, process capabilities have increased, and reliable process control has been implemented. In such an instance, shipping inspection by the supplier is no longer required."[63] Das Erreichen

---

und daß zum anderen sehr viele Zulieferer weitere Unterlieferanten heranziehen (vgl. O.V. 1992b, S. 48f.). Zu der Ausprägung in der japanischen Industrie vgl. z.B. SCHNEIDEWIND 1991, S. 255-274; SCHNEIDEWIND 1993, S. 890-901; SYDOW 1991, S. 238-254.
59 Vgl. EICKE/FEMERLING 1991, S. 55.
60 Vgl. BURT 1990, S. 73.
61 S. hierzu Abschnitt 3.1.1.
62 Vgl. FEIGENBAUM 1991, S. 700.
63 ISHIKAWA 1985, S. 167f.; vgl. auch DEMING 1982, S. 51; FEIGENBAUM 1991, S. 682 u. 702.

Step	Supplier		Purchaser	
	Manufacturing Division	Inspection Division	Inspection Division	Manufacturing Division
1				100% inspection
2			100% inspection	
3		100% inspection	100% inspection	
4		100% inspection	sampling or checking inspection	
5	100% inspection	sampling inspection	sampling or checking inspection	
6	process control	sampling inspection	checking or no inspection	
7	process control	checking inspection	checking or no inspection	
8	process control	no inspection	no inspection	

Darst. II.2.2-2: Möglichkeiten der Verteilung von Prüfaktivitäten zwischen Zulieferer und Kundenunternehmen (nach ISHIKAWA 1985, S. 166)

dieses Zustandes ist fast immer mit der Einführung von Statistischer Prozeßregelung auf seiten der Zulieferer verbunden. Darauf haben sich - auch und gerade in der Automobilbranche - die Unternehmen eingestellt. So zeigte eine 1989 durchgeführte Studie, daß in den USA bereits zum damaligen Zeitpunkt die Zulieferer zu 92% mit ihren Produkten den Herstellern auch die Qualitätsregelkarten zukommen ließen; sogar 99% der Zulieferer wendeten die Statistische Prozeßregelung an.[64] Geradezu unverzichtbar ist dieses Verfahren auf seiten der Zulieferer bei der Realisierung von *Just-In-Time-Konzepten*, also einer fertigungssynchronen Belieferung, wobei das Kundenunternehmen auf Eingangslager - und auch auf die Möglichkeit einer Annahmekontrolle - verzichtet.[65]

---

64 Vgl. HELPER 1991, S. 17 u. 27. Dies bedeutete einen starken Anstieg der Nutzung dieses Verfahrens seit 1986, als vom selben Forscher eine entsprechende Studie zum ersten Mal durchgeführt wurde. Zu diesem Aspekt vgl. auch WOMACK/JONES/ROOS 1992, S. 168f. Zu dem Verfahren der Statistischen Prozeßregelung s. Abschnitt 3.1.1.2.
65 Vgl. z.B. MESSINA 1987, S. 277. Zu Just-In-Time- und Kanban-Konzepten vgl. ausführlich z.B. DION/BANTING/HASEY 1990, S. 42; OHNO 1993, S. 54-62; SHINGO 1992, S. 148-168; SUZAKI 1989, S. 140-161.

Im Hinblick auf Systemlieferanten ergeben sich noch sehr viel mehr Berührungspunkte des Qualitätsmanagements von Kunden- und Zulieferunternehmen. Aus Mitarbeitern beider Unternehmen zusammengesetzte Teams können z.B. gemeinsam FMEAs durchführen, potentielle Abweichungsursachen und mögliche Prozeßoptimierungen ermitteln (z.B. mit Hilfe der Taguchi-Methode) sowie die erzielte Prozeßfähigkeit erhöhen und weitere Qualitätsmanagementmaßnahmen planen. Die Zusammenarbeit zwischen beiden bzw. allen beteiligten Unternehmen kann sich auch auf die Belegschaftsqualifizierung, z.B. im Hinblick auf den Umgang mit Qualitätsmanagement-Methoden, erstrecken. Erste Ansätze hierzu werden seit einiger Zeit praktiziert.[66]

Ziele solcher Aktivitäten sind eine höhere Qualität zugelieferter Produkte sowie langfristig ein verbessertes Qualitätsmanagement-System des Zulieferers insgesamt. Im Einzelfall können auch überzogene (zu enge) Toleranzen des Kunden erkannt werden, so daß deren Erweiterung den Einsatz kostengünstigerer Produktionsprozesse ermöglicht.

Eine solche Zusammenarbeit bedeutet, daß hochsensible Informationen ausgetauscht, Risiken diskutiert und bewertet werden. "Für die Zulieferer bedeutet allein die Offenlegung von Zeichnungen, Konstruktionsdetails und Prozeßschritten häufig eine Gewissensfrage und -entscheidung. Steht beim Kunden bereits die Konkurrenz vor der Tür, um ein vergleichbares Produkt zu entwickeln, anzubieten oder sogar kurzfristig zu liefern, tut sich die Geschäftsleitung des betroffenen Lieferanten besonders schwer mit der Entscheidung 'pro FMEA'."[67] Möglichkeiten einer Problembewältigung liegen z.B. in schriftlichen Vereinbarungen über die vertrauliche Behandlung der FMEA-Unterlagen durch den Kunden[68], vor allem aber in einer langfristigen Vertragsgestaltung. In einer empirischen Untersuchung der *Bossard Consultants* und der Universität Augsburg mit dem Titel "Effizienz und Effektivität von Lieferantenprogrammen in der deutschen Automobilindustrie", bei der von 360 befragten Zulieferern 102 antworteten, ergab sich unter anderem, daß gerade im Hinblick auf die gegenseitige Geheimhaltung noch Probleme gesehen werden. Teile der Ergebnisse dieser Studie zeigt Darst. II.2.2-3.

---

66 Vgl. MENDIUS/WEIMER 1991, S. 293-294.
67 FRANKE 1989, S. 76.
68 Eine Beispielformulierung findet sich in FRANKE 1989, S. 77, vgl. zu dieser Problematik auch BAUER 1992a, S. 82.

	Automobilhersteller	Ford	VW	Opel	BMW	MB
Aspekte der Zusammenarbeit	Teamarbeit, Kooperation	++	++	++	++	++
	Systematik, Vorgehen	+	+	++	+	+
	Verbesserung der Beziehungen	+	+	+	++	++
	Gemeinsame Zielerarbeitung	++	+	+	++	++
	Gegenseitige Kommunikation	-	+	+	++	+
	Langfristige Orientierung	+	+	+	+	+
	Gegenseitige Geheimhaltung	0	-	+	-	-
	Umsetzungsunterstützung	-	--	--	+	0

-- sehr schwach -schwach 0 weder noch + stark ++sehr stark

Darst. II.2.2-3: Beurteilung der Lieferantenprogramme von Automobilherstellern aus Sicht der Zulieferer (modifiziert nach SELZLE 1994, S. 3)

Eine Voraussetzung für das Erreichen einer vertrauensvollen Zusammenarbeit besteht aus Sicht der Kundenunternehmen häufig in *Qualitätsaudits*. Dabei wird das Qualitätsmanagement des Zulieferers insgesamt beurteilt. Ein solches Audit ist meist wichtiger Bestandteil einer *Zuliefererbeurteilung (Vendor Rating)*. Konkret geht es darum festzustellen, ob und auf welche Weise das Zulieferunternehmen gewährleisten kann, die von ihm abgeforderte Qualität zu erbringen, und wie ein Zulieferer dabei im Vergleich zu seinen Konkurrenten abschneidet.[69]

Durch die VDA/DGQ-Fachgruppe "Qualitätsmanagement in der Automobilindustrie", in der auch ein Vertreter der Zuliefererindustrie Mitglied ist, wurde ein Fragenkatalog für an den DIN-EN-ISO-9000-Normen ausgerichtete Systemaudits erarbeitet und 1993 veröffentlicht. Inzwischen finden für die Auditoren dieser Branche gemeinsame Trainings statt, "die Auditteams zweier Hersteller treten gemeinsam beim gleichen Zulieferer auf, und bei regelmäßigen Symposien werden Erfahrungen ausgetauscht. Die Anerkennung der Ergebnisse wird weitgehend praktiziert."[70]

Eine Alternative zu aufwendigen eigenen Audits kann in der Nutzung von Zertifizierungen und Qualitätspreisen liegen. So verlangt *Motorola* von allen seinen Lieferanten, daß sie sich um den *Malcolm Baldrige Natio-*

---

69 Vgl. z.B. FRANKE 1989, S. 440-453; PENNUCCI 1987, S. 43. S. zu Qualitätsaudits Abschnitt 4.1 dieser Arbeit.
70 Vgl. o.V. 1994a, S. 36; VERBAND DER AUTOMOBILINDUSTRIE (VDA) 1991. Zu den DIN-EN-ISO-9000-Normen s. Abschnitt 4.1.2.

nal Quality Award[71] bewerben. Da jedes Unternehmen, das daran teilnimmt, ein schriftliches Prüfungsergebnis erhält, auch, wenn es den Preis nicht gewinnt, liegt anschließend eine Beurteilung vor, wo die Firma sich in Bezug auf die Qualitätsverbesserung befindet und welche Veränderungsbedarfe gesehen werden.[72]

Insgesamt zeigt sich eine Anzahl unterschiedlicher Ansatzpunkte für die Gestaltung der Beziehungen zu Zulieferern im Hinblick auf das Qualitätsmanagement. Unternehmensübergreifende - auf Zulieferer ausgerichtete - Strategien des Total Quality Managements sind dabei zweckmäßigerweise im Zusammenhang mit den internen Qualitätsstrategien zu entwickeln. Interne und externe Qualitätsmanagement-Strategien bilden zusammen einen Handlungsrahmen für den Einsatz der verschiedenen Instrumente. Diese sind Thema der folgenden Abschnitte.

---

71 S. hierzu Abschnitt 4.1.4.
72 Vgl. STAAL 1990, S. 172.

3. Instrumente des Total Quality Managements

Die Instrumente des Total Quality Managements werden in einerseits *produkt- und prozeßorientierte* (Abschnitt 3.1) und andererseits mitarbeiterorientierte Instrumente (Abschnitt 3.2) eingeteilt. Zu ersteren zählen die Methoden der *statistischen Qualitätssicherung*, die wiederum in die Annahmeprüfung und die Statistische Prozeßregelung unterteilt werden können. Hier eingeordnet werden zudem Prozeßfähigkeitsstudien, die auf den gleichen Grundlagen beruhen. Stärker präventiven Charakter haben die *Taguchi-Methode* und die *Fehlermöglichkeits- und -einflußanalyse*. *Mitarbeiterorientierte* Instrumente sind *Qualitätszirkel* und das *Betriebliche Vorschlagswesen*.

3.1 Produkt- und prozeßorientierte Instrumente

3.1.1 Statistische Qualitätssicherung

Ausgangspunkt der statistischen Qualitätssicherung (SQS) ist die Annahme, daß jeder Produktionsprozeß einem Komplex möglicher Fehlerursachen ausgesetzt ist (der sich z.B. in die Kategorien "Mensch", "Maschine", "Methode" und "Material" einteilen läßt). Die ständige Einhaltung vorgegebener Merkmalsausprägungen an Produkten und Prozessen ohne jeden Abweichungsspielraum erscheint daher kaum möglich, so daß bereits im Entwurf von Produktteilen Schwankungen der Merkmalsausprägungen innerhalb eines bestimmten Toleranzbereiches einkalkuliert werden.[1] Mit Hilfe der SQS soll gewährleistet werden, daß fehlerhafte Teile, die also außerhalb dieser Toleranzen liegende Merkmale aufweisen, nicht zum Kunden gelangen, indem sie vorher aussortiert oder die Produktionsprozesse so gesteuert werden, daß die Toleranzen eingehalten werden. Darstellung II.3.1-1 (auf der folgenden Seite) zeigt die verschiedenen Ausprägungen der SQS.

Die Statistische Prozeßregelung (Fertigungsüberwachung) und die "kontinuierliche Stichprobenprüfung" werden auch als *On-Line-Verfahren* bezeichnet; Annahmeprüfung und Prozeßfähigkeitsstudien, da sie von der Fertigung losgelöst erfolgen, als *Off-Line*-Verfahren.[2] (Auch die in den Abschnitten 3.1.2 und 3.1.3 beschriebene "Fehlermöglichkeits- und -ein-

---

1 Vgl. RINNE/MITTAG 1995, S. 10f.
2 Vgl. RINNE/MITTAG 1995, S. 142 u. 304. Auf die *kontinuierliche Stichprobenprüfung* wird im folgenden nicht weiter eingegangen. (Vgl. aber z.B. ebenda, S. 305-330.)

Darst. II.3.1-1: Ausprägungen der statistischen Qualitätssicherung

flußanalyse" sowie die Taguchi-Methode lassen sich in die zweite Gruppe einordnen.)

3.1.1.1 Annahmeprüfungen

3.1.1.1.1 Grundgedanken und Systematik von Annahmeprüfungen

Annahmeprüfungen in Stichprobenform sollen Vollprüfungen ersetzen, d.h., anhand von Stichprobenergebnissen soll darüber entschieden werden, ob das gesamte Los (es geht also nicht um die Zurückweisung einzelner defekter Teile) angenommen oder abgelehnt wird.[3] Da es sich um Stichproben handelt, besteht das Risiko, von den Stichprobenergebnissen falsche Rückschlüsse auf die Qualität des Gesamtloses zu ziehen. Als *Konsumentenrisiko* wird dabei die Gefahr für den Abnehmer bezeichnet, aufgrund der Stichprobenbefunde ein Los anzunehmen, das in Wirklichkeit die zugelassene Fehlerzahl überschreitet; umgekehrt besteht das *Produzentenrisiko* darin, daß ein Los mit akzeptabler Qualität zurückgewiesen wird.

Bei den Stichproben kann jeweils zwischen Variablen- und Attributenprüfungen unterschieden werden. Bei *Attributenprüfungen* wird die An-

---

3 Vgl. z.B. TIMISCHL 1995, S. 231. Vollprüfungen finden allerdings in Ausnahmefällen auch noch Anwendung, insbesondere als Konsequenz bestimmter - schlechter - Stichprobenergebnisse. Zudem gibt es Produkte, für die sie als zwingend notwendig erachtet werden. (Hierzu gehören etwa Herzschrittmacher und teilweise auch Bremsen an Automobilen.) Anstelle des Begriffs Annahmeprüfung wird in Teilen der Literatur auch der Terminus *Abnahmeprüfung* verwendet (vgl. z.B. RINNE/ MITTAG 1995, S. 141-302).

zahl der fehlerhaften Stichprobenelemente ermittelt, *Variablen*prüfungen werden dann angewandt, wenn das zu prüfende Merkmal eine stetige Verteilung aufweist. Bei ersteren ist es zum einen möglich, daß von einer dichotomen Grundgesamtheit ausgegangen wird, die Qualitätsmerkmale als "gut" oder "schlecht" resp. "nicht-defekt" oder "defekt" beurteilt werden. Zum anderen ist eine Situation möglich, in der die Fehlerart bei einzelnen Stichprobenelementen mehrfach auftreten kann (z.b. Lackblasen auf einer Automobil-Karosserie). Hier wird die Gesamtzahl der Fehler in der Stichprobe bestimmt.[4]

Sowohl Attributen- als auch Variablenprüfungen können in einfache, doppelte und mehrfache Pläne eingeteilt werden.[5] Bei *einfachen* Prüfplänen wird genau eine Stichprobe der Gesamtheit (also dem Los) entnommen. *Doppelte* Pläne lassen die Möglichkeit einer zweiten - häufig kleineren - Stichprobe zu, die meist dann genutzt wird, wenn das erste Ergebnis uneindeutig ist. Bei *mehrfachen* Plänen sind entsprechend weitere Stichproben möglich.

3.1.1.1.2 Das methodische Vorgehen bei der Annahmeprüfung

Bei einer Annahmeprüfung wird ein z.b. von einem externen Zulieferer eintreffendes Los einer Qualitätsprüfung unterzogen. (Annahmeprüfungen können jedoch auch *zwischen verschiedenen Produktionsstufen* angewandt werden.) Erfolgt die Durchführung als Stichprobe, bestimmt ein *Prüfplan* den Stichprobenumfang bzw. - bei mehrfacher Stichprobenentnahme - die Stichprobenumfänge sowie numerische Bedingungen für die Annahme bzw. Ablehnung des Loses. Er ist so festgelegt, daß das Konsumenten- und das Produzentenrisiko einen bestimmten (ausgehandelten) Wert haben. Die sogenannte *Annahmekennlinie* oder *Operationscharakteristik-Funktion (OC-Funktion)* bezeichnet für einen individuellen Prüfplan (mit festgelegtem Los- und Stichprobenumfang sowie erlaubter höchster Fehlerzahl) die Wahrscheinlichkeit der Annahme eines Loses im Verhältnis zu seiner Ausschußquote.[6]

---

4 Vgl. auch zu folgendem z.B. SCHILLING/ SOMMERS 1988, S. 25.5-25.8; TIMISCHL 1995, S. 53-61 u. 245-251.
5 Außerdem besteht noch die Möglichkeit der Anwendung *sequentieller* Prüfpläne. Auf diese wird hier nicht weiter eingegangen. (Vgl. aber z.B. TIMISCHL 1995, S. 252-255.)
6 Vgl. RINNE/MITTAG 1995, S. 124-129.

Die schlechte Qualitätslage eines Loses, bei der die Annahmewahrscheinlichkeit (w) einen zwischen Kunden und Produzenten zum Schutz der ersteren vereinbarten relativ kleinen Wert hat (z.b. w=0,1), wird als die *zurückzuweisende Qualitätslage (rejectable quality level* = RQL-Wert oder LTPD-Wert = lot tolerance per cent defective) bezeichnet. Die Qualitätslage eines Loses, bei der die Annahmewahrscheinlichkeit für das Los vereinbarungsgemäß zum Schutz des Produzenten einen relativ großen Wert hat (z.b. w=0,95), heißt *annehmbare Qualitätslage* (AQL-Wert). In Abhängigkeit von den Festlegungen im Prüfplan (insbesondere über die erlaubte Anzahl von Fehlern) variiert die Wahrscheinlichkeit, daß ein Los mit einer bestimmten Fehleranzahl angenommen wird. "AQL-Werte werden in Prozent angegeben; die Angabe 'AQL 4,0' bei einem Stichprobenplan bedeutet somit, daß bei den zugehörigen Stichprobenprüfungen bis zu einem Fehleranteil von 4% [...] eine hohe Annahmewahrscheinlichkeit besteht."[7] Ein Prüfplan ist für einen Produzenten um so günstiger, je größer der AQL-Wert ist: In diesem Fall ist die Wahrscheinlichkeit, daß das Los angenommen wird, selbst dann noch relativ groß, wenn ein hoher Fehleranteil vorliegt.[8]

Um Annahmeprüfungen überhaupt sinnvoll durchführen zu können, muß zunächst eindeutig festgelegt werden, was als Fehler gelten soll. Grundsätzlich ist hierunter eine Abweichung der gefundenen Ausprägung eines Qualitätsmerkmals von vorgegebenen Forderungen zu verstehen.[9] In der Praxis findet häufig zusätzlich eine Klassifizierung von Defekten hinsichtlich ihrer potentiellen Auswirkungen statt: *Kritische Fehler* ziehen bei ihrem Auftreten Gefahrensituationen nach sich (Gefahr von Personenschäden oder wesentliche Sachbeschädigungen). *Haupt*fehler mindern wesentlich die Brauchbarkeit einer Produkteinheit für den vorgesehenen Verwendungszweck. *Neben*fehler beeinträchtigen die Brauchbarkeit nur geringfügig. Für Kritische Fehler wird häufig ein 0%-AQL gefordert, während Hauptfehler einen niedrigen AQL von z.B. 1% und Nebenfehler einen höheren (z.B. 4%) haben können.[10]

Annahmeprüfungen werden sehr kontrovers diskutiert. SCHILLING befürwortet ihre Anwendung: "Acceptance Sampling has too often been

---

7 TIMISCHL 1995, S. 270.
8 Vgl. RINNE/MITTAG 1995, S. 178-185. *Timischl* weist darauf hin, daß der AQL dabei als Kennzahl für das Prüfrisiko bei der Stichprobenprüfung einer Serie von Losen zu verstehen sei und nicht bedeute, daß ein entsprechender Fehleranteil gewissermaßen legitimiert werde! (Vgl. TIMISCHL 1995, S. 270.)
9 Vgl. DGQ (HRSG.) 1993, S. 49-53.
10 Vgl. HARTING 1989, S. 93f.

viewed as a passive element in quality, simply sorting good from bad. This is the sense in which it is used in the product quality control of unique lots submitted individually for inspection. When applied to a steady flow of product from a supplier, it can be made a dynamic element supplementing the process quality control system."[11]

Dagegen erteilte DEMING dieser Methode eine strikte Absage: "If used for quality audit of final product as it goes out the door, they guarantee that some customers will get defective products. The day of such plans is finished. American industry can not afford the losses that they cause [...] Incredibly, courses and books in statistical methods still devote time and pages to acceptance sampling."[12] Als Alternative befürwortete *Deming* die Statistische Prozeßregelung mittels Qualitätsregelkarten. Um diese sinnvoll anwenden zu können, muß es allerdings grundsätzlich möglich sein, die betreffenden Prozesse so zu steuern, daß sie sich "in statistischer Kontrolle" befinden.[13] Insofern bleibt das Qualitätsmanagement für solche Prozesse, bei denen noch nicht behebbare systematische Schwankungen vorliegen, auf die Verwendung von Annahmestichproben angewiesen. Allerdings ist davon auszugehen, daß in den meisten Unternehmen das Ziel verfolgt wird, die Prozesse so zu beherrschen, daß das Verfahren der Statistischen Prozeßregelung genutzt werden kann. Dieses wird im nächsten Abschnitt beschrieben.

3.1.1.2 Statistische Prozeßregelung

3.1.1.2.1 Grundgedanken der Statistischen Prozeßregelung und Systematik von Qualitätsregelkarten

Ebenso wie bei der Annahmeprüfung ist der Ausgangspunkt der Statistischen Prozeßregelung (*Statistical Process Control, SPC*) das Problem von Schwankungen im Produktionsprozeß und die dadurch bedingte Variabilität verschiedener Qualitätsmerkmale. Für das Verständnis von SPC ist die Einteilung dieser Variabilität in eine *systematische* und eine *zufällige* wesentlich.[14] Sind die Schwankungen eines Fertigungsprozesses ausschließlich auf (innerhalb des jeweiligen Prozesses) nicht-beeinflußbare

---

11 SCHILLING 1984, S. 22.
12 DEMING 1986, S. 133, vgl. auch ebenda, S. 430-432 und WADSWORTH/STEPHENS/ GODFREY 1986, S. 501.
13 Vgl. SOWER/MOTWANI/SAVOIE 1993, S. 85-88. S. hierzu im nächsten Abschnitt.
14 Vgl. STAAL 1990, S. 122f.

Faktoren zurückzuführen, so spricht man von zufälligen Schwankungen und davon, daß sich der Prozeß *in statistischer Kontrolle* befindet. Er ist mit großer Wahrscheinlichkeit stabil und läßt daher auch Voraussagen künftiger Ergebnisse zu. Treten dagegen solche Schwankungen auf, die auf beeinflußbare Ursachen zurückzuführen sind (z.B. auf abgenutztes Werkzeug), so handelt es sich um systematische Schwankungen. Der Prozeß befindet sich dann *außer* statistischer Kontrolle, er ist gestört; künftige Ergebnisse lassen sich kaum vorhersagen.

Das Ziel der SPC besteht darin, den laufenden Prozeß zu kontrollieren und gegebenenfalls auf ihn einzuwirken, damit er sich ständig in statistischer Kontrolle befindet. Dazu werden dem Prozeß zu vorher festgelegten, i.d.R. äquidistanten Zeitpunkten Stichproben entnommen, deren Ergebnisse auf einem Formblatt oder Monitor als *Qualitätsregelkarte (QRK)* wiedergegeben werden, und zwar in Form einer graphischen Darstellung (Koordinatensystem), auf die unten näher eingegangen wird.[15]

Qualitätsregelkarten dienen mehreren Zielen[16]:
(a) Es soll *permanent* geprüft werden, ob sich der Fertigungsprozeß in statistischer Kontrolle befindet. Die Anwendung von Qualitätsregelkarten ermöglicht es, unerwünschte Veränderungen wesentlich frühzeitiger als z.B. durch Annahmekontrollen festzustellen und zu beheben, wodurch die *Ausschußproduktion* reduziert werden kann. Außerdem können Qualitätsregelkarten Entscheidungshilfen für die Festlegung von Zeitpunkten für *Instandhaltungs*-Maßnahmen darstellen.
(b) Es wird die Voraussetzung für *Prozeßverbesserungen* geschaffen, indem zunächst systematische Schwankungen und darauf aufbauend ihre Ursachen erkannt und eliminiert werden können. Dies wiederum ist der erste Schritt für eine Reduzierung der Toleranzintervalle.
(c) Qualitätsregelkarten dokumentieren das intern betriebene Qualitätsmanagement. Sie gelten als *Nachweis des Qualitätsmanagements* gegenüber dem Kunden, der seine Annahmeprüfungen zumindest einschränken kann. Auch gegenüber Gewerbeaufsicht und TÜV dienen Regelkarten Nachweiszwecken und sind z.T. durch gesetzliche Auflagen (beispielsweise durch Umweltgesetze und -verordnungen für Schadstoffemissionen) sogar vorgeschrieben. Hinzu kommt (verstärkt seit dem Inkrafttreten des Produkthaftungsgesetzes am 1.1.1990), daß QRK als Beweismittel bei Auseinandersetzungen um Gewährleistungs- oder Haftungsansprüche dienen können: "Die umfassende

---
15 S. Abschnitt 3.1.1.2.2. Synonym wird der Begriff Regelkarte verwandt.
16 Vgl. PENNUCCI 1987, S. 43f.; RINNE/MITTAG 1995, S. 337; STAAL 1990, S. 118-125.

Dokumentation aller angewendeten Online-Qualitätssicherungsverfahren einschließlich der Qualitätsdaten ist geeignet, den zur Abwendung von Ansprüchen erforderlichen Nachweis zu führen."[17]

Ebenso wie Annahmeprüfungen können Ausprägungen der Statistischen Prozeßregelung danach unterschieden werden, ob sie *attributive* oder *variable* Daten erfassen.[18] Enthält die (variable) QRK nur ein Koordinatensystem, in welches der Stichprobenbefund zur Überwachung eines Aspektes der Fertigung (Lage *oder* Streuung) eingetragen ist, spricht man von einfachen bzw. *einspurigen* QRK, während doppelte bzw. *zweispurige* QRK zwei parallel geführte Koordinatensysteme für zwei Stichprobenfunktionen aus jeder Stichprobe enthalten, wodurch Lage *und* Streuung gleichzeitig überwacht werden. Schließlich gibt es noch *multivariate* QRK, mit deren Hilfe mehrere Qualitätsmerkmale simultan überwacht werden.[19] Darstellung II.3.1-2 gibt einen Überblick über wichtige Ausprägungen von Regelkarten.

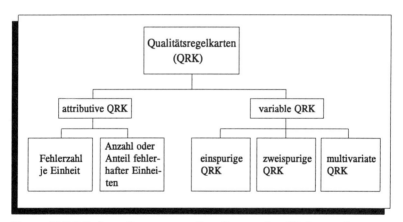

Darst. II.3.1-2: Ausprägungen von Regelkarten (modifiziert nach RINNE/MITTAG 1995, S. 340 u. STAAL 1990, S. 134)

---

17 MITTAG 1993, S. 43.
18 Vgl. auch zu folgendem ausführlich MITTAG 1993, S. 43-167.
19 Neben diesen - auf *Shewhart* zurückgehenden (s. hierzu Teil I, Abschnitt 2.2.1) - Qualitätsregelkarten können auch sogenannte *CUSUM-Karten* verwandt werden. Ihre Besonderheit besteht darin, daß die Ergebnisse früherer Stichprobenbefunde und gerade auch Prozeßniveauverschiebungen stärker berücksichtigt werden. Vgl. HERMLE/RIBBECKE 1994, S. 143-146; LOGOTHETIS 1992, S. 271-279; MITTAG 1993; S. 49-54.

3.1.1.2.2 Das methodische Vorgehen bei der Statistischen Prozeßregelung

Im folgenden Abschnitt soll zum einen der Aufbau von Qualitätsregelkarten erläutert, zum anderen die Interpretation der Ergebnisse angesprochen werden.

Die Qualitätsregelkarte zur graphischen Darstellung der Stichprobenergebnisse ist ein Koordinatensystem mit verschiedenen festen Bestandteilen. Auf der Abszisse wird die Nummer bzw. der Zeitpunkt der Stichprobenentnahme, auf der Ordinate der "Stichprobenbefund" wiedergegeben. Letzterer kann in Form der "Urwerte" dargestellt, aber auch verdichtet werden (z.B. als Mittelwert, Standardabweichung, Spannweiten).

Weitere feste Linien sind in einer QRK enthalten:[20] Die *Mittellinie* (M), die parallel zur Abszisse verläuft, kennzeichnet den Zielwert. Je nachdem, ob Abweichungen in eine oder zwei Richtungen relevant sind, gibt es eine oder zwei *Eingriffsgrenzen* (obere und untere Eingriffsgrenze, OEG und UEG). Sie markieren die Punkte, ab denen ein überwachter Prozeß als ungestört bzw. gestört beurteilt wird. Analog den Eingriffsgrenzen können noch ein oder zwei *Warngrenzen* (obere und untere Warngrenze, OWG und UWG), die enger zueinanderliegen als die Eingriffsgrenzen, in die QRK eingetragen werden.

Das *Prüfkriterium* selbst wird so ausgewählt, daß es den größtmöglichen Aussagewert für die Produktqualität oder für bestimmte Aspekte der Produktqualität hat: "So wie das Brennglas die Lichtstrahlen auf einen Brennpunkt bündelt, muß die Steuergröße der Brennpunkt von vielen Prozeßeinflußgrößen sein."[21] Die Auswahl des Prüfkriteriums wird häufig durch Methoden wie die FMEA, Ursachen-Wirkungs-Diagramme oder die Versuchsmethodik von Taguchi unterstützt.[22] Darstellung II.3.1-3 (auf der folgenden Seite) zeigt ein Beispiel für eine QRK.

Hinsichtlich der Bestimmung der Eingriffsgrenzen werden grundsätzlich ähnliche Überlegungen angestellt wie bei der Annahmeprüfung: Legt man sie zu eng fest, steigt das Risiko eines unerwünschten Eingreifens in einen ungestörten Prozeß *("blinder Alarm")*, faßt man sie dagegen zu weit, so wächst das Risiko eines unerwünschten Nichteingreifens in einen

---

20 Vgl. auch zu folgendem DGQ (HRSG.) 1992, S. 33-60.
21 MOHR 1991, S. 49; zu Beispielen für QRK und zur Ermittlung ihrer festen Größen vgl. ebenda, S. 44-48 sowie STAAL 1990, S. 132.
22 Vgl. ROY 1990, S. 32.

3. Instrumente des Total Quality Managements 95

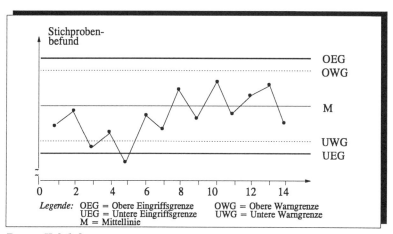

Darst. II.3.1-3: Qualitätsregelkarte mit zweiseitigen Eingriffs- und Warngrenzen (modifiziert nach RINNE/MITTAG 1995, S. 332)

gestörten Prozeß *("unterlassener Alarm")*. In der Praxis des deutschsprachigen Raums erfolgt meist eine Festlegung dergestalt, daß bei ungestör-
tem Prozeßverlauf die Stichprobenergebnisse mit 99%iger Wahrscheinlichkeit innerhalb der Eingriffsgrenzen und mit 95%iger Wahrscheinlichkeit innerhalb der Warngrenzen liegen.[23]

Die *Lage der Stichprobenergebnisse* entscheidet über das weitere Vorgehen[24]:
1. Fall: Der Stichprobenbefund liegt innerhalb der Warngrenzen. Hier
wird davon ausgegangen, daß sich der Prozeß in statistischer Kontrolle
befindet; es werden keine besonderen Aktionen durchgeführt.
2. Fall: Der Stichprobenbefund liegt zwischen Warn- und Eingriffsgrenzen. Ein solcher Befund zeigt die Möglichkeit an, daß der Prozeß gestört
sein könnte, weshalb meist eine zusätzliche Stichprobe gezogen wird, die
den Verdacht entweder ausräumt oder, wenn das Ergebnis erneut außerhalb der Warngrenzen liegt, einen Eingriff in den Prozeß nahelegt, um
ihn wieder in statistische Kontrolle zu bringen.
3. Fall: Der Stichprobenbefund liegt außerhalb der Eingriffsgrenzen. Dies
hat zur Folge, daß sofort in den Prozeß eingegriffen wird und die seit der
letzten Probeentnahme gefertigten Produkte geprüft werden.

---

23 Vgl. DGQ (HRSG.) 1992, S. 68 sowie - auch zu einem etwas anderen Vorgehen -
GRENIER 1987, S. 50; RINNE/MITTAG 1995, S. 336; SHAININ 1990, S. 80f.
24 Vgl. STAAL 1990, S. 127f.

Während RINNE/MITTAG von der Annahme ausgehen, es sei kennzeichnend für diese Art von Regelkarten, "allein den Befund der laufenden Stichprobe über einen Eingriff in den Produktionsprozeß entscheiden zu lassen"[25], kann nach *Staal* die laufende Prüfung, ob neben der zufälligen noch systematische Schwankungen vorliegen, selbst wenn die Grenzlinien nicht überschritten werden, zusätzlich mit Hilfe einiger Regeln wie z.b. der folgenden geschehen[26]:
- sieben aufeinanderfolgende Punkte steigend oder fallend: Trend,
- acht aufeinanderfolgende Punkte auf einer Seite der Mittellinie: Mittelwertverschiebung,
- 12 von 14 aufeinanderfolgenden Punkten auf einer Seite der Mittellinie: Mittelwertverschiebung.

Muß davon ausgegangen werden, daß *systematische* Störungen vorliegen, so sind die Gründe hierfür mittels verschiedener Problemlösungstechniken zu ermitteln. Dies kann viel Zeit in Anspruch nehmen, wenn die Ursachen nicht sofort ersichtlich sind, weshalb bei der erstmaligen Einführung von SPC mit wenigen Regelkarten angefangen werden sollte.[27] Von wachsender Bedeutung bei der Führung und Auswertung von Regelkarten sind entsprechende EDV-Pakete, mittels derer die Merkmalsausprägungen teilweise direkt in QRK eingetragen, Auswertungen vorgenommen und am Bildschirm eines Computers angezeigt werden. Dies ersetzt das mühsame Eintragen der einzelnen Werte mit der Hand und erleichtert in manchen Fällen die Verlagerung von Prüfaufgaben auf Fertigungsstellen, wenn Interpretationshilfen und mögliche Reaktionsalternativen ebenfalls vorgeschlagen bzw. unterstützt werden.[28]

3.1.1.3 Prozeßfähigkeitsstudien

Auf ähnlichen Prämissen wie die Statistische Prozeßregelung basieren *Maschinen-* und Prozeßfähigkeitsstudien. Erstere werden bei der Installation einer neuen Maschine oder eines neuen Werkzeugs durchgeführt bzw. dann, wenn ein Prozeß, an dem eine bestimmte Maschine beteiligt ist, zu zu großen Schwankungen der Merkmalsausprägungen führt. Es

---

25 RINNE/MITTAG 1995, S. 433.
26 Vgl. STAAL 1990, S. 148.
27 Vgl. STAAL 1990, S. 158f.
28 Vgl. GOLIGHTLY 1989, S. 18-20; PETERSON 1985, S. Q22-25; SHAININ/SHAININ 1988a, S. 24.36-24.39. S. zu organisatorischen Aspekten Teil III, Abschnitt 2.2.1.1.

wird dabei eine einzige große Stichprobe entnommen, und die Merkmale der Teile werden gemessen und beurteilt. Im Rahmen von *Prozeß*fähigkeitsuntersuchungen werden dagegen über einen längeren Zeitraum aus dem laufenden Prozeß Stichproben entnommen und statistisch ausgewertet.

Die *Prozeßfähigkeit* ist ein Maß für die einem Prozeß inhärente Präzision; sie drückt aus, wie groß der Anteil gefertigter Einheiten im Toleranzbereich ist.[29] Um Prozeßfähigkeitsstudien durchführen zu können, sollte der Prozeß zu normalverteilten Ergebnissen führen und in statistischer Kontrolle sein. Mangelnde Prozeßfähigkeit ist bei einem stabilen Prozeß entweder auf eine zu große Prozeßstreuung im Vergleich zur erlaubten Toleranz zurückzuführen oder darauf, daß das Prozeßniveau, der Mittelwert des Prozesses, zu weit von der Mitte des Toleranzbereichs entfernt liegt.

Die Prozeßfähigkeit wird anhand von *Prozeßfähigkeitsindizes* beurteilt. Eine gebräuchliche Formel lautet[30]:

$$C_p = \frac{G_o - G_u}{6\sigma}$$

wobei C_p = Capability of the process
G_o = obere Toleranzgrenze
G_u = untere Toleranzgrenze

Je größer der C_p-Wert ist, desto größer ist die vorgegebene Toleranz in Relation zur "natürlichen Prozeßtoleranz", unter der in der Praxis die Länge 6 Sigma des Intervalls [$\mu-3\sigma$; $\mu+3\sigma$], in das 99,73% der Realisationen eines normalverteilten Qualitätsmerkmals fallen, verstanden wird. (μ bezeichnet den Erwartungswert einer Normalverteilung.)

Um nicht nur die *Streuung*, sondern auch die Prozeß*lage* zu berücksichtigen, kann der folgende Wert G_m zugrundegelegt werden, der die Mitte des Toleranzintervalls [G_u, G_o] bezeichnet:

$$G_m = \frac{G_o + G_u}{2}$$

Der folgende Wert K mißt dann den relativen Abstand der Fertigungslage von der Intervallmitte:

---

29 Vgl. ABEL 1994, S. 1262-1265; DEMING 1986, S. 339f.; FEIGENBAUM 1991, S. 779.
30 Vgl. auch zu folgendem RINNE/MITTAG 1995, S. 413-416.

$$K = \frac{G_m - \mu}{1/2(G_o - G_u)} = 2\frac{G_m - \mu}{G_o - G_u}$$

Die Prozeßfähigkeit im Hinblick auf die Prozeßlage ist um so günstiger, je kleiner der Absolutbetrag von K ist. Schließlich ist es möglich, beide Prozeßfähigkeitsindizes zu einem solchen zusammenzufassen, der Lage und Streuung simultan berücksichtigt:

$$C_{pk} = C_p(1-K)$$

In der Literatur werden z.T. recht unterschiedliche Maße angeführt, ab denen ein Prozeß als "fähig" gilt.[31] Unter der Bedingung, daß Zielwert und Prozeßmittelwert für ein annähernd normalverteiltes Produktmerkmal übereinstimmen, bedeutet eine Fertigungstoleranz von 6 Sigma einen C_{pk}-Wert von eins, für 8 Sigma ergibt sich ein solcher von 1,33 und für 10 Sigma ein solcher von 1,67. Konkret heißt das für die Anzahl der fehlerhaften Produkte[32]:

C_{pk}	0,6	0,9	1,0	1,33	1,67
Fehler/Mio. Produkte	71.800	6900	2700	66	1

Der Zusammenhang zwischen Statistischer Prozeßregelung und Prozeßfähigkeitsstudien läßt sich wie folgt beschreiben: Nach der Entscheidung, überhaupt SPC einzuführen, gilt es, betroffene Prozesse und Qualitätsmerkmale festzulegen und mittels Qualitätsregelkarten zu prüfen. Befindet sich der Prozeß in statistischer Kontrolle, ist es möglich, mit ihrer Hilfe den Prozeß im weiteren zu steuern. Gleichzeitig ist es sinnvoll, die Prozeßfähigkeit zu ermitteln und mit den Anforderungen an diese zu vergleichen. Ist das Ergebnis befriedigend, stellen Regelkarten und Prozeßfähigkeit ein wichtiges Verkaufsargument gegenüber (potentiellen) Kunden dar. Zeigen die Studien jedoch, daß sich der Prozeß nicht in statistischer Kontrolle befindet, sind mittels verschiedener Problemlösungsmethoden die Ursachen der Schwankungen zu ermitteln, und ihr Eintritt ist zu verhindern. Analoges gilt, wenn die Prozeßfähigkeit als nicht ausreichend beurteilt wird.

---

31 Vgl. MESSINA 1987, S. 158ff.; WADSWORTH/STEPHENS/GOODFREY 1986, S. 416ff.
32 JAMMERNEGG 1992, S. 154.

3.1.2 Qualitätsdesign: Die Taguchi-Methode der statistischen Versuchsplanung

3.1.2.1 Grundgedanken und Ziele

Die Taguchi-Methode ist ein Verfahren, mit dem Qualitätsverluste durch eine Optimierung der Zielwerte für Produkt- und Prozeßmerkmale und eine Streuungsminimierung möglichst weit verringert werden sollen. Es läßt sich im Stadium der *Entwicklung und Optimierung* einerseits von *Produkten* (Taguchi-Produkt-Parameter-Design) und andererseits von *Prozessen* (Taguchi-Prozeß-Parameter-Design) anwenden.[33] Ausgangspunkt ist die Annahme, daß es ein Fehler ist, wenn in vielen Unternehmen alle hergestellten Produkte, die innerhalb der Spezifikationen liegen, als qualitativ gut, und solche, die außerhalb der Spezifikationen liegen, als qualitativ schlecht beurteilt werden, also z.B. kein Unterschied gemacht wird zwischen zwei Stichprobenergebnissen, deren Elemente sämtlich innerhalb der Toleranzen liegen, die aber innerhalb derselben ganz unterschiedliche Verteilungen aufweisen. Ziel muß es vielmehr sein, die Ausprägungen von Qualitätsmerkmalen unabhängig von den Toleranzen so eng wie möglich um den Nominalwert zu halten.[34] Qualität drückt *Taguchi* entsprechend in einer Funktion aus, die er *Quality Loss-Function* nennt und die auf der These basiert, daß der Verlust, der einem Kunden durch Variationen von Produktmerkmalen entsteht, annähernd proportional zum Quadrat der Abweichungsstärke vom Zielwert ist[35]:

$$L(Y) = k(Y - Y_0)^2$$

wobei
Y = Qualitätsmerkmals-Ausprägung
Y_0 = Sollwert für die Qualitätsmerkmals-Ausprägung
k = Konstante, abhängig von der Kostenstruktur eines Produktionsprozesses und der Organisation des Unternehmens
$L(Y)$ = Verlust in Abhängigkeit von der Merkmals-Ausprägung

---

33 Vgl. TAGUCHI/CLAUSING 1990, S. 36 u. 39-47; DISNEY/BENDELL 1990, S. 196. Teilweise werden für dieses Verfahren andere Bezeichnungen verwandt, z.B. "Robust Design" oder "Design-of-Experiments".
34 Vgl. KACKAR 1986, S. 23; ROY 1990, S. 11-13; SCHWEITZER/BAUMGARTNER 1992, S. 80; SULLIVAN 1986a, S. 33; TAGUCHI 1989. Alle Spezifikationen sollten daher nicht nur als Toleranzintervall ausgedrückt werden, sondern explizit als Nominalwert mit Toleranzen für diesen Nominalwert (vgl. KACKAR 1988a, S. 6).
35 Vgl. KACKAR 1988a, S. 3; MESSINA 1987, S. 269; TAGUCHI/WU 1979. Verschiedene Variationen der hier dargestellten quadratischen Verlustfunktion beschreibt *Phadke* (1989, S. 23ff.). Zum Qualitätsverständnis von *Taguchi* s. auch Abschnitt 2.2.3 in Teil I dieser Arbeit.

Ziel ist es, die Variation der Qualitätsmerkmale und damit L(Y) zu minimieren. Während Regelkarten jede Abweichung vom Qualitätsziel anzeigen und dadurch die Möglichkeit eines raschen Eingreifens gewährleisten, um den Prozeß schnellstmöglich in statistische Kontrolle zurückzubringen, geht die Taguchi-Methode einen anderen Weg: Hier wird nach einem Design geforscht, welches sicherstellt, daß ein Prozeß gar nicht erst außer statistische Kontrolle gerät, *selbst wenn Störfaktoren auftreten*: "In effect, robust design starts one step before the Shewhart control charts."[36]

Taguchi teilt das Vorgehen in drei Schritte ein, nämlich in das System-, das Parameter- und das Toleranzdesign.[37] Beim *System-Design* (Konzept-Design) werden das Grundkonzept der Konstruktion und der erste Prototyp entwickelt. Hinsichtlich der Produkte wird dabei zunächst von kostengünstigeren Konstruktionen und Materialien ausgegangen, die dann später gegebenenfalls verändert werden können. Hinsichtlich der Prozesse werden z.B. Fertigungstechnik und Automationsgrad geplant. Die entscheidende Phase ist das *Parameter-Design*, im Rahmen dessen mittels der *statistischen Versuchsplanung* die Robustheit der Prozesse und Produkte gegen Störfaktoren maximiert wird. Hierauf wird im folgenden Abschnitt näher eingegangen. Schließlich folgt noch das *Toleranz-Design*, bei dem die Toleranzen von Produkt- und Prozeßparametern reduziert werden, wo dies als notwendig erachtet wird, da trotz der Optimierung im Parameter-Design noch zu große Streuungen vorliegen. Möglichkeiten sind hier vor allem Investitionen in bessere Werkzeuge und Maschinen sowie andere Materialien und Rohstoffe. Die folgenden Ausführungen beziehen sich auf das *Prozeß*-Parameter-Design; sie sind jedoch auf das *Produkt*-Parameter-Design übertragbar.[38]

3.1.2.2 Das methodische Vorgehen beim Parameter-Design

Ausgangspunkt der statistischen Versuchsplanung im Rahmen des Parameter-Designs ist die Feststellung, daß der Grad der Prozeßqualität von mehreren Einflußgrößen (z.B. von der Auswahl der Arbeitsschritte und

---

36 KATZ/PHADKE 1988, S. 23; vgl. auch CULLEN 1987, S. 44; LIN/SULLIVAN/TAGUCHI 1990, S. 56; LOGOTHETIS/WYNN 1989, S. 3.
37 Vgl. auch zu folgendem TAGUCHI 1989, S. 108-114; ROY 1990, S. 275-277; SCHWEITZER/BAUMGARTNER 1992, S. 78-81.
38 Vgl. TAGUCHI 1989, S. 106.

3. Instrumente des Total Quality Managements 101

von Prozeßmerkmalen) abhängt, die auf verschiedenste Weise kombinierbar sind. Bei einer bekannten Anzahl von Einflußgrößen und deren möglichen Ausprägungen können alle denkbaren Faktorkombinationen abgeleitet und getestet werden; man spricht von einem *vollfaktoriellen Design*.[39]

Problematisch ist, daß bei Vorhandensein vieler Einflußgrößen die Anzahl der möglichen Versuche extrem hoch ist; so führt ein vollfaktorielles Design bei sieben Faktoren mit je (nur) zwei möglichen Ausprägungsstufen bereits zu $2^7 = 128$ möglichen Experimenten. Man ist daher meist bestrebt, die Anzahl der durchzuführenden Experimente niedriger festzulegen, was zu *teilfaktoriellen (fraktionellen) Designs* führt. Die Auswahl der durchzuführenden Versuche kann zum einen zufällig erfolgen. Zum anderen ist es aber auch möglich, nach bestimmten systematischen Überlegungen dabei vorzugehen. Hierfür ist das Taguchi-Design ein inzwischen vielfach verwendetes Beispiel, bei dem der Versuchsaufbau, also die Kombination der Ausprägungen der Einflußgrößen, bestimmt wird durch sogenannte *"orthogonale Felder" (Orthogonal Arrays)*.[40] Von *Taguchi* wurde das Anwendungsgebiet solcher orthogonalen Felder auf die statistische Versuchsplanung im Rahmen des *Off-Line-Qualitätsmanagements* ausgeweitet.[41]

Ansatzpunkt ist dabei eine Einteilung der auf den Produktionsprozeß einwirkenden Faktoren in Steuer- und Störgrößen. Während unter *Steuergrößen (Design-Faktoren)* solche zu verstehen sind, die sich leicht einstellen und kontrollieren lassen (z.B. Druck, Rotationsgeschwindigkeit), sind *Störgrößen* dadurch gekennzeichnet, daß sie nicht oder nur unter sehr hohem Aufwand kontrolliert werden können. Zu unterscheiden sind dabei (a) externe Störfaktoren wie Temperatur, Feuchtigkeit oder Vibrationen, etwa durch in der Nähe stehende Maschinen, (b) Fertigungsunvollkommenheiten, worunter immer vorhandene Schwankungen im Produktionsprozeß zu verstehen sind, und (c) Maschinenverschlechte-

---

39 Vgl. LOGOTHETIS/WYNN 1989, S. 92; ROY 1990, S. 41.
40 Vgl. ausführlich TAGUCHI 1991a, S. 165-221; ROY 1990, S. 40. Neben dem Ansatz *Taguchis* existieren weitere, die sich punktuell in ihrer Vorgehensweise und in ihren Anwendungsschwerpunkten unterscheiden, aber das gleiche Ziel verfolgen. Vgl. KLEPPMANN 1992, S. 89-92; KROTTMAIER 1991, S. 90-93; LOGOTHETIS 1992, S. 391-399; MITTMANN 1990, S. 209-211; QUENTIN 1992, S. 345-348; RYAN 1989b, S. 378ff.; SHAININ/ SHAININ 1988b, S. 143-149; SONDERMANN/LEIST 1989, S. 657-661; WILDEMANN 1992a, S. 23.
41 Vgl. JAMMERNEGG 1992, S. 151; KACKAR 1988a, S. 18; TAGUCHI/CLAUSING 1990, S. 42-46.

rungen im Zeitverlauf, also z.B. die Alterung von Resistatoren oder Ausleierungen.[42]

Ziel ist es, solche Einstellungen, Sollwerte und Kombinationen der *Steuergrößen* zu finden, die nicht nur den Sollwert möglichst optimal erreichen helfen, sondern die auch den Prozeß unempfindlich ("robust") gegen Störgrößen machen, so daß insgesamt die Schwankungen der Qualitätsmerkmale minimiert werden.[43]

Das Vorgehen im Rahmen des Parameter-Designs läßt sich in sechs Teilschritte untergliedern[44], die im folgenden kurz dargestellt werden, wobei der Schwerpunkt auf die Punkte drei bis fünf gelegt wird:
1. Definition des zu lösenden Problems bzw. des anzustrebenden Ziels,
2 Identifizierung der Steuer- sowie wichtiger Störgrößen und ihrer möglichen Ausprägungen,
3. Planung der Experimente,
4. Durchführung der Experimente und Auswertung der Ergebnisse,
5. Festsetzung der Parameterausprägungen des Designs,
6. Test-Versuch, um das Design zu bestätigen.

Zu 1) Problem- und Zieldefinition
Als erster Schritt muß klargestellt werden, wie das anzustrebende Ziel aussieht und auf welche Weise der Erfolg gemessen werden kann. (Dies kann z.B. im Rahmen des Quality Function Deployment, etwa im Laufe der Teile- und Prozeßplanung, erfolgen.)

Zu 2) Identifizierung wichtiger Parameter
Wie oben angesprochen, werden Steuer- und Störgrößen in ihren möglichen Ausprägungen ermittelt, wobei z.B. *Ursache-Wirkungs-Diagramme* und *Flowcharts* zur Anwendung kommen können.[45] Häufig wird - der einfacheren Handhabung halber - davon ausgegangen, daß die einzelnen Steuergrößen einen linearen Einfluß auf das Ergebnis ausüben und die Einflüsse der Faktoren unabhängig voneinander sind. Es besteht aber auch die Möglichkeit zur Aufhebung dieser Annahmen.[46]

---

42 Vgl. DISNEY/BENDELL 1990, S. 198; KACKAR 1988b, S. 59; PHADKE 1988, S. 33; TAGUCHI 1989, S. 105-107; TAGUCHI/PHADKE 1988, S. 78f.
43 Vgl. MÜLLER 1992, S. 287; PHADKE 1988, S. 33; TAGUCHI/WU 1979, S. 29-31.
44 Vgl. KACKAR 1988b, S. 68; etwas anders: FRANZKOWSKI 1994, S. 492f.
45 Vgl. ROSS 1988b, S. 71-73; zu den Verfahren s. Abschnitt 3.2.1.3.
46 Vgl. hierzu PHADKE 1989, S. 186ff.

Zu 3) Planung der Experimente

Taguchi hat für verschiedene Experiment-Situationen (unterschiedliche Anzahl von Faktoren und möglichen Ausprägungsstufen derselben) experimentelle Designs festgelegt, die durch eine geringe Zahl an durchzuführenden Experimenten gekennzeichnet sind.[47] Der Versuchsaufbau ist dabei ein orthogonales Feld, bei dem alle Faktorausprägungen vertikal und zwischen je zwei Spalten horizontal gleich oft vorkommen; dies bedeutet, für jedes Spaltenpaar treten alle Faktorkombinationen mit gleicher Häufigkeit auf.[48] Bei vier Einflußgrößen mit je drei möglichen Ausprägungen werden nach dem entsprechenden orthogonalen Feld (L9-Orthogonales Feld) nur neun (der $3^4 = 81$ möglichen) Versuche durchgeführt, gemäß Darst. II.3.1-4.[49]

Versuchs-anordnung	Design-Faktoren				Ergebnisse
	A	B	C	D	
1	1	1	1	1	Y_1
2	1	2	2	2	Y_2
3	1	3	3	3	Y_3
4	2	1	2	3	Y_4
5	2	2	3	1	Y_5
6	2	3	1	2	Y_6
7	3	1	3	2	Y_7
8	3	2	1	3	Y_8
9	3	3	2	1	Y_9

Darst. II.3.1-4: L9-Orthogonales Feld (modifiziert nach SCHWEITZER/BAUMGARTNER 1992, S. 86)

---

47 Vgl. ROY 1990, S. 42.
48 Vgl. MÜLLER 1992, S. 291f.; SCHWEITZER/BAUMGARTNER 1992, S. 85; TAGUCHI/ CLAUSING 1990. Möglich ist auch, einzelne Spalten nicht einem Faktor allein, sondern der Wechselwirkung zwischen Faktoren zuzuordnen. (Vgl. MÜLLER 1992, S. 292.)
49 Situationen mit bis zu drei Faktoren mit je zwei Ausprägungsstufen erfordern nach *Taguchi* die Anwendung eines L4-Orthogonalen Feldes (also vier Versuche), bei vier bis sieben Faktoren, ebenfalls mit je zwei möglichen Ausprägungen, kommt ein L8-Orthogonales Feld zur Anwendung, und für mehr Faktoren mit unterschiedlichen Ausprägungen und auch Abhängigkeiten untereinander gibt es weitere solcher Versuchspläne. Diese sind z.B. in TAGUCHI 1989, S. 251-259 abgebildet. Vgl. auch STEINBORN/HARTELT 1994, S. 29.

Zu 4) Experimentdurchführung und -evaluierung

Mit der Durchführung und Auswertung der Experimente soll erreicht werden, daß (a) die optimalen Bedingungen für den Produktionsprozeß gefunden werden, (b) man herausfindet, welche Faktoren unter optimalen Bedingungen in welcher Richtung und Stärke das Ergebnis beeinflussen, und (c) welches Ergebnis nach Art und Menge unter optimalen Bedingungen zustande kommt.[50]

Um die Wirkung einer bestimmten Faktorausprägung zu ermitteln, addiert man zunächst die Ergebnisse der Versuche, in denen die interessierende Faktorausprägung vorlag, und teilt das Ergebnis durch die Anzahl dieser Versuche. Für die Ausprägung 1 des Faktors A (oben, in Darst. II.3.1-4) bedeutet dies:

$$A_1 = (Y_1 + Y_2 + Y_3) / 3$$

Die durchschnittlichen Effekte jedes Faktors in seinen unterschiedlichen Ausprägungen errechnen sich analog. Allerdings müssen mehrere Durchgänge der jeweiligen Versuchsreihen realisiert werden. Die Ergebnisunterschiede bei mehrmaliger Versuchsdurchführung sind auf das Wirken von *Störfaktoren* zurückzuführen, die im bisherigen Versuchsaufbau noch nicht berücksichtigt wurden. "By expanding the design of the experiment to include noise factors in a controlled manner, optimum conditions insensitive to the noise factors can be found. These are Taguchi's robust conditions that control production close to the target value despite noise in the production process."[51]

Um Störfaktoren in das Versuchsdesign einzubeziehen, werden sie und ihre möglichen Ausprägungen ermittelt. Wie für die unter 3) beschriebenen Experimente werden auch die Versuchsfelder für Störfaktoren ("Störungsmatrizen" in Darstellung II.3.1-5) als *orthogonale Felder* gebildet.[52] Die neun verschiedenen Versuchsanordnungen in der Darstellung werden viermal wiederholt, jeweils unter anderen Ausprägungen der Störfaktoren. So kommen für jede Versuchsanordnung vier Ergebnisse - Funktionswerte - zustande. (Für die erste Versuchsanordnung sind dies z.B. die Werte $Y_{1,1}$ bis $Y_{1,4}$.) Die Ergebnisspanne zwischen diesen Werten wird als auf das Wirken der Störfaktoren zurückzuführender "Störabstand" bezeichnet. "The idea of varying the controllable factors as inputs to achieve the target is not new. The important contribution is the syste-

---

50 Vgl. ROY 1990, S. 48.
51 ROY 1990, S. 94; vgl. auch LOGOTHETIS 1992, S. 307.
52 Vgl. KACKAR 1988b, S. 62; ROY 1990, S. 95; SHOEMAKER/KACKAR 1988, S. 98.

matic inclusion in the experimental design of noise factors, that is, variables over which the designer has no control but which can be controlled in an experiment."[53]

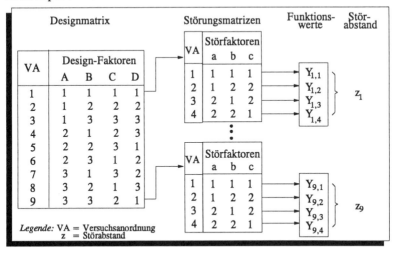

Darst. II.3.1-5: Einbeziehung von Störfaktoren in die Versuchsanordnung (modifiziert nach SCHWEITZER/BAUMGARTNER 1992, S. 86)

Zu 5) Parameter-Festsetzung
Für die Auswertung ist neben dem Mittelwert auch die *Ergebnisvariabilität* von Bedeutung, die *Taguchi* mittels des *Signal-Rausch-Verhältnisses (S/N)* mißt. Dieser Begriff entstand aus einer Metapher: Käufer von Fernsehern wollen auch dann ein gutes Bild und Signale weit entfernter Sender empfangen, wenn Störungen wie Gewitter auftreten oder das Elektrizitätswerk zu wenig Spannung liefert. "Aus unserer Sicht paßt diese Metapher - Signal und Rauschen - nicht nur auf TV-Geräte. Ein Produkt, ein Aggregat oder ein Bauteil soll ein Signal liefern. Rauschen symbolisiert Störung, die das Signal beeinträchtigt."[54] Allgemein ist das Signal-

---

53 LOGOTHETIS 1992, S. 307.
54 TAGUCHI/CLAUSING 1990, S. 42. Vgl. ausführlich TAGUCHI 1991b, S. 625-732. Zur Kritik am S/N vgl. RYAN 1989b, S. 357 sowie die dort angegebene Literatur. Für "Rauschen" wird synonym der Begriff "noise" verwandt. *Taguchi* gibt für drei Fälle Formeln zur Berechnung des S/N an, und zwar, wenn das Ergebnis ein spezifischer Absolutwert, ein Minimal- oder ein Maximalwert sein soll. (Vgl. BRUNNER 1989, S. 341.)

Rausch-Verhältnis nichts anderes, als das Verhältnis des Mittelwerts ("Signal") zur Standardabweichung ("Rauschen").

Ziel ist eine solche Festlegung der Faktorausprägungen, die das *S/N maximiert, während der Mittelwert gleich dem Sollwert* gehalten wird. Dabei sind zwei Problemlösungsschritte zu unterscheiden[55]:
1) Es wird festgestellt, welche Faktoren die größten Effekte auf das S/N zeigen. Diese Faktoren werden *Kontrollfaktoren* genannt; man unterstellt, daß sie die Prozeßvariabilität steuern. Für jeden Kontrollfaktor wählt man die Ausprägungsstufe mit dem höchsten S/N, wodurch das S/N insgesamt maximiert, der Prozeß somit immer robuster wird.
2) Man wählt unter allen Faktoren, die einen signifikanten Einfluß auf den Mittelwert haben, jenen Faktor mit dem geringsten Effekt auf das S/N; dieser wird als *Signalfaktor* bezeichnet.[56] Für alle übrigen Faktoren, die also weder Kontroll- noch Signalfaktoren sind, wählt man einen Nominalwert (z.B. den zu Beginn der Experimente gegebenen). Schließlich setzt man die Ausprägung des Signalfaktors so fest, daß der mittlere Zielwert dem Sollwert entspricht. Müssen verschiedene Zielwerte erreicht werden, so sind im Konfliktfall Gewichtungen vorzunehmen.

Ein Beispiel soll das Vorgehen verdeutlichen: Ein in einem Stromkreis eingesetzter (preiswerter) Transistor zeigt bei Einstellung auf den angestrebten Mittelwert erhebliche Schwankungen. Diese verringern sich jedoch, wenn ein anderer Mittelwert eingestellt wird. Zwar wird auf diese Weise der Sollwert zunächst nicht erreicht. Dies ist jedoch kein Problem, wenn durch die Änderung eines anderen Parameters (hier: des Widerstandes) der Mittelwert korrigiert werden kann. "Zur Korrektur der Abweichung vom Sollwert wird nur eine Variable benötigt. Der Autor verwendet den Begriff der Adjustierung oder des Signalfaktors, um eine für diesen Zweck eingesetzte Variable zu beschreiben."[57]

Zu 6) Test-Versuch
Schließlich wird das neue Design getestet, um sicherzugehen, daß es tatsächlich Ergebnisverbesserungen erbringt.

Auch wenn die Intention der Versuchsplanung dahingeht, selbst unter Einfluß von Störgrößen den Prozeß stabil zu halten, bedeutet dies nicht

---

55 Vgl. PHADKE 1988, S. 38; PHADKE et. al. 1988, S. 111; ROSS 1988b, S. 175f.; TAGUCHI 1989, S. 110-112.
56 Idealerweise liegt kein Einfluß auf das S/N vor.
57 TAGUCHI 1989, S. 111f.

grundsätzlich ein Überflüssigwerden des On-Line-Qualitätsmanagements. So hält auch *Taguchi* selbst z.b. die Statistische Prozeßregelung nach wie vor für notwendig.[58] Allerdings ist davon auszugehen, daß bei Anwendung seiner Methoden der Fall, daß ein Prozeß außer statistische Kontrolle gerät, wesentlich seltener auftritt. In gewisser Weise gilt dies auch für die im folgenden Abschnitt beschriebene Fehlermöglichkeits- und -einflußanalyse.

3.1.3 Fehlermöglichkeits- und -einflußanalyse (FMEA)

3.1.3.1 Grundgedanken und Formen der FMEA

Die Fehlermöglichkeits- und -einflußanalyse (FMEA)[59] ist eine formalisierte Methode zur systematischen und möglichst vollständigen Erfassung und Bewertung potentieller Fehler sowie ihrer Ursachen und Folgen in der Konstruktion, Planung und Produktion. Auf dieser Grundlage erfolgt die Erarbeitung von Maßnahmen zur Vermeidung der Fehler.[60] Dies soll möglichst frühzeitig, also soweit realisierbar noch vor Produktionsbeginn, erfolgen. Damit verfolgt die FMEA letztlich ein ähnliches Ziel wie die Taguchi-Methode; allerdings bedeutet letztere ein quantitatives Vorgehen, die FMEA dagegen ein eher qualitatives.[61]

Zu unterscheiden sind Konstruktions- und Prozeß-FMEAs.[62] Eine *Konstruktions-FMEA* untersucht alle denkbaren Ausfälle und Fehler eines Systems, wobei von dessen *Funktionen* ausgegangen wird. Potentielle Fehlerursachen werden sowohl im Konstruktions- als auch im Fertigungsbereich gesucht. Im Gegensatz hierzu geht die Fragestellung der *Prozeß*-FMEA von potentiellen Fehlern bei den einzelnen Fertigungs- und Montageschritten aus, wobei das Hauptaugenmerk auf einer verbesserten Produkt*herstellung* liegt; es können allerdings auch konstruktionsbezogene

---

58 Vgl. TAGUCHI 1989, S. 120.
59 In der amerikanischen Literatur wird von *Failure Mode and Effect Analysis (FMEA)* gesprochen, teilweise auch von *Failure Mode, Effect, and Criticality Analysis (FMECA)* (vgl. FEIGENBAUM 1991, S. 657f.).
60 Vgl. STOCKINGER 1989, S. 155.
61 Vgl. WILDEMANN 1992a, S. 23.
62 Vgl. auch zu folgendem BERENS 1989, S. 34-92; HORVATH/URBAN 1990, S. 68; OESS 1993, S. 209-211. Teilweise wird noch als dritte Form die *Produkt-FMEA* unterschieden. Dem wird hier nicht gefolgt. (Vgl. aber z.B. FRANKE 1989, S. 59; KERSTEN 1994, S. 473.)

Ergebnisse resultieren. Im Mittelpunkt stehen Risiken wie z.B. ein gestörter Materialtransport oder fehlerhafte Maschinen und Werkzeuge.

Bei beiden Formen der Fehlermöglichkeits- und -einflußanalyse wird methodisch analog vorgegangen. Der Unterschied zwischen ihnen besteht lediglich in der untersuchten Fragestellung bzw. in den Ausgangspunkten (Systemfunktionen bzw. Prozeßschritte), wobei die Konstruktions-FMEA quasi als *Vorstufe* einer Prozeß-FMEA betrachtet werden kann. Schnittstelle sind die Zeichnungsdaten des Konstruktionsgegenstandes; an dieser Stelle beginnt die Analyse der Prozeßrisiken: Aus einer *Fehlerursache* in der Konstruktions-FMEA - z.B. ein fehlerhafter Prozeß - wird eine *Fehlerart* in der Prozeß-FMEA.[63]

3.1.3.2 Das methodische Vorgehen bei der FMEA

Das methodische Vorgehen im Rahmen einer FMEA - unabhängig von der konkreten Ausprägung - läßt sich in drei Schritte einteilen: Risikoanalyse, Risikobewertung und Optimierung des Prozesses oder Produktes (bzw. Produktteils).[64]

Im Rahmen der *Risikoanalyse* geht es - nachdem der zu untersuchende Prozeß oder das entsprechende Produktteil festgelegt ist - um eine möglichst vollständige Auflistung potentieller Fehler, die zunächst ohne Berücksichtigung von Auftretenswahrscheinlichkeiten erfolgt. Hier werden häufig *Fehlerbaumanalysen* durchgeführt: Dabei wird von einem "unerwünschten Hauptereignis" bzw. Fehler ausgegangen und die "Basisereignisse", also die Fehlerursachen, werden gesucht, die zu diesem Hauptereignis führen. Mittels des Fehlerbaums können die logischen Zusammenhänge der verschiedenen Ereignisse graphisch dargestellt werden. Die Suche nach immer neuen Ursachen für die Ereignisse auf der jeweils höheren Ebene wird so lange fortgesetzt, bis operationale Ansatzpunkte für Verbesserungsmaßnahmen erkennbar sind.

Die Ergebnisse der Fehlerbaumanalyse werden als *Fehlerarten* in die zweite Spalte eines Formblattes eingetragen, wie es Darst. II.3.1-6 zeigt. Als nächstes werden potentielle *Fehlerfolgen* und *-ursachen* ermittelt und in den folgenden Spalten festgehalten. Eine mögliche Fehler*art* ist bei der Montage von Windschutzscheiben z.B. ein falsches Reinigen der Wind-

---

63 Vgl. KLATTE/SONDERMANN 1988, S. 191f.
64 Vgl. zu folgendem z.B. BERENS 1989, S. 34-92.

Funktion	Fehlerart	Fehlerfolge	B	Fehlerursache	A	Entdeckungsmaßnahme	E	RPZ	Vermeidungsmaßnahme	Termin	Verantwortlichkeit

Legende: A = Auftretenswahrscheinlichkeit des Fehlers   B = Bedeutung des Fehlers
E = Wahrscheinlichkeit der Entdeckung des Fehlers   RPZ = Risikoprioritätszahl

Darst. II.3.1-6: Formblatt für die FMEA
(modifiziert nach BERENS 1989, S. 130f.)

schutzscheibe. Eine Fehler*ursache* kann darin liegen, daß kein Reiniger aufgetragen wurde. Eine mögliche Fehler*folge* ist, daß die Windschutzscheibe nicht ausreichend haftend eingebaut wird und beim Fahren des Autos herausfallen kann.[65]

Ziel der *Risikobewertung* ist es, auf Basis der Risikoanalyse für jede Fehlerursache eine sogenannte *Risikoprioritätskennzahl (RPZ)* zu ermitteln. Diese ergibt sich durch Multiplikation dreier Bewertungsteilgrößen[66]:

- *Auftretenswahrscheinlichkeit* von Fehlerursachen und Fehlern (A),[67]
- *Entdeckungswahrscheinlichkeit* von aufgetretenen Fehlerursachen und Fehlern, bevor der Kunde das Produkt erhält (E),
- *Bedeutung* der Fehlerfolgen für den Kunden (B).

Es gilt: $RPZ = A \cdot E \cdot B$

---

65 S. ausführlich hierzu das Beispiel im zweiten Hauptteil, Abschnitt 3.3.1.2.
66 Vgl. KLATTE/SONDERMANN 1988, S. 190. Die im folgenden benannten Wahrscheinlichkeiten werden dabei nicht, wie sonst in der Statistik üblich, mit Ausprägungen zwischen 0 und 1 belegt, sondern mit 1 bis 10 Punkten.
67 Dabei wird jeder potentiellen Fehlerursache eine bestimmte Auftretenswahrscheinlichkeit zugemessen, so daß ein Fehler insgesamt ebenso viele Auftretenswahrscheinlichkeiten haben kann, wie er mögliche Ursachen hat.

Auf einer Skala von eins bis zehn erfolgt eine Einschätzung der drei Kriterien: So steht jeweils 1 Punkt für ein unwahrscheinliches Auftreten des Fehlers, für eine hohe Entdeckungswahrscheinlichkeit von aufgetretenen Fehlern, bevor der Kunde das Produkt erhält, und eine geringe Bedeutung der Fehlerfolge für den Kunden. 10 Punkte stehen entsprechend für ein sicheres Auftreten, eine geringe Entdeckungswahrscheinlichkeit und sehr hohe Bedeutung des Fehlers für den Kunden. Möglich sind somit insgesamt Risikoprioritätskennzahlen zwischen 1 (1·1·1) und 1000 (10·10·10).

Ziel der *Optimierungsmaßnahmen* (Vermeidungsmaßnahmen) ist es, die Risikoprioritätskennzahlen zu reduzieren. Dies ist der eigentliche Kern einer FMEA. Welcher Art die geplanten Maßnahmen sind, hängt auch davon ab, wie sich das Risiko zusammensetzt: Bei besonders hohen A-Werten kann eine Konzeptänderung in Erwägung gezogen werden, bei hohen E-Werten kommen auch Verbesserungen der Prüfmaßnahmen in Frage. Im Sinne eines präventiv ausgerichteten Total Quality Managements sind fehlervermeidende Maßnahmen (Reduzierung von A) fehlerentdeckenden vorzuziehen! Die gewählten Maßnahmen werden in das oben angeführte Formblatt (Darst. II.3.1-6) eingetragen. Im folgenden gilt es dann, nach Vornahme der Optimierungsmaßnahmen aktuelle Risikoprioritätskennzahlen zu ermitteln und so die Optimierungsmaßnahmen auf ihre Wirksamkeit hin zu überprüfen.

Im - gerade während der Einführungsphase - recht hohen Aufwand zur Erstellung und Pflege von FMEAs wird häufig ein Hindernis für ihre verbreitete Anwendung in Unternehmen gesehen. Ein wichtiges weiteres *Problem* liegt in einer realistischen Risikobeurteilung, da diese von besonderer Bedeutung für die Höhe der ermittelten Risikoprioritätszahl ist und von dieser wiederum die Prioritäten der Verbesserungsmaßnahmen abhängen.

Eine *Ausweitung* der Anwendungsmöglichkeiten dieses Verfahrens sieht *Brunner*[68] in einer Kombination der FMEA mit der *Wertanalyse*.[69] Dazu wird den drei Bewertungskriterien im Rahmen der FMEA ein viertes, nämlich die entstehenden Kosten beim Auftreten einer Fehlerursache, hinzugefügt. Außerdem werden die vorgeschlagenen Optimierungsmaßnahmen der FMEA durch Angabe der mit ihnen verbundenen Kosten ergänzt. In den verschiedenen Phasen und für diverse Einzelaspekte von

---

68 Vgl. BRUNNER 1990, S. 203-207.
69 Vgl. zur Wertanalyse z.B. FROST 1992 und auch schon MILES 1969.

FMEA und Wertanalyse sind die gleichen Hilfsverfahren anwendbar: In Frage kommen vor allem Funktionsanalysen, Ursache-Wirkungs-Diagramme und Pareto-Analysen. Bei diesen Methoden handelt es sich um solche, die für die Lösung sehr unterschiedlicher Problemstellungen Anwendung finden können, z.B. auch im Rahmen der Qualitätszirkel-Arbeit. Auf diese wird im folgenden Abschnitt eingegangen.

3.2 Mitarbeiterorientierte Instrumente

3.2.1 Qualitätszirkel

3.2.1.1 Definition und Ziele

In Japan wird relativ einheitlich die Qualitätszirkel-Definition der JUSE[70] verwandt, nach der hierunter Kleingruppen zu verstehen sind, die innerhalb desselben Arbeitsbereichs Qualitätsmanagement-Aktivitäten selbständig realisieren, gegenseitige Schulungen durchführen sowie unter Teilnahme aller Gruppenmitglieder kontinuierlich arbeitsorganisatorische Verbesserungen für ihren Arbeitsbereich anregen, planen, umsetzen und kontrollieren.[71]

In Deutschland findet sich dagegen eine verwirrende Begriffsvielfalt. Relativ viel Einigkeit besteht noch darin, daß unter Qualitätszirkeln "Gesprächsrunden von etwa 5-8 Beschäftigten, die in regelmäßigen Abständen für etwa 1-2 Stunden während der Arbeitszeit zusammenkommen, um über ihre tägliche Arbeit zu sprechen und Vorschläge zur Verbesserung bestimmter Probleme (etwa in bezug auf Qualität, Produktionsablauf, Arbeitsbedingungen) zu erarbeiten"[72], verstanden werden. Allerdings gehen die Meinungen schon im Hinblick auf die Frage auseinander, ob sich diese Gruppen hierarchie- und/oder abteilungsübergreifend zusammensetzen sollten. Zudem können Qualitätszirkel sowohl zeitlich befristet als auch unbefristet existieren.[73]

---

70 *Japanese Union of Scientists and Engineers*, s. auch Abschnitt 2.2.1 in Teil I dieser Arbeit.
71 Vgl. CUHLS 1993, S. 9f.
72 BREISIG 1986, S. 289; vgl. ähnlich BUNGARD/WIENDIECK 1986, S. 53.
73 Vgl. auch zu folgendem ACKERMANN 1989, S. 61-71. Der bisherige Einsatzbereich von Qualitätszirkeln in deutschen Untzrnehmen ist in hohem Maße auf den direkten Fertigungsbereich konzentriert. Zur Übertragbarkeit der Qualitätszir-

Auch die Bildung von Qualitätszirkeln kann auf unterschiedliche Weise erfolgen[74]: *Erstens* können sich Mitarbeiter freiwillig bzw. nach Rücksprache mit ihren Vorgesetzten zu einer Gruppe zusammenfinden und nach einem zu lösenden Problem suchen, bzw. ein solches kann sich während der Arbeit ergeben haben. Auf diese Weise ist die Teamzusammensetzung meist tätigkeitsorientiert. *Zweitens* können - etwa auf Meister- oder Abteilungsleiterebene - "Problem-Pools" gebildet werden, aus denen dann eines ausgewählt und ein Qualitätszirkel-Team entsprechend zusammengesetzt wird. Ähnlich unterschiedliche Möglichkeiten bestehen im Hinblick auf Regelungen dazu, wie ein "Leiter" oder "Moderator" für die Gruppe bestimmt wird und welche Vorgaben für den Ablauf der Arbeit gelten; festgelegt werden muß schließlich, wer z.B. wann über Ziele und Ergebnisse zu informieren ist.

Abgrenzungsprobleme bestehen zudem im Hinblick auf den Qualitätszirkeln verwandte Konzepte. Hierzu gehören z.B. Lernstatt, Werkstattzirkel und Quality-Circle-Briefe[75]. Darst. II.3.2-1 zeigt den Versuch einer solchen Abgrenzung, der in Verbindung mit den eben angesprochenen Definitionsunterschieden hinsichtlich des Qualitätszirkel-Konzeptes allerdings zugleich die Schwierigkeiten hierbei deutlich werden läßt!

Die verschiedenen Konzepte weisen weitreichende Überschneidungen auf; inzwischen gibt es auch Versuche, sie miteinander zu verknüpfen.[76] In der Unternehmenspraxis ist die Benennung und Ausprägung solcher Kleingruppenarbeit zudem so vielfältig und uneinheitlich, daß in dieser Arbeit der Begriff Qualitätszirkel als Oberbegriff dient, der alle Konzepte umfaßt.

---

kelarbeit auf den Verwaltungsbereich sowie zu den Problemen dabei vgl. ANTONI/BARTSCHER/BUNGARD 1992, S. 241-261; WELTZ/BOLLINGER/ORTMANN 1989, S. 492-494.

74 Vgl. SCHUBERT 1994, S. 1091f. S. zu folgendem auch ausführlicher Teil III, Abschnitt 2.2.2.1.

75 Hierbei handelt es sich um eine Modifikation des Qualitätszirkel-Konzeptes, bei der die Qualitätsabteilung gemeinsam mit der Produktionsleitung bestimmte Problemstellungen festlegt und die Teilnehmerkreise zumindest stark beeinflußt. Unter der Leitung von Vorarbeitern oder Meistern werden Problemlösungen gesucht und unter Verwendung bestimmte Formulare ("Qualitätsbriefe") festgehalten. (Vgl. CORSTEN 1987, S. 252 sowie die dort angegebene Literatur.) Letztlich handelt es sich um eine sehr strikt durch Vorgaben gesteuerte und beschränkte Form der Qualitätszirkelarbeit, die hier unter einen speziellen Begriff gefaßt wird.

76 Vgl. insbesondere DEPPE 1992.

3. Instrumente des Total Quality Managements

Konzept Unter- scheidungs- Kriterien	Werkstattzirkel	Lernstatt	Quality Circle	Quality-Circle-Briefe
Zeitbezug	temporär (wird nach einer best. Anzahl von Sitzungen aufgelöst)	temporär (3-4 Monate)	dauerhaft	dauerhaft
Gruppenzusammensetzung (Arbeitsbereich der Mitglieder)	hierarchieebenenübergreifende Zusammensetzung	Teilnehmer aus gleichem oder aus bewußt unterschiedl. Bereichen	gleicher Arbeitsbereich	gleicher Arbeitsbereich
Teilnahmefreiwilligkeit	nicht gegeben (Auswahl nach der Betroffenheit durch das Thema)	gegeben	gegeben	nicht immer gegeben
Gruppenleitung	wird eingesetzt i.d.R. Meister	generell jedes Gruppenmitglied	generell jedes Gruppenmitglied	Meister/ Vorarbeiter
Problemherkunft (Bereich der Vorschläge)	sowohl eigener als auch fremder Arbeitsbereich	sowohl eigener als auch fremder Arbeitsbereich	arbeitsbereichsbezogene Probleme	arbeitsbereichsbezogene Probleme
Themenauswahl	Problem wird der Gruppe von außen vorgegeben	durch die Gruppe oder Vorgabe durch die Betriebsleitung	durch die Gruppe bestimmt	durch die Qualitätsabteilung od. die Produktionsleitung od. durch die Teilnehmer
Aufgabenspektrum	Einreichen von Vorschlägen	Einreichen von Vorschlägen	die gesamte Problembearbeitung	Einreichen von Vorschlägen
Durchführen von Schulungen	Schulung der Gruppenleiter	Schulung der Gruppe und Moderatoren	Schulung der Gruppe und Moderatoren	Schulung der Moderatoren
Festlegung der Reihenfolge der Problembearbeitung	durch Betriebsleiter	durch Betriebsleiter	durch die Gruppe	durch die Qualitätsabteilung
Formalisierungsgrad der Aktivitäten	tendenziell hoch (vorstrukturiert)	tendenziell hoch	tendenziell gering	tendenziell hoch (vorstrukturiert)
Anreiz zur Mitarbeit	primär immateriell	primär immateriell	primär immateriell	primär immateriell

Darst. II.3.2-1: Vergleichende Gegenüberstellung unterschiedlicher mitarbeiterorientierter Qualitätsförderungskonzepte (modifiziert nach CORSTEN 1987, S. 253)

In der Vielfalt der Begriffe und Formen spiegelt sich ein im Hinblick auf das Qualitätsmanagement wichtiger Auffassungsunterschied wider: In ihrem Ursprungsland Japan wurden Qualitätszirkel von Beginn an als integraler Bestandteil des Qualitätsmanagements betrachtet, und ihr Einsatz beruhte auf der Annahme, daß Qualitätsprobleme häufig von denen am ehesten gelöst werden können, die täglich mit ihnen konfrontiert sind.[77] In deutschen Unternehmen waren und sind Qualitätszirkel dagegen oftmals nicht in umfassende Qualitätskonzepte eingebettet: "Diese Ansätze wurden in der Bundesrepublik Deutschland weniger unter der Zielsetzung der Qualitätsförderung gesehen, sondern eher als Programm der Personal- und Organisationsentwicklung."[78] Entsprechend nahm die *Deutsche Gesellschaft für Qualität (DGQ)* derartige Ansätze erst mit Verzögerung auf.[79] In den meisten deutschen Unternehmen erfolgt die Betreuung solcher Gruppen eher durch die Personal- als durch die Qualitätsabteilung. Die in Abschnitt 3.2.1.2 beschriebenen Problemlösungsverfahren finden zwar im Rahmen der japanischen Qualitätszirkelarbeit vielfach Verwendung; in deutschen Unternehmen lassen sich hierfür dagegen kaum Beispiele finden. Dies unterstützt die Vermutung, daß weniger die speziell qualitätsmanagementbezogenen, sondern eher allgemeine Motivationsaspekte in vielen Fällen im Vordergrund stehen.[80] Trotzdem soll im folgenden der Schwerpunkt - dem Thema dieser Arbeit entsprechend - auf Qualitätsmanagement-Aspekte von Qualitätszirkeln gelegt werden.

Unter Vernachlässigung der möglichen Unterschiede der Ausgestaltung des Qualitätszirkel-Konzeptes läßt sich der allgemeine Ablauf der Einführung und Realisierung von Qualitätszirkelarbeit gemäß Darstellung II.3.2-2 beschreiben. Im folgenden Abschnitt wird auf Aspekte der zweiten Phase, also der Durchführung von Qualitätszirkelarbeit, eingegangen.[81] Es werden Verfahren kurz dargestellt, die für die Lösung von in Qualitätszirkeln bearbeiteten Problemen genutzt werden können. Ihr Anwendungsfeld erstreckt sich jedoch noch weiter, so wird im Zusammenhang mit der Durchführung von FMEA-Projekten auf Möglichkeiten ihrer Realisierung hingewiesen.[82]

---

77 S. Teil I, Abschnitt 2.2.2.
78 SCHILDKNECHT 1992, S. 135f. Allerdings werden durchaus auch qualitätsbezogene Schwerpunkte formuliert (vgl. etwa SCHOLZ 1995, S. 349-352).
79 SCHILDKNECHT 1992, S. 136. S. zur *DGQ* ausführlicher in Teil I, Abschnitt 2.3.2.
80 Vgl. BUNGARD 1986, S. 310; WIENDIECK 1986, S. 71f.
81 Zu organisatorischen Aspekten s. Teil III, Abschnitt 2.2.2.1.
82 S. Abschnitt 3.1.3.2.

3. Instrumente des Total Quality Managements

1. Phase	Einzelaktivitäten in der 1. Phase
Vorbereitung der Qualitätszirkelarbeit	1.1 Willenserklärung der Unternehmensleitung zur Qualitätszirkelarbeit 1.2 Gespräche der Unternehmensleitung mit Führungskräften und Betriebsrat 1.3 Bildung eines Steuerungskomitees, Auswahl und Informierung von Koordinatoren 1.4 Erstellen eines firmenspezifischen Qualitätszirkelkonzeptes 1.5 Information aller Mitarbeiter und Motivation zur Mitarbeit 1.6 Detailplanung der Qualitätszirkelarbeit (Inhalt, Ablauf, Koordination etc.) 1.7 Auswahl/Schulung/Information von Zirkelleitern, Vorgesetzten, Fachabteilungen P.S. 1.1-1.7 eventuell im Rahmen einer Versuchsphase auf einen Teilbereich des Unternehmens begrenzt
2. Phase	Einzelaktivitäten in der 2. Phase
Durchführung von Qualitätszirkeln	2.1 Schulung der Zirkelmitarbeiter 2.2 Probleminventur durch die Qualitätszirkel-Gruppe 2.3 Problemrangfolge und Auswahl 2.4 Abstimmung mit Koordinator 2.5 Problem-Detailanalyse 2.6 Entscheidung über weiteres Vorgehen (Abbruch, Problemteilung, Übergabe an Fachabteilung, andere Gruppe etc.) 2.7 Entwicklung von Lösungsvorschlägen, deren Bewertung und Bericht an Koordinator 2.8 Präsentation der Ergebnisse 2.9 Auswahl von Umsetzungsalternativen
3. Phase	Einzelaktivitäten in der 3. Phase
Umsetzung der Qualitätszirkel-Empfehlungen	3.1 Entwicklung eines Detail-Aktivitätenplans für die Umsetzung der ausgewählten Lösungsvorschläge 3.2 Berichterstattung an Koordinator und Abstimmung mit Steuerungskomitee 3.3 Vorbereitung der Umsetzung (Information, Schulung, Budget etc.) 3.4 Umsetzung
4. Phase	Einzelaktivitäten in der 4. Phase
Evaluierung der Qualitätszirkelarbeit	4.1 Erfolgskontrolle durch Qualitätszirkel (evtl. Rückkoppelung) 4.2 Überlegungen zur Übertragbarkeit der Ergebnisse auf andere Bereiche 4.3 Präsentation und Ergebnisbericht für Koordinator und Steuerungskomitee 4.4 Anerkennung des Einsatzes und der Ergebnisse durch Unternehmensleitung/Fachabteilungen/Vorgesetzte/Steuerungskomitee 4.5 Entscheidung über das weitere Vorgehen bei der Qualitätszirkelarbeit 4.6 Information aller Mitarbeiter über Erfahrungen, Ergebnisse, Beteiligte, weiteres Vorgehen usw. in bezug auf die Qualitätszirkelarbeit

Darst. II.3.2-2: Schritte bei der Einführung und Realisierung von Qualitätszirkelarbeit (modifiziert nach DOMSCH 1985, S. 432)

3.2.1.2 Problemlösungstechniken im Rahmen der Qualitätszirkelarbeit

Bei den im folgenden beschriebenen Techniken - Flowcharts und Ursache-Wirkungs-Diagrammen - handelt es sich um solche, die laut *Ishikawa* nach japanischem TQM-Verständnis von allen Leitern - und möglichst auch von allen weiteren Mitgliedern - von Qualitätszirkeln beherrscht werden sollten. (Gleiches gilt für die Statistische Prozeßregelung, verschiedene graphische Darstellungsformen wie Histogramme, Koordinatensysteme etc.)[83]

Flowcharts dienen einem verbesserten Verständnis von Prozessen und darauf aufbauend der Entwicklung von Optimierungsvorschlägen. Dazu wird der Prozeß zunächst graphisch dargestellt und dann analysiert. Erstellt werden sollte ein Flowchart von am betreffenden Prozeß beteiligten Mitarbeitern sowie von Mitarbeitern vor- und nachgelagerter Arbeitsschritte. Eine solche Gruppenzusammensetzung findet sich bei Qualitätszirkeln häufig. Fragen, die zur Erstellung von Flowcharts beantwortet werden müssen, gelten zum einen der Herkunft benötigter Materialien und Teile sowie ihres Verarbeitungsgangs und Transports zum betrachteten Prozeß, zum anderen dem Prozeß selbst (welche Entscheidungen müssen während des Ablaufes von wem getroffen werden, was muß überhaupt verrichtet werden?). Schließlich sind die Wege des Produktes im Anschluß an den Prozeß und eventuell notwendige Qualitätsprüfungsmaßnahmen festzustellen sowie die Handlungsweisen bei außerhalb der Toleranzgrenzen liegenden Prüfergebnissen zu bestimmen. Das Ziel besteht darin, aufbauend auf diesen Überlegungen Optimierungsmaßnahmen zu entwickeln.[84]

Ursache-Wirkungs-Diagramme[85] dienen der Ursachenanalyse beim Auftreten von Problemen bzw. dem Suchen von Möglichkeiten zum Erreichen vorgegebener Ziele. Dabei wird eine Graphik erarbeitet, entweder von allen Gruppenmitgliedern gemeinsam oder individuell von jedem

---

83 Vgl. Ishikawa 1986, S. iii. Diese Instrumente werden auch als die "seven tools of quality" bezeichnet (vgl. z.B. Burr 1990, S. 64). Zu diesen und weiteren, (auch) im Rahmen von Qualitätszirkelarbeit anwendbaren Methoden vgl. Staal 1987, S. 59-116.
84 Vgl. Burr 1990, S. 65.
85 Andere Bezeichnungen für dieses Verfahren sind *Ishikawa-Diagramme* (nach seinem Entwickler) und *Fishbone Diagrams*, da ein fertig erstelltes Diagramm einer Fischgräte ähnelt. Vgl. auch zu folgendem Ishikawa 1986, S. 18-22; Kindlarski 1984, S. 28f.

3. Instrumente des Total Quality Managements

einzeln, und im Anschluß daran werden die Alternativen verglichen und diskutiert. Drei Schritte kennzeichnen das methodische Vorgehen[86]:

1. Schritt: Das zu verbessernde Qualitätsmerkmal bzw. das Qualitätsziel oder das zu untersuchende Problem wird definiert (z.b. "viele Kundenbeschwerden" oder das Auftreten eines bestimmten Fehlers, für den sich im Rahmen einer FMEA eine hohe Risikoprioritätszahl ergab). Die Formulierung des Ziels bzw. Problems wird am rechten Rand der zu erstellenden Graphik placiert und eingerahmt ("wobble", also Schwankungen bzw. Streuungen in einem Prozeß, in Darstellung II.3.2-3).

2. Schritt: Aufgabe des Teams ist es als nächstes, Ideen hinsichtlich der *Ursachen* des Problems zu sammeln. Ein Pfeil, der waagerecht zum Kästchen mit der Bezeichnung des Problems bzw. Ziels führt, steht für diese möglichen Ursachen, die in Gruppen eingeteilt und dem Hauptpfeil als "Äste" zugeordnet werden, z.B. gemäß Darst. II.3.2-3, in dem vier Hauptkategorien von Ursachen für Prozeßstreuungen gesehen wurden: Mitarbeiter, Material, Inspektion und Werkzeuge.

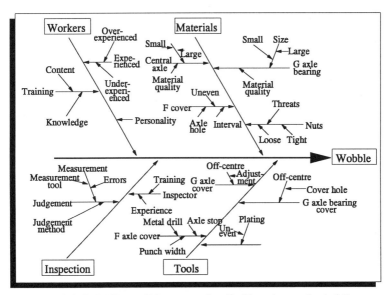

Darst. II.3.2-3: Ishikawa-Diagramm für die Ursachensuche bei Prozeßstreuungen (nach ISHIKAWA 1986, S. 22)

---

86 Vgl. SARAZEN 1990, S. 59f.

3. Schritt: Mittels Brainstorming gilt es nun erneut, Ursachen aufzudekken - diesmal für die im zweiten Schritt ermittelten Hauptkategorien von Ursachen. Diese neuen Ideen werden in die Graphik mit Pfeilen den entsprechenden Kategorien zugeordnet; Doppelnennungen sind dabei durchaus möglich. Dieses Vorgehen wiederholt sich so oft, d.h., es werden für die jeweiligen Ursachen so lange tieferliegende Ursachen gesucht, bis keine mehr gefunden werden können. Im Ergebnis entsteht ein möglicherweise sehr weit verzweigtes Diagramm.[87] Dabei ist es Ziel, die einzelnen Kategorien so weit "heruntergebrochen" zu haben, daß sich operationale Lösungsansätze für das Problem bzw. für das Erreichen des Qualitätsziels ergeben.

Im obigen Beispiel wurden hinsichtlich der Kategorie "Inspektion" als Unterkategorien z.B. zunächst "Beurteilung" und "Inspektoren" ermittelt. Ersteres ließ sich weiter aufgliedern in "Messung" und "Beurteilungsmethode". Die Messung wiederum wurde als abhängig vom Meßinstrument und von möglichen Meßfehlern eingeschätzt. An diesen beiden Punkten ließen sich nun konkrete Verbesserungsmaßnahmen finden, z.B. die Verwendung eines anderen Meßinstruments.

In dem Maße, in dem Mitarbeiter eines Unternehmens in der Lage und motiviert sind, Verfahren wie die beschriebenen anzuwenden, ist es auch möglich, sie in anspruchsvolle Bestandteile des Total Quality Managements - wie z.B. in FMEA-Projekte - einzubeziehen. Dies wiederum trägt zu der Umsetzung von Strategien der Einbeziehung möglichst weiter Kreise der Mitarbeiter in das Total Quality Management bei.

3.2.2 Betriebliches Vorschlagswesen

Der Begriff des Betrieblichen Vorschlagswesens (BVW) umfaßt alle Systeme und Verfahrensweisen, die Vorschläge von Mitarbeitern zur Verbesserung der betrieblichen Arbeit, die über die normale Dienstpflicht hinausgehen, prämieren. Dabei reichen Mitarbeiter Vorschläge ein, die an einen haupt- oder nebenamtlichen Beauftragten für das Vorschlagswesen weitergeleitet werden. Dieser holt bei entsprechenden Fachleuten im Unternehmen Gutachten zum Nutzen und zur Durchführbarkeit der formulierten Ideen ein. Eine Prüfungs- und Bewertungskommission, zusammengesetzt aus Vertretern des Managements und der Arbeitnehmer,

---

[87] Vgl. beispielsweise KINDLARSKI 1984, S. 28.

entscheidet schließlich anhand der Gutachten über eine Annahme oder Ablehnung der Vorschläge sowie über die Form der Anerkennung (z.B. die Prämie).[88] Als sehr bedeutsam für den langfristigen Erfolg des BVW wird häufig angesehen, daß die Vorschläge möglichst schnell und unbürokratisch bewertet und bei positiver Beurteilung umgesetzt werden.

Das Vorgehen basiert auf einer entsprechenden *Betriebsvereinbarung*. In dieser ist vor allem festgelegt, ob das System vorübergehend oder auf *Dauer* angelegt ist und was überhaupt als Verbesserungsvorschlag gelten soll. Teilweise werden bestimmte *Themengebiete* hervorgehoben oder andere ausdrücklich ausgeschlossen.[89] Zudem wird der *Teilnehmerkreis* bestimmt - so besteht die Möglichkeit, daß BVW-Beauftragte, aber auch bestimmte Arbeitnehmergruppen, wie z.B. Leiharbeiter, ausgeschlossen werden.

Von großer Bedeutung sind die Regelungen im Hinblick auf die *Prämierung* der Vorschläge. Das Bewertungssystem für das Betriebliche Vorschlagswesen unterscheidet meist zwischen Vorschlägen mit *quantifizierbarem* Nutzen, die hinsichtlich der Prämienerrechnung relativ wenig Probleme aufwerfen, und solchen mit eher qualitativem Nutzen. Zu letzteren zählen z.B. Vorschläge mit folgenden Inhalten[90]:
- Arbeits- und Arbeitsplatzgestaltung,
- verbesserte Arbeitsbedingungen,
- Arbeitssicherheit, Gesundheitsschutz,
- Umweltschutz,
- Ansehen des Unternehmens,
- Menschliche Beziehungen,
- Arbeitsmotivation,
- Identifikation des Mitarbeiters mit seinem Unternehmen,
- Führungsverhalten,
- Betriebsklima.

Nicht eindeutig zuordenbar sind sogenannte *Fehlerquellenhinweise*, bei denen Mitarbeiter nur wahrgenommene Fehler und Mängel bzw. deren Ursachen melden, aber keine Lösungsvorschläge einbringen. Im Hinblick auf die Ziele des Qualitätsmanagements können aber auch solche Hinweise nützlich sein und z.B. von anderen Mitarbeitern - beispielsweise im Rahmen der Qualitätszirkelarbeit - aufgegriffen werden. (Ihre Behand-

---

88 Vgl. SCHWAB 1993, S. 184-188.
89 Vgl. auch zu folgendem BRINKMANN 1992, S. 80-84; SCHWAB 1991, S. 145-150; THOM/VOLANTHEN 1994, S. 58-64; s. auch schon kurz oben, Abschnitt 1.
90 Vgl. BRINKMANN/HEIDACK 1982, S. 30.

lung läßt sich ebenfalls in Betriebsvereinbarungen regeln.) Insofern können sich Qualitätszirkel und Betriebliches Vorschlagswesen ergänzen.[91]

Gerade für Vorschläge mit qualitativem Nutzen sind Beurteilungskriterien zu definieren, z.B. folgende[92]:
- "Genialität" der Verbesserungsidee,
- Brauchbarkeit der Lösungsidee,
- Ausführungsreife des Verbesserungsvorschlags,
- Schwierigkeit für den Einreicher, das Problem beim Verbesserungsvorschlag zu erkennen,
- Schwierigkeit für den Einreicher, die Lösung für den Verbesserungsvorschlag zu erarbeiten.

Ähnlich wie bei der Qualitätszirkel-Arbeit besteht beim Betrieblichen Vorschlagswesen das Ziel, das Wissen gerade von Mitarbeitern der unteren hierarchischen Stufen im Sinne der Unternehmensziele und über die "normale" Arbeit hinaus zu nutzen. Gleichzeitig sind aber auch deutliche *Unterschiede* auszumachen. So stehen bei Qualitätszirkeln in stärkerem Maße Aspekte wie die Motivation sowie die Personalentwicklung im Vordergrund, und es handelt sich bei ihnen um ein aktiver ausgerichtetes Instrument, das häufig gezielt gefördert wird. Letzteres kann jedoch auch für das BVW geschehen, etwa mittels Sonderaktionen mit Themenvorgabe. Dabei will das Management die Ideenfindung durch entsprechende Anreize und Werbung hierfür in eine bestimmte Richtung lenken, z.B. auf Komplexe mit hohem Rationalisierungsbedarf. Schließlich ist als wichtiger Unterschied zwischen beiden Konzepten festzustellen, daß die Qualitätszirkelarbeit während der normalen Arbeitsstunden stattfindet, während Vorschläge für das BVW während der Freizeit von Mitarbeitern zu entwickeln sind.

---

91 Vgl. FELK 1995, S. 26. Es finden sich entsprechend auch Überlegungen zur Verknüpfbarkeit von Qualitätszirkel-Konzept und Betrieblichem Vorschlagswesen (vgl. EYER 1990, S. 33-44).
92 Vgl. BRINKMANN 1992, S. 120f.; THOM 1993, S. 62f.

4. Evaluierung des Total Quality Managements

4.1 Qualitätsaudits

4.1.1 Grundgedanken und Ziele

Ein Qualitätsaudit wird definiert als eine "systematische und unabhängige Untersuchung, um festzustellen, ob die qualitätsbezogenen Tätigkeiten und die damit zusammenhängenden Ergebnisse den geplanten Anforderungen entsprechen, und ob diese Anordnungen wirkungsvoll verwirklicht und geeignet sind, die Ziele zu erreichen."[1] Audits sollen Qualitätsmanagement-Maßnahmen nicht verdoppeln oder ersetzen, sondern überprüfen und verbessern helfen. Zu unterscheiden sind Produkt-, Verfahrens- und Systemaudits.[2]

(1) Produktaudit
Bei einem Produktaudit werden einige wenige Produkte, die alle "normalen" Prüfungen bereits durchlaufen haben und somit auslieferungsfertig sind, einer genauen Kontrolle unterzogen. Dabei kommen sowohl die im Rahmen des laufenden Qualitätsmanagements üblichen Verfahren als auch zusätzliche zum Einsatz; wo dies zweckmäßig erscheint, werden Anwendungstests durchgeführt (z.B. Straßentests bei Automobilen). Ziel ist dabei nicht, die Qualität speziell der auditierten Produkte zu gewährleisten, sondern es soll anhand der Ergebnisse eingeschätzt werden, ob und inwieweit das Qualitätsmanagement - insbesondere innerhalb des Fertigungsbereichs - eines Unternehmens bzw. Werks den an es gestellten Anforderungen entspricht.[3]

(2) Prozeßaudit
Ziel von Prozeßaudits ist eine Prüfung, ob für das Qualitätsmanagement wichtige Prozesse adäquat durchgeführt werden. Typischerweise einem solchen Audit unterzogene Prozesse sind z.B.[4]:
- Dokumentieren der Statistischen Prozeßregelung,
- Wartung von Maschinen und Werkzeugen,
- Messen und Prüfen von Produktqualität,

---

1 DGQ (HRSG.) 1993, S. 129; vgl auch FEIGENBAUM 1991, S. 290; HILL 1991, S. 395.
2 Vgl. KIRSTEIN 1991, S. 208-211.
3 S. ausführlich zu Produktaudits am Beispiel des Vorgehens bei *Mercedes-Benz* im zweiten Hauptteil, Abschnitt 3.4.1.1.
4 Vgl. FEIGENBAUM 1991, S. 294.

- Handling des Materials und Lagerpraktiken,
- Zulieferer-Beurteilungen.

(3) Systemaudit
Systemaudits stellen die umfänglichste Form eines Audits dar; sie beziehen sich auf das gesamte Qualitätsmanagement und sollen dessen Wirksamkeit prüfen. Dabei bestehen keine grundsätzlichen Unterschiede zwischen *internen* und *externen* Audits. Letztere werden von unternehmensfremden Personen, etwa eines Kundenunternehmens, durchgeführt und dienen z.B. einer Zuliefererbeurteilung.[5] Neben Kundenunternehmen können auch externe Unternehmensberater oder Zertifizierungsstellen das Audit durchführen. Vermehrt wächst zudem die Bedeutung von "Qualitätspreisen", die Unternehmen aus Marketinggründen anstreben, aber auch, weil in der Prüfung des Unternehmens auf eine solche Preiswürdigkeit ein sinnvoller Weg zur Aufdeckung von Schwachstellen im Qualitätsmanagementsystem gesehen wird.[6] Im folgenden sollen die *Zertifizierung nach DIN EN ISO 9000ff.* sowie der *Malcolm Baldrige National Quality Award (MBA)* und der *European Quality Award (EQA)* kurz vorgestellt und miteinander verglichen werden.[7]

4.1.2 Die Zertifizierung nach DIN EN ISO 9000ff.

Qualitäts-Zertifizierungen können, wenn sie sich am Markt durchgesetzt haben, an die Stelle zahlreicher Einzelbeurteilungen treten. Seit 1985 existiert in der Bundesrepublik Deutschland eine Zertifizierungsstelle, die *Deutsche Gesellschaft zur Zertifizierung von Qualitätssicherungs-Systemen (DQS)*, ein - gemeinnütziges - Tochterunternehmen der *DGQ*, das sich in Zusammenarbeit mit dem *Technischen Überwachungsverein (TÜV)* zum Ziel gesetzt hat, Qualitätsmanagementsysteme im Auftrag von Kunden zu beurteilen und zu zertifizieren.[8]

---

5 S. hierzu Abschnitt 2.2.
6 Vgl. PÄRSCH 1991, S. 679; STAAL 1990, S. 171. Eine ähnliche Rolle können anerkannte Preise einzelner Unternehmen spielen, etwa der "Q1-Award" von *Ford*. (Vgl. AIGNER/ KUCKELKORN 1991, S. 132.)
7 Nicht eingegangen wird dagegen auf den "Deming Application Prize"; vgl. hierzu z.B. BUSH/DOOLEY 1989, S. 28-30; ISHIKAWA 1985, S. 187.
8 Vgl. JAHN 1988, S. 928. Zur *Deutschen Gesellschaft für Qualität (DGQ)* s. Teil I, Abschnitt 2.3.2.

4. Evaluierung des Total Quality Managements 123

"Die Zertifizierung von unternehmensspezifischen Qualitätsmanagementsystemen verfolgt das Ziel, mit dem Zertifikat die Umsetzung der in den Normen DIN ISO 9001, 9002 oder 9003 enthaltenen Forderungen an Qualitätsmanagementsysteme in die spezifische Unternehmenspraxis zu bescheinigen sowie die Zweckmäßigkeit unternehmensspezifisch getroffener Regelungen bezüglich der Wirksamkeit des QM-Systems zu bewerten."[9] Während sich DIN EN ISO 9003 auf die Endprüfung von Produkten bezieht, berücksichtigt DIN EN ISO 9002 auch den Produktions- und Montageprozeß; DIN EN ISO 9001 umfaßt schließlich einen weitreichenden Qualitätsmanagementnachweis gemäß Darst. II.4.1-1 (auf der folgenden Seite).[10] Bis Mitte März 1995 wurden in der Bundesrepublik Deutschland 1976 Zertifikate nach diesen Normen ausgestellt (sowie drei "Umweltzertifikate").[11]

Das Vorgehen im Rahmen einer solchen Zertifizierung gliedert sich in mehrere Abschnitte. Nach der Beantwortung eines kurzen Fragebogens zur ersten Selbsteinschätzung[12] wird das Qualitätsmanagement-Handbuch des Unternehmens im Hinblick auf seine Konformität mit den DIN-EN-ISO-Normen analysiert.[13] Erst danach beginnt das Audit selbst.

---

9   RICHTER/NEUHÄUSER 1993, S. 136.
10 Vgl. DIN EN ISO 9001 bis 9003 (1994). Der Fragenkatalog, der für Audits innerhalb der Automobilbranche Verwendung findet - auch für Audits des Unternehmens *Mercedes-Benz* - und auf diesen DIN-EN-ISO-Normen aufbaut, findet sich in VDA (HRSG.) 1991.
    DIN EN ISO 9000 bis 9000-4 umfassen Leitfäden zur Auswahl und Anwendung von DIN EN ISO 9001 bis 9003. DIN EN ISO 9004 bis 9004-4 (teilweise noch in der Entwicklung) enthalten Leitfäden zum Qualitätsmanagement und dessen Elementen unter anderem für Dienstleistungen und Projektmanagement. (Vgl. GEIGER 1994, S. 38f.)
11 Vgl. o.V. 1995b, S. 510. Die 1976 Zertifikate teilen sich in 1564 Zertifikate nach DIN EN ISO 9001, 404 Zertifikate nach DIN EN ISO 9002 und 8 nach DIN EN ISO 9003. Zur Entwicklung von Umwelt-Zertifikaten und damit in Zusammenhang stehenden *Öko-Audits* sowie zu den Unterschieden und Ähnlichkeiten zu Qualitätsmanagement-Zertifizierungen bzw. -Audits vgl. HOPFENBECK/JASCH/JASCH 1995; ZENK (HRSG) 1995.
12 Zu den im Vorfeld erfragten Daten zählen z.B. die Betriebsgröße, die Belegschaftsstruktur, wichtige Einzelheiten im Hinblick auf die Produktion sowie allgemeine Informationen über das Qualitätsmanagement (etwa Zwischen- und Endprüfungen sowie Prozeßüberwachungseinrichtungen). (Vgl. SWANN 1991, S. 632.)
13 Im Handbuch selbst finden sich die Qualitätsmanagement-Grundsätze des Unternehmens, die mit dem Qualitätsmanagement zusammenhängenden Verant-

Darlegungsforderungen	DIN EN ISO 9001	9002	9003
1. Verantwortung der obersten Leitung	●	●	□
2. Qualitätsmanagementsystem	●	●	□
3. Vertragsprüfung	●	●	●
4. Designlenkung	●	○	○
5. Lenkung der Dokumente und Daten	●	●	●
6. Beschaffung	●	●	○
7. Lenkung der vom Kunden bereitgestellten Produkte	●	●	●
8. Identifikation und Rückverfolgbarkeit von Produkten	●	●	□
9. Prozeßlenkung	●	●	○
10. Prüfungen	●	●	□
11. Prüfmittelüberwachung	●	●	●
12. Prüfstatus	●	●	●
13. Lenkung fehlerhafter Produkte	●	●	□
14. Korrektur und Vorbeugungsmaßnahmen	●	●	□
15. Handhabung, Lagerung, Verpackung, Schutz und Versand	●	●	●
16. Lenkung von Qualitätsaufzeichnungen	●	●	□
17. Interne Qualitätsaudits	●	●	□
18. Schulung	●	●	□
19. Kundendienst	●	●	●
20. Statistische Methoden	●	●	□

Legende: ● = umfassende Forderung
 □ = weniger umfassende Forderung als bei DIN EN ISO 9001 und 9002
 ○ = QM-Element nicht vorhanden (in der internationalen Norm)

Darst. II.4.1-1: Vergleich der Darlegungsforderungen nach DIN EN ISO 9001, 9002 und 9003 (modifiziert nach DIN EN ISO 9000-1 [1994], S. 42f.)

Im Gespräch mit Mitarbeitern aller betroffenen Bereiche werden bei der Durchsicht des Handbuchs entstandene Fragen diskutiert. Fertigungsmitarbeiter können z.B. gefragt werden, ob sie die sie betreffenden Arbeits-

---

wortungen, Befugnisse sowie aufbau- und ablauforganisatorischen Regelungen. Nicht enthalten sind detaillierte Verfahrens- und Arbeitsanweisungen. Auf diese erfolgen jedoch Verweise, sie sind zudem der *internen* Version des Handbuchs meist als Anlage beigefügt. *Verfahrensanweisungen* dienen den Abteilungen als Orientierungsgrundlage. *Arbeitsanweisungen* sind noch detaillierter, es handelt sich um arbeitsplatzbezogene Hinweise über zu beachtende Richtlinien, Prüfanweisungen, produktspezifische Qualitätssystempläne usw. Sie müssen am Arbeitsplatz verfügbar sein und haben Weisungscharakter. (Vgl. WILHELM 1992, S. 462-464.)

4. Evaluierung des Total Quality Managements 125

anweisungen kennen und ob sie wissen, wo sie diese einsehen können. Ein wichtiges Ziel besteht im Aufdecken von Abweichungen des beobachtbaren Vorgehens von den Vorgaben des Handbuches. Die Überwachung von Verbesserungsmaßnahmen nimmt einen wichtigen Stellenwert für die endgültige Vergabe des Zertifikats ein. Dieses hat eine Laufzeit von drei Jahren, dann muß die ganze Prozedur für eine erneut drei Jahre gültige Verlängerung wiederholt werden. Außerdem werden jährlich (kleinere) *Überwachungsaudits* durchgeführt.[14]

Die meisten der im Rahmen dieser Arbeit besonders interessierenden Automobilhersteller sind zertifiziert oder streben an, es zu werden, gemäß Darst. II.4.1-2.

Unternehmen	*Stand der Zertifizierungsbestrebungen*
Audi	Die Audi AG, Ingolstadt/Neckarsulm, hat von der TÜV-Zertifizierungsgemeinschaft, Bonn, das Zertifikat nach DIN ISO 9001 erhalten.
BMW	Die Werke München, Dingolfing und Regensburg sind nach DIN ISO 9000 zertifiziert.
Ford	Alle europäischen Standorte sind nach DIN ISO 9001 zertifiziert.
Opel	Opel befindet sich derzeit im Zertifizierungsprozeß und strebt zunächst ein Zertifikat nach ISO 9002 an. Die Zertifizierung wird im gesamten europäischen Produktionsverbund bis zum Jahresende 1994 abgeschlossen sein.
Mercedes-Benz	Die gesamte Mercedes-Benz AG wird bis Ende 1994 nach DIN ISO 9001 zertifiziert sein. Bisher wurde bereits das Werk Bad Homburg nach DIN ISO 9001 zertifiziert
Porsche	In der Entwicklung gibt es die Zertifizierung nach DIN ISO seit März 1994, für die Produktion wird die Zertifizierung voraussichtlich Ende Mai 1994 erreicht sein.
VW	Das Werk Braunschweig ist bereits zertifiziert. Alle anderen Werke sollen bis Mitte 1995 zertifiziert sein.

Darst. II.4.1-2: Zertifizierungsstand von Automobilherstellern, Stand: Mitte 1994 (modifiziert nach SCHMITZ 1994, S. 32)

Eine Zertifizierung nach DIN EN ISO weist verschiedene *Vorteile* auf: So ist das Management gezwungen, überhaupt zum Qualitätsmanagement des Unternehmens und damit in Zusammenhang stehenden Alternativen Stellung zu nehmen. Dadurch, daß Abläufe besser strukturiert, in jedem Fall aber schriftlich festgehalten werden, sind qualitätsrelevante Vorgänge zurückverfolgbar und auch nach außen hin transparent. Aus

---
14 Vgl. ausführlich PETRICK 1994, S. 113f.

diesem Grund können Kundenunternehmen anschließend auf eigene Audits weitgehend verzichten.[15]

Diesen Vorteilen stehen jedoch auch *Probleme* gegenüber. Neben der Befürchtung einer unverhältnismäßigen "Bürokratisierung" des Qualitätsmanagements wird in *inhaltlicher* Perspektive kritisiert, daß der Marketing-Gedanke, also die Ausrichtung auf den Kunden, weitgehend fehlt. Verglichen mit der in Teil I dieser Arbeit erläuterten Qualitätsdefinition erfolgt also eine starke Einschränkung auf Aspekte eines verbesserten Erreichens angestrebter Produkt- und Prozeßmerkmale, während dem kundenorientierten Qualitätsbegriff eher wenig Gewicht zukommt. Außerdem fehlen - abgesehen von den unter DIN EN ISO 9001, Punkt 18 angesprochenen Schulungen[16] - Hinweise auf eine kontinuierliche Verbesserung des Systems durch die verschiedenen Mitarbeitergruppen.[17] Die Auditierung nach diesen Normen bietet keine Möglichkeit einer Einschätzung des Umsetzungsgrades von TQM-Strategien, die auf eine Einbeziehung aller oder zumindest möglichst vieler Mitarbeiter(gruppen) abzielen. Je größeres Gewicht solchen Aspekten im Total Quality Management eines Unternehmens zugeordnet wird, desto weniger sind Auditierungen nach diesen Normen für eine *vollständige* Evaluierung geeignet.

An einem anderen Punkt setzt die Kritik von *Kassebohm/Malorny* an. Sie stellen fest, daß weitgehend ungeklärt sei, welcher konkrete Nachweis durch ein Zertifikat nach DIN EN ISO 9001 überhaupt erbracht werden könne: "So ergab eine analytische Studie der einschlägigen Marketingpublikationen der in der Bundesrepublik Deutschland akkreditierten Zerti-

---

15 Dies begrüßte in einer Umfrage der "Automobil-Produktion" ein Großteil der Zulieferer der Automobilindustrie (vgl. o.V. 1991b, S. 54-57). Bezeichnend ist der Begriff "Audit-Tourismus", der im Zusammenhang mit den zahlreichen Auditierungsbestrebungen gerade der Unternehmen in der Automobilindustrie Verwendung findet. (Vgl. o.V. 1993b, S. 46-50.)
16 Hier heißt es (sehr allgemein): "Der Lieferant muß Verfahren zur Ermittlung des Schulungsbedarfs einführen und aufrechterhalten und für die Schulung aller Mitarbeiter sorgen, die mit qualitätsrelevanten Tätigkeiten betraut sind. Personal, welches eine speziell zugeordnete Aufgabe ausführt, muß auf Basis einer angemessenen Ausbildung, Schulung und/oder Erfahrung entsprechend der gestellten Forderungen qualifiziert sein. Zweckentsprechende Aufzeichnungen über die Schulung müssen aufbewahrt werden." (DIN EN ISO 9001 [1994], Punkt 18.)
17 Vgl. WEIGANG 1990, S. 504. Noch wesentlich mehr Probleme werden im Zusammenhang mit Zertifizierungsbestrebungen bei Dienstleistungsunternehmen diskutiert. (Vgl. z.B. GIACOBBE/SEGAL 1994, S. 23-29; RITTENBURG/MURDOCK 1994, S. 5-10.)

fizierungsgesellschaften folgendes Ergebnis: Die Versprechungen, was das Zertifikat tatsächlich ausdrückt, gehen über die anerkannten Definitionen zum Begriff 'Zertifizierung' weit hinaus und können insoweit nur unter Werbeaspekten gesehen werden."[18]

In diesem Zusammenhang ist eine Studie interessant, die durch die Unternehmensberatung *Price Waterhouse* im Herbst 1992 bei 377 (etwa 80% aller zum damaligen Zeitpunkt zertifizierten) deutschen Unternehmen, von denen 95 (also gut 25%) antworteten, durchgeführt wurde. Gefragt wurde unter anderem nach den Gründen für das Bemühen um die Zertifizierung. Darst. II.4.1-3 zeigt die Ergebnisse hierzu.

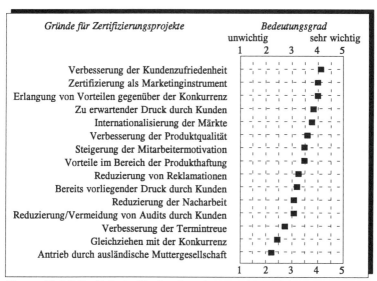

Darst. II.4.1-3: Gründe für das Angehen von Zertifizierungsprojekten (nach PRICE WATERHOUSE, o.J., o.S.)

---

18 KASSEBOHM/MALORNY 1994, S. 700, unter Verweis auf eine nicht veröffentlichte Studie des (von *Kassebohm/Malorny* initiierten) Arbeitskreises "Qualität und Recht", in der die Marketingpublikationen der 14 bis zum 1.3.1993 in der Bundesrepublik Deutschland akkreditierten Qualitätsmanagement-Systemzertifizierungsgesellschaften berücksichtigt wurden. Ebenfalls kritisch werten *Kassebohm/ Malorny* Äußerungen insbesondere von Unternehmensberatungen, die den Zertifizierungen eine höhere *rechtliche Relevanz* zusprechen (insbesondere im Zusammenhang mit dem am 1.1.1990 in Kraft getretenen Produkthaftungsgesetz), als ihr bisher tatsächlich gerade in der Rechtsprechung zukommt. (Vgl. KASSEBOHM/MALORNY 1994, S. 701; ähnlich: BAUER 1990, S. 509f.)

Gleich nach dem Ziel einer verbesserten Kundenzufriedenheit folgt das Bestreben, das Zertifikat als Marketinginstrument einzusetzen. Insgesamt kommt solchen Gründen, die mit dem Marketing in Zusammenhang stehen, offenbar große Bedeutung zu.

Mittels der Umsetzung der DIN-EN-ISO-Normen kann ein "Basisstand" des Qualitätsmanagements erreicht werden, eine entsprechende Zertifizierung bedeutet aber nicht, daß im Unternehmen Total Quality Management realisiert wird. Das Anstreben bestimmter inzwischen etablierter *Qualitätspreise* führt zu wesentlich weitergehenden und eher den Anforderungen an Total Quality Management entsprechenden Bemühungen: "Der Unterschied zur DIN-ISO-Philosophie ist, daß man dort nicht die Minimum-Anforderungen laut einer DIN erfüllen will, sondern man will eine Maximal-Forderung erreichen und kämpft darum, den nationalen Qualitätspreis zu erhalten, indem man herausragende Leistungen nachweist."[19] Auf den amerikanischen Qualitätspreis wird im übernächsten Abschnitt eingegangen; zuvor wird der *European Quality Award* beschrieben:

4.1.3 Der European Quality Award

Im Oktober 1992 erfolgte die erstmalige Verleihung des "European Quality Award" (EQA), mit dem ein Qualitätspreis für den europäischen Raum geschaffen wurde. Zu diesem Zweck gründeten 14 europäische Unternehmen 1988 die *European Foundation for Quality Management (E.F.Q.M.)*; bereits im Januar 1992 gab es mehr als 200 Mitglieder. Das Ziel bestand dabei in erster Linie darin, Anreize zur Qualitätsverbesserung für Einzelpersonen und Unternehmen zu schaffen und dadurch europäische Unternehmen im weltweiten Wettbewerb zu stärken.[20]

Die Vorgehensweise zur Ermittlung der Preisgewinner ist ähnlich derjenigen beim im nächsten Abschnitt zu beschreibenden *Malcolm Baldrige National Quality Award*: Die Bewerber müssen ihr Unternehmen zunächst einer kritischen *Selbsteinschätzung* unterziehen. Ein zweiseitiger Kurzbericht über das Unternehmen insgesamt muß zusammen mit den Antworten auf 28 Bewertungsfragen gemäß dem Preisvergabeverfahren eingereicht werden. Bei in die engere Wahl gezogenen Unternehmen

---

19 WEIGANG 1990, S. 503.
20 Vgl. PEACOCK 1992, S. 525; ZINK/HAUER/SCHMIDT 1992a, S. 585f.

wird ein Audit durchgeführt, auf das ein entsprechendes Feedback folgt.[21] Im Rahmen des Beurteilungsprozesses werden im Höchstfall 1000 Punkte vergeben, die sich auf verschiedene Aspekte verteilen, gemäß Darstellung II.4.1-4:

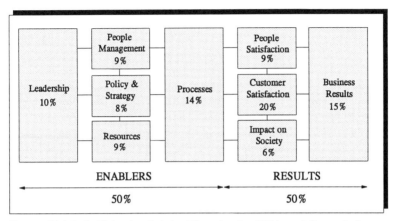

Darst. II.4.1-4: Kriterien bei der Vergabe des EQA und ihre relative Bedeutung (nach EFQM [Hrsg.] 1992a, S. 11)

Ein Vergleich der Anforderungen des EQA mit denen nach DIN EN ISO 9001 zeigt folgendes: Von den neun im Rahmen des EQA herangezogenen Kriterien fehlen vier (mehr oder weniger) bei der Zertifizierung nach DIN EN ISO. Dabei handelt es sich um die Bereiche "Ressourcen" (Umgang mit finanziellen, informatorischen und technologischen Ressourcen), "Kundenzufriedenheit", "Mitarbeiterzufriedenheit" und "Gesellschaftliche Verantwortung".[22] Kaum Unterschiede bestehen hinsichtlich der Aspekte "Wirtschaftlichkeit/Qualitätskosten", "Durchführung interner Audits" sowie der "Anwendung statistischer Methoden". Weniger Gewicht als die DIN-EN-ISO-Normen legt der EQA auf Aspekte wie "Vertragsprüfung", "Prüfmittel", "Prüfungsdurchführung", "Qualitätsaufzeichnungen". Dies wird auf das den DIN-EN-ISO-Normen zugrundeliegende Qualitätsverständnis zurückgeführt, "welches sich sehr nah an der Produktion und den damit in Verbindung stehenden Fertigungsprozessen anlehnt."[23] Dagegen hat der EQA ein anders gefaßtes Qualitäts-

---

21 Vgl. E.F.Q.M. (HRSG.) 1992a, S. 1-11 und 1992b, S. 2-19; ELLIS 1994, S. 282-288; PEACOCK 1992, S. 525.
22 Vgl. ZINK/HAUER/SCHMIDT 1992b, S. 653.
23 ZINK/HAUER/SCHMIDT 1992b, S. 652.

verständnis, das eine stärkere Betonung der Kundenorientierung aufweist. Gleiches gilt für den Malcolm Baldrige National Quality Award.

4.1.4 Der Malcolm Baldrige National Quality Award

Seit 1987 wird in den USA jährlich der Malcolm Baldrige National Quality Award (MBA) verliehen, der inzwischen einen sehr hohen Bekanntheitsgrad erreicht hat: Bereits 1990 wurden fast 200.000 Exemplare der Ausschreibungsunterlagen auf Anfrage verschickt; viele Unternehmen richten sich hinsichtlich ihres Qualitätsmanagements nach den Kriterien dieses Preises.[24] Darst. II.4.1-5 zeigt die Kriterien zur Preisvergabe:

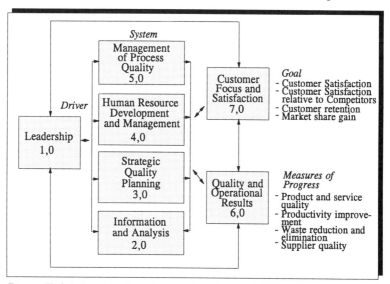

Darst. II.4.1-5: Kriterien für die Vergabe des MBA und ihre relative Bedeutung (nach NEVES/NAKHAI 1994, S. 70)

Ein Vergleich der Preisvergabekriterien des MBA mit denen des EQA zeigt, daß ersterer vor allem in den Punkten "Führung durch die Ge-

---

[24] Vgl. ZINK/HAUER/SCHMIDT 1992a, S. 586. STAUSS/SCHEUING (1994, S. 314-329) sprechen sogar von "Management by Malcolm Baldrige National Quality Award". Die Abkürzung "MBA" entstand aus dem Kurznamen "Malcolm Baldrige Award", der für diesen Preis weit verbreitet Anwendung findet.

schäftsleitung", "Vergleich mit Wettbewerbern" (Benchmarking), "Personalentwicklung und -management" und "Messung von Qualitätsergebnissen sowie Kundenzufriedenheit" höhere Anforderungen stellt bzw. auf diese Aspekte noch stärkeres Gewicht legt.[25] Umgekehrt liegt beim EQA ein größerer Schwerpunkt auf dem Image des Unternehmens und auf der "Gesellschaftlichen Verantwortung". Von diesen Punkten abgesehen bestehen Unterschiede in erster Linie im wesentlich höheren Detaillierungsgrad des MBA. "Der durchgeführte Vergleich zeigt deutlich das eher eingeschränkte Qualitätsverständnis der EN 29000 im Gegensatz zum umfassenden 'Total Quality'-Ansatz von EQA und MBA."[26]

Für den Gewinn des MBA im Jahr 1988 durch *Motorola* wird ein wichtiger Grund im erfolgreichen **Benchmarking** des Unternehmens gesehen[27], auf das daher kurz eingegangen werden soll. "Benchmarking is a process in which companies target key improvement areas within their firms, identify and study best practices by others in these areas, and implement new processes and systems to enhance their own productivity and quality."[28] In solche Projekte werden die Mitarbeiter der betreffenden Prozesse einbezogen.[29] Ein weiterer Unterschied zur herkömmlichen Konkurrenzanalyse als Instrument der Marktforschung besteht darin, daß beim Benchmarking Methoden und Prozesse im Vordergrund stehen, weniger Produkte oder Produktteile. Verglichen werden die eigenen Vorgehensweisen mit denen der (erfolgreicheren) Konkurrenz oder auch mit denen von Unternehmen ganz anderer Branchen, die aber mit ähnlichen Problemstellungen konfrontiert sind.

Für eine Zusammenstellung des Teilnehmerkreises aus verschiedenen Branchen spricht, daß die Erfassung des Vorgehens der Konkurrenz und entsprechende Modifikationen der eigenen Prozesse zwar helfen, die Wettbewerber einholen zu können. Diese können auf solche Weise aber

---

25 Vgl. ZINK/HAUER/SCHMIDT 1992b, S. 654. Ausführlich zu den einzelnen Aspekten des MBA vgl. CASE/BIGELOW 1992, S. 47-52; DESATNICK 1992, S. 69-74; HEAPHY 1992, S. 74-79; LEIFELD 1992, S. 51-55; MARQUARDT 1992, S. 93-96; OMDAHL 1992, S. 41-46; STAUSS/ SCHEUING 1994, S. 315.
26 ZINK/HAUER/SCHMIDT 1992b, S. 657. Die hier noch als EN 29000 bezeichneten Normen wurden inzwischen umbenannt; es handelt sich um die DIN-EN-ISO-9000-Normen. Zum Vergleich von DIN EN ISO und MBA vgl. auch REIMANN/ HERTZ 1994, S. 339-354.
27 Vgl. VAZIRI 1992, S. 83.
28 KENDRICK 1992, S. 13; vgl. auch VAZIRI 1992, S. 81-85; WATSON 1993.
29 Vgl. HORVATH/HERTER 1992, S. 7.

nicht übertroffen werden. Auch von Unternehmensberatungen können interessante Informationen gewonnen werden, wobei deren Informationsbereitstellung aber von etwaigen Geheimhaltungspflichten abhängt.[30]

Als gravierendes Problem der Durchführung von Benchmarking muß es betrachtet werden, daß viele Unternehmen kaum bereit sind, Informationen über ihre Prozesse an Unternehmensexterne weiterzugeben. In Einzelfällen ist dies allerdings doch möglich, wie das folgende Beispiel zeigt[31]: Die *ITT Aerospace/Communication Division* entschied sich für ein Benchmarking im Bereich der Labortechnik. Zu diesem Zweck wurden in Frage kommende Labors kontaktet, schließlich bildete sich eine Gruppe von acht Unternehmen, u.a. *Ford Motor Company*, *IBM* und *Motorola*. Es folgten zahlreiche Symposien und Diskussionen, "[...] each company was informed of those practices for which they were especially noteworthy, and asked to present details during a best practices session. This was immediately followed by a group discussion that included benchmarking conclusions and lessons learned."[32]

Nicht nur im Zusammenhang mit Bemühungen um Qualitätspreise kommt der Erfassung der Kundenzufriedenheit große Bedeutung zu. Die hier bestehenden Möglichkeiten stellen auch unabhängig davon ein wichtiges Element der Total-Quality-Management-Evaluierung dar, auf das im folgenden Abschnitt eingegangen wird.

4.2 Messung der Kundenzufriedenheit

In ihren Unternehmensgrundsätzen und Qualitätsmanagement-Strategien formulieren Unternehmen häufig die Kundenzufriedenheit als zentrales Ziel. Schon aus der Qualitätsdefinition, wie sie auch in dieser Arbeit verwandt wird, ist die Bedeutung der Kundenzufriedenheit ersichtlich: Der externe Qualitätsbegriff führt unmittelbar zu dem Bestreben, sich mit Kundenzufriedenheitskonzepten zu befassen, wenn eine Erfolgskontrolle angestrebt wird.

---

30 Vgl. CAMP 1989a; HERTER 1992, S. 256f. und - besonders ausführlich zu möglichen Informationsquellen im Rahmen des Benchmarking - CAMP 1989b, S. 74.
31 Vgl. CHAO 1994, S. 24-31.
32 CHAO 1994, S. 24.

Recht allgemein kann Kundenzufriedenheit definiert werden als "das Ergebnis eines psychischen Soll-Ist-Vergleichs über Konsumerlebnisse"[33]. Etwas ausführlicher formuliert SCHÜTZE: Kundenzufriedenheit ist "das Ergebnis eines komplexen Informationsverarbeitungsprozesses [...], in dessen Zentrum im Sinne eines psychischen Soll/Ist-Vergleichs die Bewertung aktueller Erfahrungen (Ist) mit den Leistungen eines Anbieters anhand der Erwartungen bzw. eines Anspruchsniveaus (Soll) durch den Kunden erfolgt."[34]

Dabei bleibt offen, wie der Standard bzw. das Vergleichsniveau, das sich hinter der Soll-Komponente der Zufriedenheit verbirgt, genauer gefaßt werden kann. (In Frage kommen Größen wie z.B. Bedürfnisse, Erwartungen, Anspruchsniveaus, Ziele.[35]) Zudem hängt die Zufriedenheit häufig auch von den wahrgenommenen Alternativen ab. Begriff und Inhalt des Konstrukts "Kundenzufriedenheit" sind auch aus diesen Gründen nach wie vor heftig umstritten. Zusammenfassend schreiben KAAS/RUNOW[36]: "Unzufriedenheit kann durch zu hohe Erwartungen oder zu geringe Produktleistung oder durch eine Kombination von beidem hervorgerufen werden, Zufriedenheit einmal durch geringe (resignative) Erwartungen oder durch gute Leistung. Oder anders: Die gleiche wahrgenommene Produktleistung kann bei einem Konsumenten zu Zufriedenheit, bei einem anderen zu Unzufriedenheit führen. Ohne gleichzeitige Kenntnis der Teilkonstrukte haben Zufriedenheitsdaten deswegen kaum Aussagekraft als Marktfeedback. Deren Messung wirft aber [...] Probleme auf, von deren Lösung die CS/D-Forschung [Consumer Satisfaction/Dissatisfaction Research - die Verf.] noch weit entfernt ist."

In der Literatur hat sich eine - auf einen Aufsatz von *Andreasen*[37] zurückgehende - Einteilung der Verfahren zur Messung der Kundenzufriedenheit durchgesetzt, die danach unterscheidet, ob "subjektive" oder "objektive" Indikatoren zugrundegelegt werden.

"Objektive" Verfahren stellen auf Indikatoren ab, die nicht von subjektiven Wahrnehmungen verschiedener Personen abhängen. Hier stehen quantitativ meßbare Größen wie Umsatzzahlen oder Marktanteile im Vordergrund.[38] Hinzu kommt die statistische Erfassung von geltend ge-

---

33 KAAS/RUNOW 1984, S. 452.
34 SCHÜTZE 1992, S. 3; vgl. auch LINGENFELDER/SCHNEIDER 1991a, S. 110.
35 Vgl. KAAS/RUNOW 1984, S. 452; RUNOW 1982, S. 72-90.
36 KAAS/RUNOW 1984, S. 453; vgl. auch GRAF 1990, S. 37-50.
37 Vgl. ANDREASEN 1982, S. 182-195.
38 Vgl. LINGENFELDER/SCHNEIDER 1991a, S. 110.

machten Gewährleistungsansprüchen oder Reparaturhäufigkeiten. Der Vorteil solcher Vorgehensweisen besteht darin, daß die notwendigen Daten hierfür in den meisten Unternehmen ohnehin vorhanden oder zumindest leicht zu beschaffen sind. Problematisch ist dagegen, daß gerade Größen wie z.b. der Umsatz von den verschiedensten Einflußgrößen abhängen; auch unzufriedene Kunden kaufen etwa dann ein Produkt, wenn zur Zeit keine als besser eingeschätzten auf dem Markt bzw. ihnen bekannt sind. Auch die Marketing-Aktionen der Konkurrenzunternehmen und des Handels spielen hier eine Rolle. Objektive Indikatoren treten zudem mit starker zeitlicher Verzögerung auf, so daß nicht frühzeitig Verbesserungsmaßnahmen eingeleitet werden können. Dies gilt insbesondere für langlebige Gebrauchsgüter: So wird ein unzufriedener Autokäufer erst mit einigen Jahren Verzögerung ein Konkurrenzprodukt kaufen. Schließlich spricht gegen die Verwendung von Kennzahlen wie dem Umsatz, daß sie nur zwischen Käufern und Nicht-Käufern unterscheiden, jedoch nicht auf eine Erfassung unterschiedlicher Ausprägungen der Zufriedenheit abzielen.

"*Subjektive* Verfahren stellen [...] auf die Erfassung interindividuell unterschiedlich ausgeprägter psychologischer Sachverhalte bzw. damit verbundener Verhaltensweisen ab."[39] Hier ist weiter zwischen impliziten und expliziten Verfahren zu differenzieren. *Implizite* Verfahren messen die Zufriedenheit mit Hilfe von Indikatoren, aufgrund derer Rückschlüsse auf das tatsächlich vorhandene Ausmaß an Zufriedenheit gezogen werden. Zu diesen Methoden gehört die systematische Erfassung von Beschwerden.[40] Unter Beschwerden sind individuelle Unzufriedenheitsäußerungen von Konsumenten, die mit der Leistung des Unternehmens nicht einverstanden sind und dies - unaufgefordert - entweder unmittelbar (gegenüber Hersteller- oder Handelsbetrieben) oder mittelbar (gegenüber Dritten) äußern, zu verstehen.[41] Allerdings muß davon ausgegangen werden, daß sich Kunden meist nur dann beschweren, wenn sie die Mängel als sehr schwerwiegend empfinden. Auch werden sich die wenigsten Kunden über unpraktische Konstruktionen beschweren, aus denen nicht direkt ein Mangel resultiert. Trotzdem kann durch solche Aspekte die Kundenzufriedenheit beeinflußt werden.

Eine in Zusammenarbeit der *VW AG* mit externen Marktforschungsinstituten durchgeführte Studie kam zu dem Ergebnis, daß nur 4% der unzu-

---

39 SCHÜTZE 1992, S. 185 - Hervorhebung durch die Verf.
40 Vgl. ausführlich z.B. STAUSS 1987, S. 306ff.
41 Vgl. GRAF 1990, S. 32; MEFFERT/BRUHN 1981, S. 597f.

friedenen Kunden sich beim Unternehmen beschwerten, während sie im Schnitt mit 9 bis 10 weiteren Personen darüber sprachen. Umgekehrt galt, daß jede zur Zufriedenheit gelöste Beschwerde (dies waren etwa 50%) an fünf Personen mitgeteilt wurde. 54-70% der zufriedenen Beschwerdeführer wurden zu Dauerkunden. Treffen diese Einschätzungen zu, so erscheint es zweckmäßig, möglichst viele der vorhandenen Barrieren für Beschwerden zu verringern: "Eine Rückkoppelung mit den Kundenproblemen wird vereinfacht, wenn Unternehmen ihre Beschwerdekanäle [...] stärker als bisher öffnen."[42] Auch wenn dies gelingt, wird in vielen Unternehmen die zusätzliche Nutzung expliziter Verfahren zur Erfassung von Kundenzufriedenheit als zweckmäßig angesehen.

Explizite Verfahren versuchen, den Grad der Kundenzufriedenheit unmittelbar zu erfassen. Sie beruhen auf schriftlichen oder mündlichen (auch telefonischen) Befragungen, die wiederum global oder multiattributiv ausgerichtet sein können. Bei *multiattributiven* Verfahren wird die Zufriedenheit von Kunden mit verschiedenen Produkteigenschaften erfragt. Häufig kommen dabei Rating-Skalen zur Anwendung.[43] Zusätzlich kann die *Bedeutung* der Produkteigenschaften abgefragt werden, so daß aus den Ergebnissen auch erkennbar wird, an welchen Punkten Verbesserungsmaßnahmen besonders zweckmäßig sind. Hierzu bietet sich die Verwendung einer *Konstantsummenskala* an.[44] Dabei verteilen die Befragten eine bestimmte Anzahl von Punkten (z.B. 100) gemäß der individuell eingeschätzten Wichtigkeit auf verschiedene Produkteigenschaften. Durch die vorgegebene Gesamtsumme zu verteilender Punkte wird eine "Anspruchsinflation" verhindert, die sich darin ausdrückt, daß bei sehr vielen Merkmalen die jeweilige Höchstpunktzahl vergeben wird. (Dies ist etwa eine Gefahr, wenn auch die Bedeutungsmessungen mit Hilfe von Rating-Skalen erfolgen.) In Darst. II.4.2-1 (folgende Seite) sind verschiedene Ansatzpunkte zur Messung von Kundenzufriedenheit abgebildet.

---

42 BRUHN 1987, S. 139.
43 Vgl. KAAS/RUNOW 1984, S. 453; LINGENFELDER/SCHNEIDER 1991b, S. 30. Für die Messung von Kundenzufriedenheit mit *Dienstleistungen* gibt es inzwischen auch weitere Ansätze, die als *ereignisgestützt* bezeichnet werden. Da in dieser Arbeit die spezielle Problematik von Dienstleistungen nicht betrachtet wird, seien hier nur Literaturhinweise gegeben: STAUSS/HENTSCHEL 1990; STAUSS 1991.
44 Vgl. LINGENFELDER/SCHNEIDER 1991a, S. 111. Vgl. allgemein zur Konstantsummenskala sowie zu deren Problemen HÜTTNER 1989, S. 77f. und 401. HOMBURG/ RUDOLPH (1995, S. 48) raten dagegen von einer Befragung der Kunden nach der Bedeutung einzelner Leistungskomponenten ab, da dadurch der Fragebogen aufgebläht würde und kaum sinnvolle Ergebnisse zu erwarten seien.

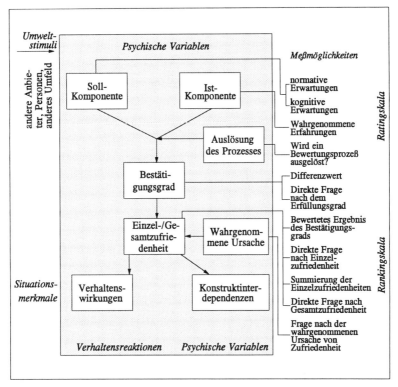

Darst. II.4.2-1: Modell der Kundenzufriedenheit und Ansatzpunkte zur Messung (modifiziert nach SCHÜTZE 1992, S. 190)

Als spezielles *Validitäts-Problem* kann es gesehen werden, daß (Un-)Zufriedenheit, da sie situationsgebunden ist, meist nur retrospektiv erfragt wird.[45] Das heißt, die Kunden können zwischen dem Entstehen von (Un-)Zufriedenheit und der Befragung z.B. neue Produkterfahrungen machen oder weitere Informationen aufnehmen. Die Ergebnisse sind dadurch möglicherweise verzerrt. Ein Weg, um dieses Problem zu umgehen, besteht in der Durchführung von *"Produktkliniken"*, die gerade von Unternehmen der Automobilindustrie inzwischen häufig angewandt werden. Dabei konfrontiert man (potentielle) Kunden, die man in das Unternehmen eingeladen hat, oder Passanten auf der Straße mit einem

---

45 Vgl. KAAS/RUNOW 1984, S. 453f.; SCHÜTZE 1992, S. 187f.

Produkt, ermöglicht häufig auch Probefahrten und versucht, unmittelbar Zufriedenheits-Reaktionen zu erfassen.[46]

Die Ergebnisse einer Kundenzufriedenheits-Befragung können mit Hilfe der verschiedenen Datenanalyseverfahren der Marktforschung ausgewertet werden. Auf diese wird hier nicht eingegangen.[47] Trotz der Schwierigkeiten, die mit Kundenzufriedenheitsbefragungen verbunden sind, ist ihre Durchführung gerade dann kaum durch andere Verfahren der TQM-Evaluierung ersetzbar, wenn großes Gewicht auf den kundenorientierten Qualitätsbegriff gelegt wird. Allerdings sollte die Auswertung solcher Befragungen den damit verbundenen Problemen entsprechend vorsichtig vorgenommen werden.

4.3 Qualitätskostennachweise

Ziel von Qualitätskostennachweisen[48] ist es, jene Kosten zu erfassen und zu analysieren, die mit dem Qualitätsmanagement zusammenhängen. Dahinter steht meist das Bestreben einer Schwachstellen- und Problemaufdeckung.[49] In vielen Unternehmen besitzt die Qualitätsabteilung keine Weisungsbefugnisse gegenüber den Entwicklungs- und Fertigungsabteilungen, so daß das Durchsetzen von Qualitätsmanagementmaßnahmen ausschließlich mittels Überzeugung erfolgen kann. Kostenargumenten kommt dabei oftmals eine große Bedeutung zu.[50] Im folgenden Abschnitt wird zunächst die traditionelle Form der Führung von Qualitätsko-

---

46 S. hierzu auch die Beispiele *Ford* und *Mercedes-Benz* im zweiten Hauptteil, Abschnitt 2.2.1 und 3.2.1.
47 Vgl. jedoch zu einem Beispiel LINGENFELDER/SCHNEIDER 1991a, S. 110-117; allgemein auch: BENZ 1991, S. 78-81; BURMANN 1991, S. 252-258. Zu den Methoden der Datenanalyse in der Marktforschung vgl. ausführlich HÜTTNER 1989, S. 154-278.
48 Der traditionelle Begriff *Qualitätskosten* wurde im Sprachgebrauch der *DGQ* durch den der *qualitätsbezogenen Kosten* ersetzt. Ebenso wird der Terminus *Qualitätskostenrechnung* nicht mehr verwendet. An seine Stelle wurde der Begriff *Qualitätskostennachweis* gesetzt, "weil das Ergebnis der Zusammenstellung und Aufschlüsselung der qualitätsbezogenen Kosten [...] nicht in die Bilanz eingeht." (DGQ [HRSG.] 1993, S. 44.)
49 Vgl. z.B. JUNGHANS 1991, S. 252.
50 Vgl. z.B. HAHNER 1981, S. 12; STAAL 1990, S. 56ff.; STEINBACH 1988, S. 879. Das Problem mangelnder Weisungsbefugnisse der Qualitätsabteilung gegenüber z.B. der Fertigung ergibt sich aus ihrer weit verbreiteten organisatorischen Einordnung als Stabsabteilung. S. hierzu Teil III, Abschnitt 3.1.

stennachweisen beschrieben (Abschnitt 4.3.1), danach folgt eine Darstellung der Kritik sowie alternativer Ansätze aus der Literatur (Abschnitt 4.3.2).

4.3.1 Der traditionelle Qualitätskostennachweis

Qualitätsbezogene Kosten können definiert werden als "Kosten, die durch Tätigkeiten der Fehlerverhütung, durch planmäßige Qualitätsprüfungen, durch intern oder extern festgestellte Fehler sowie durch die externe QM-Darlegung verursacht sind."[51] Darstellung II.4.3-1 zeigt eine Aufschlüsselung dieser drei Kostenkategorien.[52]

Die *betriebliche Kosten- und Leistungsrechnung* ist die wohl wichtigste *Datenquelle* zur Erfassung qualitätsbezogener Kosten.[53] Dabei kann sich die Notwendigkeit ergeben, im Betrieblichen Rechnungswesen eine modifizierte - in bestimmten Bereichen verfeinerte - Kostenstellen- und Kostenartenrechnung vorzunehmen. So können für eine Erfassung der *Prüfkosten* eigene Kostenstellen für die Organisationseinheiten der Qualitätsprüfung, der Wareneingangsprüfung und der Laboratorien eingerichtet werden. Ähnliches gilt für *Fehlerkosten*, die ebenfalls nicht vollständig direkt aus der betrieblichen Kosten- und Leistungsrechnung entnommen werden können. Hier handelt es sich entweder um *detailliertere Untergliederungen*, die in den verschiedensten Kostenarten und Kostenstellen enthalten sind bzw. anfallen, oder um *Erlösminderungen* (den angefallenen Fertigungskosten steht also kein entsprechender Erlös gegenüber). Möglich ist eine Erfassung der Herstellkosten aus der Kostenträgerrechnung und ihre Gegenüberstellung mit den geplanten Herstellkosten. Der Teil, der über die geplanten Kosten hinausgeht, ergibt dann die Fehlerkosten. (Hierzu gehören z.B. Kosten für Nacharbeit etc., nicht aber erhöhte Materialeinkaufskosten durch Preiserhöhungen von Zulieferern.)

---

51 DGQ (HRSG.) 1993, S. 44. Unter "QM-Darlegung" sind (schriftliche) Darstellungen "aller geplanten und systematischen Tätigkeiten, die innerhalb des QM-Systems verwirklicht sind", zu verstehen (ebenda, S. 132). Sie dienen der Vertrauensschaffung und Nachprüfbarkeit der Qualitätsmanagement-Aktivitäten sowohl intern als auch extern (gegenüber Kunden oder Zertifizierungsstellen).
52 Dieselbe Gliederung findet sich auch in den Qualitätsnormen DIN EN ISO 9004, Pkt. 6.3 (S. 16).
53 Vgl. auch zu folgendem STEINBACH 1994, S. 72.

4. Evaluierung des Total Quality Managements 139

Darst. II.4.3-1: Gliederung der qualitätsbezogenen Kosten
(modifiziert nach KANDAOUROFF 1994, S. 767)

Zu den Fehlerkosten zählen auch Beträge, die nicht durch die Kosten- und Leistungsrechnung zur Verfügung gestellt werden. Gemeint sind betriebsneutrale Aufwendungen für Gewährleistungs- und Produkthaftungspflicht-Fälle, die nicht durch entsprechende Versicherungen abgedeckt sind. Sie werden durch die *Finanzbuchhaltung* erfaßt, die somit eine weitere Quelle für Qualitätskostennachweise darstellt.[54]

Oftmals sind weniger absolute Kostengrößen von Interesse, sondern diese werden zu anderen Kostengrößen ins Verhältnis gesetzt, z.B.[55]:
- Anteil der Prüf- an den gesamten qualitätsbezogenen Kosten,
- Anteil der Fehler- an den gesamten qualitätsbezogenen Kosten,
- Anteil der Fehlerverhütungs- an den gesamten qualitätsbezogenen Kosten,
- Verhältnis von Abweichungs- zu Übereinstimmungskosten.

---

54 Vgl. BRÖCKELMANN 1995, S. 46f.; STEINBACH 1994, S. 73.
55 Vgl. KANDAOUROFF 1994, S. 781.

4.3.2 Kritik am traditionellen Qualitätskostennachweis und alternative Ansätze

Kritik entstand bereits am *Begriff* der qualitätsbezogenen Kosten, die nicht nur Kosten enthalten, sondern auch - wie eben beschrieben - neutrale Aufwendungen und Erlösschmälerungen. Infolgedessen entspricht der hier verwendete Kostenbegriff nicht dem gängigen der Betriebswirtschaftslehre.[56]

Hinsichtlich der *Kostengliederung* in die drei Bereiche Fehler-, Prüf- und Fehlerverhütungskosten wird in erster Linie beanstandet, daß der Kostenblock "Prüfkosten" einerseits geplante Kosten enthält, etwa für die zwischen Zulieferer und Kundenunternehmen vereinbarten Produktaudits, andererseits aber auch die Kosten für außerplanmäßige Prüfungen und für das Aussortieren fehlerhafter Teile, nachdem ein Prozeß außer statistische Kontrolle geraten ist. Wenn aber - wie in vielen Unternehmen - eine Reduzierung der ungewollten Prüfkosten angestrebt wird, ist es zweckmäßig, die Kosten so zu gliedern, daß Veränderungen hier auch erfaßt werden können.[57]

Aufbauend auf einer Einteilung von *Crosby*[58], nach der sich die qualitätsbezogenen Kosten einerseits aus "Kosten der Abweichung" und andererseits aus "Kosten der Übereinstimmung" zusammensetzen, definiert *Wildemann*[59] erstere als Kosten, die für die Behebung aufgetretener Abweichungen anfallen. Hierzu gehören beispielsweise Kosten für Nacharbeit, Garantie- und Gewährleistungsansprüche. Zu den Kosten der Übereinstimmung zählen die Kosten, die aus dem Bemühen um die Erfüllung der Anforderungen entstehen und fehlerfreies Arbeiten gewährleisten sollen, also z.B. Kosten für präventive Qualitätsmanagement-Maßnahmen und Weiterbildung in diesem Bereich.

Auch mit dieser neuen Einteilung bleiben Probleme verbunden. So ist nach wie vor ungeklärt, wie die Kosten der Übereinstimmung vollständig zu erfassen sind. Die Schwierigkeiten vermehren sich bei einem *präventiven* Qualitätsmanagement noch: Kosten der Abweichung sind häufig *Einzelkosten*, die den Produkten direkt zurechenbar sind. Kosten der Übereinstimmung haben dagegen überwiegend *Gemeinkostencharakter*. Ihr

---

56 Vgl. BÄR 1985, S. 494; HAHNER 1981, S. 19.
57 Vgl. KAMINSKE 1992, S. 122.
58 Vgl. CROSBY 1990, S. 92.
59 Vgl. WILDEMANN 1992c, S. 766f.

Anteil erhöht sich jedoch bei einer Umstellung auf präventives Qualitätsmanagement.

Sinnvoll erscheint in diesem Zusammenhang möglicherweise eine verstärkte Betrachtung von *Prozeßkosten*[60] und damit der Versuch einer verursachungsgerechteren Kostenzurechnung über eine Analyse der Tätigkeiten, einer Zuordnung der Kosten zu Teilprozessen und einer Verdichtung dieser zu Hauptprozessen. Für die einzelnen Prozesse werden sogenannte *Cost Driver* ("Kostenantriebskräfte") ermittelt sowie ihre jeweilige Inanspruchnahme durch verschiedene Prozesse. Als wichtiger Cost Driver von qualitätsbezogenen Kosten kann z.B. der Grad der Beherrschung und der Fähigkeit derjenigen Prozesse, die ein Produkt während seiner Entstehung durchläuft, betrachtet werden: Sinnvoll erscheint daher eine Heranziehung von *Prozeßfähigkeitsindizes*. "Nimmt ein Produkt relativ viel Kapazität nicht fähiger Prozesse in Anspruch (hoher Kehrwert), so verursacht es auch hohe prozeßbezogene qualitätsbezogene Kosten, die ihm auf diese Weise zugerechnet werden."[61] Es findet sich die Forderung, diesen Ansatz auch auf andere - repetetive - Vorgänge, z.B. Verwaltungsprozesse, anzuwenden.[62]

Auch an der Schwerpunktlegung auf die *Produktionsphase* bei der Betrachtung von qualitätsbezogene Kosten wird Kritik geübt.[63] Erst nach der Produktion erkennbare Kosten werden häufig nicht oder nur auf sehr hoch aggregiertem Niveau erfaßt. (Ein Beispiel hierfür sind Reklamationskosten.) In diesem Zusammenhang gewinnen Konzepte wie das *Life Cycle Costing*[64] verstärkt an Bedeutung.

Nach wie vor bleiben die Möglichkeiten des Qualitätskostennachweises mit großen Problemen verbunden. Dies ist auch der Grund dafür, daß längst nicht in allen Unternehmen ein solcher überhaupt realisiert wird. Hier erfolgt teilweise eine Beschränkung auf die Verwendung verschiede-

---

60 Vgl. zur Prozeßkostenrechnung z.B. COENENBERG/FISCHER 1991; HORVATH/MAYER 1993, S. 15-28; RECKENFELDERBÄUMER 1994.
61 WILDEMANN 1992c, S. 767. Der *Kehrwert* wird herangezogen, weil Prozeßfähigkeitsindizes um so kleiner sind, je niedriger die Prozeßfähigkeit ist (s. Abschnitt 3.1.1.3).
62 Vgl. HAIST/FROMM 1989; JUNGHANS 1991, S. 252.
63 Vgl. z.B. BLECHSCHMIDT 1988, S. 444f. *Bröckelmann* entwirft "in Analogie zur Technik des QFD [...] eine Systematik zur simultanen Steuerung von Qualitätsmanagement-Maßnahmen" unter Kostengesichtspunkten (BRÖCKELMANN 1995, S. 73-151, hier S. 73).
64 Vgl. z.B. BACK-HOCK 1988, S. 25f. u. 58-121; WÜBBENHORST 1984.

ner - nicht unmittelbar kostenbezogener - *Kennzahlen* zur TQM-Evaluierung, z.B. gemäß Darst. II.4.3-2.

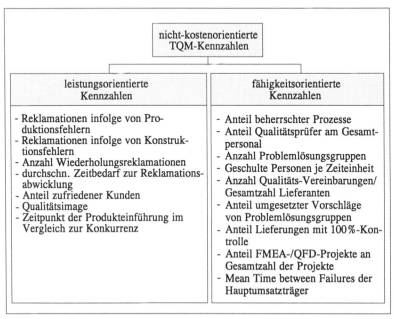

Darst. II.4.3-2: Nicht-kostenorientierte TQM-Kennzahlen
(modifiziert nach KANDAOUROFF 1994, S. 781)

Neben diesen allgemeinen Kennzahlen gibt es solche, die auf eine Einschätzung der Effizienz einzelner TQM-Instrumente ausgerichtet sind. Sie erfordern allerdings häufig auch die Erfassung von Kostengrößen. Für das Instrument *Betriebliches Vorschlagswesen* werden beispielsweise folgende Kennzahlen vorgeschlagen[65]:
- *Beteiligungsquote* (Anteil eingereichter Verbesserungsvorschläge pro 100 Teilnahmeberechtigte) als Maß für die Mitwirkungsbereitschaft der Mitarbeiter, wobei die Möglichkeit von Mehrfacheinreichern zu berücksichtigen ist),
- *Annahmequote* (Prozentsatz der angenommenen von den eingereichten Verbesserungsvorschlägen) als Maß für die Qualität der Vorschläge,

---

65 Vgl. - auch zu weiteren Kriterien sowie zu Problemen ihrer Anwendung - THOM 1993, S. 33-42.

- *Fach- oder objektbezogene Verteilung der Verbesserungsvorschläge* zur Erfassung der Breitenwirkung des Betrieblichen Vorschlagswesens,
- *Kosten-Nutzen-Relationen* als Verhältnis von Einsparungen zu ausgezahlter Prämie oder Einsparungen zu den gesamten durch das Betriebliche Vorschlagswesen verursachten Kosten.

Entsprechende Kennzahlen lassen sich auch für andere Komponenten des Total Quality Managements bilden.

5. Zwischenergebnisse

In den vorangegangenen Abschnitten wurden die verschiedenen Komponenten des Total Quality Managements und ihre Zusammenhänge erläutert. Dazu wurde eine Systematik verwandt, die zwischen Strategien, Instrumenten und Verfahren zur Evaluierung unterscheidet. Eine Steuerung und Koordination des Einsatzes der vielfältigen und unterschiedliche Qualitätsaspekte betonenden Instrumente mit Hilfe von Strategien erscheint um so notwendiger, je mehr die Erfüllung des umfassenden Anspruchs eines TQM, alle Funktionen und hierarchischen Ebenen im Unternehmen einzubeziehen, angestrebt wird. Die durchzuführenden Evaluierungs-Maßnahmen sind teilweise extern vorgegeben - z.B. bestimmte Formen der Auditierung, die von Kundenunternehmen gefordert werden. Ihre Anwendung hängt zudem davon ab, wie Qualität im Unternehmen definiert wird und welche Aspekte des Qualitätsmanagements betont werden.

Bei der Einführung von TQM sind die Beziehungen, die zwischen den Komponenten bestehen, zu berücksichtigen. Innerhalb des Instrumenten-Bereichs sind etwa Konkurrenzen zu beachten. Beispiele sind die Statistische Prozeßregelung und Annahmestichproben. Annahmestichproben sind dann notwendig, wenn mit internen oder externen Zulieferern keine eindeutigen Vereinbarungen über deren Qualitätsmanagement getroffen wurden, so daß nicht davon ausgegangen werden kann, daß die angelieferten Teile weitgehend fehlerfrei sind. Sie kommen nur noch sehr selten zur Anwendung, wenn die Qualitätsmanagement-Strategien so festgelegt werden, daß sie einen stark präventiven Charakter haben und es um Prozesse geht, die sich in statistischer Kontrolle befinden. Noch einen Schritt weiter als die SPC in diese Richtung geht die Taguchi-Methode. FMEAs und die Taguchi-Methode können für die Lösung derselben Probleme durchgeführt werden. Für die sinnvolle Anwendung z.B. der Taguchi-Methode sind wiederum Prozeßfähigkeitsstudien eine wichtige Voraussetzung.

Schwieriger noch als die Frage, wie einzelne Elemente sinnvoll zu Gruppen zusammengefaßt werden können, ist die Entscheidung darüber, welche von ihnen überhaupt dem TQM zuzuordnen sind. In der Literatur herrscht weitgehend Einigkeit darüber, daß die in den Abschnitten 2 bis 4 beschriebenen Komponenten hierzu gehören. Andere Verfahren, wie z.B. die Wertanalyse, werden dagegen nicht in erster Linie im Zusammenhang mit dem Qualitätsmanagement diskutiert, können hier aber durchaus eine Rolle spielen. Mehr oder weniger ist auch ein Großteil der allgemeinen Planungsmethoden (z.b. die Porfolio-Methode sowie Stärken-Schwächen-Analysen) für Qualitätsverbesserungen in verschiedenster Form einsetzbar. Ihre ausführliche Diskussion innerhalb einer TQM-Systematik wie der hier verwandten würde aber eine Ausweitung "ins Uferlose" und eine m.E. nicht zweckmäßige Unübersichtlichkeit nach sich ziehen. Aus diesem Grund erfolgt in dieser Arbeit eine Beschränkung auf relativ eindeutig zuordenbare Elemente.

Die Auswahl zwischen den Methoden zieht auch Konsequenzen im Hinblick auf den Grad und die inhaltlichen Schwerpunkte der Einbeziehung von Mitarbeitern verschiedener hierarchischer Ebenen und Funktionsbereiche nach sich. Werden vor allem präventive Verfahren und hier insbesondere die FMEA und Taguchi-Methode angewandt, ist etwa zu überlegen, inwieweit dabei die Fertigungsmitarbeiter einbezogen werden können. So ist denkbar, Einzelprobleme im Zusammenhang mit der Durchführung von Fehlermöglichkeits- und -einflußanalysen oder von Quality-Function-Deployment-Projekten im Rahmen der Qualitätszirkelarbeit lösen zu lassen. Dazu müssen allerdings entsprechende qualifikatorische, motivationale und organisatorische Voraussetzungen geschaffen werden. Auf organisatorische Probleme, die mit der Ausgestaltung der einzelnen Komponenten zusammenhängen, wird in Teil III dieser Arbeit eingegangen.

Teil III Die organisatorische Umsetzung des Total Quality Managements

1. Einführung: Organisatorische Rahmenbedingungen des Total Quality Managements

Um die Umsetzung der zahlreichen Komponenten des Total Quality Managements zu ermöglichen, sind verschiedene Voraussetzungen zu schaffen. Dabei kann differenziert werden zwischen personellen, technischen und organisatorischen Rahmenbedingungen.[1]

Zu den *personellen Rahmenbedingungen* zählen insbesondere die Möglichkeiten der Schulung und Motivation verschiedener Mitarbeiter(gruppen) sowie der Verankerung der Qualitätsphilosophie in die Unternehmenskultur.[2] Die *technischen* Rahmenbedingungen umfassen die adäquate Ausrüstung mit Prüfmitteln und anderen, für das Qualitätsmanagement notwendigen technischen Ausstattungen, etwa jene zur EDV-Unterstützung der verschiedenen Aktivitäten.[3]

Näher eingegangen werden soll auf die *organisatorischen* Rahmenbedingungen. Zu untersuchen sind die verschiedenen Möglichkeiten der Verteilung von Aufgaben, Kompetenzen und Verantwortung bei der Umsetzung der in Teil II beschriebenen Komponenten des Total Quality Managements.

Aus dieser Fragestellung wird schon ersichtlich, daß im folgenden schwerpunktmäßig auf einen *instrumentellen Organisationsbegriff* abge-

---

1 Vgl. ZINK 1992b, S. 30.
2 Vgl. hierzu ausführlich BÜHNER 1993; FUHR/STUMPF 1993, S. 25-30; KARMELI/SEIDEL 1994, S. 1093-1098; MENDIUS/WEIMER 1991, S. 274-304; METHNER 1994, S. 1049-1060; MÜLLER 1984. Von großer Relevanz ist zudem die Frage, inwieweit Änderungen der Gehaltsstrukturen durch organisatorische Aspekte des TQM impliziert werden, etwa durch die Integration von Prüfaufgaben in die Fertigung. Vgl. hierzu schon - kurz - HOFFMANN 1980, S. 392. In IMAI (1993, S. 299f.) findet sich eine beispielhafte Auflistung der im Unternehmen *Canon* jährlich vergebenen Prämien; Qualitätsaspekte spielen hier eine hervorgehobene Rolle.
3 Vgl. hierzu z.B. BLÄSING 1990; DECKERS/SCHÄBE 1992; DGQ (Hrsg.) 1990; PFEIFER/ GROB/SCHMID 1991, S. 432-436; TANNOCK 1992; WALTHER 1993; WESTKÄMPER (Hrsg.) 1991, S. 73-178; WINTERHALDER/DOLCH 1991, S. 229-231.

stellt wird. Dies bedeutet die Zugrundelegung folgender Sichtweise: "Organisation tritt als betriebswirtschaftliches Problem in Unternehmen auf, wenn es darum geht, die *zielgerichtete Erfüllung einer unternehmerischen Gesamtaufgabe arbeitsteilig durch zwei oder mehr Aufgabenträger* (Mitarbeiter) sicherzustellen. Die mit der Erfüllung von Teilaufgaben betrauten Mitarbeiter sind im Hinblick auf die Erfüllung der unternehmensspezifisch definierten Gesamtaufgabe [...] und unternehmerischer Zielsetzungen [...] abzustimmen. Die Organisation hat wesentlich zu dieser Abstimmung mit beizutragen (*Koordination durch Organisation*)."[4] In diesem Sinne haben Organisationen "Mittelcharakter".

Durch die zielgerichtete Verknüpfung von Aufgaben, Personen und Sachmitteln zu kleinsten leistungsbereiten Einheiten entstehen Basissysteme im Unternehmen, die auch als "Subsysteme kleinster Ordnung" bezeichnet werden. Diese Subsysteme können zu Zwischensystemen ("Subsystemen höherer Ordnung") verbunden werden. Entsprechend entstehen Zwischensysteme niedrigerer und höherer Ordnung, "bis über mehrere Stufen hinweg das Gesamtsystem hierarchisch strukturiert ist und einem leitenden Basissystem (Unternehmensleitung als [Singular-]Instanz oder Pluralinstanz) untersteht."[5]

Unternehmen *haben* nicht nur eine Organisation, sie *sind* gleichzeitig Organisationen. In dieser Sichtweise steht der Organisationsbegriff "als Sammelbezeichnung für sämtliche zielgerichteten sozialen Systeme"[6], von denen Unternehmen eine mögliche Ausprägung neben anderen darstellen.

Im folgenden wird - wie gesagt - auf die innere Struktur von Unternehmen, genauer: auf die organisatorische Gestaltung des Total Quality Managements eingegangen. Im Hinblick auf diese wird in DIN EN ISO 9001, Abschnitt 4.1.2.1 - eher allgemein gehalten - gefordert, die "Verantwortung, Befugnis und die gegenseitige Beziehung von Personal mit leitender, ausführender und prüfender Tätigkeit, welche die Qualität beeinflußt", festzulegen und dies zu dokumentieren. Dies gilt insbesondere für "jenes Personal, welches die organisatorische Unabhängigkeit und Befugnis benötigt, um

---

4 KRÜGER 1993a, S. 5. Gleichzeitig bilden sich natürlich auch durch das Verhalten verschiedener Mitarbeiter(gruppen) informale Regelungen und Strukturen heraus, die die formale Organisation unterstützen, sie aber auch konterkarieren können. (Vgl. hierzu ebenda; PROBST 1992, Sp. 2255-2269.)
5 REDEL 1982, S. 16; vgl. auch BLEICHER 1992, Sp. 1885.
6 BÜHNER 1994, S. 4.

1. Einführung

a) Vorbeugungsmaßnahmen gegen mögliche Fehler bei einem Produkt zu veranlassen;
b) Probleme bei einem Produkt, Prozeß oder beim QM-System festzustellen und aufzuzeichnen;
c) Problemlösungen nach festgelegten Abläufen zu veranlassen, zu empfehlen oder vorzusehen;
d) die Verwirklichung von Problemlösungen zu verifizieren;
e) die weitere Behandlung, Auslieferung oder Montage fehlerhafter Produkte so lange zu überwachen, bis die Unzulänglichkeit oder der unbefriedigende Zustand behoben sind."[7]

Aus diesen Normen läßt sich lediglich die Forderung nach einer von den Linienfunktionen unabhängigen Qualitätsabteilung ableiten.[8] Darüber hinausgehende Anforderungen werden nicht gestellt. Möglicherweise einen stärkeren Einfluß ausüben können dagegen wichtige *Kundenunternehmen*. So verlangt *Ford* von seinen Zulieferern die Einführung sogenannter "QOS-Teams" zur Planung und Realisierung von TQM-Instrumenten und schreibt sogar deren Zusammensetzung vor.[9] Von solchen Vorgaben abgesehen, sind die einzelnen Unternehmen in der organisatorischen Gestaltung des Total Quality Managements frei.

Es gilt daher aus Sicht der Unternehmensleitung zu überlegen, welche Organisation des Qualitätsmanagements am ehesten geeignet ist, TQM-Strategien, -Instrumente und -Evaluierung effizient zu unterstützen.[10] Hierzu gibt es gegenwärtig noch kein annähernd geschlossenes Konzept. Es finden sich lediglich vereinzelte Überlegungen und empirische Befunde, die der Thematik zugeordnet werden können.

Im folgenden sollen die aus den Inhalten des TQM ableitbaren Anforderungen und Möglichkeiten insbesondere für die organisatorische Gestaltungsvariable Zentralisationsgrad untersucht werden. Unter *Zentralisation* wird üblicherweise die Zusammenfassung von solchen Aktivitäten,

---

7 DIN EN ISO (1994), Abschnitt 4.1.2.1.
8 S. hierzu Abschnitt 3.1.
9 QOS = Quality Operating System. S. zweiter Hauptteil, Abschnitt 2.5. Allgemein hierzu: BIEBER/SAUER 1991, insb. S. 238 u. 244-248; GASTER 1994, S. 907; GOMEZ/ZIMMERMANN 1993, S. 119.
10 Vgl. zusammenfassend zu der seit langem diskutierten Frage, ob eher die Organisationen an die Strategien oder eher die Strategien an die Organisation angepaßt werden (sollten), BLEICHER 1991, S. 778-782; HINTERHUBER 1992a, S. 31; HINTERHUBER 1992b, S. 109; LINK 1989, S. 395-40; MÜLLER-STEWENS 1992, Sp. 2344-2355 sowie die dort angegebene Literatur; WERKMANN 1989.

die im Hinblick auf ein bestimmtes Kriterium gleich sind, in einer Stelle oder Abteilung verstanden. Entsprechend bedeutet *Dezentralisation* die Trennung gleichartiger Aufgaben und ihre Zuordnung zu mehreren Stellen bzw. Abteilungen.[11]

In den Beiträgen, die sich in der Literatur zu den Möglichkeiten der organisatorischen Gestaltung des Total Quality Managements finden, wird meist von den *Funktionen* im Unternehmen ausgegangen, es werden etwa für die Bereiche Forschung und Entwicklung, Marketing, Fertigung usw. die Aktivitäten benannt, mit denen diese zum TQM beitragen (können). Ein solches Vorgehen ist insofern sinnvoll, als betont wird, daß eben *nicht* die Qualitätsabteilung hauptverantwortlich für die Qualität gemacht wird. Das Problem dabei besteht m.E. jedoch darin, daß - dies zeigen z.B. die Ausführungen von *Feigenbaum*[12], *Gaster*[13] und *Oess*[14] - kaum eine Tätigkeit ausgelassen wird: Indem quasi alle *qualitätsrelevanten* Aktivitäten aufgeführt werden (beispielsweise mehr oder weniger die gesamte Produktentwicklung), wird kaum noch etwas als nicht zum TQM gehörig ausgeklammert. Ein weiteres Problem besteht darin, daß die Möglichkeiten überfunktionaler Zusammenarbeit stark in den Hintergrund gedrängt werden, obwohl ihnen an anderer Stelle eine große Bedeutung zugeordnet wird. Und schließlich ist aus der funktionsbezogenen Betrachtung nicht ersichtlich, Mitarbeiter welcher hierarchischer Ebenen in welcher Form einbezogen sind.

Im folgenden soll daher anders vorgegangen werden: Es werden *von den einzelnen TQM-Komponenten ausgehend* deren organisatorische Umsetzungsmöglichkeiten untersucht und es wird gefragt, welche *Gestaltungsspielräume* hier bestehen (Abschnitt 2). Vorgegangen wird dabei nach der in Teil II dieser Arbeit vorgestellten Systematik.

---

11 Vgl. KOSIOL 1962, S. 81. Der Begriff der Zentralisation ist allerdings umstritten. Vgl. ausführlich BEUERMANN 1992, Sp. 2611-2617; FRESE 1993, S. 59-66; KRÜGER 1993a, S. 66; STEINLE 1992, Sp. 501f.
12 Vgl. FEIGENBAUM 1991, S. 615-821.
13 Vgl. GASTER 1987, S. 15-20.
14 Vgl. OESS 1993, S. 180-283. Hier finden sich die entsprechenden Darlegungen allerdings nicht in den Themenbereich Organisation eingeordnet, sondern unter der Überschrift "Aufgaben des Mittelmanagements: Umsetzung von TQM - vom Marketing bis zur Auslieferung". Im Kapitel "Organisation" wird lediglich sehr kurz auf die Aufgaben des "Leiters Qualität", von Qualitäts-Teams, Qualitätsverbesserungs-Teams und Qualitätszirkeln eingegangen (vgl. ebenda, S. 175-178).

1. Einführung

Ein wichtiges Ergebnis dieser Überlegungen besteht in der Feststellung, daß es drei Alternativen mit jeweils unterschiedlicher Bedeutung für die Organisation der einzelnen Komponenten gibt: Die Planung, Durchführung und Kontrolle kann (1) durch die Qualitätsabteilung vollzogen werden, es kann (2) eine Dezentralisation von TQM-Komponenten in verschiedene Unternehmensbereiche erfolgen und schließlich besteht (3) die Möglichkeit der Institutionalisierung (interfunktional zusammengesetzter) Teams[15].

Zu diskutieren sind im dritten Abschnitt dieses Teils die Wege zur Koordination der verschiedenen am TQM beteiligten Organisationseinheiten. Dabei wird zunächst dargestellt, welche Aufgaben von einer *Qualitätsabteilung* zu lösen sind und wie eine solche Abteilung zweckmäßig zu gliedern und in die gesamte Organisationsstruktur des Unternehmens einzuordnen ist. Im Anschluß daran werden die Koordinationsbedarfe und -möglichkeiten der anderen am TQM beteiligten Subsysteme sowie ihre strukturellen Einordnungsmöglichkeiten beschrieben.

Ausgegangen wird bei diesen Betrachtungen von einer *funktionalen* Aufgabenverteilung im Unternehmen (zumindest auf der zweiten Hierarchie-Ebene).[16] Dadurch entsteht ein abteilungsübergreifender Abstimmungsbedarf bei überfunktionalen Aufgaben bzw. Problemen. In einem weiteren Schritt soll diskutiert werden, inwieweit das *Produktmanagement* und die *Prozeßorganisation* ein erfolgreiches Total Quality Management sinnvoll unterstützen können.

---

15 Die Begriffe *Team* und *Gruppe* werden in dieser Arbeit synonym verwandt. FOSTER (1978) schlägt nach einer Analyse von fast zwanzig unterschiedlichen Definitionen des Begriffs Team folgende Begriffsexplikation vor: "Ein Team in einer Unternehmung ist eine kleine, funktionsgegliederte Arbeitsgruppe mit gemeinsamer Zielsetzung, verhältnismäßig intensiven wechselseitigen Beziehungen, einer spezifischen Arbeitsform, einem ausgeprägten Gemeinschaftsgeist und damit einer relativ starken Gruppenkohäsion." ANTONI (1990, S. 74) betont den "modischen Reiz" des Begriffs Team sowie die im Vergleich zum Gruppenbegriff stärkere Konnotation eines Mannschaftsgeistes und einer konstruktiven Zusammenarbeit. Er kommt aber auch zu dem Schluß, daß beide Begriffe nicht scharf trennbar sind.

16 Für die folgenden Ausführungen ist es grundsätzlich weniger wichtig, ob die funktionale Aufgabenteilung auf erster oder zweiter Unternehmensebene erfolgt. Eine zunächst objektorientierte Unternehmensstruktur verringert aber die Abstimmungsprobleme.

2. Organisatorische Gestaltungsspielräume beim Einsatz von Total-Quality-Management-Komponenten

2.1 Organisation des Strategischen Total Quality Managements

2.1.1 Planungsorgane

Das strategische Total Quality Management ist Bestandteil der Strategischen Unternehmensführung.[17] Insofern sind Überlegungen zu deren Organisation heranzuziehen. *Link* unterscheidet zwischen *originären* und derivativen strategischen Planungsorganen. Für erstere ist die strategische Planung "zentrale, unbefristete und im Grundsatz eigenständige Führungsaufgabe"[18]. Es handelt sich dabei insbesondere um die Eigentümer und Geschäftsführer sowie deren Kontrollorgane.[19] "Angesichts der vielen widersprüchlichen Auffassungen zu zahlreichen Einzelfragen der strategischen Unternehmensplanung muß es fast verwundern, daß über einen Punkt in Theorie und Praxis Übereinstimmung besteht: Strategische Unternehmensplanung (insbesondere die an deren Schluß stehenden Entscheidungen) ist [sind - die Verf.] die Aufgabe der gesamten Unternehmensleitung, wenn nicht sogar nur ihres Vorsitzenden selbst [...]."[20]

Derivative strategische Planungsorgane beschäftigen sich in zeitlicher und/oder inhaltlicher Hinsicht *teilweise* mit strategischen Planungsaufgaben. Gemeint sind Stabsabteilungen, Projektgruppen, Produktmanager sowie Kollegien, die insbesondere an der Vorbereitung und Umsetzung strategischer Entscheidungen - auch im Rahmen des Total Quality Managements - mitwirken können. Während die *Entscheidung* über die Annahme von TQM-Strategien und ihre Einführung sowie meist auch der Anstoß zu ihrer Bearbeitung durch die Unternehmensleitung erfolgt, können mit der *Planung* von Strategien, aber auch deren *Vorbereitung*

---

[17] S. hierzu in Teil II, Abschnitt 2. Die folgenden Ausführungen gelten sowohl für die Planung und Umsetzung interner als auch externer TQM-Strategien.
[18] LINK 1985, S. 43.
[19] LINK 1985, S. 43 weist darauf hin, daß hierzu (über die zustimmungsbedürftigen Geschäfte) beispielsweise auch der Aufsichtsrat einer AG gehört.
[20] KREIKEBAUM 1993, S. 108f.

und *Umsetzung* die Qualitätsabteilung oder Projektgruppen bzw. Kollegien beauftragt werden.[21]

Qualitätsabteilungen sind in großen Unternehmen für gewöhnlich *Zentralbereiche*. Solche werden gebildet, um homogene (Planungs-)Aufgaben auf der oberen Führungsebene eines Unternehmens geschlossen wahrnehmen zu können.[22] Vorteile werden dabei in einer Spezialisierung und den damit zusammenhängenden Aspekten einer schnelleren und/oder qualitativ besseren Aufgabenerfüllung gesehen. Die Bildung eines Zentralbereichs bietet sich insbesondere an, wenn a) das Unternehmen in seiner Gesamtheit betroffen ist (etwa bei der strategischen Unternehmensplanung) und/oder b) mehrere Unternehmensbereiche betroffen sind bzw. eine regelmäßige Koordination von Bereichsaktivitäten erforderlich ist.[23] Diese Voraussetzungen treffen auch auf die Planung und Umsetzung von TQM-Strategien zu. Es können jedoch kaum alle Aufgaben im Rahmen des strategischen TQM einer solchen Qualitätsabteilung zukommen.

Für verschiedene - gerade auch zeitlich begrenzte - strategische Vorhaben finden häufig Formen der Teamarbeit Anwendung. *Projekte* können definiert werden als Vorhaben, die sich tendenziell durch Einmaligkeit, Komplexität, zeitliche Begrenzung, innovativen Charakter und interdisziplinäre Aufgabenstellung beschreiben lassen.[24] Die *Projektgruppe* ist entsprechend eine - meist eher kleine - Gruppe von Mitarbeitern, die für die Planung und Umsetzung eines Projektes zuständig ist und deren Mitglieder teilweise sogar für die Dauer des Projektes von ihren "normalen" Aufgaben freigestellt werden. So wurden z.B. bei *Mercedes-Benz* bei der

---

21 S. auch das Beispiel *Mercedes-Benz* in Abschnitt 3.2.1 u. 3.5 im zweiten Hauptteil.
22 Dabei lassen sich unterschiedliche Gestaltungsmöglichkeiten unterscheiden, die von der vollständigen Auslagerung und ausschließlichen Aufgabenerfüllung durch den Zentralbereich zu verschiedenen Formen einer doppelten organisatorischen Zuordnung von Aufgaben reichen. Vgl. ausführlich FRESE 1993, S. 431-435; KRÜGER/WERDER 1995, S. 6-17. Wie KREIKEBAUM (1992, Sp. 2604) betont, gibt es keinen feststehenden Katalog zentraler Bereiche. Unter den von ihm und von BLEICHER (1991, S. 120-123) aufgeführten "typischen" Zentralbereichen findet sich die Qualitätsabteilung nicht. In vielen Unternehmen sind solche inzwischen jedoch etabliert. S. hierzu allgemein in Abschnitt 3.1.
23 Vgl. z.B. BÜHNER 1994, S. 127f.; HUNGENBERG 1992, S. 341-354; KREIKEBAUM 1992, Sp. 2605-2608.
24 Vgl. MADAUSS 1994; RESCHKE 1989, S. 863. Komplexität sei hier verstanden als das Vorhandensein vielfältiger und schwer überschaubarer Wirkungszusammenhänge.

Einführung von TQM Mitarbeiter verschiedener Unternehmensbereiche und hierarchischer Ebenen für die Dauer von drei Jahren von ihrer bisherigen Tätigkeit entbunden, um zusammen mit Mitarbeitern der Qualitätsabteilung das Projekt zu planen und umzusetzen.[25]

Eine *Multisystemposition* entsteht bei solchen *Projektteams*, in denen *nebenfunktionell* Aufgaben erfüllt werden. In der Literatur finden sich im hier interessierenden Zusammenhang die Begriffe *Qualitätslenkungsgruppe* bzw. *TQM-Steuerungsgremium*[26]. Diese müssen nicht unbedingt neu geschaffen werden: "Die Steuerung des TQM-Prozesses sollte durch bereits existierende Führungsgremien erfolgen, die diese Aufgabe mit übernehmen. Erforderlich ist eine TQM-Steuerungsgruppe auf der obersten Leitungsebene des Unternehmens. Die Mitglieder dieser Unternehmensleitung bilden in der Regel ein Gremium, das sich periodisch zur Lösung strategischer Fragen und bestehender Probleme trifft. Sie bilden nun auch die TQM-Steuerungsgruppe, deren Aufgabe die Planung, Steuerung und überwachend unterstützende Begleitung des TQM-Prozesses ist."[27]

---

25 S. ausführlicher im zweiten Hauptteil, Abschnitt 3.5. Zu den verschiedenen organisatorischen Ausgestaltungsmöglichkeiten des Projektmanagements vgl. z.B. RESCHKE 1989, S. 874-883. Teilweise findet sich anstelle der Begriffe Projektteam oder -gruppe auch die Bezeichnung -kollegium. Damit wird dann häufig eine bestimmte *Arbeitsweise* verbunden: "Zur Arbeitsbeziehung in einem Kollegium gehört [...] die vollständige arbeitsmäßige Gemeinsamkeit bei der Erfüllung einer nicht mehr unterteilten Aufgabe." (KOSIOL 1962, S. 158.) Das schließt allerdings weder den Einsatz von Diskussionsleitern bzw. Moderatoren aus noch das Entstehen informeller hierarchischer Beziehungen zwischen den Kollegiumsmitgliedern. Vgl. hierzu auch BLEICHER 1991, S. 125.
26 Vgl. ENGELHARDT/SCHÜTZ 1991, S. 397; SCHARRER 1991, S. 712f. Bei HAIST/FROMM (1989, S. 23f.) wird vom "Qualitätsbeirat" gesprochen.
27 FREHR 1994, S. 41. Hier wird auch die Institutionalisierung eines TQM-*Promotors* vorgeschlagen. Dieser soll Sekretär für das Steuerungsgremium sein. Hinzu kommen Aufgaben im Bereich der TQM-bezogenen Schulung sowie das Erkennen und Aufzeigen von Schwachstellen im TQM-Prozeß, die Beratung aller Führungskräfte in diesem Bereich, die Vorbereitung von Audits, das Controlling von Verbesserungsprojekten sowie die Vorbereitung von Promotions- und Informationsveranstaltungen der Unternehmensleitung. M.E. handelt es sich hier insgesamt um Aufgaben, die durch die Qualitätsabteilung, die *Frehr* zusätzlich institutionalisieren will, erfüllt werden können. Die Einrichtung einer solchen zusätzlichen Stelle scheint daher nicht notwendig und führt zu einer weiteren Aufblähung der Sekundärorganisation (s. - auch zur Begriffsdefinition - Abschnitt 3).

Für ein Gruppenkonzept und gegen die Ausarbeitung von Strategien allein innerhalb der Zentralen Qualitätsabteilung spricht, daß so in vielen Fällen in die Überlegungen mehr Informationen einbezogen werden können ("Informationspoolfunktion" von Gruppenarbeit), eine gegenseitige Kontrolle und Fehlerkorrektur stattfinden und unter Umständen mit einer besseren Akzeptanz der durch die Entscheidungen betroffenen Organisationseinheiten gerechnet werden kann.

Die mit Projekt- und Kollegienarbeit verbundenen *Probleme* sind letztlich die im Zusammenhang mit vielen Gruppenkonzepten diskutierten: Negativ kann sich neben Zeit- und Reibungsverlusten sowie unklarer Verantwortungszurechnung z.B. auswirken, wenn einige Mitglieder
"- einander bewußt Informationen vorenthalten;
- sich durch Rang und Prestige anderer gehemmt fühlen;
- einander ablenken und den Personen mehr Beachtung als der Sache schenken;
- persönliche Ziele statt der aufgetragenen verfolgen;
- persönliche und/oder in andere Sachkontexte gehörende Konflikte austragen;
- sich auf den kleinsten gemeinsamen Nenner einigen."[28]

Es liegt nahe zu vermuten, daß die Ausprägungen und Schwerpunkte der TQM-Strategien mit der *Zusammensetzung des Teams* zu ihrer Ausarbeitung und Umsetzung variieren: Mitarbeiter des Marketing werden z.B. häufig eher den kundenorientierten Qualitätsbegriff und damit zusammenhängende Aspekte in den Mittelpunkt zu stellen geneigt sein als Vertreter von Entwicklungs- und Fertigungsbereichen. Es ist also zu beachten, daß die Unternehmensleitung möglicherweise schon mit der Team-Zusammensetzung die inhaltlichen Schwerpunkte der Arbeit beeinflussen kann.

2.1.2 Konflikt um die Führungsrolle im Total Quality Management am Beispiel des Quality Function Deployment

Betrachtet man die Anwendung des *Quality Function Deployment* (QFD) als Projekt, so stellt sich die Frage nach der Zusammensetzung der Projektgruppe und nach dem Projektleiter. Abgesehen von recht vagen

---

28 SEIDEL 1992, Sp. 716f.; vgl. auch KRÜGER 1993a, S. 58.

Forderungen nach Zusammenarbeit in interfunktionalen Teams[29] finden sich in der Literatur wenig Vorschläge. Eine Ausnahme stellt der Aufsatz von O'Neal/LaFief[30] dar. Unter dem bezeichnenden Titel "Marketing's Lead Role in Total Quality" wird ein Führungsanspruch des Marketing formuliert, wobei sich die Ausführungen allerdings hauptsächlich auf die erste Phase des Quality Function Deployment beziehen. Es wird ein umfangreiches technisches Know How der entsprechenden Marketing-Mitarbeiter gefordert, so daß nicht die Notwendigkeit entsteht, die mehr technischen Phasen des Quality Function Deployment durch Ingenieure der Entwicklungs- und Fertigungsabteilung leiten zu lassen.

Bezieht man in die Überlegungen mit ein, daß ein wichtiger Nutzen der Anwendung dieses Verfahrens häufig gerade darin gesehen wird, die sich sonst oftmals schwierig gestaltende Zusammenarbeit zwischen Mitarbeitern aus Entwicklungs- und Fertigungsabteilung und Marketing zu fördern[31], scheint es m.E. problematisch, die Führung solcher Projekte einseitig festzulegen. Zweckmäßig mag eher eine Diskussionsleitung durch Mitarbeiter der Qualitätsabteilung sein. Der Führungsanspruch des Marketing scheint um so weniger begründet, wenn in Betracht gezogen wird, daß in den weiteren Phasen 3 und 4 des Quality Function Deployment die Mitarbeiter des Marketing meist wesentlich weniger beteiligt sind[32], gemäß Darst. III.2.1-1.

Aus diesen Überlegungen sollte nicht der Schluß gezogen werden, dem Marketing käme eine untergeordnete Rolle zu. Neben der Erfassung von Kundenanforderungen und -zufriedenheit besteht eine wichtige Marketing-Aufgabe in Überlegungen zu der Frage, wie die Ergebnisse mehrerer QFD-Projekte, etwa zur Gestaltung des Innenraums und verschiedener Außenteile von Fahrzeugen, sinnvoll zu verbinden sind. Hinzu kommt, daß QFD-Projekte auf dem strategischen Marketing, genauer: auf den gewählten Marktfeld- und Segmentierungsstrategien aufbauen, weil sich erst hieraus die relevanten und damit zu befragenden Zielgruppen ergeben.

---

29 Vgl. z.B. BURN 1990, S. 70; HAUSER/CLAUSING 1988; KENNY 1988, S. 30; ROSS 1988a, S. 44; SIMON 1992, S. 672. S. allgemein zum QFD Abschnitt 2.1.2 in Teil II.
30 O'NEAL/LAFIEF 1992, S. 141-142.
31 Vgl. z.B. TÖPFER/MEHDORN 1993, S. 89f. Zu möglichen Ursachen der Probleme an der Schnittstelle zwischen Marketing und Entwicklung und daraus resultierender Koordinationsprobleme vgl. DOMSCH/GERPOTT/GERPOTT 1992, S. 71/89.
32 Eine größere Rolle kommt dem Marketing im Rahmen von QFD-Projekten zu, die nicht ein Produkt(-teil) zum Gegenstand haben, sondern z.B. eine Dienstleistung, etwa die Auslieferung oder den technischen bzw. kaufmännischen Service. (Vgl. O'NEAL/LAFIEF 1992, S. 141.)

2. Organisatorische Gestaltungsspielräume

Wesentliche Schritte im Rahmen der vier Phasen des Quality Function Deployment / Beteiligte Unternehmensbereiche	Produktentwicklung	Prozeßentwicklung	Fertigung	Marketing	Qualitäts-Abteilung
Wesentliche Schritte im Rahmen der 1. Phase (Qualitätsplan Produkt)					
Eruierung Kundenanforderungen, gesetzl. u. interne Restriktionen + Gewichtung				x	x
Bestimmung Konstruktionsmerkmale, -ziele, technischer Wettbewerbsvergleich	x	x			x
Korrelationsmatrix	x	x			x
Beziehungsmatrix	x	x		x	x
Wesentliche Schritte im Rahmen der 2. Phase (Qualitätsplan Teile)					
Auswahl wichtiger Konstruktionsmerkmale	x	x		x	x
Formulierung von Teilemerkmalen	x	x		x	x
Korrelationsmatrix	x	x		x	x
Beziehungsmatrix	x	x		x	x
Wesentliche Schritte im Rahmen der 3. Phase (Qualitätsplan Prozesse)					
Auswahl wichtiger Teilemerkmale	x	x	x		x
Planung kritischer Prozeßschritte		x	x		x
Korrelationsmatrix		x	x		x
Beziehungsmatrix		x	x		x
Wesentliche Schritte im Rahmen der 4. Phase (Qualitätsplan Fertigung)					
Auswahl wichtiger Prozeßmerkmale		x	x		x
Qualitätskontrollplan		x	x		x
Instandhaltungspläne		x	x		x

Darst. III.2.1-1: Beteiligung von Mitarbeitern verschiedener Unternehmensbereiche an den Phasen des Quality Function Deployment

Insofern ist die Bedeutung des Marketing für QFD-Projekte unbestreitbar.[33]

Deutlich wird jedoch - und das gilt nicht nur im Hinblick auf QFD-Projekte, sondern auch für das Total Quality Management insgesamt - daß sich Konflikte um die "Führungsrolle" ergeben: Nach der Feststellung, daß Kundenorientierung und -zufriedenheit zu den zentralen Zielen sowohl des Marketing als auch des TQM gehören, warnt STAUSS[34]: "Mit dieser nachhaltigen Stützung grundlegender Marketingmaximen ist allerdings keineswegs automatisch eine Stärkung der Marketingposition in Unternehmen verbunden. Es besteht im Gegenteil die Gefahr, daß das Marketing seine führende Rolle bei der innerbetrieblichen Umsetzung von Kundenorientierung einbüßt, auf eine untergeordnete Funktion verwiesen wird und methodische Kompetenz verliert." Und etwas weiter unten heißt es, dem Marketing fehle "das Bewußtsein für die Tatsache, daß sich mit dem Total Quality Management ein Ansatz durchsetzt, der den konzeptionellen Kern des Marketing integriert, weiterentwickelt und damit als eigenständigen Ansatz gefährdet."[35]

Die Abwehrhaltung bzw. das Mißtrauen gegenüber dem TQM-Ansatz auf seiten des Marketing rühren wohl auch daher, daß die Gefahr eines "Bereichsimperialismus" durch das Qualitätsmanagement besteht. Es kann m.E. nicht sinnvoll sein, wenn die Eruierung von Kundenanforderungen im Rahmen von QFD-Projekten sowie die Ermittlung von Kundenzufriedenheit nicht mehr durch die Marketing-Abteilung - oder zumindest durch diese veranlaßt - erfolgt, sondern durch die Qualitätsabteilung. Daß dies nicht aus der Luft gegriffen ist, zeigt das Beispiel *Ford*: Hier oblagen diese Aufgaben zunächst ausschließlich der Qualitätsabteilung (ob sich die Marktforschung nicht beteiligen wollte oder ob die Qualitätsabteilung dies verhinderte, sei dahingestellt), inzwischen erfolgt zumindest eine Zusammenarbeit der beiden Bereiche.[36] Auch bei *Mercedes-Benz* gestaltet sich die Zusammenarbeit in diesem Punkt sehr schwierig.

Insgesamt ist festzustellen, daß Total Quality Management und Marketing enge Berührungspunkte aufweisen. Beide Konzepte haben jedoch un-

---

33 Vgl. auch KELLER/KLEIN/MÜLLER 1993, S. 44-49.
34 STAUSS 1994, S. 149.
35 Ebenda. Auch MORGAN/PIERCY (1992, S. 117) diskutieren die Möglichkeiten der Marketing-Abteilung, "... to achieve 'ownership' of the quality issue".
36 S. Abschnitt 2.2.1 im zweiten Hauptteil.

terschiedliche Stoßrichtungen: Marketing ist auf den Absatzmarkt gerichtet, während Total Quality Management auch auf das eigene Unternehmen und auf die Zulieferer gerichtet ist und sich wesentlich stärker auf die Aktivitäten aller Unternehmensbereiche auswirkt. Dies legt es m.E. nahe, eher das Total Quality Management (und nicht das Marketing) als Konzept der Unternehmensführung zu bezeichnen. Aufgrund des seit vielen Jahren in Teilen der Marketing-Literatur formulierten Anspruchs des Marketing hierauf überraschen allerdings Konflikte in Literatur und Praxis hinsichtlich dieses Punktes kaum!

2.2 Organisation des Einsatzes der Instrumente

2.2.1 Organisation des Einsatzes der prozeß- und produktorientierten Instrumente

2.2.1.1 Organisation des Einsatzes der statistischen Qualitätssicherung

Im Rahmen des Einsatzes[37] der zur *statistischen Qualitätssicherung* zählenden Verfahren werden die Aufgaben der *Prüfplanung* in großen Unternehmen meist der *Qualitätsabteilung* zugeordnet. In kleinen Unternehmen kann eine Zusammenfassung mit der *Fertigungsplanung* erfolgen. (Dann sind allerdings Interessenkonflikte nicht ausgeschlossen, wenn - wie häufig üblich - für deren Beurteilung eher quantitative als qualitative Ziele ausschlaggebend sind.) Die Prüfplanung umfaßt die Festlegung und Beschreibung der Prüfmerkmale, Prüfmethoden und des Prüfablaufs auf Basis von Informationen z.B. aus Entwicklung und Konstruktion (Maschinen- und Prozeßfähigkeiten, Ergebnisse aus Fehlermöglichkeits- und -einflußanalysen etc.), Normen und Richtlinien sowie Schadens- und Reklamationsberichten. Festgelegt werden Prüfschärfe, -umfänge, anzuwendende Meß- und Prüfmittel, Art und Weise der Ergebnisauswertung und -darstellung sowie Prüforte und Zeitpunkte.[38]

Mit den letzten Punkten hängt eng die Frage der Bestimmung des *Prüfpersonals* zusammen. Hier sind recht unterschiedliche Konstellationen denkbar: Geprüft werden kann durch

---

37 Mit "Einsatz" werden hier die umfassenden Aktivitäten der Planung, Realisierung und Kontrolle bezeichnet.
38 Vgl. DGQ (HRSG.) 1993, S. 100f.

1. die Mitarbeiter, die für die organisatorische Abwicklung des Wareneingangs zuständig sind, und/oder
2. entsprechendes Personal an speziellen Prüfplätzen in der Fertigung und/oder
3. Personal, welches Prüfungen an unterschiedlichen Prüforten vornimmt ("Laufprüfung"), und/oder
4. Personal in speziellen Prüfbereichen (Labors, Meßräumen) und/oder
5. die Werker (Maschinenbediener), also "Selbstprüfung".[39]

Die Alternativen 2. bis 4. schließen sowohl die Möglichkeit ein, daß das jeweilige Prüfpersonal der Qualitätsabteilung angehört, als auch, daß es sich um Mitarbeiter der Fertigungsabteilung handelt. Im ersten Fall liegt eine Zentralisation der Prüfaufgaben, im zweiten eine mehr dezentrale Organisation vor.

Eine *Dezentralisation* ist nach FEIGENBAUM[40] nur unter folgenden Voraussetzungen möglich:
- die Erstellung eines adäquaten Prüfplans durch die Qualitätsabteilung sowie die fachliche Unterstützung des Prüfpersonals in der Fertigung durch Mitarbeiter der Qualitätsabteilung,
- die kontinuierliche Qualitätsprüfung von fertiggestellten Produkten, bevor diese das Unternehmen verlassen[41],
- die Kontrolle, ob die vereinbarten Prüfungen durch die Fertigung auch wirklich (sachgerecht) durchgeführt werden (zu diesem Zweck werden vor allem Verfahrensaudits eingesetzt),
- die angemessene Qualifikation des Prüfpersonals in der Fertigung.

Feigenbaum geht dabei von einer strikten Trennung zwischen Prüf- und Fertigungspersonal aus, auch dann, wenn beide Gruppen in die Fertigungsabteilung eingegliedert sind.[42] Kaum in Frage kommt somit für ihn die Etablierung von *Selbstprüfungen* im Rahmen der statistischen Qualitätssicherung. Diese sind definiert als "Teil der zur Qualitätslenkung erforderlichen Qualitätsprüfung, der vom Bearbeiter selbst ausgeführt

---

39 Vgl. MELCHIOR/LÜBBE 1994, S. 597, die noch eine weitere Kategorie, nämlich die Prüfung durch automatisierte Meß- und Prüfeinrichtungen, anführen. Eine solche kann jedoch organisatorisch völlig unterschiedlich gestaltet und insbesondere mit unterschiedlichen (De-)Zentralisationsgraden verbunden sein. Insofern handelt es sich hier um eine Differenzierung auf anderer Ebene.
40 Vgl. FEIGENBAUM 1991, S. 175.
41 Dies hält z.B. UHLIG (1995, S. 106) dann nicht für nötig, wenn der Prozeß "Selbstprüfung" mittels Verfahrensaudits überwacht wird.
42 Vgl. FEIGENBAUM 1991, S. 179.

wird."⁴³ Die Möglichkeiten hierzu hängen zum einen von den Mitarbeitern ab, insbesondere von ihrer *Qualifikation* und *Motivation*. Zum anderen spielen *Prüfgegenstand* und für die Prüfungen benötigte *Prüfmittel* eine wichtige Rolle. In manchen Fällen - wie etwa bei chemischen Materialprüfungen - werden z.B. labortechnische Einrichtungen notwendig sein, die entweder räumlich getrennt von der Fertigung sind oder deren Handhabung besondere Qualifikationen benötigt, die auch mittels Weiterbildungsmaßnahmen nicht oder nur in Verbindung mit einem unverhältnismäßig hohen Aufwand vermittelbar sind. Dann ist spezielles Prüfpersonal vor allem unter Kostengesichtspunkten vorzuziehen.

Schließlich zeigt die *Arbeitsorganisation* Auswirkungen auf die Möglichkeiten der Institutionalisierung von Selbstprüfungen. Je stärker arbeitstaktgebunden Werker in der Fließfertigung sind, um so weniger sind in ihren Verantwortungsbereich Qualitätsprüfungen integrierbar, ohne daß die Arbeitsorganisation umfassender geändert wird. Anders sieht die Situation dagegen z.B. in teilautonomen Arbeitsgruppen aus: Hier gehören meist auch Prüfaufgaben zu den Aktivitäten der Gruppenmitglieder.⁴⁴

Gerade dann, wenn Teile der Qualitätsprüfungen in die Fertigung integriert sind, besteht ein hoher *Koordinationsbedarf* zwischen Qualitäts- und Fertigungsabteilung. Wird die Prüfplanung zentral in der Qualitätsabteilung realisiert, muß ein intensiver Informationsaustausch zur schnellen und wirksamen Reaktion auf Prüfergebnisse (Instandhaltungsmaßnahmen, Werkzeugwechsel oder auch umfangreichere Projekte zur Fehlerbeseitigung bzw. Prozeßverbesserung) erfolgen. Um die bei solchen Abstimmungsprozessen denkbaren Konflikte zu vermeiden, ist in vielen Unternehmen die Qualitätsabteilung durch die Unternehmens- bzw. Werksleitung mit bestimmten Entscheidungskompetenzen ausgestattet. Bei *Mercedes-Benz*⁴⁵, wo die Prüfplanung ausschließlich zentral in der Qualitätsabteilung erfolgt, die Prüfungen selbst jedoch mehr und mehr in die Fertigung integriert werden, ist den Mitarbeitern einer Unterabteilung ("Team Gütesicherung") der Qualitätsabteilung ein bestimmtes zu erreichendes Ergebnis für *Produktaudits* durch die Werksleitung vorgegeben. Aufgabe der Gütesicherung ist es, mit den Fertigungsbereichen deren Beitrag zum Erreichen des Ziels zu verhandeln und letztlich auch vorzugeben und zu kontrollieren.

---

43 DGQ (Hrsg.) 1993, S. 105.
44 Vgl. z.B. BUNGARD/ANTONI/LEHNERT 1993, S. 115-118; PLESCHAK 1991, S. 189-196; WILDEMANN 1992d, S. 781.

Insgesamt bewegt sich das Spektrum der Möglichkeiten im Zusammenhang mit der statistischen Qualitätssicherung zwischen den Extrema der Aufgabenkonzentration in einer Qualitätsabteilung und der weitgehenden Dezentralisierung insbesondere der Prüfaufgaben in die Fertigungsbereiche, wobei im letzten Fall noch verschiedene Grade der Einbeziehung von Mitarbeitern unterer Hierarchie-Ebenen unterschieden werden können. Einen generellen "optimalen" (De-)Zentralisationsgrad gibt es dabei sicher nicht: Vielmehr müssen Vor- und Nachteile verschiedener organisatorischer Gestaltungsmöglichkeiten unternehmensspezifisch abgewogen werden. Bei solchen Ausprägungen der *Strategien*, die auf eine Einbeziehung möglichst aller Mitarbeiter im Unternehmen in das Total Quality Management abzielen, liegt jedoch eine weitgehende Dezentralisation nahe.

2.2.1.2 Organisation des Einsatzes von Taguchi-Verfahren und Fehlermöglichkeits- und -einflußanalyse

Im Hinblick auf das *Taguchi-Verfahren* und auch die FMEA stellt sich die Frage in gewisser Weise ähnlich wie bei der statistischen Qualitätssicherung: Es steht zur Disposition, inwieweit die Anwendung in den Bereichen Produkt- und/oder Prozeßentwicklung bzw. Fertigung geplant und realisiert wird, anstatt von Mitarbeitern der Qualitätsabteilung.

Hinzu kommt allerdings noch ein weiterer Aspekt: Wie bei vielen Elementen des Total Quality Managements, so wird auch hier ein wichtiger Erfolgsfaktor in der *Zusammensetzung* der die Verfahren anwendenden *Teams* gesehen: "Die Design-of-Experiment-Methodik ist teamorientiert. Ihr eigentlicher Nutzen resultiert aus dem Wissen abteilungsübergreifender (Entwicklung, Prozeßplanung, Fertigung) Ingenieur-Teams. Das bezieht sich besonders auf die Auswahl der Qualitätsmerkmale und der zu untersuchenden Steuer- und Störgrößen."[46]

Aufgrund der methodischen Komplexität und der damit verbundenen Anforderungen, die das Taguchi-Verfahren gerade im Hinblick auf statistische und technische Kenntnisse an die Anwender stellt, ist der Benutzerkreis hier sehr begrenzt. Neben den eben angesprochenen Ingenieuren

---

45 S. hierzu ausführlich Abschnitt 3.4.1.1 im zweiten Hauptteil.
46 MÜLLER 1992, S. 294. Im Hinblick auf die *FMEA* werden ähnliche Anforderungen an eine überfunktionale Zusammensetzung des Teams gestellt (vgl. BERENS 1989, S. 12; TLACH 1993, S. 280).

sind häufig solche der Qualitätsabteilung beteiligt oder Spezialisten für statistische Methoden. Diesen können auch die Aufgaben des Aufbaus eines Trainingsprogramms und des Team-Trainings sowie dessen laufende Unterstützung übertragen werden.[47] Teilweise werden für solche Aufgaben auch externe Unternehmensberater engagiert.

Häufig wird angenommen, daß *Fehlermöglichkeits- und -einflußanalysen* - wie die Taguchi-Methode - ausschließlich von Mitarbeitern mit einer Ingenieurs- oder vergleichbaren Ausbildung realisiert werden können. Dagegen scheint zumindest für bestimmte Teilbereiche der FMEA-Durchführung auch die Einbeziehung von Fertigungs- und anderen Mitarbeitern ohne eine solche Qualifikation möglich. Vielfach lassen sich sinnvoll Unterschritte aus dem Gesamtprojekt ausgliedern, die dann als separate Aufgaben verschiedenen Subsystemen im Unternehmen zuordenbar sind.[48] Unter Umständen können (kleinere) Teilprobleme sogar im Rahmen der Qualitätszirkelarbeit gelöst werden, wenn eine entsprechende Mitarbeiterschulung zuvor durchgeführt wurde. Je "tiefer" die Mitarbeiter des Teams in der Unternehmenshierarchie angesiedelt sind, desto mehr muß jedoch das Problem der Durchsetzung von Optimierungsvorschlägen in Betracht gezogen werden. Eine mögliche Aufgabenverteilung im Rahmen von FMEA-Projekten zeigt Darst. III.2.2-1 (auf der folgenden Seite).

Diese Aufgabenzuteilung weist m.E. einige Probleme auf: So fragt sich, ob die *Linieninstanzen* außerhalb der Projektgruppe die in der Darstellung vorgeschlagenen Kompetenzen haben müssen bzw. sollten. In vielen Fällen wird es lediglich unverzichtbar sein, daß sie die Projektteilnehmer für die Durchführung der Projektarbeit von ihren "normalen" Aufgaben freistellen, die gefundenen Problemlösungen begutachten und im Unternehmen zu deren Durchsetzung beitragen. Hierzu kann es den Projektteilnehmern anderenfalls an formaler Autorität fehlen.

Zudem wird in größeren Unternehmen die *Unternehmensleitung* normalerweise kaum in die Planung und Realisierung von FMEA-Projekten einbezogen sein. Vielmehr besteht die Möglichkeit (gerade in Unternehmen, in denen das Verfahren weit verbreitet Anwendung finden soll), diese

---

47 Vgl. QUENTIN/KAMINSKI 1989, S. 644f. Bei einer entsprechenden Ausprägung der unternehmensübergreifenden Strategien können sich die Teams zur Anwendung des Taguchi-Verfahrens wie auch der FMEA aus Mitarbeitern von Kunden- und Zulieferunternehmen zusammensetzen.

48 Vgl. BERENS 1989, S. 12.

Aufgaben \ An Aufgabenerfüllung Beteiligte	Unternehmensleitung	FMEA-Projekt-Team	Experten	Linieninstanzen
Projektorganisation	x			x
Erteilung des Projektauftrags	x			x
Durchführen der Systemanalyse		x	x	
Durchführen der Prozeßanalyse		x	x	
Erstellen der Fehlerlisten		x		x
Durchführen der Risikoanalyse		x	x	
Durchführen der Risikobewertung		x	x	
Erarbeiten von Optimierungsmaßnahmen		x	x	x
Genehmigen und Einleiten der Realisierung				x
Durchführen eines Verfahrensaudits "FMEA"	x			
Dokumentieren des Projektes und der Ergebnisse		x		

Darst. III.2.2-1: Aufgabenverteilung bei FMEA-Anwendungen (modifiziert nach TLACH 1993, S. 279)

Verantwortung *FMEA-Moderatoren* zu übertragen, die der Entwicklungs-, Fertigungsvorbereitungs- oder aber der Qualitätsabteilung angehören können.[49] Folgende Aufgaben können von den FMEA-Moderatoren erfüllt werden[50]:
- bei der FMEA-Projektplanung mitwirken,
- FMEA-Projekte vorbereiten und organisieren,
- FMEA-Projekte durchführen/Arbeitsgruppe moderieren,
- FMEA durch Rechnerunterstützung dokumentieren,
- FMEA-Ergebnisse auswerten und präsentieren,
- Aktualisierung anregen/evtl. durchführen,
- formale/methodische Richtigkeit der FMEA sicherstellen,
- bei der Verbesserung der FMEA-Effizienz mitwirken,
- Ansprechpartner für FMEA-Fragen sein,
- bei FMEA-Arbeitskreisen zwecks Erfahrungsaustauschs mitwirken.

---

49 Vgl. z.B. EDENHOFER/KÖSTER 1991, S. 704.
50 Vgl. KERSTEN 1994, S. 485; PFEIFER 1993, S. 70.

Kersten[51] schlägt zusätzlich zu den Moderatoren die Ansiedelung eines FMEA-*Koordinators* bei der Qualitätsabteilung vor. Für diesen fordert er methodisch-organisatorisches Weisungsrecht gegenüber den FMEA-Moderatoren. Seine Aufgaben liegen vor allem in der Eingliederung der FMEA in die Unternehmensorganisation (hiermit ist wohl die Verbreitung der Methode in verschiedenen Unternehmensbereichen gemeint), im Verfassen von Arbeitsanweisungen für die FMEA-Anwendung und in der Organisation der Rechnerunterstützung. Schließlich obliegen ihm die Planung und Koordination von Projekten sowie die Ermittlung des Schulungsumfangs. Es kann m.E. bezweifelt werden, ob diese Aufgaben in jedem Fall einer speziellen Stelle - dem FMEA-Koordinator - zugeordnet werden müssen. Zumindest dann, wenn FMEA-Moderatoren institutionalisiert sind, können die meisten dieser Aufgaben auch von ihnen gelöst werden. Wird die Einführung der Methode in weiteren Unternehmensbereichen angestrebt, ist dies wohl allerdings eine Aufgabe von Mitarbeitern der Qualitätsabteilung. Hier wie auch an zahlreichen anderen Stellen sollte man sich jedoch der Gefahr einer unnötigen "Bürokratisierung" bzw. "Überorganisation" des Total Quality Managements bewußt sein.

2.2.2 Organisation des Einsatzes der mitarbeiterorientierten Instrumente

2.2.2.1 Organisation der Qualitätszirkelarbeit

Zur Organisation der Qualitätszirkelarbeit finden sich in der Literatur recht unterschiedliche Beiträge. Dies liegt schon darin begründet, daß auch die Qualitätszirkel selbst sehr ungleich definiert werden.[52] Die Differenzen in der Organisation drücken sich vor allem in verschiedenen Freiheitsgraden aus, bzw. andersherum in unterschiedlich weitreichenden Vorgaben zur Qualitätszirkelarbeit: Möglich ist zum einen, daß kaum Vorschriften gemacht werden und die Zusammensetzung und Leitung von Qualitätszirkeln völlig freiwillig und ohne Einfluß von "außen" erfolgt. Der Nachteil besteht dann unter Umständen darin, daß nach einer Einführungsphase gar nichts mehr geschieht, also kaum Qualitätszirkel überhaupt ins Leben gerufen werden.

---

51 KERSTEN 1994, S. 485f.
52 S. auch schon Abschnitt 3.2.1.1 in Teil II.

Zum anderen finden sich in Literatur und Praxis Vorschläge zu einer sehr straffen Organisation einschließlich der Vorgabe, wer an welchen Qualitätszirkeln teilnehmen soll. Hier ist das Vorgehen stark fremdbestimmt; es existieren detaillierte Vorschläge für die Einordnung der Qualitätszirkelarbeit in die gesamte Aufbauorganisation des Unternehmens und die Beteiligung verschiedener Mitarbeitergruppen dabei. Dem liegt häufig die Vorstellung einer sehr starken Einwirkungsmöglichkeit der Leitungsebenen auf die Arbeit(sergebnisse) solcher Gruppen zugrunde[53] bzw. auf eine solche wird abgezielt.

Obwohl Qualitätszirkel "auch einen Beitrag zur Personalentwicklung zu leisten vermögen, steht dieses Ziel bei der Lernstatt deutlicher im Vordergrund. Dementsprechend sind Lernstatt-Konzepte im allgemeinen auch den Bereichen 'Aus- und Weiterbildung' [...] oder 'Organisationsentwicklung' angegliedert, während Qualitätszirkel nicht selten in direkten Bereichen (z.B. Produktion) angesiedelt sind."[54] Wie weiter oben angesprochen, lassen sich beide Konzepte miteinander verbinden, was auch dadurch erleichtert wird, daß die Möglichkeiten der Aufbauorganisation in ihren Grundzügen sehr ähnlich sind.[55] Die Einordnung in die Unternehmensorganisation erfolgt zweckmäßigerweise entsprechend der Ziele, die schwerpunktmäßig mit einem solchen Konzept verfolgt werden.

Organe der Qualitätszirkelarbeit sind das Steuerungsteam, Moderatoren, Förderer und Koordinatoren. Im *Steuerungsteam (Steuerkomitee, Lenkungsteam)* sind Mitglieder der Werks- bzw. Betriebsleitung, meist auch des Betriebsrates, beteiligt. Aufgabe ist es, "den unternehmerischen Willen zur Einrichtung, Durchführung und Kontrolle von Qualitätszirkeln zu repräsentieren."[56] Unter *funktionellen* Gesichtspunkten ist es zweckmäßig, Mitglieder aller wichtigen Unternehmensbereiche einzubeziehen. Dies gilt wohl vor allem für jene Bereiche, in denen Qualitätszirkelarbeit stattfindet oder eingeführt bzw. forciert werden soll.

Das Steuerungsteam entscheidet über wichtige inhaltliche, materielle und personelle Rahmenbedingungen der Qualitätszirkelarbeit. Dazu gehört z.B. die Festlegung der Teilnahmebedingungen, die Bereitstellung von Räumen und Arbeitsmitteln für die Zirkelsitzungen, die Genehmigung

---

53 Vgl. z.B. STEIGERWALD 1989, S. 13.
54 ZINK 1992a, Sp. 2133f.
55 Vgl. DEPPE 1992, S. 154; s. auch Abschnitt 3.2.1.1 in Teil II.
56 DOMSCH 1985, S. 436. Der Betriebsrat hat im Hinblick auf die Organisation und sonstigen Rahmenbedingungen der Qualitätszirkelarbeit ein Mitbestimmungsrecht. S. hierzu kurz Teil II, Abschnitt 1.

der Zeit für die Teilnahme an diesen Sitzungen sowie der finanziellen Mittel für Schulungen und die Realisierung vorgeschlagener Lösungen. Zudem wird hier über die Annahme oder Ablehnung wichtiger und besonders weitreichender Verbesserungsvorschläge entschieden.[57] Zu überlegen wäre, ob diese Stelle auch für die Annahme bzw. Ablehnung von Vorschlägen aus dem Betrieblichen Vorschlagswesen geeignet sein könnte oder - wenn dies z.b. aus steuerrechtlichen Gründen[58] unzweckmäßig ist - umgekehrt die BVW-Kommission[59] auch über Vorschläge aus der Qualitätszirkelarbeit entscheiden könnte.

Zu den Aufgaben des *Qualitätszirkelleiters (Moderators)* gehört es, den Qualitätszirkel-Mitgliedern entsprechende Arbeitstechniken zu vermitteln[60] und die Gruppe in ihren Aktivitäten zu lenken, ohne dabei jedoch als Autorität zu wirken: Bei allen Entscheidungen hat er ebenso nur eine Stimme wie alle anderen Mitglieder. Es ist durchaus möglich - gerade dann, wenn die Qualitätszirkelarbeit bereits über die Einführungsphase hinaus ist und in Frage kommende Mitarbeiter ausreichend qualifiziert hierfür sind -, daß die Leitungsposition von einem Arbeiter oder Vorarbeiter, jedenfalls nicht vom Vorgesetzten, übernommen wird, der dann als normales Mitglied teilnehmen kann.[61]

Das *mittlere Management* wird in bezug auf Qualitätszirkel häufig "ausgelassen, vernachlässigt oder einfach übersehen"[62]. Dies führt gerade dann zu Problemen, wenn diese Mitarbeiter gleichzeitig Personal für die Qualitätszirkelarbeit von ihren eigentlichen Aufgaben freistellen sollen. Ein Vorschlag für ihre Einbeziehung besteht darin, ihnen die Rolle eines nebenamtlichen *Förderers (Facilitators)* zuzuordnen. Hierunter versteht *Staal* eine Art "Katalysator", der vor allem einschreitet, wenn besondere Probleme entstehen und/oder der Qualitätszirkelleiter ihn dazu auffordert. Die Person des Facilitators sollte *nicht* aus der Abteilung bzw. aus dem Bereich der Qualitätszirkelmitglieder kommen, um diese nicht zu

---

57 Vgl. DEPPE 1992, S. 53 sowie die dort angegebene Literatur; DGQ (HRSG.) 1987, S. 13; SCHUBERT 1994, S. 1080.
58 S. Fußnote 76 auf S. 171.
59 S. hierzu Abschnitt 2.2.2.2.
60 S. zu diesen Abschnitt 3.2.1.2 Teil II. Die Begriffe Koordinator und Facilitator werden teilweise synonym verwandt (vgl. KÜCHLER 1981, S. 25). Bei FEIGENBAUM 1991, S. 210 findet sich der Begriff "coordinator" synonym mit dem des Moderators verwandt, dem wird hier jedoch nicht gefolgt.
61 Vgl. zu dieser Frage z.T. kontrovers DEPPE 1992, S. 59; DOMSCH 1985, S. 435; KÜCHLER 1981, S. 26; REIßINGER 1982, S. 12.
62 STAAL 1987, S. 17.

hemmen. Seine Aufgabe ist gerade die Vermittlung zwischen Qualitätszirkeln einerseits und allen anderen Unternehmensbereichen andererseits.[63]

Die Moderatoren-Auswahl sowie die Unterstützung und Koordination der Qualitätszirkel können Aufgaben von *Koordinatoren* sein. Sie sollen z.B. Qualitätsleiter-Treffen organisieren und Doppelarbeit vermeiden, also die Themenfestlegung beeinflussen. Jeder Koordinator ist jeweils für *seinen* Unternehmensbereich bzw. für seine Abteilung für die Qualitätszirkelarbeit zuständig. Nach *Deppe* kann es zweckmäßig sein, wenn er oder auch andere "Elemente des Systems 'Qualitätszirkel'" Mitglieder des Steuerungsteams sind. Hierdurch werde eine Verzahnung im Sinne einer "Überlappung" der einzelnen Elemente erreicht, was bessere Chancen einer konstruktiven Abstimmung ermögliche.[64]

In der Literatur hervorgehoben wird die Aufgabe der *Datenbeschaffung* durch den Koordinator. "Daten vom Kundendienst, von der Qualitätskontrolle oder der Nachbearbeitung sind wertvoll für eine erfolgreiche Arbeit von Zirkeln. Sie sind von den Zirkeln selbst kaum zu beschaffen. Hier hilft die Arbeit des Koordinators, die Zirkel erfolgreich arbeiten zu lassen."[65] Hinzu kommt die Aufgabe, den notwendigen Trainingsbedarf für Zirkelmitglieder und -leiter zu ermitteln und das Training zu organisieren und zu kontrollieren.[66]

Darst. III.2.2-2 zeigt die Verbindungen zwischen der Aufbauorganisation des Unternehmens und der Qualitätszirkelarbeit sowie eine mögliche Ausprägung der Aufgabenverteilung zwischen Qualitätszirkeln, Förderern, Koordinatoren und der Steuergruppe.[67] Deutlich wird, daß in das gesamte Konzept Mitarbeiter aller Hierarchie-Ebenen einbezogen sein können.

Die Zweckmäßigkeit der Institutionalisierung von Steuerungskomitee und Koordinatoren hängt sicher auch von der Größe des betrachteten Unternehmens ab. Eine sehr ausdifferenzierte Organisation ist wohl in erster Linie für große Unternehmen sinnvoll; kleinere Unternehmen werden dagegen häufig verschiedene Funktionen zusammenfassen.

---

63 Vgl. STAAL 1987, S. 22 u. 44f.; REIßINGER 1982, S. 15.
64 Vgl. DEPPE 1992, S. 52; ähnlich: DGQ (Hrsg.) 1987, S. 13f.
65 ENGEL 1981, S. 64.
66 Vgl. ENGEL 1981, S. 63; FEIGENBAUM 1991, S.210.
67 Vgl. auch - etwas anders - HEß 1995, S. 105.

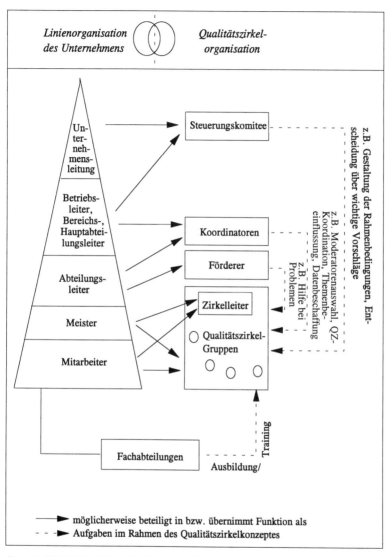

Darst. III.2.2-2: Verknüpfung der Linienorganisation mit der Qualitätszirkelorganisation und Aufgabenverteilung (modifiziert nach DOMSCH 1985, S. 434)

2.2.2.2 Organisation des Betrieblichen Vorschlagswesens

Zur Teilnahme am Betrieblichen Vorschlagswesen sind grundsätzlich zwar alle Mitarbeiter eines Unternehmens berechtigt, jedoch wird häufig die *Prämienberechtigung* von Mitarbeitern des Betrieblichen Vorschlagswesens und auch der Qualitätsabteilung eingeschränkt. (Dagegen können auch *Unternehmensexterne* beteiligt sein: SCHMIDT[68] schlägt z.B. vor, Pensionären und Kunden sowie Geschäftspartnern die Teilnahme zu ermöglichen.)

Organe des Betrieblichen Vorschlagswesens sind der BVW-Beauftragte, der oder die -Gutachter, die -Kommission sowie die -Einspruchsstelle. Der *BVW-Beauftragte* ist für die sachgemäße Bearbeitung aller Verbesserungsvorschläge zuständig. Er soll sowohl die Interessen der Einreicher als auch jene des Unternehmens insgesamt wahren.[69] Seine Aufgaben bestehen in der
- Beratung und Unterstützung aller Einreicher in Fragen des BVW,
- Erledigung des mit den Vorschlägen zusammenhängenden Schriftverkehrs, der Gutachteneinholung[70], Terminüberwachung, Wirtschaftlichkeitsberechnung, Entscheidungsvorbereitung und Einführungsüberwachung,
- Vorbereitung und Ausrichtung der Sitzungen der BVW-Kommission, einschließlich Terminabstimmung und Protokollanfertigung,
- Veranlassung der Realisierung von Verbesserungsvorschlägen, die durch die Kommission angenommen wurden, sowie ihre Veröffentlichung,
- Führung und Auswertung der statistischen Unterlagen zum Betrieblichen Vorschlagswesen.[71]

Eine Zuordnung des BVW-Beauftragten *direkt unter die Unternehmensleitung*, die teilweise mit einer höheren Durchschlagskraft gegenüber der Hierarchie verbunden sein mag und außerdem damit begründet wird, daß durch das Betriebliche Vorschlagswesen alle Unternehmensbereiche betroffen seien[72], kann andererseits Schwellenängste bei den Mitarbeitern

---

68 Vgl. SCHMIDT 1985, S. 16; vgl. allgemein zur Problematik der Abgrenzung der Teilnahmeberechtigten NOWAK 1982, S. 70-76.
69 Möglich ist auch, z.B. für jedes Werk einen BVW-Beauftragten zu benennen.
70 Gutachter können die sachverständigen Mitarbeiter aller Abteilungen sein. Der BVW-Beauftragte hat ihnen gegenüber meist ein *Beauftragungsrecht*. (Vgl. THOM 1993, S. 85f.)
71 Vgl. SCHMIDT 1985, S. 17.
72 Vgl. SCHMIDT 1985, S. 21.

hervorrufen. "Die *Zuordnung zum Personalbereich*, die als Querschnittsfunktion glaubwürdig 'Interessenneutralität' erwarten läßt, fördert die Beteiligungsquote im allgemeinen sowie im besonderen das vermehrte Einreichen von Humanisierungs-VV [Verbesserungsvorschlägen, die Verf.], die aber häufig eine weniger günstige und kaum kalkulierbare Nutzen-Kosten-Relation aufweisen [...]."[73] Mit der Entscheidung über die Einordnung der Stelle innerhalb der Unternehmensorganisation sind also möglicherweise bestimmte Ausprägungen der inhaltlichen Schwerpunkte bei den Verbesserungsvorschlägen verbunden.

In einer empirischen Untersuchung zur *organisatorischen Einordnung* des BVW-Beauftragten zeigte sich, daß in vielen der befragten 120 Unternehmen aus unterschiedlichen Branchen eine Eingliederung in den Personalbereich erfolgte (40,48% der befragten hauptamtlichen und 32,05% der nebenamtlichen BVW-Beauftragten). Die Zuordnung zur "sonstigen Verwaltung" fand sich bei 9,8% der haupt- und (wiederum) 32,05% der nebenamtlichen BVW-Beauftragten. Die Zuordnung direkt unter Geschäftsleitung bzw. Vorstand fand sich bei 7,15 % bzw. 4,76% der BVW-Beauftragten. Andere Eingliederungen waren der Menge nach vernachlässigbar; auch in die Fertigung und Fertigungsplanung wurde der BVW-Beauftragte offenbar kaum eingeordnet.[74]

Unternehmen mit Betrieblichem Vorschlagswesen sind zur Einrichtung von *BVW-Kommissionen verpflichtet*; dieser müssen Vertreter des Arbeitgebers und mindestens zwei Arbeitnehmer angehören. Es kann paritätische Mitbestimmung vereinbart werden.[75] Aufgabe der Kommission (in größeren Unternehmen können auch mehrere bestehen, die jeweils für Vorschläge mit unterschiedlicher Prämienhöhe zuständig sind) ist vor allem die Entscheidung über die Annahme oder Ablehnung von Verbesserungsvorschlägen. In manchen Fällen wird nur über Vorschläge ab einer bestimmten Prämienhöhe innerhalb einer solchen Kommission entschieden, unterhalb dieses Limits erfolgt die Bearbeitung auf dem Verwaltungsweg.[76]

---

73 THOM 1993, S. 87.
74 Vgl. o.V. 1994b, S. 37f.; auf eine ähnliche Untersuchung weist FELK 1995, S. 26, hin.
75 Vgl. THOM 1993, S. 92f.
76 "Hierbei ergibt sich für administrativ abgewickelte prämierte Verbesserungsvorschläge eine Konfliktsituation mit den Lohnsteuerrichtlinien. Danach ist für die Entscheidung eine Kommission mit festgelegter Besetzung vorgeschrieben. Bei Nichtbeachtung dieser Verfahrensregeln können Steuererleichterungen für VV-Prämien nicht in Anspruch genommen werden." (SCHMIDT 1985, S. 20.)

Die Frage der Beteiligung des BVW-Beauftragten an der Bewertungskommission kann recht unterschiedlich geregelt sein. Die Möglichkeiten reichen hier vom Vorsitz (mit oder ohne Stimmrecht) bis hin zur rein beratenden Funktion. "Je mehr er - nach seiner Stellenaufgabe oder seinem Selbstverständnis - die Rolle des 'Ideenanwalts' übernimmt, um so weniger eignet er sich gleichzeitig zum 'Richter'."[77]

Jeder Einreicher hat, ist er mit der Entscheidung über seinen Verbesserungsvorschlag nicht einverstanden, das Recht, Einspruch zu erheben. Welche Institutionen im Unternehmen hierfür zuständig sind, ist nicht einheitlich geregelt. Häufig findet sich eine *BVW-Einspruchsstelle*. Dieser sollten möglichst keine Mitglieder der BVW-Kommission, die die umstrittenen Vorschläge ja abgelehnt hat, angehören. In einer Betriebsvereinbarung kann einer *ständigen Einigungsstelle* die Zuständigkeit für Streitfälle im Betrieblichen Vorschlagswesen eingeräumt werden. Es handelt sich dann um eine Ausweitung der laut §76 BetrVG bei Bedarf zur Beilegung von Meinungsverschiedenheiten zwischen Arbeitgeber und Betriebsrat oder Konzernbetriebsrat zu bildenden Einigungsstelle.[78] Darst. III.2.2-3 faßt die Aufgaben der verschiedenen am Betrieblichen Vorschlagswesen beteiligten Mitarbeiter und Organe zusammen.

Mitarbeiter/Organe	*wichtige Aktivitäten*
Geschäftsführung und Betriebsrat	- Einführung und Weiterentwicklung des Betrieblichen Vorschlagswesens beschließen - BVW-Betriebsvereinbarung aushandeln und überprüfen - Bei sehr hoch prämierten Vorschlägen: über Annahme entscheiden, Anerkennung aussprechen
alle Mitarbeiter, die einreichen dürfen	- Verbesserungsvorschläge erarbeiten und einreichen
BVW-Beauftragter	- Verbesserungsvorschläge registrieren, auf Neuheit prüfen, Gutachter auswählen - Ergebnisse der Gutachten auswerten, vor Ort prüfen, Bewertungsvorschläge erarbeiten - Prämien anweisen, Informationen für Personalakte erstellen, Statistiken erstellen - Für BVW werben und Sonderaktionen durchführen
Fachgutachter	- Verbesserungsvorschläge auf inhaltliche Zweckmäßigkeit prüfen, erproben, Schutzfähigkeit prüfen
Einigungsstelle	- Über Einsprüche der Einreicher gegen Entscheidungen der BVW-Kommission entscheiden

Darst. III.2.2-3: Wichtige Aktivitäten am BVW beteiligter Mitarbeiter und Organe (modifiziert nach THOM 1993, S. 98)

---

77 THOM 1993, S. 88.
78 Vgl. SCHMIDT 1985, S. 20.

2.3 Organisation der Total-Quality-Management-Evaluierung

Die Organisation der TQM-Evaluierung läßt vergleichsweise *wenige* Gestaltungsspielräume. Um das Ziel von *Qualitätsaudits*, nämlich die Überprüfung der Wirksamkeit des Qualitätsmanagements, zu erreichen, ist mit dieser Aufgabe die von allen anderen Abteilungen unabhängige Qualitätsabteilung zu beauftragen. Dies fordern auch die DIN-EN-ISO-Normen.[79] Gerade bei ansonsten weitgehender Integration von Qualitätsmanagement-Aufgaben in die Fertigungsbereiche wird die Notwendigkeit einer von diesen unabhängigen Kontrolle gesehen.

Bei der Zusammensetzung der *Systemaudit*-Gruppe ist ferner zu beachten, daß die Mitarbeiter zweckmäßigerweise in personeller und fachlicher Hinsicht mindestens den gleichen Rang haben sollten wie jene, deren Bereich überprüft wird. "Dadurch soll von vornherein vermieden werden, daß die Auditoren als nicht genügend qualifiziert angesehen werden."[80] Dies spricht für eine Eingliederung der Qualitätsabteilung relativ nahe bei der Unternehmens- bzw. Niederlassungs- oder Werksleitung. Zu gewährleisten ist zudem, daß die Auditoren in keiner Weise dienstlich mit dem zu überprüfenden Bereich in Verbindung stehen dürfen.[81] Möglich ist auch die Auslagerung von Auditierungen an externe Institutionen. Im Hinblick auf *Produkt- und Verfahrensaudits* gelten die Überlegungen analog.

Kundenzufriedenheitsbefragungen können sowohl unternehmensintern als auch -extern (z.B. durch Marktforschungsinstitute) realisiert werden. Interessant ist die Frage danach, wer über ihre Durchführung und Auswertung sowie über die abzufragenden Inhalte bestimmt. In einer umfangreichen Auflistung der Aufgaben des *Produktmanagers* nennt SCHWARTING[82] unter der Rubrik "Aufgaben im Bereich der Markt- und Konkurrenzbeobachtung" unter anderem die Erarbeitung produktbezogener Vorschläge und Pläne für Primärforschungsmaßnahmen sowie die Koordination und Kontrolle der produktbezogenen Primärforschung. In manchen Unternehmen sind solche Aufgaben dagegen zumindest teilweise in die Qualitätsabteilung verlagert: Bei *Hewlett Packard* bedient man

---
79 Vgl. DIN EN ISO 9001, Abschnitt 4.1.2.1 sowie schon zu Beginn dieses Abschnitts.
80 GASTER 1994, S. 930.
81 Vgl. GASTER 1994, S. 937.
82 Vgl. SCHWARTING 1993, S. 77.

sich zur Erfassung von Kundenzufriedenheit eines "Customer-Feedback-Systems", das von Mitarbeitern der zentralen Qualitätsabteilung verwaltet wird.[83]

Damit sind auch organisatorische Aspekte des *Beschwerdemanagements* angesprochen, das sowohl in das *Marketing* (in die Produktpolitik)[84] als auch in die *Fertigung* eingeordnet werden kann. Im zweiten Fall besteht allerdings das Problem, daß der "hoch ablauforientierte Fertigungsbereich [...] mit innerbetrieblichen Transporten und Reparaturware belastet"[85] wird. *Dahms* schlägt die Einrichtung eines *Profit Centers*[86] für den Kundendienst vor, so daß die geschlossene Verantwortung für alle hiermit in Zusammenhang stehenden Leistungen innerhalb einer Abteilung liege und der Kunde einen einheitlichen Ansprechpartner für seine Probleme habe. Da der Bildung dieser Organisationseinheit der Prozeß "Management von Beschwerden" zugrunde liegt, handelt es sich hier um ein Beispiel für eine prozeßorientierte Organisationsgestaltung.[87]

In deutschen Unternehmen selten anzutreffen sind *Verbraucherabteilungen*, zu deren Aufgaben auch die Förderung, Bearbeitung und Analyse individueller, verbraucherinitiierter Kommunikation (z.B. Beschwerden, Anfragen und Vorschläge) zählen.[88] "Jetzt ist eine organisatorische Einheit hauptamtlich für Abhilfe [bei Beschwerden durch Kunden, die Verf.] zuständig; sie ist zudem organisatorisch abgegrenzt von den Marketingabteilungen, deren Entscheidungen Ursache für die Beschwerde waren. Damit ist sichergestellt, daß die Artikulation von Verbraucherunzufriedenheit mit Engagement und Interesse entgegengenommen und unvoreinge-

---

83 Vgl. o.V. 1995a, S. 40. Das System wird in dieser Quelle nicht näher erläutert. An anderer Stelle werden für das Unternehmen *Hewlett Packard* hierunter a) persönliche Kontakte zwischen einerseits Kunden und andererseits Kundendienstmitarbeitern, der kaufmännischen Sachbearbeitung sowie Vertriebsmitarbeitern, b) institutionalisierte Kontakte z.B. in Form von Benutzergruppen und Vetriebspartnern und c) (regelmäßige) Umfragen zur Kundenzufriedenheit verstanden. (Vgl. MACKRODT 1992, S. 191f.; allgemein hierzu: WESSEL 1993, S. 682.)
84 Vgl. HÜTTNER/PINGEL/SCHWARTING 1994, S. 118 u. 122.
85 DAHMS 1989, S. 9; vgl. dort (S. 9f.) auch zu folgendem.
86 Profitcenter sind relativ selbständige, meist nach einem der Kriterien Produktlinien, regionale Absatzgebiete, Kundengruppen oder Betriebsfunktionen gebildete Subsysteme im Unternehmen, die nach einer gewinnbezogenen Erfolgsgröße beurteilt werden. (Vgl. STAEHLE 1994, S. 711f.)
87 S. zur Prozeßorganisation und ihrer Bedeutung im Rahmen des Total Quality Managements Teil III, Abschnitt 3.3.2.
88 Vgl. STAUSS 1987, S. 316-318.

nommen geprüft werden können."⁸⁹ Auch wenn keine spezielle Abteilung gebildet wird, kann die Einrichtung einer Stelle *Kundenannahme (Customer Support Desk)* sinnvoll sein. An diese können sich unzufriedene Kunden - möglichst rund um die Uhr - wenden; wenn möglich, wird das Problem umgehend gelöst, anderenfalls an *Beschwerdeteams* weitergeleitet.⁹⁰ Die Organisation von Aktivitäten zur Erfassung der Kundenzufriedenheit kann also insgesamt recht unterschiedlich ausgestaltet sein.

Weniger Spielraum besteht im Hinblick auf die *Qualitätskostennachweisführung*. Das *Betriebliche Rechnungswesen* eines Unternehmens kann weite Teile des notwendigen Datenmaterials liefern. Dieses muß jedoch noch weiter als dort häufig üblich ausgewertet werden, teilweise sind auch noch spezielle Sonderrechnungen durchzuführen. Häufig finden sich zu diesem Zweck entsprechende Stellen innerhalb der Qualitätsabteilung. Abgewogen werden sollte dabei, ob es notwendig ist, ein kostenintensives separates System aufzubauen. Oftmals wird es zweckmäßig sein, soweit wie möglich die Qualitätskostennachweisführung als Bestandteil des Betrieblichen Rechnungswesens einzurichten.⁹¹ Eine wichtige Aufgabe der Qualitätsabteilung ist allerdings die Bestimmung der Informationen, die das Rechnungswesen im Hinblick auf qualitätsrelevante Kosten liefern soll.

2.4 Die Beteiligung verschiedener Unternehmensbereiche bei unterschiedlichen Zentralisationsgraden

Die Überlegungen in den vorangegangenen Abschnitten haben gezeigt, daß es im Hinblick auf einen Großteil der TQM-Komponenten organisatorische Gestaltungsspielräume gibt. Diese können für eine weitgehende Dezentralisierung des Qualitätsmanagements genutzt werden. Darst. III.2.4-1 und III.2.4-2 (auf den folgenden Seiten) zeigen zwei Funktionsdiagramme für die Ausprägungen einer starken Zentralisation bzw. Dezentralisation.

Deutlich wird aus den Darstellungen, daß bei einer *zentralen* Organisation des Total Quality Managements (abgesehen von Qualitätszirkeln und dem Betrieblichen Vorschlagswesen) die meisten Aktivitäten der

---

89 HANSEN/RAABE/STAUSS 1985, S. 647.
90 Vgl. WINKLER 1994, S. 671.
91 Vgl. PFEIFER 1993, S. 382.

TQM-Komponenten / Unternehmensbereich	Produktent-wicklung	Prozeßent-wicklung	Fertigung	Marketing	Technische Planung	Logistik	Personal	RW	Qualitäts-Abteilung	Unter-nehmens-leitung
Strategien im TQM										
Interne Qualitätsstrategien									M	D
Lieferantenstrategien									M	D
Instrumente im TQM										
SQS									D	
Taguchi-Methode	M	M	M		M				D	
FMEA	M	M	M		M				D	
QZ	M	M	M	M	M	M	M		D	
BVW	M	M	M	M	M	M	M		D	
TQM-Evaluierung										
Qualitätsaudit									D	
Messung der Kundenzufriedenheit									D	
Qualitätskostenrechnung								M	D	

Legende: D = *Durchführungsverantwortung*: direkte Zuständigkeit von Mitarbeitern bzw. Abteilungen für die Aufgabenerfüllung sowie eine angemessene Information, Koordination und Leitung der Mitwirkungsverantwortlichen (M)
M = *Mitwirkungsverantwortung*: Beteiligung an der Aufgabenerfüllung
RW = Rechnungswesen

Darst. III.2.4-1: Beteiligung der verschiedenen Unternehmensbereiche an Komponenten des TQM bei weitgehender Zentralisation

2. Organisatorische Gestaltungsspielräume

TQM-Komponenten \ Unternehmensbereich	Produktentwicklung	Prozeßentwicklung	Fertigung	Marketing	Technische Planung	Logistik	Personal	RW	Qualitäts-Abteilung	Unternehmensleitung
Strategien im TQM										
Interne Qualitätsstrategien	M	M	M	M		M	M	M	M	D
Lieferantenstrategien	M	M	M	M		M	M	M	M	D
Instrumente im TQM										
SQS			D						D	
Taguchi-Methode	D	D	D		M				D	
FMEA	D	D	D		M				D	
QZ	D	D	D	D	D	D	D	D	D	
BVW	M	M	M	M	M	M	M	M	D	
TQM-Evaluierung										
Qualitätsaudit									D	
Messung der Kundenzufriedenheit				D					M	
Qualitätskostenrechnung								D	M	

Legende: D = *Durchführungsverantwortung*: direkte Zuständigkeit von Mitarbeitern bzw. Abteilungen für die Aufgabenerfüllung sowie eine angemessene Information, Koordination und Leitung der Mitwirkungsverantwortlichen (M)
M = *Mitwirkungsverantwortung*: Beteiligung an der Aufgabenerfüllung   RW = Rechnungswesen
Anmerkung: In den Zeilen der TQM-Instrumente findet sich teilweise eine mehrfache Zuordnung von (D), weil in den verschiedenen Abteilungen jeweils Projekte durchgeführt werden können.

Darst. III.2.4-2: Beteiligung der verschiedenen Unternehmensbereiche an Komponenten des TQM bei weitgehender Dezentralisation

Qualitätsabteilung zugeordnet sind. Dagegen bedeutet eine *dezentrale* Ausprägung, daß die Aufgaben im Rahmen des TQM von Mitarbeitern der unterschiedlichsten Abteilungen verwirklicht werden. Erst in diesem Fall kann von wirklich "unternehmensweitem" Qualitätsmanagement gesprochen werden. In die Darstellungen eingetragen sind im Hinblick auf die Instrumente Taguchi-Methode, Fehlermöglichkeits- und -einflußanalyse sowie Qualitätszirkel vor allem mögliche Verantwortungsverteilungen bei *abteilungsinternen* Projekten. Dadurch wird deutlich, daß hier jeweils eigenständig Projekte geplant, gesteuert und kontrolliert werden können. Gleichzeitig besteht natürlich eine Mitwirkungsverantwortung bei bereichsübergreifenden Projekten, so daß zusätzlich auch noch ein "M" in die entsprechenden Felder dieser Zeilen hätte eingetragen werden können.

Im folgenden Abschnitt wird darauf eingegangen, welche Koordinationsbedarfe und -möglichkeiten zwischen den am Total Quality Management beteiligten Subsystemen im Unternehmen bestehen und wie sie organisatorisch einzuordnen sind. Dabei wird von einer insgesamt eher dezentralen Organisation des Total Quality Managements ausgegangen.

3. Strukturelle Einordnung und Koordination am Total Quality Management beteiligter Organisationseinheiten

Aus einem etwas anderen Blickwinkel heraus läßt sich der in Abschnitt 2 beschriebene Sachverhalt noch anders zusammenfassen: Die Planung und Durchführung zahlreicher TQM-Komponenten kann nicht nur durch Mitarbeiter der *Qualitätsabteilung* erfolgen. Für verschiedene Komponenten ist eine weitgehende *Integration in funktionale Bereiche* möglich. Dies gilt für die
- Planung und Durchführung der statistischen Qualitätssicherung,
- Planung, Koordination und Durchführung bereichsinterner FMEA- und Taguchi-Projekte sowie Qualitätszirkel,
- Eruierung von Kundenanforderungen und Messung der Kundenzufriedenheit,
- Durchführung der Qualitätskostennachweisführung.

Als dritte Möglichkeit können *überfunktionale Teams* folgende Aufgaben übernehmen:
- Formulierung von TQM-Strategien,
- Planung, Koordination und Durchführung von QFD-, Taguchi- und FMEA-Projekten sowie Qualitätszirkeln mit überfunktionalen Aufgabenstellungen,
- Planung und Steuerung des Einsatzes von Qualitätszirkeln.

Im folgenden Abschnitt wird darauf eingegangen, welche Koordinationsbedarfe und -möglichkeiten zwischen den am TQM beteiligten Subsystemen im Unternehmen bestehen und wie sie organisatorisch einzuordnen sind.

3.1 Die Qualitätsabteilung

Die Einbindung der Qualitätsabteilung in die Organisation eines Unternehmens hängt auch davon ab, nach welchen Prinzipien diese selbst gestaltet ist. Bei rein *funktionalen* Organisationsstrukturen kann die Qualitätsabteilung entweder als weitere Linienabteilung oder aber als Stab direkt unter der Unternehmensleitung eingerichtet sein. Bei *divisionalisierten* oder *projektorientierten* Unternehmen und auch bei Vorhandensein *mehrerer (Produktions-)Werke* werden meist unter deren jeweiliger Leitung Qualitätsabteilungen angesiedelt. Gleichzeitig findet sich häufig eine Zentrale Qualitätsabteilung, die als Stab direkt der Unternehmensleitung zugeordnet ist.[1] Die erstgenannten Qualitätsabteilungen sind *fachlich* weisungsgebunden gegenüber der Zentralen Qualitätsabteilung; ihre Mitarbeiter unterstehen aber *personell* in aller Regel den jeweiligen Divisionen, Projekten bzw. örtlichen Werksleitungen.[2]

Darst. III.3.1-1 zeigt die in der DGQ-Schrift zur Aufbauorganisation der Qualitätssicherung vorgeschlagene *Struktur einer Qualitätsabteilung*.[3]

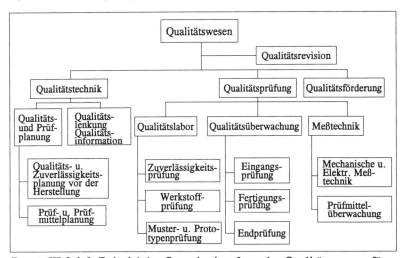

Darst. III.3.1-1: Beispiel der Organisationsform des Qualitätswesens für ein mittleres oder großes Unternehmen (nach GASTER 1987, S. 29)

---

1 S. - kurz - schon in Abschnitt 2.1.1. Bei *Matrix*-Strukturen wird die Qualitätsabteilung ebenfalls häufig als Zentralabteilung ausgegliedert. Eine ganz andere Möglichkeit der Einordnung der Qualitätsabteilung, die sich - gerade in größeren Unternehmen - kaum noch findet, ist die Eingliederung in die *Produktionsabteilung*. Die DIN-EN-ISO-Normen fordern die Institutionalisierung eines *Beauftragten der obersten Leitung* (DIN EN ISO 9001 [1994], Abschnitt 4.1.2.3). Dieser kann Mitglied der Qualitätsabteilung sein, es kann sich aber auch um einen Mitarbeiter eines ganz anderen Bereichs handeln. Seine Aufgabe besteht vor allem darin, daß er für die Zertifizierungsstelle Ansprechpartner ist, wenn z.B. Zwischenaudits durchgeführt werden müssen.

2 Vgl. FEIGENBAUM 1991, S. 189; FREHR/HORMANN (HRSG.) 1993, S. 35-38; ZELLER 1994, S. 919.

3 Vgl. ähnlich ZELLER 1994, S. 922.

3. Strukturelle Einordnung und Koordination 181

Die hier beschriebene Organisationsstruktur ist stark auf die traditionellen Aufgabenbereiche einer solchen Abteilung ausgerichtet, also auf Qualitätsprüfungen und Audits. Größe und Bedeutung der jeweiligen Subsysteme hängen dabei auch vom Grad der Aufgabendezentralisation ab: Bei *Mercedes-Benz* wurden im Rahmen der Integration von Prüfaufgaben in die Fertigung ungefähr 40% der Nacharbeits- und Prüfkosten - in erster Linie handelte es sich dabei um Personalkosten - "eingespart".[4]

Unter dem Begriff der *Qualitätsförderung* versteht *Gaster* jene Abteilungseinheit, "die sich mit der Verbesserung der Einstellung der Mitarbeiter zur Qualität befaßt. Sie führt Maßnahmen zur Aus- und Weiterbildung durch und veranstaltet Motivationsprogramme."[5] Hier ist eine enge Zusammenarbeit mit der Personalabteilung zweckmäßig.

Andere Aufgabenfelder, wie das kontinuierliche Suchen nach neuen Entwicklungen im TQM, etwa nach neuen Instrumenten, sowie ihre Diskussion und gegebenenfalls Einführung (zusammen mit der Linie) im Unternehmen, finden in dieser Organisationsstruktur keinen Niederschlag. Gleiches gilt für die Tätigkeit der Unterstützung aller Organisationseinheiten bei der Realisierung der verschiedenen TQM-Komponenten. In je größerem Umfang jedoch dezentrale Organisationsformen - sei es als Integration z.B. in die Fertigungs- oder Entwicklungsabteilung, sei es in Form überfunktionaler Teamarbeit - verwirklicht werden, um so mehr Bedeutung erhalten solche Funktionen. Hier erscheint es m.E. sinnvoll, eine zusätzliche Instanz in die Qualitätsabteilung einzugliedern.

Bei Bemühungen um eine dezentrale Organisation des Total Quality Managements liegt es jedoch andererseits nahe, gerade *nicht alle Teams* bei der Qualitätsabteilung anzusiedeln. Zwar wird generell die Notwendigkeit betont, Teams nicht "freischwebend" existieren zu lassen, sondern sie an die Hierarchie anzubinden.[6] Neben der Zuordnung zur Qualitätsabteilung bestehen jedoch die Möglichkeiten der Zuordnung (a) zu einem (Lenkungs-)Ausschuß sowie (b) zu einer anderen, jeweils problemabhängig zu bestimmenden Instanz.

---

4 S. Abschnitt 3.5 im zweiten Hauptteil. Zu den Auswirkungen auf die Anzahl bzw. Arbeitsbelastung der *Fertigungs*mitarbeiter liegen dagegen keine konkreten Informationen vor.
5 GASTER 1987, S. 13. Die Vorschläge für die Qualitätsabteilung in kleinen und mittleren Unternehmen unterscheiden sich von denen für große Unternehmen lediglich durch einen geringeren Detailliertheitsgrad. (Vgl. ebenda, S. 27-29.)
6 Vgl. z.B. KRÜGER 1993a, S. 57.

3.2 Aufbau einer Sekundärorganisation für das Total Quality Management

Besondere organisatorische Probleme können *überfunktionale Teams*, die nicht der Primärorganisation angehören, aufwerfen. Die *Primärorganisation* ist gekennzeichnet durch die Stellen- und Abteilungsbildung sowie die Anzahl der Leitungsbeziehungen im Liniensystem eines Unternehmens. Die *Sekundär*organisation *überlagert* die so entstandenen Strukturen; sie dient in erster Linie einer vereinfachten und beschleunigten Koordination und Integration von Aktivitäten, an denen Mitarbeiter verschiedener funktionaler Bereiche und hierarchischer Ebenen beteiligt sind. Die Sekundärorganisation ist somit typischerweise durch Gruppen geprägt, die sich über unterschiedlich lange Zeiträume bestimmten Aufgabenstellungen widmen.[7] Die verschiedenen, am Total Quality Management beteiligten Teams sind sekundärorganisatorische Einheiten, sofern sie nicht abteilungs- und hierarchieebenenintern gebildet werden.

Auch ANTONI[8] unterscheidet - im Zusammenhang mit verschiedenen Formen partizipativer Gruppenarbeit - zwischen in die Arbeitsorganisation integrierten und *nicht* integrierten Modellen. *In die Arbeitsorganisation integrierte* Modelle sind teilautonome Arbeitsgruppen und überlappende Gruppen, *nicht integriert* sind dagegen Qualitätszirkel, Vorschlagsgruppen und Projektgruppen.[9] Bei einer Beschränkung auf nicht-integrierte Ausprägungen ist keine Anpassung der Primärorganisation an die Anforderungen des Total Quality Managements notwendig. Vielmehr erfolgt "lediglich" ein Ausbau der Sekundärorganisation. Eine solche kann allerdings sehr umfangreich werden. Einen Versuch ihrer graphischen Abbildung zeigt Darst. III.3.2-1.

---

7   Vgl. SPECHT 1995, S. 498-502; ähnlich: REDEL 1982, S. 17; etwas anders: KRÜGER 1993a, S. 41-43.
8   Vgl. ANTONI 1990, S. 76.
9   Der Ansatzpunkt *Antonis* ist allerdings ein anderer als in dieser Arbeit: Bei ihm geht es um Möglichkeiten der Mitarbeiter-Partizipation am Beispiel von Qualitätszirkeln. Dabei kommt er zu dem Schluß, daß Qualitätszirkel in erster Linie aus Produktivitäts- und Qualitätssteigerungsgründen eingeführt werden und diese Ziele gerade erreichen helfen sollen, "ohne daß größere Kosten oder gar grundlegende organisatorische Veränderungen nötig würden. Damit sollten sie wohl eher zu einer Stabilisierung als zu einer Überwindung bestehender tayloristischer Organisationsstrukturen beitragen." (ANTONI 1990, S. 18f., vgl. auch ebenda, S. 85.)

3. Strukturelle Einordnung und Koordination 183

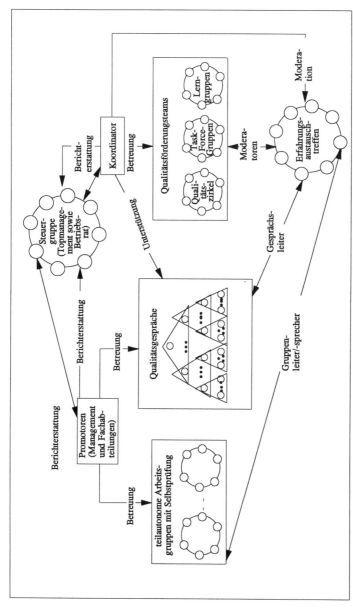

Darst. III.3.2-1: Grundstruktur des organisatorischen Aufbaus eines umfassenden, integrierenden Qualitätsmanagements (nach RITTER/ZINK 1992, S. 255)

Unter *Task-Force-Gruppen* verstehen *Ritter/Zink* "teilstrukturierte Problemlösungsgruppen", deren Themenstellung weitgehend vorgegeben ist, bei denen eine "bedingte" Freiwilligkeit der Teilnahme besteht (die Teilnehmer werden in der Regel vorgeschlagen - es wird dort aber nicht näher darauf eingegangen, von wem!) und deren Lebensdauer befristet ist, da sie nach der Problemfindung (und eventuell Umsetzung der Ergebnisse) aufgelöst werden. Beispiele für solche Gruppen können FMEA-, Taguchi- oder QFD-Teams sein[10], hierauf wird allerdings von den Autoren nicht hingewiesen.

Ritter/Zink betonen die Notwendigkeit, Qualitätsförderungsteams immer wieder neu zu implementieren, wenn Probleme auftreten und/oder zwecks Suche nach Verbesserungsmöglichkeiten. Daraus folgern sie das Erfordernis eines organisatorischen Aufbaus, insbesondere der Institutionalisierung einer *Steuergruppe*[11] sowie eines oder mehrerer *Koordinators/ Koordinatoren* und schließlich entsprechender *Gruppenmoderatoren*.[12]

Hinter solchen Bemühungen kann das Ziel stehen, den *Informationsaustausch* zu fördern, z.B., um Parallelarbeit zu reduzieren. Außerdem können die Ergebnisse von Gruppen, die sich mit ähnlichen Themen beschäftigen, einander ergänzen. Bei einer Beschränkung auf die Förderung des gegenseitigen Informationsaustausches wird auf den Versuch einer starken Lenkung der Arbeit(sergebnisse) der verschiedenen Teams "von außen" verzichtet. Je stärker eine solche Steuerung und Kontrolle aller Total-Quality-Management-Aktivitäten durch höhere hierarchische Ebenen angestrebt wird, desto ausgeprägter werden auch die Versuche sein, die *Initiierung* und *Koordination* sowie die *Leitung* solcher Gruppen durch die Steuergruppe zu organisieren.[13]

---

10 Diese werden im folgenden auch unter dem Begriff *TQM-Teams* zusammengefaßt.
11 Diese muß nicht identisch mit der Steuergruppe zur Formulierung von TQM-Strategien sein (s. hierzu Abschnitt 2.1.1). Vorstellbar ist insbesondere, daß Mitglieder mittlerer Hierarchie-Ebenen, die aber in den TQM-Instrumenten ein umfangreiches Methoden-Wissen aufweisen, die Steuergruppe bilden.
12 Vgl. RITTER/ZINK 1992, S. 262f. Eine besondere Form von Mitarbeiterbesprechungen stellen *Qualitätsgespräche* dar, im Laufe derer akute Qualitätsprobleme diskutiert werden. "Für die Lösung einer in einem solchen Gespräch erkannten konkreten Problemstellung kann z.B. eine Task-Force-Gruppe angeregt werden." (Ebenda, S. 258.) Zwischen Qualitätsförderungsteams und dem Management bzw. den Fachabteilungen wird in der Darstellung von *Ritter/Zink* keine direkte Verbindung hergestellt.
13 Dies geht dann häufig einher mit entsprechenden Standardisierungs- und Formalisierungstendenzen, die ohnehin durch den "Boom" an Auditierungs- sowie Zer-

In die gleiche Richtung kann der Versuch einer engeren Verbindung verschiedener TQM-Teams durch deren *personelle Verflechtung* abzielen. Eine solche kann *innerhalb* des Qualitätszirkel-Konzeptes vorliegen, wenn Koordinatoren und/oder Förderer Mitglieder des Steuerungsteams sind.[14] *Zwischen verschiedenen Teams* im Rahmen des Total Quality Managements scheint eine personelle Verflechtung wohl nur dann zweckmäßig, wenn die Anwendung mehrerer Verfahren durch unterschiedliche Teams im Zusammenhang mit einer übergeordneten Problemstellung erfolgt und daher die Ergebnisse voneinander abhängen. Eine solche Situation liegt z.B. vor, wenn im Rahmen eines QFD-Projektes während dessen verschiedener Phasen die Fehlermöglichkeits- und -einflußanalyse und/oder Taguchi-Methode für konkrete Einzelprobleme angewandt werden sollen. Es kann sich hier anbieten, daß Mitglieder des - übergeordneten - QFD-Teams an den FMEA- und/oder Taguchi-Projektgruppen beteiligt sind.

Neben dem Problem der Verbindung verschiedener Gruppen untereinander stellt sich die Frage, wie eng die TQM-Teams an die Primärorganisation gebunden werden sollen. Eine enge Beziehung ergibt sich immer dann automatisch, wenn die Mitglieder diese Aufgaben *nebenfunktionell* erfüllen. In Abschnitt 2 wurde dieser Aspekt an verschiedenen Stellen angesprochen: Bei den meisten Teams ist von einer solchen Situation auszugehen, so bei Strategie-Planungs-, FMEA- und Taguchi-Teams sowie bei Steuergruppen für die und bei Qualitätszirkeln selbst. Bei Quality-Function-Deployment-Projekten muß dies nicht der Fall sein; gleiches gilt für Förderer und Koordinatoren der verschiedenen Komponenten sowie für die am Betrieblichen Vorschlagswesen beteiligten Beauftragten und Bewertungskommissionen. Auch im Hinblick auf die Steuergruppe, die für die Koordination und den Ablauf eines Teils der TQM-Teams zuständig ist, scheint es m.E. zweckmäßig, sie mehrheitlich mit Mitarbeitern zu besetzen, die diese Aufgabe nebenfunktionell erfüllen. "Durch diese Verzahnung der Subsysteme in der Kleingruppen-Linie untereineinander oder mit den Stäben [bzw. mit Linienstellen, die Verf.] soll die Kommunikation und Koordination [...] verbessert werden."[15]

Gegenüber der Anbindung sekundärorganisatorischer Einheiten an die *Qualitätsabteilung* weist die Bildung einer *Steuergruppe* den *Vorteil* auf,

---

tifizierungsmöglichkeiten und -notwendigkeiten für viele Unternehmen gefördert werden.
14 S. schon kurz Abschnitt 2.2.2.1.
15 DEPPE 1992, S. 159; vgl. auch ebenda, S. 162-165.

daß sie durch ihre relativ heterogene Zusammensetzung den Problemen der verschiedenen Abteilungen eher gerecht werden kann. In vielen Fällen wird es jedoch zweckmäßig sein, die Leitung und auch Koordination bestimmter Gruppen weniger der Qualitätsabteilung oder einer Steuergruppe zu übertragen, sondern sie an noch andere Instanzen weiterzuleiten. Dafür kommen m.E. in erster Linie zwei Personengruppen in Frage: Produkt- und Prozeßmanager.

3.3 Die Bedeutung von Produkt- und Prozeßmanagern für die organisatorische Umsetzung des Total Quality Managements

Produkt- und Prozeßmanagern ist das Bestreben einer funktionsübergreifenden Koordination verschiedener, bestimmte Objekte bzw. Produkte betreffender Aktivitäten gemeinsam. Beide Konzepte können bei der organisatorischen Umsetzung von Total Quality Management eine Rolle spielen. Dies gilt einerseits im Hinblick auf die Koordination der verschiedenen Teams und andererseits bezüglich der Abstimmung zwischen den verschiedenen Abteilungen insgesamt. Bevor dargestellt wird, inwiefern dies der Fall sein kann, werden die Ansätze jeweils kurz vorgestellt.[16]

3.3.1 Die Bedeutung des Produktmanagers für die organisatorische Umsetzung des Total Quality Managements

3.3.1.1 Das Konzept des Produktmanagements

Wie an verschiedenen Stellen immer wieder deutlich wurde, erfordert der Einsatz zahlreicher Komponenten des Total Quality Managements ein geeignetes *Schnittstellen-Management*. Schnittstellen entstehen, wenn zusammenhängende Aktivitäten durch das Vorhandensein von Funktionsbereichen getrennt werden.[17] In der Literatur werden als wesentliche Schnittstellen insbesondere die zwischen dem operativen und dem strategischen Marketing und zwischen Marketing einerseits und Forschung

---

16 Dabei fällt die Darstellung des Produktmanagements aufgrund der umfassenden Erläuterungen in der Literatur sehr kurz aus.
17 Vgl. BROCKHOFF 1989, S. 1.

und Entwicklung andererseits diskutiert.[18] Ziel ist das konstruktive Überwinden der durch die Schnittstellen entstandenen Unterbrechungen inhaltlich zusammenhängender Aktivitäten. Im Zusammenhang mit dem Total Quality Management kommt besondere Bedeutung neben der bereits genannten Schnittstelle zwischen *Forschung und Entwicklung* einerseits und *Marketing* andererseits noch jener zwischen ersterer und der *Fertigung* hinzu. Schließlich entstehen insbesondere durch eine Integration von Prüf- und anderen, traditionell der Qualitätsabteilung zugeordneten Aufgaben Schnittstellen zwischen den genannten Bereichen und der *Qualitätsabteilung*.

Ein weit verbreiteter Ansatz eines Schnittstellen-Managements ist das Produktmanagement. Grundsätzlich handelt es sich dabei um "eine nach dem *Objektprinzip* gestaltete, zeitlich *nicht* von vornherein *befristete* Organisationsform, bei der eine *produktbezogene Querschnittskoordination* verschiedener Tätigkeitsbereiche erfolgt."[19] Eine Analyse von Ausprägungen des Produktmanagement-Konzeptes in Literatur und Praxis zeigt, daß sehr unterschiedliche Formen vorfindbar sind, vor allem hinsichtlich der organisatorischen Einbindung des Produktmanagers, seiner Ausstattung mit Kompetenzen, seines formalen Status sowie des Umfangs seiner Aufgaben.[20] Im Hinblick auf letztere können zwei verschiedene Gruppen unterschieden werden, nämlich solche Aufgaben, die in den *Marketing*-Bereich fallen (etwa die Analyse produktbezogener Informationen, die Verwaltung von produktbezogenen Marketing-Budgets und die Erarbeitung von Briefings für Werbeagenturen), und solche, die die Steuerung und Überwachung produktbezogener Aufgabenerfüllung *anderer Stellen*, z.B. der Produktion, zum Ziel haben. Diese zweite Aufgabengruppe kann m.E. auch Aktivitäten im Rahmen des Total Quality Managements umfassen, und zwar in weit größerem Maße, als dies bisher in der Literatur diskutiert wird.

---

18 Vgl. z.B. BENKENSTEIN 1987, S. 1-27; BROCKHOFF 1989, S. 59-72; ENGELHARDT 1989; KÖHLER 1989.
19 KÖHLER 1993, S. 174.
20 Vgl. ausführlich zu den verschiedenen Möglichkeiten der Ausgestaltung des Produktmanagement-Konzeptes SCHWARTING 1993, S. 27-151; TIETZ 1992, Sp. 2067-2077.

3.3.1.2 Mögliche Aufgabenfelder des Produktmanagers im Total Quality Management

In Literatur und Praxis ist die Abstimmung zwischen verschiedenen funktionalen Abteilungen unumstritten ein Hauptzweck der Etablierung von Produktmanagern. Bedenkt man, welche Bedeutung Schnittstellen in der TQM-Diskussion zukommt, so überrascht es, daß ihnen hier bisher offenbar kaum Aktivitäten zugeordnet werden: Selbst in neueren einschlägigen Werken zum Produktmanagement sucht man vergeblich nach einer ausdrücklichen Thematisierung des Verhältnisses zum Total Quality Management.[21] Das gleiche Bild zeigt eine empirische Studie, in der HÜTTEL[22] die Rolle von Produktmanagern in Unternehmen verschiedener Branchen untersucht. Trotzdem liegt m.E. die Vermutung nahe, daß hier eine geeignete Stelle vorliegt, die für die *Anbindung verschiedener Sekundärorganisations-Einheiten* im Rahmen des TQM zuständig sein könnte, allerdings situationsabhängig in unterschiedlichem Maße.

Dem Produktmanager wird in der Marketing-Literatur für gewöhnlich eine wichtige - wenn nicht sogar die maßgebliche - Rolle in verschiedenen Phasen der *Produktentwicklung* zugeordnet.[23] (Dies gilt allerdings nur dann, wenn für diese Aufgaben keine - permanent existierenden oder fallweise geschaffenen - speziellen organisatorischen Einheiten bestehen. Dabei kann es sich um Neuprodukt-Abteilungen oder -Projektgruppen handeln. Letztere finden sich z.B. im Unternehmen *Mercedes-Benz*.[24]) Insofern erscheint es mehr als naheliegend, im Produktmanager ein wichtiges Mitglied von *QFD-Teams* zu sehen.[25]

Solche Teams, die Produktverbesserungen zum Ziel haben und dazu z.B. die FMEA oder Taguchi-Methode anwenden, sowie Qualitätszirkel mit ähnlichen Aufgabenstellungen könnten unter diesem Gesichtspunkt ebenfalls dem entsprechenden Produktmanager - sofern dieser zumindest Grundlagenkenntnisse in den jeweiligen Verfahren hat - zugeordnet werden. Gegenüber einer Einordnung unter die Qualitätsabteilung oder eine

---

21 Vgl. z.B. CRAWFORD 1992; KOPPELMANN 1993.
22 Vgl. HÜTTEL 1993, S. 98.
23 Bereits im Zusammenhang mit der Beschreibung organisatorischer Gestaltungsspielräume bei der Planung und Realisierung von Kundenzufriedenheitsbefragungen wurde die Rolle des Produktmanagers angesprochen.
24 S. Abschnitt 3.5 im zweiten Hauptteil sowie allgemein: unten, in Abschnitt 3.3.2.
25 S. auch Abschnitt 2.1.2.

Steuergruppe weist bei entsprechenden Projekten diese Möglichkeit den Vorteil größerer "Produktnähe" auf. Der Produktmanager ist m.E. in vielen Fällen auch die geeignetere Person, um die Ergebnisse solcher Gruppen einerseits zu beurteilen und andererseits im Unternehmen ihre Realisierung durchzusetzen und zu begleiten. Welche Möglichkeiten er dabei hat, hängt natürlich auch von dem in der Literatur vieldiskutierten Problem seiner formalen Kompetenzen ab.

Im Hinblick auf solche Teams, die sich mit *Prozeß*-FMEA- und Taguchi-Projekten zur Prozeßverbesserung beschäftigen, ist ihre Zuordnung zum Produktmanager weniger zweckmäßig. Prozeß- und fertigungstechnische Details gehören nicht unbedingt zu seinem Aufgabengebiet. Dies hängt auch damit zusammen, daß Produktmanager häufig eher über ausgedehntes Marketingwissen verfügen als über weitgehende technische Kenntnisse. Am ehesten findet sich eine solche Qualifikation anscheinend in Unternehmen der Investitionsgüterindustrie und der Computerbranche.[26] Insofern bestünde - wenn überhaupt - hier die Möglichkeit, daß der Produktmanager eine Koordinationsfunktion auch in diesem Bereich übernimmt.

Eine Voraussetzung dafür, dem Produktmanager umfassende Koordinierungsaufgaben im Zusammenhang mit dem Total Quality Management zuzuordnen, ist seine zweckmäßige *Eingliederung in die Unternehmensstruktur*, da hierdurch der grobe Handlungsrahmen für seine Tätigkeiten vorgegeben wird. Maßgeblich für die Entscheidung zwischen den verschiedenen Möglichkeiten, die hier bestehen, sind daher die beabsichtigten Tätigkeitsschwerpunkte des Produktmanagers.

Die Eingliederung *in das Marketing* (etwa als Stabsstelle des Marketingleiters oder als Linienstelle in diesem Bereich[27]) bietet sich an, wenn der Produktmanager in erster Linie dafür zuständig ist, den produktbezogenen Einsatz des Marketing-Instrumentariums zu planen, zu koordinieren und zu kontrollieren. Beziehen sich seine Tätigkeiten dagegen auch stark auf Fragen der Produktion und/oder Produktentwicklung bzw. -verbesserung, so spricht vieles für eine *bereichsunabhängige* Organisation.

Eine solche kann wiederum recht unterschiedlich ausgestaltet sein. Die Möglichkeiten reichen von Produktmanagern als Stäben der Unternehmensleitung über bereichsunabhängige Linienstellen bis zur Einrichtung

---

26 Vgl. z.B. HÜTTEL 1993, S. 95.
27 Vgl. KÖHLER 1993; S. 176-178; vgl. ebenda, S. 178f. auch zu folgendem.

von Matrix-Organisationen, in denen Produktmanager neben den Funktionen die zweite Dimension bilden. Im Zusammenhang mit den Zielen des Total Quality Managements ist die Wahl zwischen diesen Alternativen so lange von untergeordneter Bedeutung, wie davon ausgeganfen werden kann, daß der Produktmanager in der Lage ist und die Kompetenzen hat, um Verbesserungen am Produkt bzw., soweit dies vorgesehen ist, am Prozeß durchzusetzen und hierzu z.B. Qualitätszirkel sowie FMEA- oder Taguchi-Teams zu initiieren und zu koordinieren.

Der Produktmanager kann dabei nicht zuständig für die Initiierung und Koordination *aller* überfunktionalen Teams im Rahmen des Total Quality Managements sein. Zum einen fehlt ihm für *prozeß*bezogene Teams meist das entsprechende Know How. Zum anderen besteht die Gefahr einer übermäßigen Zentralisation sehr weiter Aufgabengebiete auf Produktmanager. Bereits bei der Diskussion der Umsetzungsmöglichkeiten des Quality Function Deployment wurden mögliche Konflikte angesprochen, die um die "Führungsrolle" im TQM entstehen können.[28] Dies alles spricht jedoch nicht dagegen, den Produktmanager weit mehr in das Total Quality Management einzubeziehen, als das bisher geschieht.

3.3.2 Die Bedeutung des Prozeßmanagers für die organisatorische Umsetzung des Total Quality Managements

3.3.2.1 Das Konzept des Prozeßmanagements

Verschiedene Begriffe werden im Zusammenhang mit dem noch recht neuen und in der (insbesondere deutschen) Praxis erst relativ wenig erprobten Ansatz einer prozeßorientierten Organisation[29] verwendet. Dies liegt auch darin begründet, daß sehr unterschiedliche Ausprägungen möglich sind. Differenziert man nach dem angestrebten *organisationsbezogenen Zielzustand*, so gibt es einerseits die reine Prozeßorganisation bei gleichzeitiger *Auflösung funktionaler Abteilungen* und andererseits *Mischformen* aus funktionaler und Prozeßspezialisierung.[30]

---

28 S. Abschnitt 2.1.2.
29 "Prozeßmanagement" sei hier verstanden als Begriff, der neben der Prozeßorganisation, die im folgenden im Vordergrund steht, auch die Instrumente der Analyse und Gestaltung bzw. Optimierung von Prozessen (z.B. das Benchmarking) umfaßt.
30 S. hierzu noch unten, S. 194f.

3. Strukturelle Einordnung und Koordination 191

Die verschiedenen Ansätze unterscheiden sich zudem im Hinblick auf ihre *Methodik der Reorganisation*. Dies wird durch die Begriffe "Prozeßorganisation" und "Business Reengineering" ausgedrückt: Im *Business Reengineering*, wie es Hammer/Champy vertreten, geht es weniger darum, die Prozesse in ihrer bisherigen Form in allen Einzelheiten zu verstehen und dann zu optimieren. Vielmehr sollen in einem ersten Schritt der Zweck jeden Prozesses und die geforderte Outputleistung aus Kundensicht erfaßt werden. Danach wird - völlig unabhängig vom bisherigen Vorgehen - der Prozeß neu gestaltet. Entsprechend wird Business Reengineering definiert als "fundamentales Überdenken und radikales Redesign von Unternehmen oder wesentlichen Unternehmensprozessen"[31]. Zuständig für diese Neuformulierung sind meist ein für den zukünftigen Prozeß verantwortlicher "Prozeßmanager" und ein ihm zugeteiltes Team. Es handelt sich deutlich um ein "Top-Down-Vorgehen".[32] Das Konzept der *Prozeßorganisation* geht stärker vom bisherigen Vorgehen aus und bezieht auch stärker die betroffenen Mitarbeiter ein. Diesem Ansatz wird allerdings teilweise vorgeworfen, er führe tendenziell zu konservativen Ergebnissen und sei für umfassendere Neugestaltungen weniger geeignet. Andererseits wird von einer höheren Akzeptanz und damit auch Durchsetzbarkeit der Lösungen ausgegangen.[33]

Unabhängig von der konkreten Ausprägung der Konzepte ist der Begriff "Unternehmensprozeß" wesentlich und soll kurz erläutert werden. Unterschieden werden häufig folgende kennzeichnenden Merkmale[34]: (a) Es handelt sich um Prozesse mit großer *Bedeutung* für den Unternehmenserfolg. Für welche Prozesse dies im konkreten Einzelfall gilt, hängt von der Branche und den angestrebten Wettbewerbsvorteilen ab (z.B. Kostenführerschaft oder Differenzierung). (b) Die Prozesse sind durch einen *funk-*

---

31 HAMMER/CHAMPY 1994, S. 48; vgl. auch ebenda, S. 49 u. 261-263 sowie DIXON U.A. 1994, S. 94f.; TALWAR 1993, S. 23.
32 Vgl. etwa für das Unternehmen *Ford* dessen Vorstandsvorsitzenden WIEDEKIND (1995, S. 208); allgemein hierzu: HAMMER/CHAMPY 1994, S. 137-152 u. 269f. Mitglieder in dem Team sind häufig auch Unternehmensberater (vgl. ebenda, S. 145).
33 Vgl. KAMISKE/FÜERMANN 1995, S. 144f.
34 Vgl. etwa BUCHHOLZ 1994, S. 10f.; KRÜGER 1993b, S. 581. In der Literatur werden z.T. synonym, z.T. mit leicht abgewandelter Bedeutung für den Begriff "Unternehmensprozeß" auch die Termini "Schlüsselprozeß", "Prozeßketten" und "kritischer Prozeß" verwendet. (Vgl. ebenda.) Unterschieden werden häufig "wertschöpfungsbezogene" von "nicht-wertschöpfungsbezogenen" Prozessen (vgl. FISCHER 1993, S. 316), wobei hinsichtlich letzterer noch weiter zwischen "Unterstützungsprozessen" (z.B. personeller oder finanzieller Art) und "Führungsprozessen" differenziert werden kann (vgl. BUCHHOLZ 1994, S. 13-20).

tionsübergreifenden Charakter geprägt, und sie weisen (c) eine *Objektorientierung* auf. Teilweise wird in der Literatur als weiteres Merkmal (d) genannt, daß Prozeßbeginn und -ende bei *Markt*partnern des Unternehmens liegen.[35] Dieser Aspekt ist allerdings umstritten: "Neu am Gedanken des Prozeßmanagements ist, daß es außer den externen Kunden/Abnehmern [...] auch interne Kunden gibt."[36] So wurden im Unternehmen *IBM* insgesamt 35 Geschäftsprozesse definiert, von denen einige (z.B. der Prozeß "Gehaltsabrechnung") bei internen Kunden (hier bei allen Mitarbeitern des Unternehmens, die Entgelte erhalten) enden.[37] (e) Schließlich wird die *Standardisierbarkeit* von Prozessen häufig als wichtige Voraussetzung für eine systematische Prozeßorganisation gesehen, damit unter Zuhilfenahme von Kennzahlen die Effektivität überwacht werden kann.[38] Auch hierfür gibt es jedoch Gegenbeispiele, so wird die Produktentwicklung als relativ wenig standardisierbarer Prozeß teilweise durchaus einbezogen.[39]

GAITANIDES betont, daß die Prozeßorganisation nicht in allen Unternehmensbereichen zu weitreichenden Änderungen führen muß: "Dieser Ansatz hat sicherlich einen geringeren Stellenwert im Falle materieller Leistungserstellung, da hier ein enger Zusammenhang zwischen Aufbau und Ablauf schon technologisch zwingend ist. Er erhält jedoch im Zuge der informationstechnischen Durchdringung immaterieller Bearbeitungsvorgänge verstärkte Bedeutung."[40] Dies liegt darin begründet, daß der Einsatz neuer Informations- und Kommunikationstechnologien ein wesentliches Hemmnis prozeßorientierter Organisationsstrukturen beseitigen oder zumindest mildern kann. Eine mangelnde "Teilbarkeit" von Know How oder technischen Voraussetzungen der Aufgabenerfüllung kann die Notwendigkeit ihrer organisatorischen Ausgliederung aus Prozessen und einer entsprechenden Zentralisierung in (funktionalen) Abteilungen nach sich ziehen. Eine unternehmensweite Vernetzung von Computern mit der Folge entsprechender Zugriffsmöglichkeiten auf Informationen ermöglicht häufig die Beseitigung solcher zentralen Informationsmonopole und der damit verbundenen aufbauorganisatorischen Schranken. Die Informations- und Kommunikationstechnologie stellt somit insofern eine wichtige *Voraussetzung* der Prozeßorganisation dar, als sie in vielen Fäl-

---

35 Vgl. etwa VON EIFF 1991, S. 60, zitiert nach BUCHHOLZ 1994, S. 11f.
36 KLEINSORGE 1994, S. 52.
37 Vgl. HAIST/FROMM 1989, S. 131; WINKELLAGE 1995, S. K2.
38 Vgl. etwa FISCHER 1993, S. 314
39 S. hierzu unten, S. 197f.
40 GAITANIDES 1992, Sp. 10; vgl. auch DALE 1994, S. 5f.

len "die Aufrechterhaltung von Funktionen als Know-how-Schulen überflüssig"[41] macht.

Pleschak[42] spricht in diesem Zusammenhang von einem Prozeß der *Funktionsintegration*, der einerseits zum Wegfall und andererseits zur Neustrukturierung von Arbeitsplätzen führen könne. Er verdeutlicht letzteres anhand des Beispiels von Sachbearbeitern, die an entsprechend vernetzten Computern relativ komplexe Vorgänge, welche sich gleichzeitig durch eine hohe Standardisierbarkeit auszeichnen und dadurch routinehaft sind, selbständig bearbeiten können. In einem weiteren Schritt kommt es damit zur Möglichkeit einer *Strukturintegration*. Diese legt eine stärker objekt- und prozeßorientierte Organisationsgestaltung und gleichzeitig eine weitgehende Dezentralisierung nahe. Am Beispiel der Konstruktion verdeutlicht dies Darst. III.3.3-1.

Tätigkeiten	manuelle Arbeitsweise	computergestützte Arbeitsweise		
		arbeitsteilig	reduziert arbeitsteilig	integriert
Entwurfsphase				
Berechnen	Konstrukteur	Konstrukteur	Konstrukteur	Konstrukteur
		Berechnungsingenieur	Berechnungsingenieur	
Informieren	Konstrukteur	Konstrukteur	Konstrukteur	Konstrukteur
Zeichnen	Konstrukteur	Konstrukteur	Konstrukteur	Konstrukteur
Entwerfen	Konstrukteur	Konstrukteur	Konstrukteur	Konstrukteur
Detaillierungsphase				
Detaillieren	Hilfskonstrukteur	CAD-Bediener	CAD-Bediener	Konstrukteur
Modellieren	-	CAD-Bediener	CAD-Bediener	Konstrukteur
Zeichnen	Technischer Zeichner	-	-	-

Darst. III.3.3-1: Integration von Tätigkeiten im Konstruktionsprozeß (nach PLESCHAK 1991, S. 183)

---

41 PICOT/FRANCK 1995, S. 33.
42 Vgl. auch zu folgendem PLESCHAK 1991, S. 181-183. Zu berücksichtigen ist, daß häufig weitreichende Qualifizierungsmaßnahmen erforderlich werden, wenn eine solche Strukturintegration realisiert werden soll.

Weitere Prozesse, für die analoge Überlegungen angestellt werden, sind[43]:
- Produkt-/Leistungsbereitstellungs-Prozesse (Materialbereitstellung, Arbeitsvorbereitung),
- Logistik- und Service-Prozesse (Beschaffung, Transport, Distribution, Installierung),
- Auftrags-Abwicklungs-Prozesse (Angebotsabgabe, Auftragsbestätigung, -disposition, Fakturierung, Lieferung),
- Kapazitätssicherungs-Prozesse (Instandhaltung, Wartung),
- Beschwerdemanagement-Prozesse.

Solche Prozesse können organisatorisch sogar als eigenständige Abteilungen bzw. Profit Center gefaßt werden. Dies bedeutet, die Prozeßgestaltung wird *vor die Aufbauorganisation* gestellt, d.h., die Stellen- und Abteilungsbildung erfolgt nach Maßgabe spezifischer Erfordernisse des Ablaufs betrieblicher Prozesse. Im Ergebnis entsteht eine gemischte Organisation, die teils nach prozeßorientierten, teils z.B. nach funktionalen Kriterien gegliedert ist. Eine Konsequenz besteht dabei darin, daß die funktionalen Abteilungen (z.B. die Marketingabteilung) durch die Ausgliederung bestimmter Aktivitäten (etwa des Beschwerdemanagements) möglicherweise an Aufgaben- und Kompetenzbereichen verlieren.

Zuständig für die jeweils etablierten Prozesse sind sogenannte *Prozeßmanager (Prozeßverantwortliche, Process Owner)*. Ihnen wird z.B. die Aufgabe zugeordnet, die Prozeßaktivitäten zu analysieren, die Beziehungen zu internen und externen Kunden sowie Zulieferern zu gestalten und gegebenenfalls zu verändern.[44] Die Prozeßorganisation unterstützt so die Realisierung (interner und externer) Kunden-Lieferanten-Beziehungen.

Für den Fall, daß die Prozeßorientierung im Unternehmen flächendeckend das Strukturierungskriterium bilden soll, werden in der Literatur mehrere Möglichkeiten der *organisatorischen Einordnung* des Prozeßmanagers unterschieden.[45]
- Das *gesamte Unternehmen* kann ausschließlich prozeßorientiert organisiert werden. Hierfür gibt es bisher erst wenige Beispiele.[46]

---

43 Vgl. zur Auswahl möglicher Prozesse für ein Prozeßmanagement z.B. HAIST/FROMM 1989, S. 92; HOHMANN 1993; KAPLAN/MURDOCK 1991, S. 30f.; KIRSCHFINK 1993.
44 Vgl. KLEINSORGE 1994, S. 54f. Ein wichtiges Instrument des Prozeßmanagers kann dabei das *Benchmarking* sein. Vgl. HAMMER/CHAMPY 1994, S. 171f. Zu diesem Verfahren s. Teil II, Abschnitt 4.1.4.
45 Vgl. z.B. KUNESCH 1993, S. 55-63; STRIENING 1988, S. 164-167.
46 Vgl. aber z.B. HAIST/FROMM (1989, S. 131) für das Unternehmen *IBM*.

3. Strukturelle Einordnung und Koordination 195

- In nach *Funktionen* gegliederten Einliniensystemen kann der Prozeßmanager eine Querschnittfunktion einnehmen, wodurch eine *Matrix* entsteht. Dabei besteht die Möglichkeit, dem Linienverantwortlichen, dessen Funktionsbereich am stärksten in den betreffenden Prozeß involviert ist, die Prozeßverantwortung zu übertragen. Gleichzeitig behält dieser jedoch seine bisherigen Aufgaben.[47]
- Bei einer *Spartenorganisation* sieht KUNESCH bestimmte Aspekte der Prozeßorganisation bereits verwirklicht: "Ein Spartenleiter, der die Wirtschaftlichkeitsverantwortung für sein Profit-Center trägt, erfüllt alle Anforderungen eines Process-Owners."[48] Allerdings können Abstimmungsprobleme mit ausgegliederten Zentralbereichen entstehen. Um dem zu begegnen, wird die Einrichtung sogenannter "Co-Process-Owner" in diesen Zentralbereichen vorgeschlagen. Sie sollen die Verantwortung für den dort verlaufenden Teilprozeß übernehmen. Hier wird m.E. eine Tendenz zur übermäßigen Bürokratisierung im Rahmen des Prozeßmanagements deutlich.[49] Zudem ist zu beachten, daß Hauptprozesse und Produktgruppen in der Regel nicht identisch sind, da einerseits Hauptprozesse meist für mehrere Produkte notwendig sind und andererseits jedes Produkt mehrere Hauptprozesse durchläuft.[50]
- Bei Vorliegen einer *Matrixstruktur* des Unternehmens würde durch die zusätzliche Etablierung von Prozeßmanagern eine sehr komplexe *Tensor*-Organisation entstehen. Hier stellt sich wohl eher die Frage nach einer Entscheidung zwischen den möglichen Strukturierungskriterien.

Zusammenfassend kann festgehalten werden, daß die prozeßorientierte Organisationsgestaltung als ein Ansatz beschrieben werden kann, dessen Ziele insbesondere in der Vermeidung von Schnittstellen und - damit zusammenhängend - in einer schnelleren und kostengünstigeren sowie qualitativ besseren Prozeßgestaltung und -abwicklung liegen. Dabei besteht ein enger Zusammenhang zur Entwicklung neuer Informationstechnolo-

---

47 Vgl. z.B. REIß 1993, S. 52f.; STRIENING 1988, S. 166 sowie die Gegenüberstellung von Geschäftsprozessen und den jeweiligen Prozeßverantwortlichen, die großenteils gleichzeitig Leiter funktionaler Abteilungen sind, für das Unternehmen *Dun & Bradstreet Software* bei KANE (1992, S. 43). Die Matrix muß dabei nicht auch formal so benannt werden, es handelt sich jedoch faktisch durch die doppelten Zuständigkeiten bzw. Betrachtungsebenen um eine solche.
48 KUNESCH 1993, S. 59.
49 Vgl. auch REIß 1992, S. 27.
50 Vgl. KUNESCH 1993, S. 62.

gien. Die organisatorische Einordnung von Prozeßmanagern kann insgesamt recht unterschiedlich gestaltet sein.

Weder die Betonung der Bedeutung von Prozessen noch die Nutzung von Entwicklungen der Informations- und Kommunikationstechnologie sind grundsätzlich neu.[51] Als innovative Aspekte der Prozeßorganisation heben *Picot/Franck* hervor, daß
1) *Prozesse und Vorgangsketten konsequenter als bisher auf Kunden bzw. auf deren Nutzen ausgerichtet* werden und
2) eine starke *Betonung unternehmensübergreifender Aspekte*, vor allem im Hinblick auf die Beziehungen zu Zulieferern, erfolgt.[52]

Diese das Prozeßmanagement kennzeichnenden Merkmale legen die Vermutung nahe, daß das Konzept bei der Umsetzung von Total Quality Management eine wichtige Rolle spielen kann.

3.3.2.2 Mögliche Aufgabenfelder des Prozeßmanagers im Total Quality Management

Im Zusammenhang mit dem Total Quality Management finden sich in der Literatur häufig Formulierungen, die auf einen sehr engen Zusammenhang zur Prozeßorganisation hindeuten.[53] Dafür sprechen zumindest

---

51 Entsprechend bemerkt *Nippa* in einem Interview: "Wie insbesondere Hammer und Champy längst bekannte und in Fachkreisen diskutierte Ansätze zur Produktivitätssteigerung zu einer leicht verdaulichen Managementbibel mit locker eingestreuten Beispielen aus der Beratungspraxis verarbeitet haben und wie konsequent sie dieses und sich vermarkten, das ist ein Lehrbeispiel gelungenen Dienstleistungsmarketings [...]." (O.V. 1995c, S. 153.)
52 Vgl. PICOT/FRANCK 1995, S. 24f. Die Autoren betonen, daß diese Überlegungen "anschlußfähig an die neuere organisationstheoretische Diskussion, die vor allem im Zuge der Aufarbeitung der Beiträge von *Coase* (1937, 1960) entstanden ist, [sind - die Verf.]. Unternehmen werden darin nur als ein mögliches Werkzeug ökonomischer Akteure aufgefaßt, ihre Zusammenarbeit zu optimieren." (Ebenda, S. 25f.) Auf daraus folgende Zusammenhänge, die häufig unter dem Begriff Netzwerkorganisation oder Wertschöpfungspartnerschaften diskutiert werden, kann hier nicht näher eingegangen werden. Vgl. aber z.B. PICOT 1991, S. 336-357; PICOT/REICHWALD 1994, S. 547-570. S. zur Zusammenarbeit zwischen Kundenunternehmen und Systemlieferanten Teil II, Abschnitt 2.2.2.
53 Vgl. z.B. DIXON U.A. 1994, S. 95f.; GAITANIDES/SCHOLZ/VROHLING 1994, S. 3; HAIST/FROMM 1989, S. 92-145; JUNG 1994, S. 137-163; PALL 1987, S. 163-170; STRIENING 1992, S. 175-182; TVEDT 1994, S. 62-78. PICOT/BÖHME (1995, S. 231) kommen in einer empirischen Studie zu dem Ergebnis, daß in deutschen Unterneh-

folgende Argumente: Der Prozeß-Gedanke findet sich in zahlreichen Einzelaspekten des TQM. Dies gilt nicht nur insofern, als der "Prozeßbeherrschung" eine herausragende Bedeutung vor allem im Zusammenhang mit der Fertigung zugeordnet wird. Hinzu kommt der Anspruch einer kontinuierlichen Verbesserung aller Prozesse sowie ihre funktionsübergreifende Bewältigung durch Total Quality Management, auch mittels der Etablierung konstruktiver interner und externer Kunden-Lieferanten-Beziehungen.[54]

Inhaltlich erstreckt sich die Diskussion zum TQM nicht nur auf die materielle Fertigung, sondern auch auf *Verwaltungs*vorgänge - z.B. die Auftragsbearbeitung - bzw. (mit den Produktleistungen in Beziehung stehende) *Dienstleistungen*. Im Rahmen funktionaler Unternehmensstrukturen sind gerade solche Prozesse häufig dadurch gekennzeichnet, daß sie mehrere Abteilungen durchlaufen, in denen jeweils ein kleiner Prozeßschritt erfolgt, bevor der Vorgang in die nächste Abteilung "wandert". Dagegen wird mittels Prozeßorganisation der Prozeß insgesamt einem Prozeßverantwortlichen zugeordnet.[55] Wenn es gelingt, dadurch Aufträge schneller sowie weniger umständlich und fehlerhaft zu bearbeiten, kann sich dies unmittelbar auf die *Kundenzufriedenheit*, und damit auf ein wichtiges Erfolgskriterium des Total Quality Managements, auswirken. Entsprechend scheint es auch sinnvoll, "Kundenreklamationen prozeßorientiert (zu) lösen"[56]. Gleiches gilt für weitere Service-Leistungen.

Auch in einem ganz anderen Bereich kann eine prozeßorientierte Organisation aus Perspektive des Total Quality Managements als zweckmäßig eingeschätzt werden: Es besteht die Möglichkeit, die *Produktentwicklung* und gerade auch die *Qualitätsmanagementaktivitäten dabei* als (möglicherweise unternehmensübergreifende) Prozesse zu begreifen und entsprechend zu organisieren. Gerade in Entwicklungsabteilungen finden sich häufig sehr hoch ausgeprägte Spezialisierungsgrade der Ingenieure, und zwar hinsichtlich der Komponenten oder Subsysteme und/oder der Ent-

---

men häufig ein enger Zusammenhang zwischen TQM und Prozeßorganisation, weniger aber ein solcher zum Business Reengineering gesehen wird.
54 S. Teil II, Abschnitt 2.1.1.
55 Vgl. im Hinblick auf den Prozeß "Auftragsbearbeitung" HAIST/FROMM 1989, S. 104 sowie für verschiedene weitere Prozesse ebenda, S. 98-100; allgemein: PALL 1987, S. 162 u. 184. Bei sehr umfangreichen Prozessen können zusätzlich Sub-Prozeß-Verantwortliche eingesetzt werden (vgl. STRIENING 1988, S. 176). Dabei ist allerdings zu berücksichtigen, daß auf diese Weise auch wieder Schnittstellen - die zwischen den Sub-Prozeß-Verantwortlichen - entstehen.
56 Vgl. WESSEL 1993, S. 681-685. S. auch schon kurz Abschnitt 2.3.

wicklungsstufen im Problemlösungszyklus (z.B. funktionaler Entwurf, Konstruktion, Prototypenbau und Tests). Um das Ziel der Produktintegrität zu erreichen, müssen die verschiedensten Aktivitäten zeitlich und sachlich miteinander verbunden werden.

Clark/Fujimoto[57] unterscheiden vier verschiedene Arten der Integration, die von der Abstimmung innerhalb einer rein funktionalen Struktur (a) über einen "Leichtgewichts-Produktmanager" (b) und einen "Schwergewichts-Produktmanager" (c) bis hin zu "Projektausführungsteams" (d) reichen. Schwergewichts-Produktmanager kennzeichnet häufig, daß sie den gleichen wie oder sogar einen höheren Rang innerhalb der Unternehmenshierarchie einnehmen als die Funktionsmanager. Unter Umständen haben sie sogar ein unmittelbares Zugriffsrecht auf die ausführenden Projektingenieure. Noch ausgeprägter ist die Produktorientierung bei der Etablierung von Projektausführungsteams: Hier arbeitet ein Schwergewichts-Produktmanager mit einem Team zusammen, dessen Mitglieder für die Projektdauer von ihren "normalen" Aufgaben entbunden und dem Schwergewichts-Produktmanager unterstellt werden.

Die Möglichkeiten (c) und (d) werden bei *Buchholz*[58] als Beispiele für eine Prozeßorganisation genannt; der Schwergewichts-Produktmanager ist der Prozeßverantwortliche. Bereits aus der begrifflichen Nähe wird die Verwandtschaft zum Konzept des Produktmanagers deutlich. Neben anderen Kompetenzzuteilungen besteht der grundsätzliche Unterschied darin, daß der Schwergewichts-Produktmanager ausschließlich für den *Prozeß der* Produkt*entwicklung* zuständig ist, nicht dagegen für die Produkt*betreuung* im weiteren Verlauf des Produktlebenszyklus. Letztlich handelt es sich unter diesem Gesichtspunkt bei *Neuprodukt-Abteilungen*[59] um eine andere organisatorische Ausprägung dieses Konzeptes. Hier sind Mitarbeiter mit unterschiedlichen Qualifikationen (so auch Marketing-Spezialisten, z.B. zur Eruierung von Kundenwünschen) Mitglied.

Produktentwicklung, Beschwerdemanagement und die Bearbeitung von Kundenaufträgen sind Beispiele für Aufgaben, die stark durch einen überfunktionalen Charakter geprägt sind. Gerade hier ist im Vergleich zur Situation bei anderen Organisationsformen davon auszugehen, daß eine prozeßorientierte Organisation Schnittstellen-Probleme zu vermeiden

---

57 Vgl. auch zu folgendem CLARK/FUJIMOTO 1992, S. 244-258 sowie - unter Verwendung einer etwas anderen Terminologie - WHEELWRIGHT/CLARK 1994, S. 295-258.
58 Vgl. BUCHHOLZ 1994, S. 18f.
59 S. auch schon - kurz - in Abschnitt 3.3.1.2.

imstande ist: Wenn Marktforschungs-Spezialisten mit Entwicklungs-Ingenieuren in einer Abteilung längerfristig zusammenarbeiten, kann dies eine konstruktive Zusammenarbeit fördern. Zudem wird der *Bedarf an sekundärorganisatorischen Einheiten reduziert*: TQM-Teams, die sich mit Möglichkeiten der Produktverbesserung beschäftigen, setzen sich zwar funktions-, aber nicht mehr abteilungsübergreifend zusammen, da die in Frage kommenden Mitarbeiter alle der Abteilung "Produktentwicklung" angehören. Dies bedeutet allerdings - sowohl für den Schwergewichts-Produktmanager als auch für den Leiter einer Neuprodukt-Abteilung - daß sie "den Fachjargon in mehreren Disziplinen [beherrschen müssen - die Verf.], um effektiv mit Marketingleuten, Designern, Ingenieuren, Testern, Werksleitern, Controllern usw. kommunizieren zu können."[60]

Die prozeßorientierte Organisation kann somit zu einer zweckmäßigen organisatorischen Umsetzung des Total Quality Managements beitragen, indem durch das Aufbrechen rein funktionaler Strukturen Schnittstellen vermieden werden können. Sind Prozeßmanager im Unternehmen etabliert, so ist unabhängig von der konkreten Ausprägung der Organisation m.E. außerdem davon auszugehen, daß ihnen solche *TQM-Teams*, die mit Projekten zur *Prozeßverbesserung* befaßt sind, zweckmäßigerweise zugeordnet werden sollten. Da Prozeßmanager insgesamt für die abteilungsübergreifenden Abstimmungen bei der Prozeß-Realisierung zuständig sind, liegt eine solche Aufgabenzuordnung nahe.

---

60 CLARK/FUJIMOTO 1992, S. 251.

4. Zwischenergebnisse

Die Ausführungen in Abschnitt 2 haben gezeigt, daß für weite Teile des Total Quality Managements Gestaltungsspielräume bei der organisatorischen Umsetzung bestehen: Strategien, Instrumente und Evaluierungsansätze können unterschiedlich (de-)zentral ausgestaltet werden. Dies gilt allerdings für die drei Komponentengruppen nicht in gleichem Maße: Am wenigsten Freiräume bestehen für Qualitätsaudits im Rahmen der TQM-Evaluierung: Hier wird die Qualitätsabteilung wohl auch zukünftig die wichtigste Rolle spielen. Kundenzufriedenheitsbefragungen und die Erarbeitung von Qualitätskostennachweisen können in die entsprechenden funktionalen Abteilungen integriert werden. In das strategische Qualitätsmanagement lassen sich zumindest teilweise funktionsübergreifende Gruppen einbeziehen. Das größte Potential zur Dezentralisierung findet sich im Bereich der Instrumente: Hier können weite Bereiche der Planung und Durchführung in Fachabteilungen integriert oder durch funktionsübergreifende Gruppen realisiert werden. Je weiter dezentralisiert das Total Quality Management umgesetzt wird, desto eher wird dem Anspruch eines "unternehmensweiten" Qualitätsmanagements, an dem alle Mitarbeiter beteiligt sind, entsprochen.

Bei einer insgesamt eher dezentralen Organisation des Total Quality Managements stellt sich allerdings die Frage nach den Möglichkeiten der Bewältigung von sich verstärkenden Abstimmungsproblemen einerseits zwischen verschiedenen Abteilungen und andererseits zwischen primär- und sekundärorganisatorischen Einheiten. Sofern hiermit in der Literatur überhaupt eine Auseinandersetzung erfolgt, wird - wenn nicht die Anbindung der verschiedenen Gruppen zur Umsetzung von Instrumenten des Total Quality Managements an die Qualitätsabteilung vorausgesetzt wird - die Einrichtung von Lenkungsausschüssen vorgeschlagen.

Im Gegensatz dazu wurde im vorangehenden Abschnitt gezeigt, daß eine Anbindung an *verschiedene* Stellen/Subsysteme im Unternehmen sinnvoll sein kann. Je nachdem, Probleme welcher Art im Team gelöst werden sollen, ist es zweckmäßig, eine Anbindung an die Qualitätsabteilung, an einen Lenkungsausschuß oder aber an *funktionsübergreifende* Stellen, insbesondere *Produkt-* und *Prozeßmanager*, vorzunehmen. Aufgrund der vielen funktionsübergreifenden Problemstellungen, die durch TQM-Teams bearbeitet werden, spricht vieles dafür, die beiden letzten Möglichkeiten einzubeziehen. Insgesamt kann so eine sehr komplexe Organisationsstruktur entstehen. Diese versucht Darst. III.4-1 abzubilden.

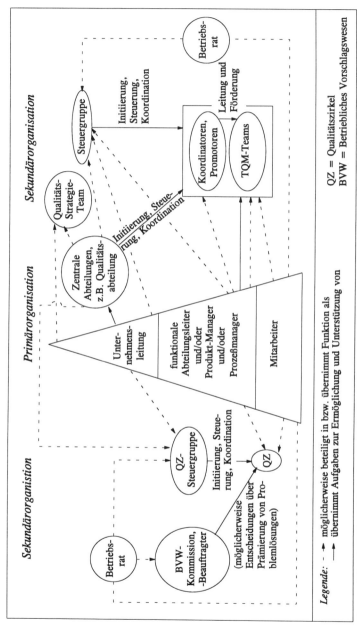

Darst. III.4-1: Möglichkeit der organisatorischen Umsetzung des Total Quality Managements

Die Darstellung zeigt eine mögliche Ausprägung der organisatorischen Umsetzung von Total Quality Management, die nicht von einer ausschließlich prozeßorientierten Unternehmensstruktur ausgeht. Allerdings sind Produkt- und auch Prozeßmanager einbezogen.[61] Sie können verschiedene TQM-Teams, die in ihren "Bereich" fallen, initiieren und koordinieren und so an die Primärorganisation anbinden. Solche Gruppen, die nicht Produkt- und/oder Prozeßmanagern zuordenbar sind, werden an eine Steuergruppe oder die Qualitätsabteilung angebunden. Dadurch werden von mehreren Stellen/Subsystemen im Unternehmen analoge Aufgaben erfüllt.

Es stellt sich daher die Frage, wer entscheidet, welche TQM-Teams wo angebunden werden. Die Wahl zwischen den hier möglichen Lösungen muß unternehmensspezifisch festgelegt werden und hängt auch davon ab, wie eigen- oder fremdbestimmt die Gruppen entstehen (sollen). Je mehr Spielräume hier den Mitarbeitern gelassen werden sollen, um so weniger wird eine zentrale Steuerung erfolgen. In jedem Fall ist eine Abstimmung von Produkt- und Prozeßmanagern, aber auch den Leitern von TQM-Teams, die innerhalb einzelner Abteilungen arbeiten, mit dem Lenkungsausschuß und/oder der Qualitätsabteilung zweckmäßig. Dabei ist durchaus mit Konflikten zu rechnen. Diese können jedoch m.E. in Kauf genommen werden, da ihnen der Vorteil entgegensteht, daß eine zweckmäßigere und stärker dezentrale Zuordnung der TQM-Teams verwirklicht wird als wenn eine Beschränkung auf einen Lenkungsausschuß und/oder die Qualitätsabteilung erfolgt.

---

61 Sind solche Stellen im Unternehmen nicht eingerichtet, muß eine Beschränkung auf Lenkungsausschüsse und/oder die Qualitätsabteilung erfolgen. Aus Perspektive des Total Quality Managements sprechen jedoch gerade die Schnittstellen-Probleme gegen eine rein funktionale Organisationsstruktur bzw. dafür, objekt- oder prozeßorientierte Querschnittfunktionen einzurichten.

›Zweiter Hauptteil:
Zwei Fallstudien zum
Total Quality Management
in Unternehmen der
Automobilindustrie

1. Einführung

1.1 Ziele der Durchführung der Fallstudien

Aufbauend auf der Beschreibung und Systematisierung der Komponenten des Total Quality Managements in Teil II dieser Arbeit[1] und den Überlegungen zu den organisatorischen Umsetzungsmöglichkeiten in Teil III sollen durch die Erarbeitung von Fallstudien Erkenntnisse über Ausprägungen des Total Quality Managements in den Unternehmen *Ford* und *Mercedes-Benz* gewonnen werden.

Dabei geht es nicht nur darum, die theoretischen Betrachtungen anhand von Beispielen zu veranschaulichen. Ein wichtiges Ziel der Fallstudien liegt vielmehr darin, Möglichkeiten und Probleme der praktischen Umsetzung von Komponenten des Total Quality Managements exemplarisch aufzuzeigen. Sowohl *Ford* als auch *Mercedes-Benz* beanspruchen, Total-Quality-Management-Konzepte umzusetzen bzw. zu planen. Deutlich werden sollen die unterschiedlichen Möglichkeiten der Ausnutzung von Gestaltungsspielräumen, die hierbei in den beiden Unternehmen gesehen und realisiert werden. Dies gilt sowohl im Hinblick auf die Auswahl zwischen verschiedenen inhaltlichen und methodischen Schwerpunkten als auch bezüglich der Organisation. Im Hinblick auf letztere geht es vor allem darum zu erfassen, Mitarbeiter welcher funktionaler Bereiche und hierarchischer Ebenen bisher in das TQM einbezogen werden und in welcher Form dies geschieht. Aufgezeigt werden soll auch, ob Mitarbeiter bei *Ford* und/oder *Mercedes-Benz* im Hinblick auf die Umsetzung der in der Literatur beschriebenen und empfohlenen Komponenten Probleme sehen, die dort vielleicht nicht beschrieben werden.

Ein weiteres Ziel der Fallstudien besteht darin zu prüfen, ob die in Teil II beschriebene Systematik es ermöglicht, die Total-Quality-Management-Konzepte der beiden Unternehmen angemessen zu erfassen und zu beschreiben. Zu diesem Zweck wurden zum einen Mitarbeiter beider Unternehmen direkt nach ihrer Meinung zu der Einteilung der Komponenten befragt. Zum anderen erfolgte die Gestaltung des Fragebogens entsprechend dieser Systematik.

---

1 Da dieser zweite Hauptteil der Arbeit keine römisch numerierten Teile beinhaltet, beziehen sich alle Verweise auf römisch bezifferte Teile auf den ersten Hauptteil.

Die Fallstudien basieren in erster Linie auf qualitativen Interviews mit Mitarbeitern der beiden Unternehmen *Mercedes-Benz* und *Ford* sowie auf einer Auswertung unternehmensinternen und - soweit vorhanden - veröffentlichten Materials. Bevor die Ergebnisse vorgestellt werden, sind zunächst der methodische Rahmen und die konkrete Durchführung näher zu erläutern.

1.2 Bestimmung der Untersuchungsanlage

1.2.1 Zur Durchführung von Fallstudien

Grundsätzlich können *Fallstudien* ("Case Research"[2], "Case Study Research"[3]) sehr unterschiedlich ausgeprägt sein. Gemeinsam ist ihnen das Ziel, ein Forschungsproblem am Einzelfall zu analysieren. Dabei werden bestimmte Objekte in ihrem realen Daseinszusammenhang betrachtet. "Die Fallstudie ist [...] eine bestimmte Art, das Forschungsmaterial so zu ordnen, daß der einheitliche Charakter des untersuchten Gegenstandes erhalten bleibt. Anders ausgedrückt ist die Einzelfallstudie ein Ansatz, bei dem jede soziale Einheit als ein Ganzes angesehen wird."[4] Als Untersuchungsobjekt kommen ebenso einzelne Personen in Frage wie auch Personengruppen oder soziale Gebilde, z.B. Unternehmen. Herangezogen werden können dabei Informationen aus sehr unterschiedlichen Quellen.[5] Dazu gehören vorliegende Dokumente und Materialien, aber auch die Ergebnisse von Befragungen und Beobachtungen.[6] Nach BONOMA sind insbesondere persönliche Berichte beteiligter Personen, die mittels Interviews erhoben werden, eine wichtige Grundlage für Fallstudien. Informationen aus anderen Quellen dienen häufig als "means of 'perceptual triangulation'"[7].

---

2 Vgl. BONOMA 1985.
3 Vgl. YIN 1985; zu weiteren, synonym verwandten Bezeichnungen vgl. PETERMANN 1989, S. 1. Deutlich unterschieden werden muß zwischen der Methode der Fallstudie einerseits und dem gleichnamigen didaktischen Instrument. (Vgl. BONOMA 1985, S. 204; ALEMANN/ ORTLIEB 1975, S. 172f.)
4 GOODE/HATT 1972, S. 300, im Original z.T. hervorgehoben.
5 PAPPI (1987, S. 367) betrachtet die Verwendung mehrerer Erfahrungsquellen sogar als definierendes Merkmal von Fallstudien.
6 Vgl. ALEMANN/ ORTLIEB 1975, S. 169-173; YIN 1985, S. 78-89.
7 BONOMA 1985, S. 203. "Läßt sich ein Ergebnis multiperspektivisch unabhängig voneinander durch mehrere Erkenntniswege übereinstimmend erzielen, wächst

1.2 Bestimmung der Untersuchungsanlage

Während lange Zeit darüber diskutiert wurde, ob Fallstudien grundsätzlich sinnvoll sind[8], geht man inzwischen wohl eher davon aus, daß die Frage ihrer *Zweckmäßigkeit* nur in Abhängigkeit von der untersuchten Problemstellung entschieden werden kann. Tendenziell wird ihre Eignung für die Prüfung von Hypothesen eher als unzureichend beurteilt, während eine besondere Brauchbarkeit von Fallstudien vor allem dann gesehen wird, wenn das Ziel der Untersuchung - wie in dieser Arbeit - in einer explorativen Vertiefung des Verständnisses eines Forschungsproblems liegt.[9]

In manchen Situationen kann es zweckmäßig sein, Informationen über *mehrere* Einzelfälle zu gewinnen, um dann Vergleiche anstellen zu können. Allerdings sollte vorher überlegt werden, ob ein solches Vorhaben mit den zur Verfügung stehenden zeitlichen und sonstigen Ressourcen in Einklang zu bringen ist.

Im Rahmen der vorliegenden Arbeit fiel die Entscheidung für die Durchführung von *zwei* Fallstudien. Die Unternehmen stammen aus der Automobilbranche. *Ford* gilt dabei als Unternehmen, in dem seit einiger Zeit zahlreiche Komponenten des Total Quality Managements eingesetzt werden und bereits ein relativ festes Qualitätsmanagement-System etabliert ist. *Mercedes-Benz* dagegen begann erst Ende der achtziger Jahre mit umfangreichen Bemühungen in diesem Bereich. Hier werden gerade auch die Probleme und Chancen der Einführungsphase aufzeigbar.

Nach einer ausführlichen Literaturrecherche war ersichtlich, daß aus veröffentlichtem Material nur sehr wenig konkrete Informationen zum Total Quality Management der beiden Unternehmen gewonnen werden konnten. Daher wurde der Schwerpunkt der Datengewinnung darauf gelegt, in direkten Kontakt mit den Unternehmen zu treten, um hier unternehmensinternes Material auswerten und Interviews durchführen zu

---

unser Vertrauen in seine Gültigkeit. Dabei unterstellen wir, daß jede einzelne Methode zwar fehlerhaft sein mag (Fehlervarianz aufweist), daß die Fehlerquellen der unterschiedlichen Methoden sich aber nicht überlappen, sondern daß sie unabhängig voneinander wirken [...]. Die etwas ungewöhnliche Bezeichnung 'Triangulation' ('Dreieckskonstruktion') stammt aus der Trigonometrie: Anpeilung eines Zielpunktes von mindestens zwei Ausgangspunkten aus mit anschließender Berechnung der [...] Entfernungen [...] und Winkel." (SPÖHRING 1989, S. 320, unter Bezugnahme auf WEBB ET. AL. 1975; vgl. auch FLICK 1992, S. 11-55.)

8 Zu den Vor- und Nachteilen von Einzelfallstudien vgl. z.B. GOODE/HATT 1972, S. 305-313; REINECKER 1995, S. 268-270.
9 Vgl. KROMREY 1986, S. 320f.

können. Darst. 1-1 enthält eine Auflistung der durchgeführten Interviews mit Mitarbeitern beider Unternehmen.[10]

Termin	Name und Funktion der Gesprächspartner von Mercedes-Benz
14.06.1992	Herr Tiburg, Teamleiter Qualitätsförderung und Revision, Werk Bremen
26.10.1992	Herr Dr. Büchner, Abteilungsleiter Zentr. Qualitätsförderung, Stuttgart
15.06.1993	Herr Tiburg, Teamleiter Qualitätsförderung und Revision, Werk Bremen
22.06.1993	Herr Hoffmann, Teamleiter QS Rohbau, Werk Bremen
	Herren Wolf u. v.Teege, Teamleiter Gütesicherung u. Mitarbeiter, Werk Bremen
29.06.1993	Herr Tiburg, Teamleiter Qualitätsförderung und Revision, Werk Bremen
	Herr Schumacher , Teamleiter QS Planung, Werk Bremen
01.07.1993	Herr Lindemann, Personalbetreuung u. -entwicklung, Werk Bremen
06.07.1993	Herr Voigt, Abteilungsleiter QS Technik, Werk Bremen
08.07.1993	Herr Litzenberger, Teamleiter Materialsteuerung 2, Werk Bremen
13.07.1993	Herr Sander, Materialsteuerung 2, Werk Bremen
11.08.1993	Herr Huber, Teamleiter QS Kaufteile 1, Werk Bremen
20.08.1993	Herr Lindemann, Personalabteilung, Werk Bremen
25.08.1993	Herr Dr. Geesmann, Direktionsassistent Zentrale QS, Stuttgart
31.08.1993	Herr Dr. Nölke, Assistent der Werksleitung, Werk Bremen
	Graf von Schwerin, Personalabteilung, Werk Bremen
01.09.1993	Herr Schumacher, Teamleiter QS Planung, Werk Bremen
	Herr Stemme, Abteilung Organisation und Datenverarbeitung, Werk Bremen
17.05.1994	Herren Dr. Geesmann u. Cahn von Seelen, Zentrale QS, Stuttgart
11.01.1995	Herr Tiburg, Teamleiter Qualitätsförderung und Revision, Werk Bremen
22.06.1995	Frau Dr. Kosche, Zentrale QS, Stuttgart (telefonisch)
Termin	Name und Funktion der Gesprächspartner von Ford
24.05.1994	Herr Fearon, Supplier Quality Improvement, Köln
16.06.1994	Herr Dierkes, Leiter QS im Europäischen Stab für Qualitätsstrategien, Köln
Legende:	QS = Qualitätssicherung

Darst. 1-1: Im Rahmen der Fallstudien geführte Interviews

Die Differenz in der Zahl der Interviews bei beiden Unternehmen ergab sich teilweise aus der unterschiedlichen räumlichen Nähe: So war es eher möglich, auch spontan bei Gesprächsbereitschaft von seiten verschiedener Mitarbeiter weitere Interviews im Bremer Werk von *Mercedes-Benz* zu führen als bei *Ford* in Köln. Ausschlaggebend waren jedoch zwei anderere Gründe: Im Qualitätsmanagement des Unternehmens *Ford* wird stark formalisiert vorgegangen, was auch dazu führt, daß in großem Um-

---

10 Zu den organisatorischen Einheiten s. Abschnitt 2.5 und 3.5.

fang schriftliches unternehmensinternes Material vorliegt, dessen Verwendung im Rahmen dieser Fallstudienarbeit ermöglicht wurde und die Notwendigkeit zahlreicher Interviews verringerte. Auf seiten des Unternehmens *Mercedes-Benz* andererseits ließen es insbesondere die zahlreichen aktuellen Veränderungen im Rahmen des Qualitätsmanagements interessant erscheinen, hier über einen längeren Zeitraum hinweg immer wieder Interviews zu führen; hierzu bestand bei den Mitarbeitern auch eine große Bereitschaft. So ergab sich die Möglichkeit, mit fast allen Bereichen des Qualitätsmanagements in Bremen sowie mit Mitarbeitern der Zentrale in Stuttgart ausführlich und teilweise sogar mehrmals zu sprechen.

1.2.2 Zur Interview-Gestaltung und Auswertung der Fallstudien

Eine grundsätzliche Klassifizierung verschiedener Interview-Formen ist die nach der Befragungsstrategie: Man unterscheidet hier zwischen standardisierten und nicht-standardisierten Interviews.[11] Erstere sind dadurch gekennzeichnet, daß Wortlaut und Reihenfolge der Fragen fest vorgegeben sind. Bei letzteren wird ein thematischer Rahmen bestimmt, während der konkrete Gesprächsverlauf und die jeweiligen Einzelfragen nicht determiniert sind. Verschiedene zwischen diesen Extremen liegende Ausprägungen der Interview-Strategie sind möglich.

Im Rahmen von Fallstudien können mehrere *Interview*-Formen genutzt werden. Als besonders verbreitet schätzt YIN *nicht-standardisierte* Interviews ein: "In some situations, the investigator may even ask the respondent to propose his or her own insight into certain ocurrences and may use such propositions as the basis for further inquiry."[12] Ein zweiter Interview-Typ ist das - oft relativ kurze, z.B. eine Stunde dauernde - *fokussierte* Interview. Es wird meist als "halbstandardisiertes" Interview geführt. Dem liegt häufig das Bemühen zugrunde, bestimmte Informatio-

---

11 Vgl. HÜTTNER 1989, S. 51f. Für letztere finden auch die Begriffe "qualitative" bzw. "offene" Interviews Verwendung. Von der Frage der Interview-Strategie zu trennen ist jene nach der Auswahl der Frageninstrumente, die nach den zugelassenenen Antwortmöglichkeiten eingeteilt werden. Man unterscheidet hier auf erster Ebene zwischen offenen und geschlossenen Fragen, letztere können dann noch weiter differenziert werden (vgl. ebenda, S. 65).
12 YIN 1985, S. 83; vgl. auch weiter ebenda, S. 82-85.

nen zu bestätigen, die der Interviewer für wahrscheinlich hält, obwohl sie z.B. in vorangegangenen Gesprächen noch nicht explizit angesprochen wurden. Das Interview wird auf einen thematischen "Brennpunkt" ausgerichtet.[13] Der dritte Interview-Typ ist das *standardisierte* Interview. So mag es im Rahmen mancher Fallstudien zweckmäßig sein, neben weiteren Informationsquellen standardisierte Befragungen zu bestimmten Themenbereichen durchzuführen.

Um die Frage der Vorziehenswürdigkeit standardisierter oder nicht-standardisierter Interviews sind lange Zeit Diskussionen geführt worden, auf die hier nur kurz hingewiesen werden soll. Als entscheidender Vorteil einer standardisierten Befragung wird häufig - neben dem geringeren Interviewer-Einfluß - eine bessere Vergleichbarkeit der Ergebnisse angeführt.[14] Allerdings wird diesem Argument entgegengehalten, daß standardisierte Interviews lediglich *formal* identische (hinsichtlich Reihenfolge und Formulierung) Fragen vorgeben, die von den Probanden aber unterschiedlich interpretiert werden können[15], und insofern in *materieller* Hinsicht durchaus nicht zu vergleichbaren Antworten führen müssen. In dem Fall, in dem tatsächlich unterschiedliche Interpretationen der Fragen vorkommen, ist die *Reliabilität* (die Reproduzierbarkeit der Ergebnisse unter den gleichen Meßbedingungen[16]) eingeschränkt.

Neben der Reliabilität spielt die *Validität*[17] eines Meßinstruments eine entscheidende Rolle. Ein Meßinstrument gilt um so mehr als *valide*, je mehr es gerade das mißt, was gemessen werden soll; "Validität liegt also in dem Maße vor, in dem die Messungen frei von 'systematischen Fehlern' sind."[18] Im Falle sehr umfangreicher Themen, die zudem auf verschiedene Weise abgrenzbar sind und/oder bei denen sehr unterschiedliche Begrifflichkeiten Verwendung finden, kann bei standardisierten Verfahren die Gefahr bestehen, daß der Rahmen der Datengewinnung zu eng abgesteckt wird, die Fragen also nicht alles bzw. genau das abdecken, was man wissen möchte, so daß die Ergebnisse in bezug auf das Forschungsproblem eine unzureichende Gültigkeit aufweisen können.[19]

---

13 Vgl. SPÖHRING 1989, S. 164-166.
14 Vgl. z.B. FRIEDRICHS 1990, S. 236.
15 Vgl. SCHEUCH 1973, S. 82ff.
16 Vgl. HÜTTNER 1989, S. 13-15.
17 Gemeint ist hier die *Inhalts*-Validität. Weitere Ausprägungen sind die *Konstrukt*- und die *Kriteriums*-Validität (vgl. hierzu HÜTTNER 1989, S. 14f.).
18 HÜTTNER 1989, S. 13.
19 Vgl. BONOMA 1985, S. 200-203; KOHLI 1978, S. 4-7.

1.2 Bestimmung der Untersuchungsanlage

Die Interviews im Rahmen der vorliegenden Fallstudien wurden schon aufgrund der großen Begriffsvielfalt im Zusammenhang mit Aspekten des Total Quality Managements als *offene* Gespräche geführt. Aus inhaltlicher Perspektive sprach hierfür auch, daß es so eher möglich war, einen relativ weiten Fragenbereich abzustecken, um dann immer an den Punkten, an denen sich die Möglichkeit hierzu ergab, vertiefend nachhaken zu können. Auf diese Weise konnten auch sensible Themenbereiche, wie die Konflikte zwischen verschiedenen Bereichen und hierarchischen Ebenen im Zusammenhang mit der Einführung von TQM, leichter und der jeweiligen Situation angemessen angesprochen werden. Hinzu kam, daß von den Gesprächspartnern auch selbst Anregungen und Stellungnahmen erhofft wurden, auf die dann flexibel einzugehen sein sollte.

Einem offenen Interview liegt gewöhnlich ein *Interviewleitfaden* zugrunde, durch den der Verlauf der Befragung grob vorgegeben wird.[20] Dadurch erhält der Interviewer zum einen eine Gedankenstütze. Zum anderen ist, werden mehrere Interviews durchgeführt, gewährleistet, daß zumindest über dieselben Themen gesprochen wird.

Die konkrete Ausgestaltung des Leitfadens hängt von den Zielen und Bedingungen der Untersuchung ab. Es sollten jedoch zumindest die anzusprechenden Informationsbereiche angeführt werden; diese können auch schon als Fragen formuliert sein. Solche Fragen, durch die die grobe Struktur der Befragung festgelegt wird, werden als *Schlüsselfragen* bezeichnet[21]. Daneben können auch *Eventual*fragen formuliert werden, die nur dann auch wirklich gestellt werden, wenn es die konkrete Situation erlaubt bzw. als zweckmäßig erscheinen läßt. Schließlich bilden *Sondierungs*fragen[22] eine weitere Kategorie. Sie dienen dem gezielten Nachfassen, wenn beim Interviewer der Eindruck entstanden ist, daß die Antwort des Befragten noch nicht alle relevanten Aspekte der Frage abdeckt. Die Formulierung solcher Sondierungsfragen erfolgt meist kontextabhängig; es ist jedoch möglich, schon im Leitfaden Hinweise für Sondierungsfragen zu vermerken.

Die *Auswertung* und *Darstellung* von Fallstudien stellt häufig ein schwieriges Problem dar: "Too many times, investigators start case studies without having the foggiest notion about how the evidence is to be ana-

---

20 Ein im Rahmen dieser Fallstudien verwandter Interview-Leitfaden findet sich im Anhang dieser Arbeit.
21 Vgl. auch zu folgendem FRIEDRICHS 1990, S. 227.
22 Vgl. SPÖHRING 1989, S. 153.

lyzed [...] this author has known colleagues who have simply ignored their case study data for month after month, not knowing what to do with the evidence."[23] Als gravierendes Problem heben GOODE/HATT[24] die Gefahr hervor, daß ein Forscher allmählich die Überzeugung gewinnt, wesentlich mehr über "seinen" Fall zu wissen, als dies tatsächlich möglich ist. Es ist daher bei der Ergebnisdarstellung und -interpretation besondere Vorsicht angebracht.

Die Darstellung der Ergebnisse von Fallstudien kann in Abhängigkeit von den Zielen recht unterschiedlich gestaltet sein. So besteht erstens die Möglichkeit, *linear-analytisch* vorzugehen. Dabei werden nacheinander die untersuchten Problemstellungen, die Methoden der Datensammlung und -auswertung sowie die Ergebnisse und Schlußfolgerungen beschrieben. Dieser Weg wurde auch für die vorliegende Arbeit gewählt.

Alternativ kann sich eine *chronologische* Struktur anbieten; die Ergebnisse werden dabei entsprechend ihres zeitlichen Auftretens gegliedert. Dies ist zweckmäßig bei Entwicklungsstudien. Zwar wird - gerade das Unternehmen *Mercedes-Benz* betreffend - auch auf Veränderungen im Zeitablauf eingegangen. Diese stehen jedoch nicht im Vordergrund der Betrachtungen und sollen daher als Strukturierungskriterien nicht verwandt werden. Sollen bestimmte *Theorien* durch die Fallstudie gestützt werden[25], so können deren verschiedene Aspekte ein weiteres Gliederungskriterium bilden. Eine *vergleichende* Struktur wiederholt die Ergebnisse mehrmals, jeweils aus einem unterschiedlichen Blickwinkel heraus, etwa aus der Sicht verschiedener Teilnehmer einer Veranstaltung.

Kurz seien noch zwei spezielle Aspekte von Fallstudien angesprochen: Der *erste* betrifft die **Validierungs-Prozedur**. Besonders zweckmäßig ist es, die Ergebnisse einer Studie von Beteiligten lesen und kritisieren zu lassen. Dies kann hilfreich sein, um noch auf weitere interessante Aspekte, die bisher nicht berücksichtigt wurden, aber auch auf Fehler hingewiesen zu werden: "Such review is more than a matter of professional courtesy [...] The informants and participants may still disagree with an investigator's conclusions and interpretation, but the reviewers should not disagree over the actual facts of the case."[26] Im Fall von *Mercedes-Benz* wur-

---

23 YIN 1985, S. 99; vgl. ebenda (S. 132-135) auch zu folgendem.
24 Vgl. GOODE/HATT 1972, S. 305ff.
25 Ob dies überhaupt möglich ist, ist allerdings umstritten (vgl. zu dieser Problematik z.B. REINECKER 1995, S. 279-281).
26 YIN 1985, S. 138.

den sowohl einzelne Teile der Studie von den entsprechenden Auskunftspersonen gelesen als auch die Ergebnisse insgesamt vom Teamleiter der "Qualitätsförderung und Revision" (QFR) im Bremer Werk. Daraus entstanden sehr interessante neuerliche Diskussionen, die das Bild vervollständigten und teilweise auch durchaus divergierende Anschauungen zum Thema Total Quality Management in diesem Unternehmen aufdeckten. Im Hinblick auf die Ergebnisse der Fallstudie *Ford* war dies nicht in gleichem Ausmaß möglich. Allerdings scheint dies m.E. weniger gravierend, gerade weil weniger Interviews, in denen Mißverständnisse hätten entstehen können, geführt, sondern vor allem unternehmensinterne Materialien ausgewertet wurden.

Der *zweite* Aspekt betrifft die Frage der *Anonymität* der Fälle. Häufig muß darauf Rücksicht genommen werden, daß befragte bzw. untersuchte Personen(-gruppen) nicht bereit sind, namentlich erwähnt zu werden. Soll dies doch geschehen, ist oftmals mit einer verminderten Auskunfts- und überhaupt Teilnahmebereitschaft zu rechnen. Werden die Fälle jedoch anonym gehalten, so ist dies mit dem Nachteil verbunden, daß dem Leser nicht die Möglichkeit gegeben wird, die Ergebnisse einer Fallstudie mit eigenen Erkenntnissen und Informationen zu vergleichen; die Ergebnisse sind kaum nachprüfbar. Erfreulicherweise konnte im Rahmen der vorliegenden Arbeit die - nicht unbedingt erwartete - Bereitschaft der Beteiligten zur Aufhebung der Anonymität erreicht werden.

2. Erste Fallstudie: Total Quality Management bei Ford

2.1 Einführung

Die *Ford*-Werke sind eine Aktiengesellschaft, die sich zu 99,8% im Besitz der *Ford Motor Company*, Dearborn/Michigan, USA, befindet. (Der Rest ist Streubesitz.) 1994 wurde ein Umsatz in Höhe von 23.398 Mio. DM erzielt (1993, waren es noch 21.188 Mio. DM gewesen). Die Zahl der Beschäftigten betrug 1994 43.970 (1993: 43.804). Die Produktpalette umfaßte 1994 zehn Baureihen.[27] Insgesamt bestehen 1995 folgende Werke mit unterschiedlichen Tätigkeitsfeldern, gemäß Darst. 2.1-1.

Pkw-Werke	Tätgkeitsgebiet/Hauptprodukte
Köln-Niehl	Karosserie- und Montagewerk, Motorenwerk, Getriebe- und Chassiswerk, Schmiede- und Druckgußwerk
Saarlouis	Escort, Orion, Karosserie- und Kunststoffteile
Wülfrath	Schwenklager, Achsschemel, Lenkungen, Getriebeteile
Düren	Achsen, Chassis- und Getriebeteile, Antriebswellen
Berlin	Kunststoffteile
Genk	Preß-Karosserie und Endmontage, Räderfertigung

Darst. 2.1-1: Produktionsstätten der Ford-Werke AG (modifiziert nach o.V. 1995d, S. 86f.)

Die Diskussion um das Thema TQM wird bei *Ford* seit Jahren geführt. Dadurch ist bereits ein relativ festes Qualitätsmanagement-Systems entstanden.

---

27 Vgl. Ford Motor Werke AG (1995).

2.2 Strategische Komponenten des Total Quality Managements bei Ford

2.2.1 Interne Strategien

Qualität wird bei *Ford* recht vage definiert als "vom Kunden bestimmt; der Kunde will Produkte und Dienstleistungen, die seinen Bedürfnissen und Erwartungen entsprechen, zu einem [...] angemessenen Preis."[28] Bei den besonders wichtigen Qualitätsmerkmalen können perzeptiv wahrnehmbare und ökonomische unterschieden werden:
perzeptiv wahrnehmbare Qualitätsmerkmale:
- Proportionen, Farbharmonie
- Passungen der Karosserie
- Geruch im Fahrzeuginnern bzw. Katalysatorgeruch
- Motor- und Getriebegeräusch
- Geräusche beim Zuschlagen der Türen und Kofferdeckel
- Betätigungskräfte
- Getriebeschaltbarkeit
- Verkaufsgespräch und Betreuung der Kunden

ökonomische Qualitätsmerkmale:
- Zuverlässigkeit/Haltbarkeit
- Fahrverhalten einschließlich Beschleunigung, Elastizität
- Kraftstoffverbrauch
- Preis-/Leistungsverhältnis
- Wiederverkaufswert

Als Unternehmensgrundsatz wird formuliert, Bedürfnisse und Erwartungen der Kunden zu erfüllen und hierfür eine Arbeitswelt zu schaffen, die alle Mitarbeiter anspornt, die Qualität von Produkten und Dienstleistungen sowie die Produktivität ständig zu verbessern.[29] Dies soll im eigenen Unternehmen, bei den Lieferanten und in den Händlerbetrieben geschehen.

Zu diesem Zweck wurde das *Quality Operating System (QOS)* etabliert. Es wird bei *Ford* seit 1988 angewandt und seit 1993 auch von allen (internen und externen) Zulieferern verlangt. Das QOS umfaßt - bezogen auf die Einteilung der TQM-Elemente in Teil II - insbesondere die *strategi-*

---

28 DIERKES 1994, o.S. Die im folgenden dargestellten Informationen entstammen einem Gespräch zwischen Herrn Dierkes, Leiter der Qualitätssicherung im europäischen Stab für Qualitätsstrategien, und der Verfasserin am 16. Juni 1994 in Köln.
29 Vgl. FORD MOTOR COMPANY 1990a, o.S.

schen Qualitätsmanagement-Komponenten und verfolgt das Ziel, möglichst hohe Kundenzufriedenheit mit Hilfe standardisierter Prozesse sowie entsprechender Verfahren zu ihrer Bewertung zu erreichen. Folgende Schwerpunkte werden gesetzt:
1. *Geringe Fehlerrate.* In diesem Zusammenhang wird vor allem die *Fertigungsqualität* in den Mittelpunkt gerückt. Die Verantwortung hierfür liegt in den einzelnen Werken, die allerdings durch die Zentrale unterstützt werden. Besonders betont wird die Bedeutung der Qualitätssicherung während der ersten Monate der Etablierung neuer oder veränderter Prozesse. Nach Ablauf dieser Phase werden umfangreiche Aktionen dann ausgelöst, wenn im Rahmen der Audits[30] Probleme sichtbar geworden sind.
2. *Hohe Haltbarkeit.* Als Spezialaspekt von besonderer Tragweite werden Probleme mit der langfristigen Haltbarkeit gesehen, die in erster Linie materialabhängig sind. Angestrebt wird die Nutzung verbesserter Testverfahren sowie der *Taguchi-Methode*. Ziel sind "Best in Class"-Werte für 150.000 Meilen/10 Jahre.
3. *Höchste Kundenzufriedenheit.* Hier steht die *Entwicklungs*qualität im Vordergrund. Es liegt somit ein Schwerpunkt auf der Verwirklichung *präventiver* TQM-Strategien. Die Verantwortung liegt hauptsächlich bei den Entwicklungsteams. Ein Schwerpunkt der Aktivitäten besteht in Bestrebungen zur Verbesserung der Funktionseigenschaften über die gesamte Fahrzeuglaufzeit. Unterstützt werden diese Bemühungen insbesondere durch die Anwendung des *Quality Function Deployment* zur systematischen Umsetzung von Kundenanforderungen in Produkt- und schließlich Prozeßanforderungen.

Darst. 2.2-1 zeigt die verschiedenen "Ebenen" innerhalb des *Quality Operating Systems* bei *Ford* (hier noch mit dem Zusatz "Total").

Zu (A): Als für eine erfolgreiche Umsetzung notwendig wird die Einbeziehung verschiedener hierarchischer Ebenen in die Qualitätsziel*planung* mittels des *Policy Managements* bezeichnet. Wie beschrieben (Abschnitt 2.2.1 in Teil II), handelt es sich dabei um ein Verfahren zur Abstimmung von Qualitätszielen und Wegen zu ihrer Erreichung zwischen Mitarbeitern der verschiedenen hierarchischen Ebenen. Diese Vorgehensweise soll bei *Ford* zukünftig noch verstärkt zum Einsatz kommen. Dabei werden jährlich die Qualität betreffende "Business Plans" erstellt; zweimal im Jahr wird die Einhaltung der vereinbarten Ziele überprüft.

---

30 S. hierzu Abschnitt 2.4.

2.2 Strategische Komponenten des Total Quality Managements bei Ford

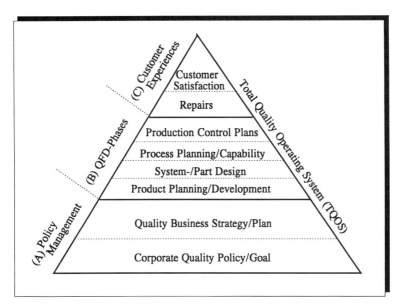

Darst. 2.2-1: Das "Total Quality Operating System" bei Ford
(modifiziert nach DIERKES 1994, o.S.)

Zu (B): Auf diesen grundlegenden Plänen aufbauend werden *Quality-Function-Deployment-Projekte* durchgeführt, im Hinblick auf die die Notwendigkeit der Realisierung *aller vier Phasen* (Erarbeitung der Qualitätspläne Produkt, Teile, Prozesse und Produktion) betont wird. Es erfolgt also nicht, wie dies bei *Mercedes-Benz* der Fall ist[31], eine Beschränkung auf die erste Phase.[32]

Die Informationen über Kundenanforderungen im Rahmen der ersten Phase solcher QDF-Projekte werden aus zahlreichen Quellen gewonnen. Eine wichtige Rolle spielt dabei die *schriftliche Befragung* von Kunden; wachsende Bedeutung haben zudem *telefonische* Interviews. Kundengruppen werden schließlich auch direkt in das Unternehmen eingeladen, um mit den Ingenieuren zu diskutieren und *Produktkliniken*[33] durchzuführen. Informationen aus allen diesen Quellen fließen in QFD-Projekte ein. Dazu werden sie zu einem ausschließlich hierfür zusammengestellten Fra-

---

31 S. hierzu Abschnitt 3.2.1.
32 Zu (C), also der Erfassung der Kundenzufriedenheit, s. Abschnitt 2.4.
33 Vgl. hierzu Abschnitt 4.2 in Teil II.

gebogen zusammengefaßt, der auch die Gewichtungen der einzelnen Aspekte durch den Kunden abfragt. Diese Vorgehensweise ist "methodisch sauber": Es werden nicht, wie sonst oftmals der Fall, die Ergebnisse verschiedener Quellen mehr oder weniger willkürlich zusammengefaßt.[34] Nachteilig ist dagegen der große Aufwand in zeitlicher und finanzieller Hinsicht. Der Fragebogen wird durch das QFD-Team erstellt. Inzwischen erhält die Qualitätssicherung hierbei Unterstützung aus der *Marktforschung*, was bei den ersten Anwendungen nicht der Fall war.

Die von den Ingenieuren des QFD-Teams ermittelten Konstruktionsmerkmale werden dann in der üblichen Weise diesen gewichteten Kundenanforderungen gegenübergestellt; auch das weitere Vorgehen im Rahmen des Quality Function Deployment entspricht dem in Abschnitt 2.1.2.2 in Teil II beschriebenen Verfahren.

Gerade für den neuen *Mondeo* wurde das QFD ausgiebig genutzt: In neun Studien wurde während der Entwicklungsphase für verschiedene technische Systeme sowie das Aussehen des Innenraums und das Fahrverhalten (speziell: das Startverhalten und die Schaltbarkeit) die Meinung der Kunden erfragt. Im Ergebnis entstanden Kataloge mit mehr als 450 Kundenanforderungen als Ausgangsbasis für die weiteren Planungsschritte. Hier wurden auch die Zulieferer einbezogen; dies geschah vor allem mit Hilfe einer zusätzlich gebildeten "Abteilung", die besonders intensiv mit den Herstellern wichtiger Zuliefer-Teile zusammenarbeitete. Die in der vierten Phase des Quality Function Deployment (Erarbeitung des Qualitätsplans für die Produktion) jeweils erstellten Kontrollpläne betreffen im Montagewerk des *Mondeo* mehr als 1200 Merkmale, anhand derer die Prozeßfähigkeit und -qualität ständig überwacht wird.

Der Einsatz des Quality Function Deployment wie auch der weiteren Verfahren im Rahmen des Total Quality Managements soll bei *Ford* durch entsprechende Qualifizierungsmaßnahmen unterstützt werden. Unter der Bezeichnung *"EQUIP" (Engineering Quality Improvement Programme)* wird ein Programm für Ingenieure aus den Bereichen Entwicklung, Fertigung und Kundendienst durchgeführt, das innerhalb eines *Basiskurses* je drei Tage für die Schulung in der Fehlermöglichkeits- und -einflußanalyse (FMEA), in QFD und Statistischer Prozeßregelung (SPC) vorsieht; sogar vier Tage werden verschiedenen Problemlösungsverfahren gewidmet, gleiches gilt für die Statistische Versuchsplanung/Quality

---

34 S. zu diesem Problem schon in Teil II, Abschnitt 2.1.2.2.1; aber auch die Vorgehensweise bei *Mercedes-Benz* Abschnitt 3.2.1.

Engineering. Im *Aufbaukurs* sind noch einmal je vier Tage für SPC, Statistische Versuchsplanung, Quality Engineering und QFD vorgesehen. Trainingsinhalt sind neben dem Methodenwissen auch Verhaltenstraining/Teambildung und Projekteinbindung. Teilweise werden sogar Mitarbeiter von Zulieferern in das Programm einbezogen.

Der Einsatz des Quality Function Deployment wird von den Mitarbeitern des Qualitätsmanagements bei *Ford* als sehr erfolgreich eingeschätzt. Gleiches gilt für das Quality Operating System als "strategisches Qualitätsprogramm" insgesamt. Seine Umsetzung ist inzwischen - sowohl unternehmensintern, als auch die externen Zulieferer betreffend - zur Pflicht geworden. Auf diese Weise soll ein Prozeß der "kontinuierlichen Verbesserung" erreicht werden. Dazu wird auch eine ständige Suche nach neuen Verfahren und Möglichkeiten der Verbesserung des Qualitätsmanagements als notwendig angesehen.

2.2.2 Lieferantenstrategien[35]

Grundsätzlich wird von allen Zulieferern verlangt, daß sie ein ähnliches Qualitätsmanagement bei sich etablieren, wie dies bei *Ford* selbst der Fall ist. Dabei werden sehr detaillierte und strikte Vorgaben gemacht. Dies gilt insbesondere für Systemlieferanten, die weltweit ausgesucht werden. Generell wird dem *Single-Sourcing-Prinzip*[36] gefolgt. Für verschiedene Komponenten, beispielsweise die Sitze, werden *Just-in-Time*-Konzepte verwirklicht. Ausgewählt werden die Zulieferer gemeinsam von den Ingenieuren der *Lieferanten-Qualitätstechnik*[37] und von Mitarbeitern des *Einkaufs*.

Seit 1993 sollen alle Zulieferer für *Ford* das Quality Operating System (QOS) übernommen haben.[38] Bereits 1990 wurde die weltweite Qualitätssystem-Richtlinie *"Q-101"* eingeführt, die im Vergleich zum QOS mehr auf die Anwendung der produkt- und prozeßbezogenen *Instrumen-*

---

35 Die Informationen in diesem Abschnitt entstammen - soweit keine weiteren Angaben erfolgen - aus einem Gespräch der Verfasserin mit C. Fearon aus dem Bereich "Supplier Quality Improvement" am 24. Mai 1994 in Köln.
36 S. zum Single-Sourcing Teil II, Abschnitt 2.2.1.
37 S. zu den verschiedenen Organisationseinheiten Abschnitt 2.5.
38 In einem Leitfaden für - interne und externe - Zulieferer zur "QOS Implementation" werden detaillierte Hinweise für die Einführung gegeben. (Vgl. FORD MOTOR COMPANY 1992c sowie FORD MOTOR COMPANY 1993.)

te abstellt. Gleich zu Beginn der Einleitung heißt es: "Die Hersteller sind für die Qualität der von ihnen gelieferten Produkte und Dienstleistungen selbst verantwortlich. Die zuständigen *Ford*-Fachbereiche geben dabei die nötige Hilfestellung." Die Anforderungen gelten für interne Zulieferer ebenso wie für externe; inzwischen werden nur noch solche ausgewählt, deren Qualitätsmanagement der Q-101-Richtlinie entspricht.

Ziel der Richtlinie[39], die teilweise Ähnlichkeiten mit den Anforderungen nach DIN EN ISO 9001 aufweist, teilweise aber auch noch wesentlich detailliertere Forderungen stellt, ist es, die Qualitätserwartungen zu definieren und festzulegen, welche Qualitätsmanagement-Nachweise die Zulieferer erbringen müssen. Diese sind in verschiedene Themenbereiche aufgeteilt:

1) Qualitätsplanung. Ford erwartet von seinen Zulieferern, daß sie im Rahmen ihrer Qualitätsplanung *vor* Produktionsbeginn den Einsatz bestimmter fehlervermeidender Maßnahmen *nachweisen*. Dazu gehören vor allem Fehlermöglichkeits- und -einflußanalysen. *Konstruktions-FMEAs* sind als fester Bestandteil der Konstruktions- und Entwicklungsprozesse anzusehen. Die zuständige Fabrikationstechnik des Zulieferers ist verpflichtet, *Prozeß*-FMEAs zu realisieren. Die im Rahmen solcher FMEAs als kritisch erkannten Produkt- und Prozeßmerkmale sind in die Kontrollpläne einzutragen.

Kontrollpläne werden von bereichsübergreifenden Gruppen erstellt. Dies hat zu geschehen, *bevor* der Zulieferer Verpflichtungen für Werkzeuge oder Einrichtungen eingeht. Die Kontrollpläne müssen enthalten:
- fortlaufende Numerierung und kurze Beschreibung für jeden Prozeßschritt,
- Angabe der Maschinen, Verrichtungen und Werkzeuge, die bei jedem Prozeßschritt eingesetzt werden,
- Anforderungen bezüglich der Prozeßparameter und Produktmerkmale für den entsprechenden Prozeßschritt,
- produktbezogene Einstufung des Prozeßschritts,
- Prozeßüberwachungsmethoden, etwa Produkt-/Prozeß-Spezifikationen, Auswertungsmethoden, Stichprobenumfänge und Prüffrequenz,
- Analysemethoden oder besondere statistische Methoden für die Prozeßregelung,
- Maßnahmen für den Fall, daß Prozesse außer Kontrolle geraten.

---

39 Vgl. auch zu folgendem FORD MOTOR COMPANY 1990a, S. 1-41.

Die bei *Ford* hierfür zuständigen Ingenieure überprüfen bei wichtigen Produkten die Kontrollpläne von externen Lieferanten. Für kritische Merkmale sind die Kontrollpläne durch die Bereiche Produktentwicklung und Qualität zu genehmigen.

Werden *Unterlieferanten* hinzugezogen, sind die Systemlieferanten verpflichtet zu gewährleisten, daß diese über Qualitätssicherungssysteme verfügen, die den Grundsätzen der Q-101 entsprechen. Den Unterlieferanten sind Informationen darüber weiterzuleiten, wie ihr Produkt später angewandt wird und welche technischen Vorschriften sie zu erfüllen haben. Auch Unterlieferanten müssen die oben beschriebenen Kontrollpläne erstellen, um sicherzustellen, daß die Spezifikationen eingehalten werden. Die Verantwortung gegenüber *Ford* trägt dabei der *System*lieferant.

2) Im Hinblick auf die *Sicherstellung der Prozeß- und Produktqualität* gilt, daß für wichtige Prozesse die Prozeßfähigkeit festzustellen ist, und zwar unter Zuhilfenahme der in die Qualitätsregelkarten eingetragenen Werte. "Die Regelkarten müssen Prozeßstabilität nachweisen, bevor die Prozeßfähigkeit ermittelt werden darf."[40] *Ford* verlangt für die Prozeßfähigkeit C_{pk}-Werte von mindestens 1,33. Die Anwendung der Statistischen Prozeßregelung (SPC) ist inzwischen selbstverständlich; die mit diesem Verfahren zu überwachenden kritischen Prozeßparameter und Produktmerkmale ergeben sich aus den Kontrollplänen. Weiter ist vorgeschrieben, daß bei Produktverbesserungsmaßnahmen die Auswirkungen mit Hilfe von Qualitätsregelkarten überwacht werden.

3) Dokumentieren der Qualität. Gefordert werden sowohl Aufzeichnungen über das Qualitäts*system* als auch solche über die *tatsächliche* Qualitäts*leistung*. Erstere umfassen in erster Linie Qualitäts-Handbücher, in denen alle Themen, die durch die Q-101 betroffen sind, erläutert sein müssen. Im Fall von beanstandeten Teilen muß der Hersteller Reklamationsanalysen durchführen. Aufzeichnungen der Ergebnisse solcher Untersuchungen sind aufzubewahren und auf Anforderung *Ford* zur Verfügung zu stellen. Auch FMEA-Unterlagen, Kontrollpläne etc. müssen noch für ein Kalenderjahr, nachdem sie ersetzt oder aus anderen Gründen ungültig geworden sind, aufbewahrt werden. Gleiches gilt für entsprechende Aufzeichnungen über Regelkarten, Testergebnisse usw.

Zulieferer neuer bzw. geänderter Produkte sollen bereichsübergreifende Arbeitsgruppen bilden, die während der gesamten Entwicklungs- und

---

40 FORD MOTOR COMPANY 1990a, S. 19.

Einführungsphase mitwirken und die zahlreichen Verfahren des Qualitätsmanagements einsetzen. Die Teamzusammenstellung soll gewährleisten, daß Mitarbeiter aus den Bereichen Konstruktion, Fertigung und Qualitätsmanagement sowie aus Produktion und Einkauf beteiligt sind.

Zulieferer, die bereits seit längerem über ein den Anforderungen des Q-101 entsprechendes Qualitätsmanagement verfügen, können für den Qualitätspreis von *Ford*, die *Q1-Auszeichnung*, in Frage kommen. Hierzu müssen allerdings noch weitere Bedingungen erfüllt sein, z.B. erfolgreiche Systemaudits durch *Ford*-Mitarbeiter, zudem dürfen in den vorangegangenen sechs Monaten "keinerlei Qualitätsbeanstandungen, die auf Abweichungen gegenüber den Zeichnungsvorschriften und/oder Lieferantenverschulden zurückzuführen sind", erfolgt sein.[41]

Die Bereiche Einkauf, Produktentwicklung und die Lieferanten-Qualitätssicherung (SQE) sind berechtigt, Lieferanten für die Q1-Auszeichnung vorzuschlagen. Einkaufs- oder SQE-Mitarbeiter informieren in einem weiteren Schritt alle von den Zuliefererleistungen betroffenen Bereiche, von denen innerhalb eines Zeitraums von 30 Tagen Stellungnahmen erwartet werden. Haben alle Betroffenen zugestimmt, trifft die Einkaufsabteilung mit dem Lieferanten die Vorbereitungen zur offiziellen Anerkennung und Verleihung der Auszeichnung.

Auf seiten der Zulieferer spricht für Bemühungen um diese Auszeichnung nicht nur der Prestigegewinn. Q1-Lieferanten können ihre Erstmuster selbst bewerten - allerdings nach wie vor entsprechend der Richtlinien von *Ford* -, auch bestimmte andere Anforderungen der Richtlinie Q-101 entfallen. Kommt es allerdings dann zu Qualitätsbeanstandungen durch *Ford*, kann die Auszeichnung auch wieder aberkannt werden.

Seit einiger Zeit bestehen - inzwischen (1995) kurz vor dem Abschluß stehende - Bemühungen der drei Unternehmen *Chrysler, Ford* und *General Motors* um eine Einigung auf *gemeinsame Anforderungen an Zulieferer*. Diese werden an die DIN-EN-ISO-Norm 9001 angelehnt. Im Vergleich zum bisherigen Vorgehen bei *Ford* werden sich wahrscheinlich eher wenig grundsätzliche Veränderungen ergeben.[42]

Das strategische Qualitätsmanagement bei *Ford* gibt sowohl für den internen als auch für den unternehmensübergreifenden Bereich, also im Hin-

---

41 FORD MOTOR COMPANY 1990a, S. 3.
42 Vgl. CHRYSLER CORPORATION/FORD MOTOR COMPANY/GENERAL MOTORS CORPORATION 1994.

blick auf die Zulieferer, umfangreiche und sehr detaillierte Anweisungen bezüglich der Vorgehensweisen und der anzuwendenden Instrumente des TQM. Hierin wird die einzige Möglichkeit gesehen, ein unsystematisches Einsetzen der inzwischen großen Anzahl von im Rahmen des Qualitätsmanagements relevanten Instrumenten zu verhindern. Nicht auszuschließen ist m.E. allerdings, daß auf diese Weise ein eher bürokratisches, genau an der Erfüllung dieser umfassenden Vorschriften ausgerichtetes Qualitätsmanagement bei den Zulieferern gefördert wird und z.B. alle Formblätter und Matrizen für zahlreiche FMEA- und QFD-Projekte pflichtgemäß ausgefüllt, aber allein schon aus Zeitgründen nicht wirklich gründlich erarbeitet werden können.

2.3 Instrumente des Total Quality Managements bei Ford[43]

Auf die Anwendung der meisten Instrumente des Qualitätsmanagements bei *Ford* wird nur kurz eingegangen. Dies liegt darin begründet, daß die unternehmensinternen Materialien, auf denen diese Fallstudie in erster Linie beruht, hierzu zwar umfangreiche Informationen enthalten. Diese beschränken sich jedoch weitgehend auf eine formale Beschreibung der jeweiligen Vorgehensweisen, die sich von den in Teil II dieser Arbeit bereits ausführlich erläuterten kaum unterscheiden. Insofern hätte es sich hier lediglich um Wiederholungen gehandelt. Ein konkretes verwendbares Anwendungsbeispiel lag dagegen nur für die Taguchi-Methode vor.

2.3.1 Produkt- und prozeßorientierte Instrumente

Die *statistische Qualitätssicherung* ist seit langem selbstverständlicher Bestandteil des Qualitätsmanagements bei *Ford*. *Annahmestichproben* werden jedoch in keiner Weise mehr genutzt. Diese Verfahren wurden im Interview von Herrn *Fearon*, Abteilung *Supplier Quality Improvement*, sogar als so veraltet, daß man sie aus einer Systematik des TQM streichen sollte, beurteilt.

---

43 Die Informationen dieses Abschnittes stammen - soweit keine anderen Angaben erfolgen - aus einem Gespräch der Verfasserin mit dem Leiter QS im europäischen Stab für Qualitätsstrategien bei *Ford*, Herrn Dierkes, am 16. Juni 1994 in Köln.

Seit 1981 wurde unter der Leitung von *Deming* sowohl im eigenen Unternehmen als auch bei Zulieferern die Anwendung von *Statistischer Prozeßregelung* geschult und realisiert. In der ersten Hälfte der 80er Jahre erfolgte die weitgehende Integration der Prüfaufgaben in die Fertigung. Gleichzeitig wurde in fast allen Bereichen verstärkt Gruppenarbeit eingeführt. Zur Aufgabe der Teams gehört seitdem meist auch das Führen und teilweise das Auswerten von Regelkarten. Als unverzichtbar werden auf der Statistischen Prozeßregelung aufbauende *Prozeßfähigkeitsstudien* eingeschätzt.

Die *Fehlermöglichkeits- und -einflußanalyse* wird bei *Ford* ebenfalls seit vielen Jahren angewandt.[44] Trotzdem liegen hier noch Defizite, insbesondere, was ihre *systematische* und mit verschiedenen Bereichen *koordinierte* Anwendung betrifft. Vorgesehen ist, für *alle* Sicherheitsteile grundsätzlich FMEAs durchzuführen. Die konkrete Entscheidung über ihren Einsatz wird von den Entwicklungs- und Fertigungsingenieuren getroffen, soweit nicht aufgrund der Q101-Richtlinie hierzu ohnehin eine Verpflichtung besteht.

Grundsätzlich wird angestrebt, die verschiedenen Formen der FMEA nicht voneinander losgelöst, sondern aufeinander aufbauend durchzuführen, gemäß Darst. 2.3-1.

Seit einiger Zeit bestehen Bemühungen um eine stärkere *EDV*-Unterstützung von FMEAs, da hierin die Möglichkeit gesehen wird, Erfahrungen älterer Projekte vermehrt für neuere Vorhaben nutzen zu können. Die Software hierfür wurde unternehmensintern entwickelt. Es bestehen allerdings Kontakte zu anderen Automobilherstellern, z.B. *Mercedes-Benz*, um Informationen über Fortschritte auszutauschen.

Seit Beginn der 80er Jahre werden Versuche mit der *Taguchi-Methode* gemacht. Anfang der 90er Jahre war die Anwendungshäufigkeit auf etwa 80 Projekte im Jahr gewachsen, die allerdings z.T. (ähnlich wie die FMEA) sehr unsystematisch geplant wurden und abliefen. Inzwischen realisiert man etwa 50 Projekte pro Jahr, in die teilweise - so auch bei dem im folgenden zu beschreibenden Beispiel - Zulieferer einbezogen werden.

Von seiten der Abteilung *Supplier Quality Improvement (SQI)* bei *Ford* und dem Mondeo-Zulieferer *AB Automotive*, der in erster Linie elektronische Komponenten herstellt, wurde für einen zentralen Lötprozeß das Taguchi-Verfahren angewandt. Die Ausgangssituation war dadurch ge-

---

44 Vgl. FORD MOTOR COMPANY 1992a.

2.3 Instrumente des Total Quality Managements bei Ford 225

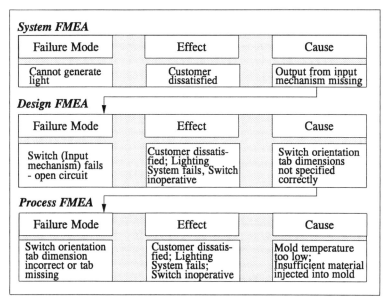

Darst. 2.3-1: Beziehungen zwischen Fehlerarten, -folgen und -ursachen am Beispiel der Lichtmaschine eines Automobils (nach FORD MOTOR COMPANY 1992a, S. C-1)

kennzeichnet, daß bei jeder Schaltplatte im Schnitt 8 Fehler auftraten. Die SQI schulte zunächst - im April 1991 - (auch) aus diesem Anlaß Mitarbeiter des Zulieferers, der zuvor noch nicht in großem Umfang an *Ford* geliefert hatte, in der Methode. Dabei wurde bereits der zu untersuchende Prozeß per Brainstorming diskutiert und nach wichtigen Prozeßparametern gesucht.

Der betroffene Lötprozeß dient der Anbindung bestimmter Komponenten an eine Schaltplatte, die zu diesem Zweck mit der Oberseite auf ein Förderband gelegt, erhitzt, in Flußmittel getaucht und über eine "Lötwelle" gezogen wird. Eine "Lötlücke" entsteht an solchen Stellen, an denen das Flußmittel nicht haften geblieben ist, und führt zu einem Fehler, der in einem weiteren Arbeitsgang behoben werden muß. Vier Prozeßfaktoren wurden als wahrscheinlich für das Ergebnis entscheidend ausgewählt (und mit Großbuchstaben bezeichnet): das Flußmittel (A), die Löttemperatur (B), die Förderbandgeschwindigkeit (C) und die Ausgangstemperatur (D). Als möglicherweise ebenfalls wichtig wurden die Interaktionen (A·B), (B·C) und (A·C) beurteilt. Die Versuchsanordnungen nach einem

L8-orthogonalen Feld nach *Taguchi* (wobei jede Kombination zehnmal realisiert wurde) führten zu folgenden Ergebnissen (Darst. 2.3-2):

VA No.	A	B	AB	C	AC	BC	D	$\bar{x}$	(s/n)
1	1	1	1	1	1	1	1	3,2	10,93
2	1	1	1	2	2	2	2	5,3	15,17
3	1	2	2	1	1	2	2	1,6	6,63
4	1	2	2	2	2	1	1	1,4	6,23
5	2	1	2	1	2	1	2	10,22	20,38
6	2	1	2	2	1	2	1	6,1	16,1
7	2	2	1	1	2	2	1	5,8	16,13
8	2	2	1	2	1	1	2	9,5	19,77

Legende: (s/n) = Signal/Rauschverhältnis, s. hierzu Abschnitt 3.1.2.2 in Teil II
VA = Versuchsanordnung
$\bar{x}$ = Mittelwerte der Ergebnisse der jeweils 10 Versuchsdurchgänge

Darst. 2.3-2: L8-Feld des Taguchi-Projektes "Lötprozeß zur Anbindung von Komponenten an eine Schaltplatte" (modifiziert nach FORD MOTOR COMPANY 1991, S. 11)

Deutlich wurde, daß der stärkste Effekt vom verwandten Flußmittel ausging, außerdem von der Ausgangstemperatur vor dem Erhitzen. Die anderen Faktoren zeigten bei unterschiedlicher Ausprägung wenig Auswirkungsunterschiede. Auch die Interaktionen wurden als vernachlässigbar interpretiert. Als Konsequenz aus diesen Versuchen entschied man sich für folgende Prozeßparameter:
Flußmittel "Typ A"
Ausgangstemperatur "Temp. T_1"
Löttemperatur "Temp. T_2"

Die Reduzierung der Fehler durch den veränderten Prozeß ermöglicht Kosteneinsparungen in Höhe von ca. 38.000 $ im Jahr. Da durch die Versuche ersichtlich geworden war, daß sie für das qualitative Ergebnis keine Bedeutung hatte, konnte zudem die Förderbandgeschwindigkeit ohne Risiko gesteigert werden. Einschränkend muß darauf hingewiesen werden, daß die Anwendung der Taguchi-Methode in diesem Fall insofern unvollständig blieb, als *keine Störfaktoren* einbezogen wurden, was ja aber eigentlich gerade das Besondere dieses Verfahrens ist.[45]

---

45 S. hierzu allgemein in Teil II, Abschnitt 3.1.2.2.

2.3.2 Mitarbeiterorientierte Instrumente

Das Thema *Qualitätszirkel* ist bei *Ford* offenbar ein schwieriges. In mehreren Interviews wurde von Mitarbeitern bei *Ford* darauf hingewiesen, daß wenige Qualitätszirkel überhaupt stattfinden. Dies scheint nicht immer so gewesen zu sein. So berichtet der Leiter der *QS im europäischen Stab für Qualitätsstrategien, M.J. Dierkes*, auch, daß Anfang der 80er Jahre, als Qualitätszirkel eingeführt wurden, sogar ca. 300 jährlich zustande kamen. Nach wie vor gibt es auch in den verschiedenen Werken *Problemlösungsteams*, die jedoch nicht unter der Bezeichnung "Qualitätszirkel" laufen.

Für das *Ford*-Werk in Genk berichtet der dortige Personalleiter, *M. Kellen*, daß mit der ersten Einführung von Qualitätszirkeln 1980 eine Ausweitung der Gruppenarbeit - vor allem in der Produktion - stattfand: "Jeder Meister konnte eine oder mehrere Gruppen mit je fünf oder sechs Mitarbeitern gründen, um gemeinsam Probleme zu erkennen, zu beseitigen und Verbesserungsvorschläge zu machen."[46] Im Vergleich zur in Teil II beschriebenen "normalen" Qualitätszirkelarbeit wird die Formulierung bestimmter Restriktionen deutlich: Anscheinend sollen sich die Gruppen jeweils aus einem bestimmten Arbeitsbereich zusammensetzen und von dem zuständigen Meister ins Leben gerufen und geführt werden. 1989 erfolgte eine Erweiterung dieses Konzeptes durch das Programm "Fortwährende Verbesserung", dessen Ziel es ist, das individuelle Mitdenken am Arbeitsplatz zu fördern. Hierzu werden Mitarbeiter in schichtübergreifenden Gruppen darin geschult, sich auf Arbeitsmethoden zu einigen und diese zu verbessern. Es soll eine ständige Suche nach neuen Ideen ausgelöst werden.

Intensiver gefördert als Qualitätszirkel wird das *Betrieblichen Vorschlagswesen*. 1994 wurde das seit 1954 bestehende Konzept grundsätzlich verändert und als *Ford-Ideen-Realisierungssystem (FIRS)* in allen deutschen Standorten eingeführt.[47] Neu ist vor allem, daß die Beschäftigten ihre Verbesserungsvorschläge direkt beim Vorgesetzten abgeben. Dieser ist für die Koordination des weiteren Vorgehens und die zügige Bearbeitung zuständig. Bis zu einer Höhe von 5000 DM erfolgt eine unbürokratische Abwicklung der Prämienauszahlung. Dabei wird *keine Bewertungskommission* eingeschaltet, sondern die Einschätzung der Vorschläge wird von den jeweiligen Vorgesetzten sowie von Mitgliedern des Be-

---

46 KELLEN 1993, S. 84.
47 Vgl. auch zu folgendem o.V. 1995e, S. 56.

triebsrates und der Finanzabteilung übernommen. Die Bearbeitung soll nicht länger als 30 Arbeitstage dauern. Wird dieses Ziel erreicht, erhält der betroffene Vorgesetzte pro Vorschlag eine Erfolgsprämie in Höhe von 50 bis 150 DM. Nach etwa einjährigen Erfahrungen wird das neue Konzept als erfolgreich beurteilt: Die Anzahl der Vorschläge sei gestiegen, und das Zeitlimit für die Bearbeitung werde meistens eingehalten.

Insgesamt liegt trotz dieser Neuerung m.E. die Vermutung nahe, daß der Schwerpunkt bei *Ford* auf den *produkt- bzw. prozeßorientierten* Qualitätsmanagement-Instrumenten liegt und weniger auf den mitarbeiterbezogenen. Möglichkeiten zu Qualitätsverbesserungen sollen vor allem die in den verschiedenen Unternehmensbereichen tätigen *Ingenieure* finden.

2.4 Total-Quality-Management-Evaluierung bei Ford

Bei *Ford* wird praktisch **keine traditionelle Qualitätskostenkontrolle** realisiert, da die hiermit verbundenen Probleme, insbesondere bei der Erfassung der Kosten präventiver Maßnahmen, als nicht lösbar eingeschätzt werden und eine Steuerung der Qualitätsmanagement-Aktivitäten auf dieser Basis nicht als sinnvoll möglich angesehen wird. Lediglich *Garantiekosten* werden erfaßt. Dabei erfolgt eine Problem-Identifizierung nach Produkt, Teil und Systemgruppe; die Garantiestatistik wird nach einerseits Produkten und andererseits Monaten geführt. Größere Bedeutung kommt verschiedenen **Kennzahlen** zu, anhand derer das Erreichen von Qualitätszielen überprüft werden soll. Diese Kennzahlen werden teilweise aus unternehmensinternen Statistiken, z.B. über Beanstandungen im Rahmen von Produktaudits, gebildet. Außerdem werden die Ergebnisse von Kundenzufriedenheitsbefragungen zu Kennzahlen über die Beurteilung bestimmter Fahrzeug-Attribute zusammengefaßt.[48]

Großes Gewicht im Rahmen der Qualitätsmanagement-Evaluierung wird auf verschiedene Formen der *Auditierung* gelegt. Das Bewertungsschema bei *Systemaudits* ist so aufgebaut, daß sich das Gesamtergebnis zu 30% aus der Systembewertung, zu 20% aus einer Beurteilung des Qualitätsbewußtseins der Führungskräfte und zu 50% aus der Produktqualität zusammensetzt.[49]

---

48 Vgl. FORD MOTOR COMPANY 1992b, o.S.
49 Vgl. - auch zu folgendem - FORD MOTOR COMPANY 1990b, S. 1-14.

2.4 Total-Quality-Management-Evaluierung bei Ford

Im Rahmen der *Systembewertung* werden 20 Fragen zum Qualitätsmanagement des internen oder externen Lieferanten gestellt; für jede Frage können zwischen 0 und 10 Punkten vergeben werden. Vom Zulieferer müssen hier mindestens 160 Punkte erreicht, keine Frage darf mit weniger als 7 Punkten bewertet werden. Darst. 2.4-1 (auf der folgenden Seite) enthält die Fragen.[50]

Für jede Frage werden in einem entsprechenden Leitfaden genaue Erläuterungen gegeben sowie Bewertungsmaßstäbe für die Punktvergabe. Insbesondere der erste Bereich - die Qualitätsplanung - geht über die in Teil II dieser Arbeit angesprochenen DIN-EN-ISO-Normen hinaus; im Hinblick auf die meisten anderen Fragestellungen sind große Ähnlichkeiten festzustellen.

Die Beurteilung des *Qualitätsbewußtseins der Führungskräfte* wird anhand von mehreren Schwerpunkten eingeschätzt, für die jeweils eine maximale Punktzahl von 5 erreicht werden kann. Zunächst versucht man, die das Qualitätsmanagement betreffenden *Einstellungen* und das *Verständnis* für Probleme in diesem Bereich zu beurteilen. Außerdem wird die *Schulung* der Führungskräfte im Hinblick auf Verfahren des Qualitätsmanagements geprüft. Das Ergebnis wird schließlich auch beeinflußt durch die bisher erfolgten *Reaktionen beim Auftreten von Qualitätsbeanstandungen*.

Die weitaus größte Bedeutung innerhalb des Audits kommt dem Aspekt der *Produktqualität* zu. Von einem Punktekonto, das 50 Punkte enthält, werden für alle vom Lieferanten zu vertretenden Qualitätsmängel Punkte abgezogen, so für die Verwerfung einer Lieferung 2 Punkte, für einen Erstmusterfehler 2 Punkte und bei dem Notwendigwerden eines Lieferstopps sogar 5 Punkte. In einem Zeitraum von 6 Monaten darf die Summe von 12 Minuspunkten nicht überschritten werden. Durch diesen letzten Aspekt erhält das System einen längerfristigen Zug: Es reicht für die Zulieferer nicht aus, das Audit zu "bestehen", sondern auch die festgestellte Qualität angelieferter Leistungen spielt eine wichtige Rolle.

Die Bedeutung von *Kundenzufriedenheitsmessungen* wird bei Ford als sehr groß eingeschätzt. Es werden sowohl Studien an externe Institute vergeben als auch eigene realisiert. Befragungen werden regelmäßig 3 bzw. 12 Monate und 3 Jahre nach Kauf des Fahrzeugs durchgeführt. Es werden knapp 100 Fragen hinsichtlich aufgetretener Probleme und der Zufriedenheit mit dem Produkt formuliert. Die - wörtlichen - Antworten

---

50 Diese wurden zusammengestellt aus FORD MOTOR COMPANY 1990b, S. 10-49.

Qualitätsplanung
1. Ist die Verantwortlichkeit für die Qualitätsplanung neuer Produkte eindeutig festgelegt? Sind die Festlegungen sinnvoll für die betroffenen Prozesse?
2. Werden FMEAs, Kontrollpläne und sonstige geregelte Verfahren bei der Erstellung von Qualitätsprogrammen für neue oder geänderte Produkte/Prozesse zugrundegelegt?
3. Wendet der Hersteller ein festgeschriebenes Verfahren an, nach dem Produkt- und Prozeßänderungen vor deren Einsatz einer eingehenden Prüfung unterzogen werden?

Statistische Methoden
4. Werden die Methoden der Statistischen Prozeßregelung (SPC) für wichtige und kritische Produktmerkmale und Prozeßparameter angewandt?
5. Werden für neue Produkte vorläufige Prozeßfähigkeitsuntersuchungen durchgeführt?
6. Werden Regelkarten wirkungsvoll zur Überwachung der Prozesse eingesetzt? Ist aus den Regelkarten ersichtlich, daß die Prozesse unter statistischer Kontrolle arbeiten und die Prozeßfähigkeit gegeben ist?
7. Hat der Hersteller ein genau umrissenes Programm zur ständigen Verbesserung von Qualität und Produktivität?
8. Hat der Hersteller ein wirksames System zur Sicherung der Qualität eingehender Produkte und Dienstleistungen?

Allgemein
9. Sind Funktionen und Verantwortlichkeiten für Prozeß-/Produktüberprüfungen eindeutig festgelegt?
10. Sind schriftliche Verfahrensanweisungen für wesentliche qualitätsbezogene Funktionen vorhanden (z.B. ein Qualitätshandbuch)?
11. Sind schriftliche Prozeßüberwachungs- und Prüfanweisungen vorhanden für: Abnahme eingehender Teile/Materialien, Überwachung der laufenden Fertigung, Labor- und Kontrollmusterprüfungen, Musterinspektion und Abnahme versandbereiter Produkte?
12. Sind geeignete Lehren, Meßgeräte, Labor- und Test-Einrichtungen zur Regelung des Prozesses verfügbar?
13. Hat der Hersteller ein wirksames Instandhaltungsprogramm für Prüfmittel?
14. Welche Verfahren wendet der Hersteller an, den Bearbeitungs- und Inspektionszustand der Produkte während des gesamten Systemdurchlaufs anzuzeigen?
15. Kann der Hersteller seine Erstbemusterungen durch vollständige Unterlagen belegen?
16. Reagiert der Hersteller in geeigneter Weise auf Kundenbeanstandungen?

Fertigung und Versand
17. Werden Prüfungen, Messungen und Teste in Übereinstimmung mit den Prüfanweisungen durchgeführt?
18. Sind schriftliche Anweisungen und Standards für Nacharbeit und/oder Verschrottung vorhanden? Werden nachgearbeitete oder ausgesuchte Produkte einer Nachkontrolle auf Erfüllung aller Anforderungen des Kunden unterzogen?
19. Werden Materialbewegung, Lagerung und Verpackung so vorgenommen, daß die Qualität der Produkte nicht beeinträchtigt wird?
20. Sind Ordnung, Sauberkeit, Umwelt- und Arbeitsbedingungen in der Fertigungsstätte der Qualitätsverbesserung förderlich?

Darst. 2.4-1: Fragen im Rahmen des Systemaudits von Ford

werden direkt an die betroffenen Ingenieure gegeben. Von ihnen wird erwartet, daß sie sich mit den Kritikpunkten auseinandersetzen und Wege zur künftigen Vermeidung der Beanstandungen finden. Die Qualitätsmanagement-Abteilung wird dabei möglichst selten eingeschaltet. Analog verfährt man, wenn Probleme an zugelieferten Teilen auftreten: Auch hier wird Wert darauf gelegt, unmittelbar mit den verursachenden *Fertigungsbereichen* zu sprechen und eben gerade nicht, wie lange Zeit üblich, mit der *Qualitätsabteilung* des Zulieferers.[51] Damit sind bereits organisatorische Fragestellungen angesprochen, auf die im folgenden Abschnitt einzugehen ist.

2.5 Organisation des Total Quality Managements bei Ford

Die Organisation des Qualitätsmanagements bei *Ford* innerhalb der Matrixstruktur des Gesamtunternehmens - s. hierzu Darst. 2.5-1 auf der folgenden Seite - ist recht komplex und schon deshalb schwer faßbar, weil weite Bereiche der Tätigkeiten, die zum Qualitätsmanagement zählen, bereits in verschiedene Fachfunktionen integriert sind oder von (oft zeitlich befristet existierenden) überfunktional zusammengesetzten Teams durchgeführt werden. Schriftliche Unterlagen hierzu waren leider nicht zu erhalten. Jedoch kann festgestellt werden, daß es je eine Qualitätssicherungs-Abteilung gibt für (a) *kleine und mittlere Fahrzeuge*, (b) *große Fahrzeuge* und (c) *Motoren und Getriebe*. Weiter gibt es noch wieder den verschiedenen *Vorstandsbereichen* zugeordnete Qualitätssicherungs-Abteilungen, wie dies Darst. 2.5-2 (S. 233) am Beispiel des Bereichs "Karosserie und Montage" zeigt. Schließlich existiert ein *Quality Strategy Office*, das direkt dem Vorstandsvorsitzenden berichtet.

Insgesamt sind bei *Ford drei* Tätigkeitsbereiche in das Qualitätsmanagement in Zusammenhang mit *Zulieferern* eingebunden: Die *Lieferanten-QS (SQA)* ist der Bereich, der in erster Linie für *Kontakte* mit den Lieferanten hinsichtlich der Qualität verantwortlich ist. Wichtigste Aufgabe ist die Unterstützung der Zulieferer bezüglich der *Entwicklung von Systemen*, mit denen Fehler vermieden und Prozeßschwankungen kontinuierlich reduziert werden. Die *Lieferanten-Qualitätstechnik (SQE)* ist der Bereich, der die Funktionen der Lieferanten-Qualitätssicherung, der *Her-*

---

51 So C. Fearon im Gespräch mit der Verfasserin am 24. Mai 1994 in Köln.

232   2. Erste Fallstudie: Total Quality Management bei Ford

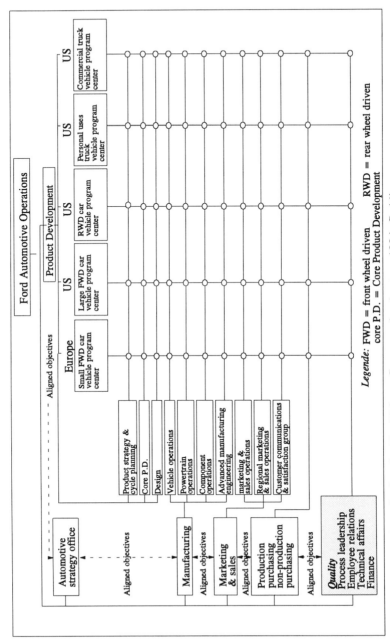

Darst. 2.5-1: Die Organisation der Ford Motor Company (nach DONE 1994, S. 11)

2.5 Organisation des Total Quality Managements bei Ford 233

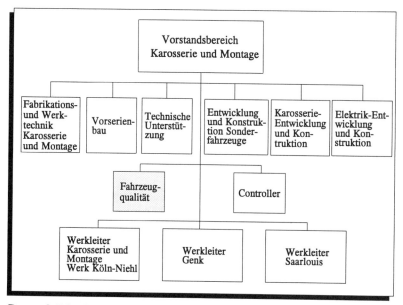

Darst. 2.5-2: Organisation Vorstandsbereich "Karosserie und Montage" (modifiziert nach O.V. 1993d, S. 16)

stellbarkeitsanalyse bei Lieferanten und die Koordination der Werkzeugabnahme umfaßt. Die *Lieferanten-Qualitätsverbesserung (SQI)* arbeitet während der *Prototyp- und Anlaufphase* eines neuen Produktes intensiv mit den ausgewählten externen und internen Herstellern an der Qualitätsverbesserung zusammen. Von diesen Mitarbeitern werden zudem die *Audits* bei Lieferanten durchgeführt.

Bei *Ford*, wie in vielen Unternehmen, finden zur Zeit Umstrukturierungsprojekte statt, von denen auch das Qualitätsmanagement betroffen ist.[52] Möglichst viele Bestandteile des Qualitätsmanagements sollen nach und nach in die verschiedenen Fertigungsbereiche integriert werden. Als erstrebenswert wird von manchen Beteiligten zudem eine deutliche Trennung zwischen *Quality Control* ("TQC Administration") und "Quality Assurance" ("TQC Promotion") betrachtet. Erstere umfaßt vor allem die Behebung von Qualitätsproblemen. Generell gehört in diesen Bereich auch die Datensammlung und -bewertung im Hinblick auf die in den

---

[52] Die folgenden Informationen stammen aus dem Gespräch der Verfasserin mit Herrn Dierkes am 16. Juni 1994 in Köln.

Kontrollplänen festgehaltenen kritischen Merkmale. Mit dem Begriff *Quality Assurance* soll dagegen primär die Suche nach den Hintergründen für das *Möglichwerden* von Fehlern beschrieben werden. Sie beinhaltet die Aufgabe, unternehmensweite Qualitätspolitik sowie die aktuellen und zukünftigen Standards und Ziele zu entwickeln und im Unternehmen zu verbreiten bzw. durchzusetzen. Ihr Ziel muß gerade auch die Überwachung und Verbesserung der gegenwärtig im Unternehmen genutzten Verfahren im Rahmen des Qualitätsmanagements sein. Diese Aufgaben sind großenteils bereits im "Europäischen Stab für Qualitätsstrategien" angesiedelt.

Besondere Bedeutung für die Umsetzung des Qualitätsmanagement-Konzeptes bei *Ford* kommt den sogenannten *QOS-Teams* zu. Diese setzen sich aus unterschiedlichen Mitarbeitern, auf jeden Fall aber funktionsübergreifend zusammen. Sowohl von externen Zulieferern als auch im eigenen Unternehmen wird die Etablierung von QOS-Teams für nahezu alle die Qualität betreffenden Aktivitäten erwartet. Darst. 2.5-3 zeigt das Ineinandergreifen verschiedener Gruppenkonzepte.

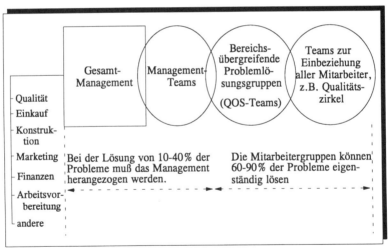

Darst. 2.5-3: Verschiedene Team-Ebenen im Rahmen des TQM bei Ford (modifiziert nach FORD MOTOR COMPANY 1992b, o.S.)

Die *Management-Teams* setzen sich aus Führungskräften zusammen, sie kommen insbesondere bei der strategischen Qualitätsmanagement-Planung zum Einsatz. Ein Großteil der Qualitätsmanagement-Aktivitäten wird von *QOS-Teams* durchgeführt, so z.B. die Realisierung von Fehlermöglichkeits- und -einflußanalysen oder die Anwendung der Taguchi-Methode. Zumindest dieser Schriftform nach gelten auch *Qualitätszirkel* und ähnliche "Teams zur Einbeziehung aller Mitarbeiter" als wichtiger Bestandteil des Gesamt-Systems.

Meist werden die QOS-Teams bei *Ford* von einem der beteiligten Ingenieure, oft von jenen der Qualitätsabteilung, geleitet. Qualitätszirkel sind den jeweils betroffenen Meistern zugeordnet. Eine Zuordnung von Teams zu *Produktmanagern* ist nicht möglich, da solche bei *Ford* nicht institutionalisiert sind. In einer Umfrage der Zeitschrift *Automobil-Produktion* zur Verbreitung von *Reengineering-Projekten* wurde von Mitarbeitern des Unternehmens *Ford* die Umsetzung wichtiger Elemente dieses Konzeptes bestätigt.[53] Als solche werden z.B. die Integration von Wartungs- und Prüfaufgaben in Fertigungsteams und eine kundenorientierte Entwicklung mit Hilfe des Quality Function Deployment bezeichnet. Formal etablierte *Prozeßmanager* gibt es allerdings nicht.

Insgesamt ist die organisatorische Umsetzung des Total Quality Managements bei *Ford* sicher auch dadurch geprägt, daß die Unternehmensstruktur insgesamt einem Wandlungsprozeß unterliegt und sich daher vieles gerade in der Veränderung befindet. Auch hiermit mag es zusammenhängen, daß die Mitarbeiter verschiedener Bereiche des Qualitätsmanagements, z.B. die mit der Lieferantenqualität befaßten einerseits und die für die internen Qualitätsstrategien verantwortlichen andererseits, wenig zusammenarbeiten bzw. teilweise nichts voneinander wissen. Hervorzuheben ist, daß die Integration zahlreicher TQM-Aktivitäten in die verschiedenen Fertigungsbereiche schon weit fortgeschritten ist und somit ein recht weit dezentralisiertes Total Quality Management verwirklicht wird.

---

53 Vgl. auch zu folgendem o.V. 1994c, S. 128.

3. Zweite Fallstudie: Total Quality Management bei Mercedes-Benz

3.1 Einführung

Die *Mercedes-Benz AG* ist ein Unternehmensbereich des *Daimler-Benz-Konzerns* mit seiner Zentrale in Stuttgart. Als Holdinggesellschaft hält der Konzern jeweils eine 100%-Beteiligung an den Unternehmen *Mercedes-Benz (MB)*, der *Deutschen Aerospace* und der Daimler-Benz Interservice Gesellschaft *Debis*. Im Geschäftsjahr 1993 wies der Gesamtkonzern einen Umsatz von 97.737 Mio. DM aus, zu dem MB 64.496 Mio. DM beitrug; beschäftigt waren Ende des Jahres im Konzern 366.736 Mitarbeiter, von denen 209.933 bei MB arbeiteten.[1]

Die Produktpalette des Werks in Bremen - auf das in den folgenden Ausführungen besonders eingegangen wird - umfaßt (Stand: August 1994) den W202 (C-Klasse), S124 (T-Limousine) und R129 (SL). Insgesamt bestehen in Deutschland sieben Pkw- und sechs Nfz-Werke mit unterschiedlichen Tätigkeitsbereichen, gemäß Darst. 3.1-1.

Hinzu kommen weitere Werke in Argentinien, Brasilien, Spanien, Südafrika, Mexiko, USA, Türkei, Indonesien, Schweiz, Nigeria und Iran. Die inländischen Werke sind in einem *Produktionsverbund* verknüpft, der auf Arbeitsteilung beruht.

Mercedes-Benz gilt seit mehr als einem Jahrhundert als Unternehmen mit traditionell qualitativ hochwertigen Produkten. Trotzdem - oder gerade deswegen - bestehen im Vergleich zu manchen anderen Unternehmen der Automobilindustrie erst seit relativ kurzer Zeit intensive Bemühungen um ein modernes Total Quality Management. Ein solches wird zur Zeit noch nicht vollständig verwirklicht; es sind jedoch Ansätze hierzu erkennbar bzw. in der Planung.

---

1 Vgl. MERCEDES-BENZ AG 1994a.

Pkw-Werke	Tätigkeitsgebiete/Hauptprodukte
Sindelfingen	Karosserie- und Montagewerk
Untertürkheim	Fertigung von Motoren, Achsen und Getrieben, Gießerei, Schmiede
Bremen	Karosserie- und Montagewerk
Berlin	Fertigung von Aggregaten und Teilen für Pkw- und Nfz-Motoren sowie von Pkw-Tauschmotoren
Hamburg	Fertigung von Fahrgestellteilen und Kleinaggregaten für Pkw und Nfz
Bad Homburg	Fertigung von Motorensteuerungsteilen für Pkw und Nfz
Rastatt	Montagewerk
Nfz-Werke	*Tätigkeitsgebiete/Hauptprodukte*
Mannheim	Fertigung von Nfz- und Industriemotoren, Karosserie- und Montagewerk für Omnibusse, Gießerei, Textilfertigung für Pkw
Wörth	Lkw-Montage einschl. Fahrerhausbau, Fertigung von Kunststoffteilen für Pkw und Nfz, Zentrales Versorgungslager
Gaggenau	Karosserie- und Montagewerk für Unimog, Fertigung von Getrieben und Achsen
Düsseldorf	Karosserie- und Montagewerk für Transporter, Fertigung von Lenkungen für Pkw und Nfz
Kassel	Fertigung von Achsen für Geländewagen und sämtliche Nfz, Teile für Pkw-Motoren
Ludwigsfelde	Montage von Lkw und Transportern im Lohnauftrag bei der Ludwigsfelde GmbH *
	*Kapitalbeteiligung 25%

Darst. 3.1-1: Pkw- und Nfz-Werke von Mercedes-Benz in der Bundesrepublik Deutschland (modifiziert nach MERCEDES-BENZ AG 1993d, o.S.)

3.2 Strategische Komponenten des Total Quality Managements bei Mercedes-Benz

3.2.1 Interne Strategien

Am 19.4.1993 wurde in einer Vorstandssitzung der MB-AG eine von der Zentralen Qualitätssicherung (ZQ) eingebrachte Vorlage zum Qualitätsmanagement diskutiert; im Anschluß daran wurde sie verabschiedet und an alle Werke zur Kenntnisnahme und Umsetzung bzw. Abstimmung mit den bisherigen Aktivitäten weitergeleitet.

238   3. Zweite Fallstudie: Total Quality Management bei Mercedes-Benz

In dieser Vorlage wird *Qualität definiert* als "die Erfüllung der Kundenanforderungen an die Marke Mercedes-Benz"[2], wobei diese für "ein kompetentes Angebot in den Feldern: Fahrzeug, Service, Betreuung und Dienstleistungen" stehen soll. Angestrebt wird der Erfolg am Markt durch zufriedene Kunden. TQM wird definiert als "*Führungskonzept, das Menschen und Prozesse integriert und es dadurch ermöglicht, Produkte und Dienstleistungen wirtschaftlich erfolgreich so herzustellen, daß sie den Kundenanforderungen optimal entsprechen.*" Die "Integration" von Menschen und Prozessen soll durch "ganzheitliche Personal- und Prozeßentwicklung" erreicht werden.

Wie wohl in vielen Unternehmen, so besteht auch bei MB eine gewisse *Begriffsvielfalt*; es werden in verschiedenen Unterlagen etwa die Begriffe TQM und KVP ("Kontinuierlicher Verbesserungsprozeß") unterschiedlich definiert und einander über- bzw. untergeordnet. Der *Kontinuierliche Verbesserungsprozeß* umfaßt, wie schon der Name sagt, den Prozeß der fortwährenden Verbesserung in jeder Hinsicht im Unternehmen, die ständige Weiterentwicklung von Bewußtsein, Verhalten und Abläufen. Den KVP betreffend existiert ein *Vorstandsauftrag* an das Werk Bremen, das nach Möglichkeiten einer Konkretisierung und Umsetzung eines solchen Konzeptes suchen soll.[3] Aus allen indirekten Bereichen, aber auch der Produktion wurde eine Arbeitsgruppe zusammengestellt, die im Ergebnis ein Positionspapier formulierte, dessen Essenz Darst. 3.2-1 zeigt.

Ein verändertes Bewußtsein und Verhalten sowie entsprechende Aktivitäten einer "Kontinuierlichen Verbesserung" werden als sich gegenseitig bedingend und beeinflussend betrachtet. Die Förderung eines neuen *Bewußtseins* setzt an den verschiedenen Unternehmensebenen an. Zunächst wurde - ebenfalls auf der oben angesprochenen Vorstandssitzung am 19.4.1993 - das *MB-Erfolgsprogramm* verabschiedet. Dieses sieht als "strategische Stoßrichtungen" eine *"kompromißlose Kunden- und Marktorientierung"* sowie das *"Null-Fehler-Ziel"* vor. Diese sollen durch das Bestreben einer *"kontinuierlichen Verbesserung"* und konsequente *"Entscheidungsdelegation"* erreicht werden. Umgesetzt werden soll das MB-Erfolgsprogramm unter Führung der Centerleiter, der Direktoren der Zentrale und der weiteren Führungskräfte.

---

2   MERCEDES-BENZ AG 1993a, S. 3, Hervorhebungen im Original Fettdruck. Aus derselben Quelle stammen die folgenden direkten Zitate dieses Absatzes.
3   Hiermit beschäftigt sich insbesondere Herr Dr. Nölke, Assistent des Technischen Werksleiters; die im folgenden zusammengefaßten Informationen entstammen einem Gespräch zwischen ihm und der Verfasserin am 31.8.1993.

3.2 Strategische Komponenten des Total Quality Managements bei MB   239

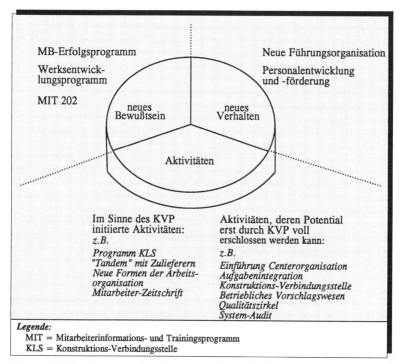

Darst. 3.2-1: Elemente des Kontinuierlichen Verbesserungsprozesses bei Mercedes-Benz (nach MERCEDES-BENZ AG 1993b, o.S.)

Für die einzelnen Werke von größter Bedeutung ist das *Werksentwicklungsprogramm* als Konzept, wie das Werk eigenständig zum Unternehmensziel beitragen kann. Entstanden in Bremen in Zusammenarbeit der Werksleitung, der verschiedenen Leistungszentren[4] sowie der Technischen Planung, hat es zum Ziel, dem Werk eine stärkere Profilierung zu ermöglichen, z.B. auch Wege zu diskutieren, wie der Einfluß auf die Modellpolitik verstärkt werden kann.

Dem "Bewußtseinswandel" auf Ebene der *Mitarbeiter* dienen insbesondere Programme wie das *Mitarbeiter-Informations- und Trainingsprogramm für den W202* (MIT 202). Dieses wurde in Bremen und Sindelfingen durchgeführt, um alle zuständigen Bereiche intensiv auf den Serienanlauf vorzubereiten. Mit diesem Trainingsprogramm sollte ein Großteil

---

4   Die Begriffe *Leistungscenter* und *-zentren* werden bei MB synonym verwandt.

der Mitarbeiter befähigt werden, sich an der Planung und anfallenden Problemlösungen zu beteiligen. Die geschulten Mitarbeiter wurden vor Ort als Multiplikatoren eingesetzt, sie nahmen auch an der Präsentation des W202 teil. 300 Mitarbeiter wurden ausgelost, um an einem Forum mit den beiden Werksleitern über den neuen W202 teilzunehmen. Per "Rubbellos" konnte zudem die Vorab-Nutzung eines Fahrzeugs der neuen C-Klasse während eines Wochenendes gewonnen werden. Die Erfahrungen mit diesem Projekt bezeichnen Mitarbeiter des Unternehmens als sehr positiv; das Verantwortungsgefühl der Belegschaft und die Bereitschaft, sich für mehr Qualität einzusetzen, seien gestiegen. Auch das Wissen um die Bedeutung der eigenen Tätigkeiten für vor- und nachgelagerte Produktionsbereiche sei erweitert und damit eine Voraussetzung für die Etablierung effizienter interner Kunden-Lieferanten-Beziehungen erfüllt worden.

Neben den zahlreichen *Aktivitäten*[5], die erst durch den KVP voll zur Wirkung kommen können[6], gibt es eine Reihe von Maßnahmen, die explizit initiiert wurden, um den Verbesserungsprozeß zu fördern. Hierzu gehören z.B. ein Programm zur "*Kostensenkung der laufenden Serie*" und das "*Tandem-Konzept*", welches die Zusammenarbeit mit den Zulieferern betrifft.[7] Auch die Ausweitung neuer Formen der Arbeitsorganisation fällt in diesen Bereich, insbesondere in Form gruppenorientierter Arbeitsgestaltung.

Der gesamte KVP beruht auf einem fortdauernden Kreislauf von Zielvorschlägen, -vorgaben und Rückmeldungen der Ergebnisse ihrer Umsetzung gemäß Darst. 3.2-2. Auf den verschiedenen hierarchischen Ebenen erkannte Probleme und Verbesserungsmöglichkeiten werden unterschiedlichen Gruppen zur Lösung bzw. Verwirklichung zugeteilt; diese melden erzielte Ergebnisse an die betroffenen Bereiche zurück. Der Produktionsarbeitskreis (PAK) ist unter der Leitung des jeweiligen Leistungscenters eingegliedert. Die Mitglieder arbeiten über einen längeren Zeitraum (ca. 2-3 Jahre) zusammen und übernehmen die Verantwortung für Problemlösungsprojekte mit übergreifendem Charakter. (Beispiele sind etwa die Überprüfung des Materialverbrauchs und die effiziente Einfüh-

---

5 Auf die "Neue Führungsorganisation" als wichtige strukturelle Grundlage für verändertes Verhaltensweisen wird in Abschnitt 3.5 eingegangen.
6 Auf diese wird hier nicht näher eingegangen. S. aber zu der Konstruktions-Verbindungsstelle Abschnitt 3.1.1. Das Betriebliche Vorschlagswesen und Qualitätszirkel werden in Abschnitt 3.2 beschrieben, Systemaudits in Abschnitt 4.1.2.
7 S. hierzu Abschnitt 3.2.2.1.

3.2 Strategische Komponenten des Total Quality Managements bei MB 241

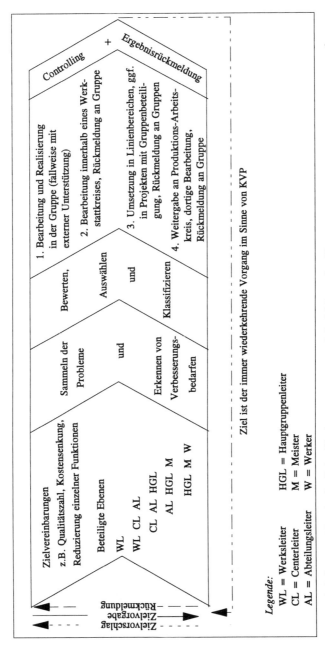

Darst. 3.2-2: Der Kontinuierliche Verbesserungsprozeß bei Mercedes-Benz
(modifiziert nach MERCEDES-BENZ AG 1993a, o.S.)

rung von Gruppenarbeit.) Können Probleme nicht innerhalb einer Arbeitsgruppe oder eines Linienbereiches gelöst werden, besteht die Möglichkeit des Einsatzes von Werkstattkreisen zu diesem Zweck. Der KVP bei MB kann somit in erster Linie als Versuch der Institutionalisierung verschiedener Gruppen und Kreisläufe mit dem Ziel permanenter Qualitätsverbesserung betrachtet werden.

Die Überlegungen zum KVP basieren bei *Mercedes-Benz* auf 1988 erstmals formulierten *Qualitätsstrategien*. Diese betonen zusätzlich die Notwendigkeit der Weiterentwicklung des Qualitätsmanagements zu einem alle Bereiche umfassenden System. Damit in Zusammenhang stehend soll ein Ausbau des *präventiven Qualitätsmanagements* erfolgen, z.B. durch eine verstärkte Anwendung von Methoden wie die Fehlermöglichkeits- und -einflußanalyse und das Quality Function Deployment. Ziel ist die Vermeidung von Schadensschwerpunkten und damit eine Reduzierung der Fehlleistungskosten. Vor allem in einem solchen Vorgehen wird die Voraussetzung für das Erreichen des Null-Fehler-Ziels gesehen.

Das *Quality Function Deployment*[8] wird bei *Mercedes-Benz* bisher noch nicht umfassend angewandt. Seit etwa Mitte 1994 ist eine Mitarbeiterin innerhalb der Zentralen Qualitätsabteilung in Stuttgart[9] hauptamtlich mit der Erarbeitung von Möglichkeiten zur Umsetzung und Verbesserung des Verfahrens beschäftigt. Erste Projekte zeigten, daß das Verfahren in seiner herkömmlichen Form zumindest für umfangreiche Projekte kaum realisierbar war. Allein schon während der ersten Phase kamen viel zu umfangreiche Matrizen, die nicht mehr bewältigbar waren, zustande. In dem Projekt zur Entwicklung der Fahrdynamik beinhaltete die erste Matrix 87·63 Felder, von denen 120 durch 30 Mitarbeiter während einer Zeitspanne von fünf Tagen abgearbeitet wurden. Dann fällte man die Entscheidung, das Projekt nicht mit Hilfe des QFD weiterzuführen.

Allerdings werden bestimmte Aspekte bzw. Schritte des Quality Function Deployment durchaus genutzt. Generell wird der Vorteil gesehen, einen "roten Faden" für die Diskussion zwischen Mitarbeitern der verschiedenen Abteilungen, die an der Entwicklung neuer Produkte und Prozesse beteiligt sind, schaffen zu können.

---

8   S. allgemein zu diesem Verfahren Teil II, Abschnitt 2.1.2.
9   Die im folgenden beschriebenen Informationen stammen aus einem telefonischen Interview am 22.6.1995 mit dieser Mitarbeiterin, Frau Dr. *Kosche*, sowie schon am 17.5.1994 mit den Herren *Cahn von Seelen* und Dr. *Geesmann* (alle Mitarbeiter der Zentralen Qualitätssicherung).

3.2 Strategische Komponenten des Total Quality Managements bei MB 243

Zu Beginn der Entwicklung neuer Modellreihen werden Kundenanforderungen erfaßt und zielgruppenspezifisch gegliedert. Dabei gestaltet sich die Zusammenarbeit mit dem Marketing bzw. der Marktforschung noch schwierig. Inzwischen - zunächst war auch dies nicht möglich - werden Fragebogen zur Erfassung von Kundenanforderungen und deren Gewichtung gemeinsam erstellt.

Als nächstes wird untersucht, welche Partien am Auto von welchen Anforderungen betroffen sind, wobei z.B. getrennt wird nach
- Karosserie/Rohbau,
- Fahrwerk,
- Aggregaten,
- Design (innen und außen).

Das weitere Vorgehen erfolgt in separaten Projekten, die sich mit der Entwicklung der verschiedenen Partien am Auto beschäftigen. Die Teamzusammenstellung erfolgt dabei nach Maßgabe der Frage, ob durch eine Anforderung mehrere Autopartien betroffen und daher interfunktionale Gruppen erforderlich sind, oder ob dies nicht der Fall ist.

Es wird eine Matrix erstellt, in der den gewichteten Kundenanforderungen noch relativ grobe "Szenarien" im Hinblick auf die Gestaltung des interessierenden Teils gegenübergestellt werden. Mit entsprechenden Symbolen (von + + bis --) wird erfaßt, inwieweit die Szenarien den Kundenanforderungen entsprechen. Außerdem werden für die Szenarien die jeweiligen Herstellkosten erfaßt (und - sofern möglich - mit den Kosten einer "Basisversion" verglichen). Analog erfolgt eine Betrachtung der mit den Szenarien verbundenen Entwicklungsaufwendungen, -zeiten sowie -risiken.

Aus einem Vergleich einerseits der eingeschätzten Kundenzufriedenheit, die mit den verschiedenen Möglichkeiten erzielt werden kann, und andererseits der jeweiligen Herstell- und F&E-Kosten sowie des Zeitbedarfs etc. folgt die Auswahl eines der Szenarien. Für dieses sollen dann die technischen Merkmale entwickelt und in der "üblichen" Weise den Kundenanforderungen gegenübergestellt werden. Bisher finden sich solche Projekte erst im Anfangsstadium. Die Phasen 2 bis 4 des Quality Function Deployment sollen auch künftig nicht verwandt werden. Zwar wird in einer Anlehnung an diese Phasen ein sinnvoller Rahmen für das weitere Vorgehen gesehen, doch hält man die Verwendung der *Matrizen* für weniger praktikabel und zweckmäßig als das "freie" Einsetzen von Instrumenten des Qualitätsmanagements, etwa der Fehlermöglichkeits- und -einflußanalyse.

Das Vorgehen im Rahmen von QFD-Projekten bei *Mercedes-Benz* enthält somit im Vergleich zu dem in der Literatur beschriebenen einige Einschränkungen, andererseits aber auch Erweiterungen. Diese liegen in der Erarbeitung und Analyse verschiedener "Szenarien" und deren Gegenüberstellungen mit den gewichteten Kundenanforderungen zu Beginn der Projekte. Hierdurch wird eine bessere Handhabbarkeit umfangreicher Projekte ermöglicht. Aufgrund der erst relativ kurzen Zeitspanne, innerhalb derer mit diesem Verfahren Erfahrungen gewonnen werden konnten, ist noch nicht absehbar, welche Rolle dem Quality Function Deployment im Rahmen des Total Quality Managements bei *Mercedes-Benz* künftig zukommen wird.

Das interne strategische Qualitätsmanagement befindet sich bei MB insgesamt noch in der Einführungsphase. Das Vorgehen in verschiedenen Situationen ist bisher noch nicht verbindlich festgelegt, und die Umsetzung der bisherigen Planung ist wohl als noch eher punktuell zu bezeichnen. In der Entwicklung weiter fortgeschritten sind die Lieferantenstrategien:

3.2.2 Lieferantenstrategien

3.2.2.1 Einkaufsstrategien

Mercedes-Benz hatte im Jahr 1993 eine - im Vergleich zu früheren Jahren schon gesunkene - Eigenfertigungstiefe von ca. 50% und gehörte damit zu den Automobilherstellern mit (noch) hohem *Eigenfertigungsanteil*. Es kann jedoch davon ausgegangen werden, daß dieser in nächster Zeit noch weiter verringert wird. Begründet wird diese Tendenz zum einen damit, daß auf seiten vieler der zur Zeit rund 1700 Zulieferer gerade bei sehr anspruchsvollen Komponenten z.T. mehr Fertigungs-Know-How besteht als bei MB selbst; ähnliches gilt für viele Entwicklungsbereiche. Zum anderen sind die Kapazitäten an Entwicklungsingenieuren und Konstrukteuren bei MB knapp. Dies spricht ebenfalls für eine Veränderung der Zusammenarbeit zwischen Hersteller und Zulieferern. In der Konsequenz hieraus werden für Komponenten wie Sitzanlagen, Verkleidungsteile für Türen und Dachhimmel, Lenkungen und Getriebe zukünftig von MB verstärkt Zulieferer herangezogen, wobei die Notwendigkeit allgemein für eine Vergabe von Aufträgen zu einem früheren Zeitpunkt als bisher gesehen wird, auch, um Parallelentwicklungen zu vermeiden.

3.2 Strategische Komponenten des Total Quality Managements bei MB

Trotzdem bleibt es offenbar gleichzeitig das Ziel von *Mercedes-Benz*, "weltbeste Entwicklung"[10] zu werden: "Ich sehe es als unser Ziel, Fremdentwicklung zumindest nicht aus Kapazitätsgründen und möglichst bald auch nicht mehr aus wirtschaftlichen Gründen einzusetzen." Es werden sogenannte Kernumfänge genannt, die nicht aus der Hand gegeben werden sollen. Diese machen zur Zeit etwa 40% am Gesamtfahrzeug aus; dazu gehören der Motor als Gesamtsystem, Elektronik- und Fahrdynamiksysteme. Hier bestehen möglicherweise Meinungsunterschiede zwischen verschiedenen Mitarbeitern des Unternehmens.

Noch vor wenigen Jahren war es bei *Mercedes-Benz* eine wichtige Strategie, möglichst mindestens zwei Lieferanten pro zugelieferter Teileart zu beauftragen, wofür insbesondere eine hohe *Produktionssicherheit* sprach; gleichzeitig sollte der Wettbewerb zwischen Zulieferanten gerade hinsichtlich der Preisfindung gefördert werden. Inzwischen spielt auch bei MB das Schlagwort *Single Sourcing* eine große Rolle, obgleich es nicht als unbedingtes Ziel verfolgt wird. Es besteht jedoch die Tendenz, wo sich dies anbietet, nur für jedes Werk pro Teil jeweils einen Lieferanten einzusetzen. Als vorteilhaft wird dabei häufig gesehen, wenn sich die Zulieferer - zumindest schwerpunktmäßig - auf den Kunden MB festlegen: "Wir meinen, alle Menschen profitieren vom hohen Know-How unserer Lieferanten, das sicher auch durch die Unterschiedlichkeit ihrer Kunden gefördert wird. Das heißt aber nicht, daß wir uns manchmal nicht etwas mehr Eindeutigkeit in der Zuneigung unserer Lieferanten insbesondere bei Neuentwicklungen wünschten. Hier gilt in besonderem Maße: 'Allen Herstellern recht getan, ist eine Kunst, die niemand kann!'"[11]

Just-in-Time-Konzepten wird bei *Mercedes-Benz* im Hinblick auf einige Bereiche große Bedeutung zugeordnet. Dies ist etwa der Fall beim Integralsitz des neuen *Mercedes SL, Roadster*, einem Sicherheitsbauteil mit rund 1000 Einzelteilen. Das Zulieferwerk von MB in Hamburg montiert täglich die komplette Sitzmaschine für 100 Fahrzeuge und prüft diese. Neun Stunden vor dem Einbau in Bremen wird der Anstoß zur Montage - die etwa sechs Stunden dauert - gegeben. Sämtliche gefertigten Teile müssen in einer schallisolierten Kabine endgeprüft werden. Danach wird - per Netzverbund - der Auftrag nach Bremen "quittiert", und die Sitze werden JIT nach Bremen geliefert. Sowohl Sitze als auch die Kabelbäume werden MB ausschließlich JIT-zugeliefert.

---

10 ZETSCHE (Vorstand "Entwicklung Pkw") in einem Interview: o.V. 1993e, S. 29.
11 RUDNITZKI (Leiter des Bereichs "Einkauf Produktionsmaterial für Pkws", Stuttgart) 1990, S. 110.

Geplant ist eine weitere Verstärkung des Trends hin zu *Systemlieferanten*. (Bisher ist *Bosch* Systemlieferant für ABS, das Adaptive Stoßdämpfersystem und Airbag, die *Leonischen Drahtwerke* für die Rahmen-Boden-Anlage.) Im Hinblick gerade auf die Zusammenarbeit mit diesen findet bei MB der Begriff *Tandem-Lösung* Verwendung: Er bezeichnet die gemeinsame Suche nach Problemlösungen mit den Zulieferern. Allein 1993 wurden etwa 300 solcher Projekte begonnen und teilweise auch abgeschlossen. Beispiele hierfür sind etwa[12]:
- Entwicklung bzw. Weiterentwicklung von Kurzzeitprüfungen, mit denen auch langfristige Umweltbelastungen durch bestimmte Produktionsprozesse geprüft werden können,
- Weiterentwicklung von Prüfverfahren, die noch nicht zu validen Ergebnissen kommen, bei denen sich also in der Realität andere Umweltbelastungen zeigen als in den Prüfungen,
- gemeinsame Durchführung einer FMEA für die Rahmen-Boden-Anlage mit dem Zulieferer *Leonische Drahtwerke*[13],
- Entwicklung eines Motorlagers im Nutzfahrzeugsektor, bei dem eine 50%ige Gewichtsreduzierung und eine 60%ige Kostenreduzierung erreicht wurde.

Am Beispiel des *Bremer Montagewerks* soll das Vorgehen bei der *Auswahl und Beurteilung von Lieferanten* durch MB konkretisiert werden.[14] Das Werk bezieht etwa 50% seiner zugelieferten Teile aus anderen Werken des Unternehmens; diese Teile werden intern als "Hausteile" bezeichnet. Die Anzahl der Serienlieferanten betrug 1993 insgesamt etwa 780.

Da die Funktion des Einkaufs bei MB für alle Werke zentral in Stuttgart realisiert wird, haben die einzelnen Werke auf die *Lieferantenauswahl* nur relativ wenig Einfluß. Grundsätzlich werden potentielle Lieferanten vom zentralen Bereich Entwicklung[15] bezüglich ihrer technischen Fähig-

---

12 Vgl. MERCEDES-BENZ AG 1993c.
13 S. hierzu Abschnitt 3.1.2.
14 Die Informationen dieses Abschnittes entstammen einem Gespräch mit dem Abteilungsleiter "Qualitätssicherung Technik", Herrn Voigt, in Bremen am 6.7.1993.
15 Die stark zentralisierte Organisation des Unternehmensbereichs "Forschung und Entwicklung" bei MB wird sich in Zukunft vermutlich noch verstärken, da bis 1995, so die Planung, in Stuttgart-Untertürkheim ein neues Gebäude für ein MB-Forschungsinstitut mit 400 bis 500 Mitarbeitern errichtet werden soll. Hintergrund der Planung ist das Bestreben einer Bündelung aller für das Unternehmen wichtigen Aktivitäten in diesem Bereich (vgl. o.V. 1991c, S. 72-76).

keiten analysiert; hinsichtlich betriebswirtschaftlicher Daten erfolgt eine Beurteilung durch den Zentralen Einkauf. Erstmals wurde 1993 bei den Planungen für den neuen R170 von seiten des Zentralen Einkaufs in Stuttgart die *Qualitätssicherung Technik* in Bremen in die Lieferantenauswahl einbezogen. Dies könnte auch für die Zukunft richtungsweisend sein, zumal in Bremen das Vorgehen als sehr motivierend empfunden wurde.

In der Regel werden mit den Zulieferern *Einjahres-Verträge* abgeschlossen. Am Ende des Jahres finden dann erneut Einkaufsabschlußgespräche, insbesondere zur Festlegung künftiger Preise und Lieferbedingungen, statt.[16] In bezug auf die *Entscheidungen über eine vertraglich geregelte Weiterverpflichtung der Zulieferer* am Ende der jeweiligen Kontraktdauer einschließlich des Aufzeigens von Schwachstellen und damit verbundener Auflagen zu ihrer Eliminierung haben die einzelnen Werke einen wesentlich größeren Einfluß als bei den Erst-Auswahlen. Hierbei werden zum einen die - auf Werksebene angefertigten - *Lieferantenbeurteilungen* herangezogen, für die ein standardisierter Kriterienkatalog[17], ausgefüllt von verschiedenen, von den Lieferantenleistungen direkt betroffenen Bereichen die Basis ist. Darstellung 3.2-3 (auf der folgenden Seite) zeigt diesen Fragebogen.

Während der laufenden Produktion erfolgt bei MB zum anderen in den verschiedenen Werken eine Beurteilung zugelieferter Produkte durch die *Qualitätssicherung Kaufteile*. Alle auftretenden Fehler werden in einem Katalog "Kaufteilebewertung" festgehalten. Es finden nach wie vor *Annahmeprüfungen* beim Wareneingang statt, teilweise sogar noch 100%-Prüfungen, in manchen Werken, wie in dem in Mannheim, dagegen nicht einmal Stichproben: Dies wird als Aufgabe der Zulieferer verstanden und mit diesen vertraglich auch so festgelegt. In Abhängigkeit von ihrer Qualitätsgeschichte werden Kaufteilelieferungen im Schnitt jedoch zwei bis vier Mal pro Jahr geprüft, bzw. öfter bei Qualitätseinbrüchen ("dynamische Qualitätssteuerung"). Die - entweder hier oder in der Pro-

---

16 Ausnahmen sind die *Leonischen Dragtwerke* und *Recaro*, mit denen 10-Jahres-Verträge abgeschlossen wurden, da deren betroffene Werke ausschließlich *Mercedes-Benz* zuliefern.

17 Als problematisch wird an diesem Katalog von MB selbst gesehen, daß die Kriterien bisher weder als solche noch ihre jeweiligen Ausprägungsstufen exakt definiert sind, was einer sehr subjektiven Beurteilung Vorschub leistet. Zudem werden den einzelnen (und sich teilweise inhaltlich überschneidenden) Punkten keine unterschiedlichen Gewichte zugeordnet.

248   3. Zweite Fallstudie: Total Quality Management bei Mercedes-Benz

		+3 +2 +1 0 -1 -2 -3	
Versorgungsprobleme infolge Qualitätsmängel	selten		häufig
Einhaltung Liefertermine	pünktlich		unpünktlich
Überlieferungen	selten		häufig
Unterlieferungen	selten		häufig
Reaktion bei Engpässen/ kurzfristigen Programmänderungen	schnell		langsam
Flexibilität bei Neuanläufen/Neuteilen	gut		schlecht
Zusammenarbeit	gut		schlecht
Gesamteindruck	gut		schlecht

Entwicklung des Lieferanten, besondere Hinweise, Probleme, erforderliche Maßnahmen:

Darst. 3.2-3: Kriterienkatalog zur Beurteilung von Zulieferern (nach MERCEDES-BENZ AG 1993c, o.S.)

duktion - aufgetretenen Fehler werden mit ihrer steigenden Bedeutung als Neben-, Haupt- oder kritische Fehler, die Kaufteile entsprechend in die Klassen A, B und C eingestuft. Dabei verwendet man einen *Kritikfaktor*, errechnet nach einem Bewertungsalgorithmus auf Basis des Verhältnisses der Anzahl von A/B/C-Positionen eines Lieferanten[18]:

$$\text{Kritikfaktor} = \frac{(C+B/2,5)^2}{A+B+C}$$

Jährlich werden "Hitlisten" als eine *Negativ-Rangfolge* unter den Lieferanten erstellt. Bei den ca. 780 Zulieferern und etwa 25.000 Kaufteilen

---

18 Die Zulieferer werden entsprechend der Beurteilung der von ihnen kommenden Teile als A-, B- oder C-Lieferanten eingestuft.

3.2 Strategische Komponenten des Total Quality Managements bei MB 249

des Werkes Bremen wurden z.B. 1990 immerhin ungefähr 1000 Störfälle pro Monat festgestellt, die im Schnitt jeweils etwa vier Stunden Aufwand zur Störfallregulierung erforderten. Der Aufwand umfaßte dabei die Erkennung des Fehlers und seine Lokalisierung sowie die Herausnahme und Ersetzung fehlerhafter Teile aus dem Fertigungsbetrieb. An den notwendig gewordenen Aktionen waren neben der QS Kaufteile auch die Bereiche Montage, QS Montage, Materialverwaltung und der jeweils betroffene Lieferant beteiligt. In absteigender Reihenfolge handelte es sich um folgende Fehlerarten: attributive Fehler, funktionelle Fehler, Verpackungsfehler, Speditionsfehler, Identfehler.

Regelmäßig werden *Qualitätsaudits* bei wichtigen Zulieferern durchgeführt, wobei das Vorgehen mit dem nach DIN EN ISO 9000ff. weitgehend identisch ist. Vorgegangen wird dabei - ebenso wie bei den anderen Automobilherstellern in Deutschland - nach dem Fragenkatalog des *Verbandes der Automobilindustrie e.V.*[19] In der Automobilbranche werden diese Audits gegenseitig anerkannt, so daß nicht mehr jeder Hersteller jeden Zulieferer selbst auditiert. Zwischen den einzelnen Werken von MB kommt es zu einem halbjährlichen Austausch der Audit-Ergebnisse. Zu einer *Zertifizierung* nach den DIN-EN-ISO-Normen wurde für die Zulieferer lange Zeit dennoch keine Notwendigkeit gesehen, da diese für zu zeit- und kostenaufwendig - gerade für kleinere Zulieferer - erachtet wurden.[20] Die Frage nach der Anerkennung der Zertifikate durch MB wurde jedoch von vielen Zulieferern selbst aufgeworfen, die sich hiervon eine Abkehr von den immer häufigeren Audits durch Kundenunternehmen erhofften. *Mercedes-Benz* erkennt diese Zertifikate an, führt allerdings noch Prüfungen mit technischen Inhalten zusätzlich durch.

Bei MB werden bisher keine *Qualitätspreise* für Lieferanten, wie der Q1-Award von *Ford* oder die Urkunden von *Audi/VW* für die "Lieferanten des Jahres", geplant. (Man ging noch 1991 davon aus: "An Mercedes-Benz zu liefern, ist bereits eine Qualitätsauszeichnung für sich"[21]) Ebenso ist bisher nicht vorgesehen, Ausbildungskonzepte zum Thema Qualitätssicherung zu erstellen und auch die Zulieferer darin einzubeziehen, da das Angebot an Literatur und entsprechenden Institutionen als ausreichend beurteilt wird.

---

19 Vgl. VDA (Hrsg.) 1991. S. auch kurz in Abschnitt 4.1.2.
20 So der damalige Leiter der Zentralen Qualitätssicherung von MB in Stuttgart, Köster 1991, S. 34f.
21 ebenda.

3.2.2.2 Ergebnisse einer empirischen Studie zu den Beziehungen zwischen Mercedes-Benz und seinen Zulieferern

1991 wurde bei MB in Bremen eine Studie zu den Lieferantenbeziehungen des Unternehmens durchgeführt; ausgewählte Ergebnisse werden im folgenden dargestellt.[22] Es handelte sich bei der Untersuchung um eine schriftliche Querschnittserhebung; angesprochen wurden 100 der 765 Kfz-Serienlieferanten des Bremer Werkes. Ausgewählt wurden die Unternehmen mittels einer geschichteten Zufallsauswahl. Schichtungskriterien waren zum einen die "Umsatzstärke des Zulieferanten mit MB" und zum anderen eine "Qualitätszahl des Zulieferers", die sich aus dem Kritikfaktor und dem entsprechenden Platz auf der "Hitliste" (s. oben) ergab.[23] Nach einer Nachfaßaktion wurde eine Rücklaufquote von 79% erreicht.

Aus den *Ergebnissen* wurde deutlich, daß ein großer Anteil der Zulieferer (73,1%) schon seit Bestehen des Bremer Werks von MB mit diesem zusammenarbeitet, dagegen nur 10,3% erst seit maximal einem Jahr.[24] In einer *längerfristigen Zusammenarbeit* werden von den Zulieferern in erster Linie die Vorteile eines persönlicheren Verhältnisses, eines ehrlicheren und offeneren Umgangs miteinander, einer - damit wohl verbundenen - frühzeitigeren Kontaktaufnahme bei Problemen und schließlich einem verbesserten Einblick in den Betrieb von MB gesehen. (Die Prozentangaben lagen bei diesen Aspekten jeweils zwischen ca. 45 und 55%.) Immerhin 8,9% sprachen jedoch auch von einem tendenziell schwierigeren Umgang miteinander bei längerfristiger Zusammenarbeit.[25]

Zehn Prozent der Befragten kritisierten, daß sie nicht in ausreichendem Maße die Anforderungen an das von ihnen gelieferte Teil hinsichtlich der Relevanz für das Gesamtprodukt kennen.[26] Dies mag damit zusammenhängen, daß ein etwa ebenso großer Anteil der Zulieferer offenbar noch nie den Prozeß der Weiterverarbeitung ihres Produktes bei *Mercedes-Benz* hat verfolgen können, obwohl dies - laut Probandenaussagen - elementar zu sein scheint für eine konstruktive Aufnahme und Umsetzung von Kritik. Obwohl 82% der Zulieferer meinen, hinsichtlich der Tätigkeiten der Qualitätssicherung bei MB Auskunft geben zu können, betonen gleichzeitig 71,8% der Befragten, daß hier ein bedeutendes Defizit und der

---

22 Vgl. HEMPFLING 1992.
23 Vgl. HEMPFLING 1992, S. 19.
24 Vgl. HEMPFLING 1992, S. 25.
25 Vgl. HEMPFLING 1992, S. 29.
26 Vgl. HEMPFLING 1992, S. 27.

Wunsch nach mehr Einsicht bestehe. Immerhin sind nicht einmal alle von MB eingesetzten Lieferanten-Bewertungsverfahren bekannt: Nur 39, 2% der Befragten kennen das Verfahren der Kaufteilebewertung und 21,5% den Kriterienkatalog zur Beurteilung von Zulieferern. Selbst das Verfahren des Auditing kennen nur knapp 47% der befragten Zulieferer, was damit zusammenhängen mag, daß diese - aus Zeitgründen - nicht alle Zulieferer umfassen. 12,5% der Unternehmen würden sich ein noch stärker *alle* Bereiche umfassendes Konzept zu ihrer Beurteilung wünschen.

Die meisten Lieferanten (60,8%) äußern die Meinung, daß MB sie als gleichberechtigte Partner ansieht; immerhin 27,8% geben an: "MBAG nutzt seine Konzernmacht gegenüber den Lieferanten aus", und dies vor allem bei den jährlich stattfindenden Preisverhandlungen.[27] Interessant sind in diesem Zusammenhang die Aussagen bezüglich des Zeitpunktes, zu dem *Mercedes-Benz* im Falle von Problemen beim Zulieferer informiert wird. MB wünscht sich hier einen möglichst frühen Zeitpunkt: Die Problemteile können dann kurzfristig von einem anderen Lieferanten - sofern vorhanden - hergestellt werden, oder die Produktionsabläufe werden so umkoordiniert, daß dem Lieferanten Zeit zur Problemlösung gegeben werden kann. Die Studie zeigt, daß etwa die Hälfte der Zulieferer sich meldet, sobald ein gravierendes Problem erkannt ist. Andererseits geben 41,8% nur Bescheid, wenn die Produktion unterbrochen werden muß, 6,3% sogar erst dann, wenn die Pufferlager zur Neige gehen.[28]

Gerade bei Systemlieferanten spielt für die Qualität der zugelieferten Teile bzw. Komponenten eine große Rolle, daß die Qualität der Leistungen von *Unterlieferanten* möglichst gut ist. Um dies zu gewährleisten, liegt es nahe, daß die Systemlieferanten ähnliche Forderungen an die Unterlieferanten stellen, wie MB an sie. Die Studie zeigt, daß A-Lieferanten aus der Zusammenarbeit mit MB am ehesten solche Konsequenzen für ihre Beziehungen zu Unterlieferanten ziehen.[29]

Die Auswertungen zeigen insgesamt ein zweigeteiltes Bild: Eine Gruppe von Zulieferern äußert sich eher skeptisch zum Kunden MB und verhält sich eher distanziert. Eine andere Gruppe sieht sich selbst dagegen wohl in einem als "partnerschaftlich" bezeichenbaren Verhältnis zu *Mercedes-Benz* im Hinblick auf die Aufteilung qualitätsbezogener Aufgaben.

---

27 Vgl. HEMPFLING 1992, S. 30.
28 Vgl. HEMPFLING 1992, S. 32f.
29 Vgl. HEMPFLING 1992, S. 37.

3.3 Instrumente des Total Quality Managements bei Mercedes-Benz

3.3.1 Produkt- und prozeßorientierte Instrumente

3.3.1.1 Statistische Qualitätssicherung

Mercedes-Benz hat bisher Erfahrungen mit der *Statistischen Prozeßregelung (SPC)* vor allem im Werk Stuttgart-Untertürkheim gemacht, wo es insbesondere um die Prozeßsicherheit bei der spanenden und umformenden Bearbeitung geht. Bei der spanabhebenden Fertigung, der Motorfertigung und in den Gießereien wird SPC inzwischen flächendeckend angewandt; die Regelkarten werden weitgehend von den Fertigungsmitarbeitern geführt.

Aufgrund der bisherigen Erfahrungen mit SPC ist festgelegt, daß die Erarbeitung der Voraussetzungen für den Einsatz dieser Methode in gemeinsamer Verantwortung durch folgende Bereiche erfolgt[1]:
- Produktion
- Qualitätssicherung
- Produktionsvorbereitung
- Instandhaltung
- Verfahrensentwicklung
- Organisation und Datenverarbeitung
- Arbeitswirtschaft
- Betriebliches Bildungswesen
- Betriebsrat

Für die Planung der durchzuführenden Aktivitäten wird meist ein Projektteam gebildet. Damit ein positiver Projektbeschluß gefällt werden kann, sind von diesem Team Vorschläge hinsichtlich der Prüfplanung, der Prüforganisation (Ausmaß der Werker-Selbstprüfung, Neuverteilung von Arbeitsinhalten zwischen Produktion und Qualitätssicherung [QS]) sowie hinsichtlich der einzusetzenden EDV-Ausrüstung vorzulegen; gleiches gilt für einen Terminplan, die Definition des Pilotbereiches und schließlich eine Wirtschaftlichkeitsrechnung.

Ist das Projekt genehmigt, muß frühzeitig für eine ausreichende *Schulung* aller Beteiligten gesorgt werden. "Multiplikatoren" und betroffene Führungskräfte werden durch Qualitätsingenieure geschult, um ihr Wissen

---

1 Vgl. auch zu folgendem MERCEDES-BENZ AG 1991.

anschließend an je Sitzung etwa 10 SPC-Anwender weiterzugeben. In manchen Fällen werden auch externe Lehrgänge, z.B. der *Deutschen Gesellschaft für Qualität (DGQ)*, hinzugezogen. Bei *Mercedes-Benz* ist vorgesehen, Führungskräfte etwa dreimal für je zwei Stunden zu diesem Thema zu unterrichten, für die Multiplikatoren sind ca. 40 Stunden vorgesehen, für Werker, Prüfer und Einrichter dagegen nur acht Stunden.

Die auszuwählenden *Prüfmerkmale* werden durch die Auswertung der Zeichnungsunterlagen bzw. nach Maßgabe der Risikoprioritätszahlen aus Fehlermöglichkeits- und -einflußanalysen festgelegt[2] und entsprechenden Prüfarbeitsvorgängen zugeordnet. Die Erfahrungen bei MB haben gezeigt, daß jeder Werker möglichst nicht mehr als drei Merkmale pro Arbeitsvorgang zu regeln haben sollte. Zu beachten ist, daß der Zeitaufwand für die Tätigkeiten beim Einsatz von SPC-Rechnern gerade in der Anfangsphase sehr hoch ist. Er betrug etwa während der Inbetriebnahme und zu Beginn der Betriebsphase in der Nockenwellenfertigung im Werk Untertürkheim mindestens eine Stunde pro Arbeitstag und SPC-Platz.

Im Rahmen der SPC werden bei MB ein "kleiner" und ein "großer" *Regelkreis* unterschieden. Ersterer dient der Verbesserung *im* Prozeß: Werker und Mitarbeiter der Qualitätsabteilung analysieren die Regelkarten, treffen sofort notwendige Entscheidungen, z.B. hinsichtlich eines Werkzeugwechsels, und fertigen Aufzeichnungen von Meßergebnissen und Maßnahmen an. Im großen Regelkreis stehen Verbesserungen *am* Prozeß im Vordergrund: Insbesondere die Teamleiter[3] haben hier die Aufgabe, systematische Analysen vorzunehmen und Beurteilungen der vorliegenden Ergebnisse zu treffen (z.B. Instandhaltung planen).

In der *Fahrzeugmontage*, z.B. im *Bremer Werk* von MB, mit ihrem wesentlich geringeren Automatisierungsgrad im Vergleich zur oben angesprochenen spanenden und umformenden Bearbeitung, spielen maschinelle Prüfungen keine so wesentliche Rolle; SPC kommt hier nicht zum Einsatz. Ähnliches gilt für den *Rohbau*. Statt dessen sollen zahlreiche *Zwischenprüfungen* die Vermeidung von Fehlern am Endprodukt gewährleisten.[4]

---

2 Vgl. MERCEDES-BENZ AG 1991; zur FMEA s. Abschnitt 2.1.2.
3 Zu den organisatorischen Einheiten s. Abschnitt 3.5.
4 Die folgenden Informationen stammen aus Gesprächen der Verfasserin mit Herrn Tiburg (Teamleiter QFR) am 29.6.1993, Herrn Hoffmann (Teamleiter QSPR) am 22.6.1993 und Herrn Schumacher (Teamleiter QSP) am 29.6.1993.

Die Prüfungen im *Rohbau* umfassen vor allem die Überwachung der Maßhaltigkeit von Karosseriebaugruppen; hinzu kommt eine Beurteilung von Schweiß- und Lötverbindungen sowie der Oberfläche. An verschiedenen *Meßstellen* wird das Ist mit dem Soll verglichen, z.B. mit Hilfe von "Meßlehren", wobei das Bauteil auf eine Meßlehre gespannt und an bestimmten Punkten die Prüfung vorgenommen wird. Anzahl, Lage und Qualität von Schweißpunkten werden teilweise visuell kontrolliert. Zum Teil wird die Prüfung auch mit Hilfsmitteln unterstützt, etwa bei Meißelproben zur Feststellung der Festigkeit von Schweißungen. *Oberflächenkontrollen* der Außenhautteile, etwa Sichtprüfungen von Hauben, Türen und Dachblechen z.B. auf Dellen und Beulen, erfolgen durch eine "Finishgruppe" der QS Rohbau.

Im Rahmen der die *Montage* betreffenden Prüfungen wird - jeweils nach einer bestimmten Anzahl von Arbeitsschritten - die Ausführungsqualität kontrolliert, außerdem die Funktionsfähigkeit der Fahrzeugteile sowie das Vorhandensein von Undichtigkeiten.

Die Einführung von *dynamischen* - d.h. entsprechend der gefundenen Fehlerzahlen variierenden - **Stichproben** und **Abschnittsaudits** dient der Überwachung der Wirksamkeit gerade jener Prüfungen, die in *Eigenkontrolle* von den Werkern vorgenommen werden: "Mit dem Wandel der Kontrollform von Vollprüfung in professionelle Qualitätsbetreuung wird zur Absicherung der Fertigungsgüte ein Qualitätssicherungssystem eingeführt, das überwiegend auf stichprobenartiger Überprüfung der vorgegebenen und vereinbarten Qualitätsmaßstäbe in der Fertigung und dem Einsatz von Qualitätssicherungsteams beruht."[5] Die Rohbaukontrolle für den W202 umfaßt z.B. vier solcher Abschnittaudit-Prüfstationen, jeweils eine für den Unterbau, die Seitenwände, die Türen und die Motorhaube. Jeweils werden 700 bis 800 Merkmale im Laufe von zwei bis drei Stunden geprüft.

Im Rahmen des Anlaufs eines neuen Modells, wie 1993 des W202, treten meist noch wesentlich mehr Probleme auf als später. Für "aus dem Ruder laufende" Merkmale werden in den Prüfstationen "Qualitätsregelkarten" angelegt, um die Entwicklung über einen längeren Zeitraum (z.B. ein halbes Jahr) verfolgen zu können. Für 10 Merkmale war dies z.B. im Juli 1993 für den W202 der Fall. Dieses Vorgehen widerspricht zwar dem "normalen" Einsatz von Qualitätsregelkarten, die erst angewendet werden, wenn davon ausgegangen werden kann, daß sich der Prozeß in stati-

---

5 Vgl. MERCEDES-BENZ AG 1992b, S. 4.

stischer Kontrolle befindet. Die Erfahrungen bei MB haben jedoch gezeigt, daß es sich auch in der hier beschriebenen Anwendung um ein zweckmäßiges Vorgehen handelt.

Um *bereichsübergreifende* Probleme zu lösen, werden *QS-Teams* aufgebaut, die sich aus Mitarbeitern der Montage, Produktionsvorbereitung, Konstruktions-Verbindungsstelle[6] und einem Team der Qualitätsabteilung (QST - Qualitätssicherung Technik) zusammensetzen.[7] Diese Qualitätsteams sind Initiator und Überwacher der Qualitätsarbeit. Unter der Leitung der QS Montage werden hier die Problemursachen eruiert, Maßnahmen zur Mängelbeseitigung gesucht, schließlich die Fehlerbehebung durchgeführt und die Wirksamkeit überwacht. Die Produktion ist dabei zur Bereitstellung von Mitarbeitern verpflichtet.

3.3.1.2 Fehlermöglichkeits- und -einflußanalyse

In der Fehlermöglichkeits- und -einflußanalyse (FMEA) wird bei *Mercedes-Benz* vor allem ein wesentlicher Baustein des Qualitäsmanagements vor Serienanlauf gesehen. "Die beste Möglichkeit, Konzepte in ausreichender 'Tiefe' zu analysieren, ist, die FMEA von vornherein und entwicklungsbegleitend durchzuführen. Nach unseren Erfahrungen können deshalb die hohen Erwartungen an die Methode besonders unter Kosten-/Nutzenaspekten nicht erfüllt werden, wenn die FMEA erst nach abgeschlossener Entwicklungsarbeit begonnen wird."[8] In der Praxis ist ein solches "verspätetes" Vorgehen bei *Mercedes-Benz* allerdings durchaus nicht unüblich. Zudem kommt das Verfahren hier bisher noch längst nicht flächendeckend zur Anwendung. Im Bremer Werk kam es bisher z.B. erst zur Durchführung weniger Pilotprojekte. Diese wurden jedoch

---

6 Da auf Werksebene die Überzeugung bestand, zu wenig Einfluß auf die Qualität und auf den Kontinuierlichen Verbesserungsprozeß nehmen zu können, wenn die Beteiligung und Verantwortung erst mit der Fertigung selbst beginnt, wurde zusammen mit der Unternehmenszentrale die *Konstruktions-Verbindungsstelle (KVS)* eingerichtet. Diese kam beim W202 erstmals zur Wirkung, allerdings noch nicht ganz systematisch; dies wird jedoch für künftige Modelle, auch schon für den R170, der Fall sein. Auf der Abteilungsleiterebene angesiedelt, ist die KVS von Beginn an in die Entwicklungsaktivitäten für neue Produkte, die im Werk Bremen gefertigt werden sollen, einbezogen.
7 Die folgenden Informationen entstammen einem Gespräch der Verfasserin mit Herrn Hoffmann, Teamleiter QS Rohbau, am 22.6.1993.
8 MERCEDES-BENZ AG 1990b, S. 1.

als erfolgreich bewertet, was für die Zukunft auf häufigere Anwendung schließen läßt.

Durch die Zentrale in Stuttgart erfolgte inzwischen die Devise, die Fehlermöglichkeits- und -einflußanalyse großflächig zumindest in der Entwicklung einzusetzen.[9] Dagegen wird bei einer generellen Forderung nach Durchführung von FMEAs, auch gegenüber den Zulieferern unter Einforderung der entsprechenden Unterlagen, das Risiko gesehen, daß die Formblätter nur flüchtig und gezwungenermaßen angefertigt und als "Feigenblatt" benutzt werden.[10] Hierauf wird daher bei MB verzichtet.

Das im folgenden zu beschreibende *Pilotprojekt* für eine *Prozeß-FMEA* stammt aus den Jahren 1992/93 im *Werk Bremen*. Ziel war die Analyse und Optimierung des Prozeßsystems "Technikzentrum Scheiben" für den W202. Hier sollte ein geändertes komplexes Verfahren angewendet werden, indem die Windschutzscheibe - ein Problem- und Sicherheitsteil - automatisch von einem Industrieroboter eingesetzt wird.

Der erste Schritt bestand in einer *Vorgangsanalyse*, mit folgendem Ergebnis: Aufgabe eines Werkers ist es, die Windschutzscheibe in der Vormontagestation zu reinigen und den Primer (der zur Aktivierung des Klebstoffes dient) aufzutragen. Er transportiert anschließend die Scheibe zum Speicher. Von dort aus greift sie der Industrieroboter und führt sie zur Kleberauftragsanlage. Nachdem der Kleber aufgetragen ist, erfolgt der automatische Einbau in die Karosserie des Fahrzeugs.

Es mußte davon ausgegangen werden, daß jede der Funktionen auf verschiedene Weise fehlerhaft sein oder versagen konnte. Zur Einschätzung dieser Möglichkeiten wurde eine *Risikoanalyse* für das Auftreten des unerwünschten Hauptereignisses "Windschutzscheibe haftet nicht ausreichend" durchgeführt. Darst. 3.3-1 zeigt einen Ausschnitt des entsprechenden *Fehlerbaums*. Die verschiedenen Fehlerarten und -ursachen wurden in einem weiteren Schritt in die entsprechende Spalte des Formblatts (s. Darst. 3.3-2 auf S. 258) eingetragen.[11]

---

9 So Dr. Geesmann, Direktionsassistent in der ZQ, Stuttgart, im Gespräch mit der Verfasserin am 25.8.1993.

10 Dr. Büchner, Leiter der "Zentralen Qualitätsförderung" in Stuttgart, im Gespräch am 26.10.1992 mit der Verfasserin. Als unentbehrlich wird aber in beinahe jedem Fall eine Fehlerbaumanalyse angesehen.

11 Leider war es nicht möglich, den Ausschnitt des Formblattes zu erhalten, der die in Darst. 3.3-1 abgebildeten Fehlerarten und -ursachen beinhaltet.

3.3 Instrumente des Total Quality Managements bei MB 257

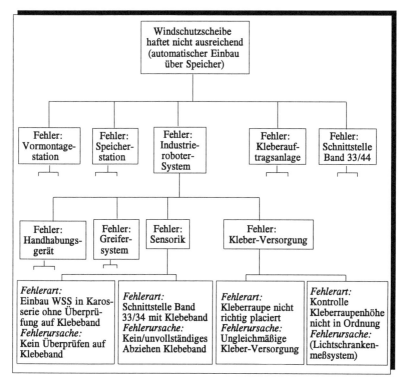

Darst. 3.3-1: Auszug aus dem Fehlerbaum für das "Technikzentrum Scheiben" (modifiziert nach MERCEDES-BENZ AG 1992e, o.S.)

Im Rahmen der *Risikobewertung* wurden für die verschiedenen möglichen Fehler die Auftretens- und Entdeckungswahrscheinlichkeiten ermittelt.[12] Im Ergebnis zeigte sich, daß das größte Fehlerrisiko in der Vormontagestation bestand: Von einer Million produzierten Fahrzeugen wiesen im Schnitt 17 hier verursachte Fehler auf, wenn sie das Werk verließen. Aus den drei Gößen Auftretenswahrscheinlichkeit (A), Fehlerfolge (B) und Wahrscheinlichkeit, daß der Fehler entdeckt wird, bevor der Kunde das Produkt erhält (E) wurden in der üblichen Weise[13] die Risiko-

---

12 Die Quantifizierung der Bedeutung (B), Entdeckungs- (E) und Auftretenswahrscheinlichkeiten (A) erfolgt bei MB - so auch in diesem Fall - unter Zugrundelegung der Vorgaben des VDA.
13 S. Abschnitt 3.1.3 in Teil II.

Funktion	Fehlerart	Fehlerfolge	B	Fehlerursache	A	Entdeckungsmaßnahme	E	RPZ	Vermeidungsmaßnahme	Termin	Verantwortlich
Reinigen WSS	falsches Reinigen WSS	WSS wird nicht ausreichend haftend eingebaut	10	nicht nachgewischt	2	Werkerkontrolle	2	40			
				falsch nachgewischt	1	Werkerkontrolle	3	30			
				Nimmt überflüssigen Reiniger und Verunreinigungen nicht auf	1	Werkerkontrolle	7	70	Arbeitsanweisung Tuch wechseln durch Werker		
				Reiniger wird aus Behälter nicht auf- genommen	1	Werkerkontrolle	5	50	Arbeitsanweisung Tuch wechseln durch Werker		
				Tuch nicht gewechselt	2	Werkerkontrolle	8	160	Arbeitsanweisung Tuch wechseln durch Werker		
				Tuch falsch gewechselt	1	Werkerkontrolle	3	30			
				kein Auftrag Reiniger	1	Werkerkontrolle	8	80			
				WSS wird nicht korrekt gehalten	2	Werkerkontrolle	5	100	mech. Anschläge		
				WSS wird nicht fixiert	1	Werkerkontrolle	5	50	mech. Anschläge		
				Schablone gibt falsche Kontur vor (defekt)	2	Werkerkontrolle	4	80			
				Schablone gibt falsche Kontur vor (alter Stand)	1	Werkerkontrolle	5	50			
				Reiniger wird nicht an WSS abgegeben	1	Werkerkontrolle	2	20			
				Fremdauftrag auf WSS	1	Werkerkontrolle	3	30			
				Schablone wird nicht postioniert	1	Werkerkontrolle	1	10			
Primern WSS	kein Primern WSS	WSS wird nicht ausreichend haftend eingebaut	10	Primerdurchfluß unzureichend	3	Werkerkontrolle	1	30	regelm. Filzwechsel		
				kein Auftrag Primer	3	Werkerkontrolle	1	30			

Darst. 3.3-2: Ausgefülltes Formblatt für die FMEA zum "Technikzentrum Scheiben" (modifiziert nach MERCEDES-BENZ AG 1992e, o.S.)

prioritätszahlen (RPZ) ermittelt. Aufgrund der besonders hohen RPZ (160) wurde zunächst eine Vermeidungsmaßnahme für die Fehlerursache "Tuch nicht gewechselt" gesucht. Weitere *Optimierungsmaßnahmen*, die als Folge dieses Projektes geplant wurden, bestanden in mechanischen Anschlägen zur Gewährleistung, daß die Windschutzscheibe korrekt gehalten und arretiert wird, sowie in einem regelmäßigen Filzwechsel zur Verhinderung unzureichenden Primerdurchflusses.

Das beschriebene Projekt wurde durch die Abteilung *Qualitätssicherung* angeregt. Für die Durchführung der FMEA wurde eine Projektgruppe gebildet, an der zum einen je ein Mitarbeiter aus den Bereichen *Qualitätsförderung und Revision (QFR)*, *Produktionsmittelplanung* sowie der *Zentralen Qualitätssicherung (ZQ)* beteiligt waren. Zum anderen nahm ein FMEA-Methodiker als externer Berater teil.

Inzwischen werden bei *Mercedes-Benz* verstärkt **EDV-gestützte FMEAs** durchgeführt. Das Fachwissen der Konstrukteure bzw. der Prozeßplaner wird durch "Wissen" aus Datenbanken ergänzt. Im Hinblick auf die Risikobewertung werden relevante Maßstabsskalen für Fehlerbedeutung, Ausfall- und Entdeckungswahrscheinlichkeiten auf Datenbanken angelegt und kontinuierlich gepflegt. Sowohl Fehlerbäume als auch Systemdarstellungen und die Verknüpfungen zwischen ihnen werden mit Hilfe entsprechender EDV-Bausteine durchgeführt.

Ende 1992 wurde eine FMEA in *Zusammenarbeit mit einem Zulieferer* begonnen; die Anregung zur ersten FMEA in einem *indirekten* Bereich kam aus der Werkslogistik bei *Mercedes-Benz*, Abteilung *Materialsteuerung II*.[14] Am 26.11.1992 fand die erste Sitzung des fünfköpfigen FMEA-Teams statt, das von einem neutralen Moderator aus der Abteilung QFR geleitet wurde. Je zwei Mitarbeiter von der *Leonischen Drahtwerke AG (LDW)*, dem in Lilienthal ansässigen JIT-Zulieferer des Bremer Werkes für die Rahmen-Boden-Anlagen, und *Mercedes-Benz* kamen hinzu. In einer offenbar recht offenen Art und Weise wurden die Hintergründe und Probleme unternehmensübergreifend diskutiert. Dazu trug sicher auch bei, daß LDW einen Zehn-Jahres-Vertrag mit MB hat, so daß ein langfristiges Vertrauensverhältnis besteht. In zwanzig Sitzungen (zunächst wöchentlich, später etwas seltener) wurde insgesamt etwa 230

---

14 Die folgenden Informationen stammen aus Gesprächen am 8.7.1993 mit Dr. Litzenberg (Teamleiter Materialsteuerung) und am 13.7.1993 mit Herrn Sanders, Mitarbeiter der Materialsteuerung I.

Stunden an der FMEA gearbeitet, wobei drei Phasen unterschieden wurden:

Phase I - Systemanalyse: Das Logistiksystem sollte möglichst genau eingegrenzt und beschrieben, außerdem die möglichen Versagensarten der Systemelemente formuliert werden.

Phase II - Fehlerbaumanalyse: Mögliche Störungen und ihre Wirkungszusammenhänge innerhalb des Logistiksystems sollten als *qualitative* Aussagen festgehalten werden.

Phase III - Bewertung: Die Auftretenswahrscheinlichkeit einzelner Basisereignisse war zu ermitteln. Ergebnis dieser Phase sollten *quantitative* Aussagen hinsichtlich des Risikos der Störereignisse im Material- und Informationsfluß sein, außerdem eine Berechnung der Auftretenswahrscheinlichkeiten, schließlich Risikoaussagen für das Versagen des Systems.

Zu den *Ergebnissen*: Eine Rahmen-Boden-Anlage besteht aus verschiedenen Modulen (Kabelsätzen), eingebettet in einen H-förmigen Kabelkanal. Diese Module werden in Tunesien und Portugal gefertigt und von dort in das LDW-Werk Lilienthal transportiert. Die eigentliche Rahmen-Boden-Anlage entsteht erst hier durch die Kommissionierung verschiedener Module und den anschließenden Einbau in den Kabelkanal. Die Zusammensetzung der Module erfolgt nach Maßgabe der Fahrzeugbaureihe, dem Motortyp und der jeweiligen Wagenausstattung; die entsprechenden Bedarfe werden in Form von Lieferabrufen per Datenfernübertragung vom Bremer *Mercedes*-Werk in das LDW-Werk übermittelt. Dort werden die Rahmen-Boden-Anlagen montiert, geprüft, auf Lkws verladen und im Kommissionierlager der Halle 9 im Bremer *Mercedes*-Werk eingelagert, allerdings nur für wenige Stunden. Etwa eine Stunde vor ihrem Einbau erfolgt ein Impuls zur Steuerung der Auslagerung aus dem Kommissionierlager. Zum Transportsystem gehören alle Elemente wie Bauteil- und Ladungsträger, Gabelstapler, entsprechende Arbeitskräfte, Fahrweg, Lkws etc. Das zugehörige Informationssystem ermöglicht alle mit der Logistik verbundenen Vorgänge bzw. löst sie aus. Die Struktur dieses Informationssystems wurde als Baum dargestellt, auf Basis dieser Struktur entstand der entsprechende Fehlerbaum.

Daran anschließend wurden die Auftretenswahrscheinlichkeiten ermittelt und damit Risikoaussagen für das System getroffen. Am 17.6.1993 kam es auf einer letzten Sitzung zur Verabschiedung der bisherigen Ergebnisse, die auf den üblichen FMEA-Formblättern festgehalten und den betroffenen Bereichen mitgeteilt wurden. Dort sollte nun nach Vermeidungsmöglichkeiten gesucht werden. Aufgabe eines Mitarbeiters aus der Abteilung Materialsteuerung II war es im weiteren, diese Vorschläge zu sammeln und das Umsetzen der Optimierungsvorschläge zu betreuen.

Aufgrund der bisher durchgeführten FMEA-Projekte wird von einem künftig vermehrten Einsatz des Verfahrens ausgegangen. Als gravierendes Problem werden dabei allerdings der sehr große Zeitaufwand und die daraus resultierenden Personalkosten betont. Es bestehe die Gefahr, daß bei einer zu großen Anzahl von FMEA-Projekten jedem einzelnen nicht mehr genug Aufmerksamkeit zukommen könne. Auf dieses Problem wird zwar auch in der Literatur hingewiesen, jedoch nicht in dem Maße, wie es die Erfahrungen bei *Mercedes-Benz* nahelegen. Zudem haben die bisherigen Anwendungen gezeigt, daß die Information aller Betroffenen - auch der Vorgesetzten - über Ziele und Vorgehensweise solcher FMEA-Projekte von großer Bedeutung für die Bereitschaft zur Mitarbeit bzw. zur Entlastung der Beteiligten von ihrer normalen Arbeit ist.

Der Einsatz produkt- und prozeßorientierter Instrumente des Qualitätsmanagements bei *Mercedes-Benz* soll zukünftig noch wesentlich verstärkt werden. Zusammenfassend ist festzustellen, daß die Anwendung der *FMEA* bisher lediglich in Pilotprojekten, die der *Taguchi-Methode* (noch) gar nicht erfolgt. Lediglich die Verfahren der *statistischen Qualitätssicherung* kommen seit einiger Zeit flächendeckend zum Einsatz.

3.3.2 Mitarbeiterorientierte Instrumente[15]

3.3.2.1 Werkstattkreise

Seit 1985 gibt es bei der *Daimler-Benz AG* eine Betriebsvereinbarung zur Einrichtung von Werkstattkreisen. Diese werden hier definiert als "betriebliche Gesprächsrunden, in denen eine Gruppe von Mitarbeitern konkrete Probleme und Fragestellungen aus dem jeweiligen Betriebsbereich bearbeitet"[16]. Die Häufigkeit der Sitzungen eines Werkstattkreises ist befristet auf maximal zehn, die Gesprächsdauer beträgt jeweils ca. zwei Stunden.

---

15 Die Informationen dieses Abschnittes stammen, soweit keine anderen Angaben erfolgen, aus einem Gespräch der Verfasserin mit Graf Schwerin, Mitarbeiter im Personalbereich, am 31.8.1993.
16 DAIMLER-BENZ AG 1985, S. 1.

Schwerpunktmäßig beschäftigen sich die Werkstattkreise mit Problemen in der Produktion, in manchen - eher seltenen - Fällen finden sie aber auch in indirekten Bereichen statt (bisher in Prüfwesen, Instandhaltung und Logistik). In letzter Zeit steigt die Bedeutung, die arbeitsorganisatorischen Fragen als Themen von Werkstattkreisen zukommt. In erster Linie ist aber wohl der Trend hin zum Rationalisierungsinstrument festzustellen.[17]

Die Anzahl der Werkstattkreise hat sich im Laufe der Jahre und von Werk zu Werk unterschiedlich entwickelt, für die Zeit 1987 bis 1991 zeigt dies Darst. 3.3-3.[18]

Geleitet werden sollen die Werkstattkreise von dafür durch das werksinterne Bildungswesen geschulten *Moderatoren* (allerdings wird dies nicht immer umgesetzt); hierbei kann es sich um Mitarbeiter aller hierarchischen Ebenen handeln. Über den unmittelbaren Zusammenhang mit der besseren Durchführung von Werkstattkreisen hinaus kommt diesen Schulungen die Rolle einer betrieblichen *Personalentwicklung* zu, im Sinne eines "Bewährungsfeldes" für den Führungsnachwuchs. "In einigen Werken gibt es dazu erste systematische Ansätze: Im Werk Wörth etwa gehört die Moderation mindestens eines Werkstattkreises inzwischen

---

17 Aufgrund der Kosteneinsparungen in Millionenhöhe, die mittels der Werkstattkreise erzielt wurden (allein im Bremer Werk im Jahr 1992 ca. 1.782.000 DM - allerdings wurden diesen Einsparungen nicht die Kosten der Planung und Realisierung der Werkstattkreisarbeit gegenübergestellt), entstand im Werk Sindelfingen ein Konzept zum flächendeckenden Einsatz von "Werkstattkreisen zur Verbesserung der Kostenstruktur", das zunächst bis zum 30.6.1994 befristet wurde. Die Besonderheit dieser Werkstattkreise besteht in ihrer Konzentration auf Kosteneinsparungen und in ihrer strikten Top-Down-Anlage: Hauptabteilungsleiter bzw. Abteilungsleiter legen die Anzahl der Werkstattkreise für den jeweiligen Bereich fest, wobei mindestens ein Werkstattkreis pro Abteilung und Schicht einzurichten ist, und sie geben "eindeutige und meßbare Ziele vor" (DAIMLER-BENZ AG 1992, S. 2). Auch der zeitliche Ablauf ist vorgegeben: Die Sitzungen finden häufiger als bei "normalen" Werkstattkreisen statt, nämlich in der ersten Woche täglich, in der zweiten entsprechend des Bedarfes, jeweils etwa drei Stunden lang. Nach zwei Wochen sollen die Ergebnisse vorliegen.
18 Im Werk Bad Homburg sind keine WSK etabliert. Hier spricht man von einer "Institutionalisierung des Kontinuierlichen Verbesserungsprozesses" als *Alternative* zu WSK; es besteht ein entsprechender Auftrag der Werksleitung. Besondere KVP-Beauftragte werden als "Bereichsbetreuer" eingesetzt. In diesem Fall scheint eine Konkurrenz zwischen KVP und WSK zu bestehen. S. hierzu jedoch auch am Ende des Abschnitts.

Werk	Anzahl Werkstattkreise in den Jahren					Summe
	1987	1988	1989	1990	1991	
Sindelfingen	22	40	61	33	51	207
Untertürkheim	7	35	40	49	22	153
Bremen	6	6	5	8	38	63
Wörth	22	11	6	25	19	83
Mannheim	5	6	6	2	-	19
Gaggenau	1	3	3	5	-	12
Düsseldorf	9	7	18	3	1	38
Kassel	-	1	2	2	3	8
Berlin	-	3	-	2	-	5
Hamburg	-	1	2	2	-	5
Bad Homburg	-	-	-	-	-	-
Summe	72	113	143	131	134	593

Darst. 3.3-3: Anzahl der Werkstattkreise in den Werken von Mercedes-Benz 1987-1991 (nach MERCEDES-BENZ AG 1992f, o.S.)

zum 'Pflichtprogramm' für angehende Gruppenmeister im Rahmen des Gruppenmeister-Entwicklungsprogramms."[19]

Hinzu kommt, daß bei *Mercedes-Benz* - wie unten in Abschnitt 3.5 beschrieben - in verstärktem Ausmaß eine Integration des Qualitätsmanagements in die Produktionsbereiche angestrebt wird und auch unabhängig davon eine Änderung der Arbeitsgestaltung im Sinne von Job Enrichment und Job Enlargement sowie Gruppenarbeit stattfinden soll. Auf diese neuen Arbeitsformen können die Werkstattkreise hinarbeiten: "Insbesondere der Moderator kann durch die vorbereitende Schulung und die Erfahrungen in seiner Funktion Fähigkeiten entwickeln, die im Zusammenhang neuer Formen der Arbeitsorganisation zunehmend gefordert werden."[20] Auch die anderen Mitglieder von Werkstattkreisen sollen so an gruppenorientierte Arbeitsweisen herangeführt werden.

Gemäß der *Betriebsvereinbarung* werden alle Problemlösungsvorschläge, die im Rahmen der Werkstattkreise entstehen, als *Gruppenvorschläge* behandelt und gegebenenfalls vergebene Prämien an alle Mitglieder gleichmäßig verteilt. Es ist vorgesehen, auch nach Beendigung bzw. Präsenta-

---

19 MERCEDES-BENZ AG, ARBEITSKREIS WEITERENTWICKLUNG WERKSTATTKREISE 1992, S. 7.
20 Ebenda, S. 9.

tion eines Ergebnisses von Werkstattkreis-Arbeit die Teilnehmer zu weiteren Sitzungen einzuberufen, um sie über den jeweiligen Stand der Realisierung zu informieren. Außerdem sollen, wo dies möglich ist, die Mitglieder in die Umsetzung ihrer Vorschläge einbezogen werden. Darstellung 3.3-4 veranschaulicht den Ablauf von Werkstattkreis-Arbeit.

Die Werke Sindelfingen, Untertürkheim, Bremen und Wörth verfügen über einen regelmäßig tagenden *Beraterkreis* für die Werkstattkreis-Arbeit. Im Werk Bremen setzt sich dieser aus Mitarbeitern folgender Bereiche zusammen: Betriebliches Vorschlagswesen, Betriebsrat, Arbeitswirtschaft, Betriebsmittelbau, Qualitätssicherung Gesamtfahrzeug, Personalbetreuung und -entwicklung, Arbeitsschutz und Fertigung (Textilbereich, Oberfläche und Rohbau). Der Beraterkreis ist aber nicht für die Anbindung der Werkstattkreise an die Primärorganisation zuständig, sondern er widmet sich eher grundsätzlichen Fragen, z.B. der Suche nach Möglichkeiten einer weiteren Verbreitung des Konzeptes im Unternehmen.

Speziell auf das *Werk Bremen* bezogen ist zusammenfassend festzuhalten, daß nach anfänglich eher geringer Resonanz den Werkstattkreisen in den Jahren 1991 und 1992 eine wesentlich stärkere Bedeutung zukam. Danach nahm diese allerdings wieder ab. Dies hing wohl auch damit zusammen, daß 1993 die Durchführung von Werkstattkreisen nicht ausdrücklich überall in den Führungsvereinbarungen[21] festgehalten wurde. Zudem finden auch "unangemeldete" Werkstattkreisarbeiten statt.

Der inhaltliche Schwerpunkt lag auch im Bremer Werk bisher in der Produktion (besonders innerhalb des Montage- und des Textilbereichs). Beispiele sind:
- Erarbeiten von Informationsmaterial zur Einführung neuer Mitarbeiter in neue Techniken,
- Gestalten der Schulungsbox für die Türenvormontage,
- Überprüfen der Arbeitsabläufe in der Nacharbeit für den W202,
- Suchen nach Vermeidungsmöglichkeiten einer Batterieentladung im Nachlackbereich,
- Suchen nach Ursachen für Undichtigkeiten, Geräusche, Öffnungskräfte, Optik an der Hecktür,
- Suchen nach Möglichkeiten zur Ausschußverringerung am Verdeckkastendeckel für die Zierstäbe,

---

21 Einmal jährlich werden zwischen den verschiedenen hierarchischen Ebenen Führungsvereinbarungen ausgehandelt und schriftlich festgehalten, Qualitätsmanagement-Inhalten kommt dabei große Bedeutung zu.

3.3 Instrumente des Total Quality Managements bei MB

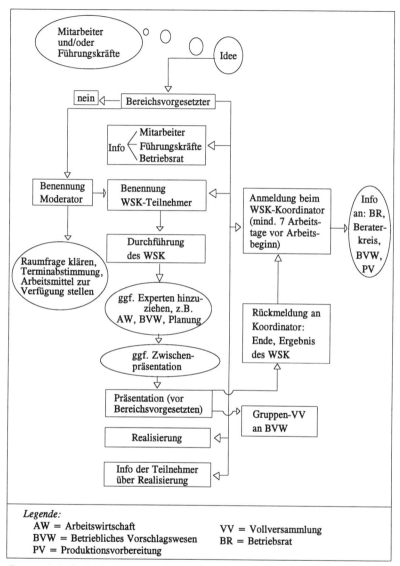

Darst. 3.3-4: Ablaufplan eines Werkstattkreises (WSK) bei Mercedes-Benz (modifiziert nach MERCEDES-BENZ AG 1992d, S. 6)

- Neugestalten der Arbeitsplätze in der Auspuffmontage,
- Analysieren der Möglichkeiten einer Auslagerung von Teilen der Vormontage an Fremdfirmen.

Die im Rahmen der Arbeit von Werkstattkreisen angewandten Problemlösungs-Methoden sind vor allem *Brainstorming* und *Expertengespräche*; komplexere Verfahren wie *Ishikawa-Diagramme* oder *Flowcharts*[22] werden nicht genutzt, was damit begründet wird, daß dies die betroffenen Fertigungsmitarbeiter überfordern würde.

Den Werkstattkreisen ähnlich, und daher unter Umständen als Sonderform dieser zu betrachten, sind *Gesundheitszirkel*.[23] Von der Betriebskrankenkasse initiiert, handelt es sich hierbei um spezielle Mitarbeiter-Gesprächsrunden zu Fragen der betrieblichen und privaten Gesundheitsförderung. Institutionell sind diese Kreise durch entsprechende Absprachen zwischen der Betriebskrankenkasse und Pilotbereichen in der Produktion abgesichert. Bisher ist ein erst geringer Verbreitungsgrad zu verzeichnen; von verschiedenen Bereichen, z.B. dem Textilbereich, wurde jedoch schon Interesse bekundet. Gerade bei nachgewiesenen Auswirkungen auf das Verhalten der Mitarbeiter, z.B. auf die Fehlzeiten, könnte die Bedeutung zukünftig steigen.

Aufgrund der bisherigen Erfahrungen im Werk Bremen von *Mercedes-Benz* formulierte der "Arbeitskreis Weiterentwicklung Werkstattkreise"[24] einige zusätzliche *Gestaltungsempfehlungen*: Gerade weil Werkstattkreise häufig etablierte Routinen in Frage stellen, ist ihre Arbeit und die Umsetzung ihrer Problemlösungsvorschläge häufig mit Konflikten verbunden. Damit diese nicht zur "Einschläferung" von Werkstattkreis-Arbeit führen, ist eine *Unterstützung* durch Mitarbeiter der oberen *Führungsebenen* unabdingbar. Gewährleisten läßt sich dies etwa durch entsprechende (und im Werk Bremen 1993 teilweise eben gerade nicht realisierte) *Zielvereinbarungen* auf allen Führungsebenen, so daß die Förderung der WSK-Arbeit zu einem verbindlichen Element der Führungsaufgabe wird.

---

22 S. zu diesen Verfahren Abschnitt 3.2.1.2 in Teil II.
23 Vgl. auch zu folgendem MERCEDES-BENZ AG 1992a, S. 7ff. Auch die in Bremen bisher erst (im Rahmen des MIT 202) als Instrument der Werkerbeteiligung "angedachten" *Problemlösungsgruppen* weisen eine sehr starke Analogie zu Werkstattkreisen auf, so daß zu prüfen wäre, ob sie nicht letzteren zuzuordnen sind (vgl. ebenda, S. 8).
24 MERCEDES-BENZ, ARBEITSKREIS WEITERENTWICKLUNG WERKSTATTKREISE 1992, S. 13-17.

Gerade der Akzeptanz der Werkstattkreise durch die Meister, die ihre Mitarbeiter für die Dauer der Sitzungen jeweils freistellen müssen, kommt besondere Bedeutung zu. Es kann daher zweckmäßig sein, die Meister verstärkt in die Moderatorenschulungen einzubeziehen. Sie sollten zudem regelmäßig über die Werkstattkreis-Arbeit informiert werden und - wo möglich - beratend bei den Werkstattkreisen mitwirken.[25]

Weiter wird gefordert, daß betriebliche Führungskräfte unter Einbeziehung ihrer Mitarbeiter regelmäßig *systematische Problemanalysen* durchführen. Aus dem so entstehenden "Problempool" können einige zur Bearbeitung in Werkstattkreisen ausgewählt werden. Ein solches Vorgehen kann dazu beitragen, mit der Werkstattkreisarbeit die Entwicklung eines kontinuierlichen Verbesserungsprozesses zu unterstützen. Damit ist ein im Unternehmen teilweise kontrovers diskutierter Aspekt angesprochen. Einerseits wird das Problem gesehen, daß Werkstattkreise dem Gedanken des *Kontinuierlichen Verbesserungsprozesses* insofern *entgegenstehen*, als sie, durch ihren befristeten und themenorientierten Einsatz, einen jeweils *punktuellen* Veränderungsimpuls geben und gerade *nicht* für eine selbsttragende *Kontinuität* stehen. Dieses Problem wird bei flächendeckendem Einsatz unter Umständen relativiert: "Im Prozeß der Einführung des Kontinuierlichen Verbesserungsprozesses können Werkstattkreise als Wegbereiter genutzt werden, indem über ihren verstärkten Einsatz die Idee der Mitarbeiterbeteiligung an Optimierungsprozessen exemplarisch realisiert wird."[26]

3.3.2.2 Betriebliches Vorschlagswesen

Mit der Einrichtung des Betriebliche Vorschlagswesens ist jeder einzelne Mitarbeiter bei *Mercedes-Benz* aufgefordert, Ideen, Anregungen und Vorschläge für eine Verbesserung des Produktionsablaufs, der Werkzeuge, des Fahrzeugs insgesamt oder auch der Zusammenarbeit im Unternehmen abzugeben. Formulare für Verbesserungsvorschläge und Abgabekästen hängen in der Nähe der Stempeluhren und sind somit für jeden leicht erreichbar.

---

[25] Damit werden hier ähnliche Vorschläge formuliert wie in Teilen der Literatur, wo diesen Mitarbeitern die Aufgaben von *Facilitators* zugeordnet wird (s. Abschnitt 2.2.2.1 in Teil III).
[26] Ebenda, S. 13; zum Kontinuierlichen Verbesserungsprozeß bei *Mercedes-Benz* s. Abschnitt 3.2.1.

Nach wie vor ist eine recht hohe Beteiligung der Mitarbeiter zu verzeichnen. Im Werk Bremen konnten im Jahr 1992 durch die Vorschläge ca. 4 Mio. DM eingespart werden. Für die Vorschlagseinsender wurden hierfür Prämien in Höhe von etwa 1,54 Mio DM ausgezahlt. (1991 standen Einsparungen von 3,7 Mio DM Prämien in Höhe von 1,37 Mio. DM gegenüber.)

Unternehmensinterne Statistiken zeigen, daß nur ein kleiner Teil der Vorschläge (7,5% in Bremen, 8,3% unternehmensweit) zu einem exakt errechenbaren Nutzen führt. Jedoch werden Vorschläge auch dann prämiert, wenn ihr Nutzen zwar nicht quantifizierbar, aber erkennbar ist. Im Werk Bremen wurden 1992 gut die Hälfte der Anregungen aus dem Betrieblichen Vorschlagswesen angenommen, bei *Mercedes-Benz* insgesamt etwas weniger.

Seit 1993 wird ein verändertes Konzept des Betrieblichen Vorschlagswesens umgesetzt. Neu ist vor allem die Regelung, daß Vorschläge, die im eigenen Bereich umgesetzt werden können, nicht mehr bei einer Kommission, sondern beim direkten Vorgesetzten abgegeben werden. Dieser nimmt eine erste Begutachtung vor und leitet - sofern die paritätisch besetzte Prüfungskommission zustimmt - die Realisierung ein. Angestrebt wird, die durchschnittliche Zeitspanne zwischen Einreichen des Vorschlags und dessen Realisierung auf 12 Wochen zu reduzieren. "Center- oder Werksleiter sollen Druck auf die Realisierung bei erheblichen Einsparungsumfängen machen, indem sie sich ständig über den Realisierungsgrad informieren lassen."[27]

Deutlich wird, daß bei *Mercedes-Benz* nach Wegen einer weniger bürokratischen Gestaltung des Betrieblichen Vorschlagswesens gesucht wird. Die in der Literatur beschriebenen Organisationsvorschläge für dieses TQM-Instrument werden offenbar als zu umständlich empfunden. Im Vergleich zu den Ansätzen bei *Ford* in diesem Bereich entfernt man sich bei *Mercedes-Benz* aber noch weniger vom traditionellen Vorgehen, insbesondere soll auf den Einsatz einer Bewertungskommission nicht verzichtet werden. Dies liegt auch darin begründet, daß durch deren paritätische Besetzung die Interessenvertretung der Arbeitnehmer stärker gesichert sei.

---

27 GÜNTHER 1994, S. 158.

3.4 Total-Quality-Management-Evaluierung bei Mercedes-Benz

3.4.1 Qualitätsaudits

3.4.1.1 Produktaudits

Wie oben beschrieben, werden immer mehr Teile der Qualitätsprüfungen bei *Mercedes-Benz* in die Eigenverantwortung der Mitarbeiter in den Fertigungsbereichen verlagert. Auf jede "neutrale" Kontrolle der Qualitätsmanagement-Aktivitäten will man jedoch nicht verzichten; diesem Zweck dienen insbesondere Produktaudits. Außerdem werden innerhalb der Bereiche Rohbau, Oberfläche und Montage jeweils mehrere Abschnittsaudits[28], und am Ende wird jeweils ein Bereichsaudit durchgeführt. Zwischen den Audits wird ein gemeinsames Vorgehen abgestimmt. Den Zusammenhang zwischen diesen "Prüfebenen" zeigt Darst. 3.4-1.

Nach einer unternehmensweiten Festlegung verfolgen Produktaudits das Ziel der Lieferung produktbezogener Management-Informationen über Qualitätstrends und Fehlerschwerpunkte zwecks
- verursachungsbezogener Verfolgung von Qualitätstrends und Fehlerschwerpunkten,
- Veranlassung und Überwachung von Qualitätsverbesserungsmaßnahmen in Entwicklung, Planung und Produktion,
- Überwachung der Wirksamkeit aller den Entwicklungs- und Produktionsablauf begleitenden Qualitätssicherungssysteme.[29]

Nachdem bereits seit 1975 im Bremer Werk Produktaudits durchgeführt wurden, entstand 1985 - in Zusammenarbeit mit dem *Verband der Automobilindustrie e.V.* - erstmals ein systematisches Konzept hierfür.[30] Für Produktaudits werden versandfertige Fahrzeuge mittels einer Zufallsstichprobe ausgewählt und nach umfangreichen Checklisten[31] geprüft.

---

28 S. hierzu oben, Abschnitt 3.3.1.1.
29 Vgl. MERCEDES-BENZ AG 1990a, S. 6.
30 Die Informationen dieses Abschnittes entstammen einem Gespräch mit Herrn Wolf und Herrn von Teege (Teamleiter *Gütesicherung* und Mitarbeiter) am 22.6.1993.
31 Neue Fehlerorte oder -arten, deren Ausgangspunkt auch Beanstandungen aus dem Vertrieb sein können, werden mit ihrem Auftreten den Checklisten hinzugefügt. Für ein Jahr bleiben diese Checklisten aber normalerweise unverändert.

270   3. Zweite Fallstudie: Total Quality Management bei Mercedes-Benz

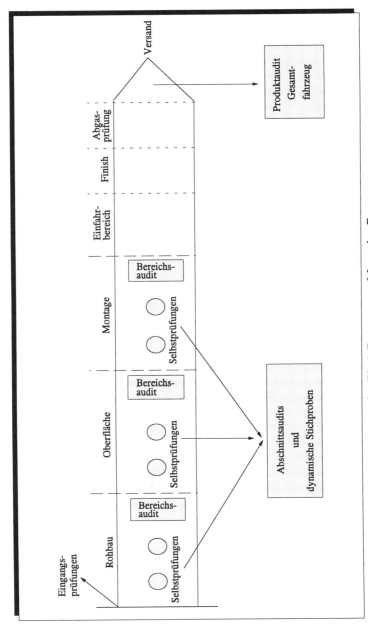

Darst. 3.4-1: Verschiedene Prüfebenen im Werk Bremen von Mercedes-Benz

3.4 Total-Quality-Management-Evaluierung bei MB

Um ein Urteil über das Qualitätsmanagement und die Qualität im Bremer Werk gefertigter Fahrzeuge zu ermöglichen, werden in jeweils bis zu 16 Stunden ca. 3500 Merkmale geprüft.[32] Je Fahrzeugtyp unterzieht man im Monat 30 bis 35 Exemplare einem Produktaudit. Besonderes Gewicht wird dabei auf solche Aspekte gelegt, die als wichtig für die Kundenzufriedenheit eingeschätzt werden. (Es wird entsprechend von einer "Prüfung aus der Sicht des kritischen Kunden" gesprochen.) Anschließend analysieren Mitarbeiter der *Gütesicherung* die Ergebnisse einschließlich einer Berechnung von Qualitätskennzahlen und leiten gegebenenfalls Korrekturen ein.

Die gefundenen *Fehlerarten* - etwa Beschädigungen, Dellen, Beulen, Kratzer, Schmutzeinflüsse und ähnliches - werden codiert auf *Beanstandungserfassungsblättern* angegeben. Dieser Audit-Fehlerartencode wird unternehmensweit verwendet: Beispielsweise steht der Code "346" für "verschmutzte Oberfläche". Die erste Stelle (hier: "3") kennzeichnet die *Auswertungsgruppe*, die beiden anderen die Fehlerart. Für Pkws unterscheidet MB sechs Auswertungsgruppen:
- Elektrik,
- Karosserie,
- Oberfläche Lack/Korrosionsschutz,
- Karosserie, Anbauteile I, Ausstattung,
- Aggregate, Einbau und Anbauteile II,
- Fahrerprobung.

Da verschiedene Fehler unterschiedlich gravierende Folgen haben können, wird - analog zum Vorgehen bei der Fehlermöglichkeits- und -einflußanalyse - eine *Gewichtung* vorgenommen, mit der eine Fehlereinteilung in drei Klassen einhergeht: kritische, Haupt- und Nebenfehler. Ein kritischer Fehler kann als Höchstfall (etwa bei defekten Bremsen) ein Gewicht von 95 haben, ein Hauptfehler eines von 70, 50 oder 30, ein Nebenfehler ein Gewicht von 20, 15 oder 5.

Ein *kritischer* Fehler ist dabei ein solcher, "von dem anzunehmen oder bekannt ist, daß er voraussichtlich *für Personen* gefährliche und unsichere Situationen schafft"[33]. Ein *Haupt*fehler wird definiert als "nicht kritischer

---

[32] In einer Checklist sind sämtliche Fehlermöglichkeiten erfaßt, bewertet und Auswertungsgruppen zugeordnet. Da jedoch bei diesem Abschlußaudit bestimmte, inzwischen schon verbaute Teile nicht mehr geprüft werden können, muß man sich hier auf die Abschnitts- bzw. Bereichsaudits verlassen.
[33] MERCEDES-BENZ AG 1990a, S. 23. S. ebenda auch zu folgendem.

Fehler, der voraussichtlich zu einem Ausfall führt oder die Brauchbarkeit für den vorgesehenen Verwendungszweck herabsetzt" (z.B. Motor bleibt stehen). Als *Neben*fehler gilt ein "Fehler, der voraussichtlich die Brauchbarkeit für den vorgesehenen Verwendungszweck nicht wesentlich herabsetzt oder ein Abweichen von den geltenden Normen nur geringfügig beeinflußt" (z.B. Lackfehler, -kratzer). Für jedes Fahrzeug wird die Summe der gewichteten Fehler errechnet.

Um aufgetretene Fehler abstellen und für die Zukunft vermeiden zu können, müssen entsprechende Informationen möglichst schnell den *verursachenden Bereichen* zukommen. Dazu werden die möglichen Verursacher mit Abteilungskurzzeichen und der Fertigungsbereichsbezeichnung beschrieben. Besondere Aufmerksamkeit gilt dabei natürlich den kritischen Fehlern, die umgehend behoben werden müssen. Wird ein solcher Fehler entdeckt, muß die Auslieferung der Serie sofort gestoppt werden.

Täglich finden vom Audit-Team durchgeführte *Objektvorstellungen* statt, während derer die Ergebnisse diskutiert werden. Im Falle gravierender Fehler wird das Fahrzeug zudem in der entsprechenden Fertigungshalle eine Zeitlang stehengelassen; die betroffenen Gruppen machen mit ihren jeweiligen Meistern noch spezielle "Visiten", um Fehler zu besprechen.

Für eine Einschätzung der Audit-Ergebnisse spielen - aus der Summe der gewichteten Fehler (SuFG) - errechnete *Qualitätszahlen*, die nach dem Schulnotensystem aufgebaut sind, eine wichtige Rolle:

$QZ = R \cdot 1/n \cdot SuFG + 1,$
wobei
n = Anzahl der geprüften Fahzeuge,
R = Reduktionsfaktor zur Umwandlung der SuFG in eine Zahl zwischen 1 und 6, der sich mit Hilfe eines "langfristig stabilisierten Qualitätsstandes" (zur Zeit 3,0) errechnet. Er wird nur in größeren Zeitabständen verändert und lag Mitte 1993 bei R = 0,006.

Bei einer Summe der gewichteten Fehler von 500 bei einem Fahrzeug ergibt sich z.B.:

$QZ = 0,006 \cdot 1/1 \cdot 500 + 1 = 4,0$

Die kleinstmögliche - und damit beste - Qualitätszahl ist 1 (bei null Fehlern); jede Änderung der SuFG zieht eine proportionale Änderung der Qualitätszahl nach sich.

Die Audit-Ergebnisse werden in einem *Mängelbericht*[34] zusammengefaßt. Dieser monatliche Bericht über das "Produkt-Audit Gesamtfahrzeug" enthält auf dem Deckblatt eine Übersicht über die pro Produkttyp produzierten und geprüften Fahrzeuge sowie die dabei im Schnitt ermittelten Qualitätszahlen. Explizit wird jeweils auch die absolute Höhe und der relative Anteil von mit einer Qualitätszahl zwischen 3 und 3,9 sowie solchen von 4,0 und schlechter auditierten Fahrzeugen angeführt. Ein etwa einseitiger Text informiert für jeden Fahrzeugtyp zusammenfassend über aktuelle Trends und wichtige Hintergründe (etwa Stand der Anlaufphase bei neuen Modellen). Daran anschließend folgen graphische und tabellarische Darstellungen der Qualitätszahlen sowohl für die Fahrzeuge insgesamt als auch für die einzelnen Verursachungsbereiche (ein Beispiel zeigt Darst. 3.4-2) sowie eine detaillierte Liste mit den Beanstandungsschwerpunkten. Das beschriebene Vorgehen bei einem Produktaudit insgesamt zeigt Darst. 3.4-3 (auf S. 275).

Neben den Monatsberichten werden *halbjährlich* und *jährlich* weitere Berichte erstellt und Vorstand, Werksleitung, Entwicklungsbereich sowie den betroffenen Teamleitern vorgestellt. Diese Berichte sind für die Verursacherbereiche mit hohem Erfolgsdruck verbunden.

Von entsprechender Bedeutung sind die *Zielvorgaben* für die Qualitätszahlen der verschiedenen Verursacherbereiche: Der Unternehmensvorstand trifft einmal *jährlich* mit der Werksleitung gemeinsam eine Zielwertvereinbarung für die Gesamt-Qualitätszahl. Diese wird an die *Gütesicherung* weitergeleitet, deren Aufgabe es im folgenden ist, Vorstellungen darüber zu entwickeln, *wie* diese Qualitätszahl erreicht werden soll und welchen Beitrag die einzelnen Verursacherbereiche dabei leisten müssen. Diese Überlegungen werden den Verursachern, bzw. ihren Leitern, einschließlich einiger Vorschläge zur Verbesserung von Fehlerschwerpunkten dargestellt und mit ihnen - oft heftig! - diskutiert. Die Einhaltung der jeweiligen Qualitätszahlen wird drei- bis viermal jährlich geprüft und zwischen Werksleitung und Verursachern in sogenannten *Qualitätsgesprächen* diskutiert.

---

34 Vgl. z.B. MERCEDES-BENZ AG 1993f.

274   3. Zweite Fallstudie: Total Quality Management bei Mercedes-Benz

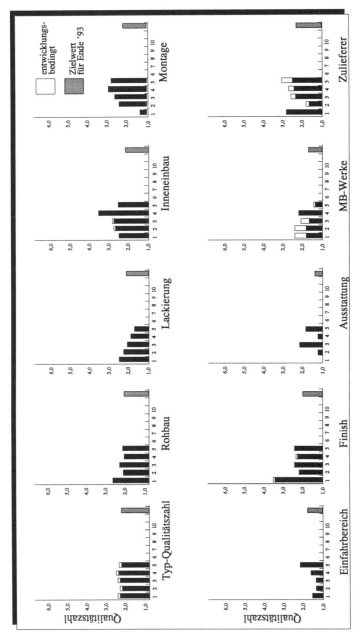

Darst. 3.4-2: Produktaudit Gesamtfahrzeug: S124, Ergebnisse 1 bis 5/1993 (modifiziert nach MERCEDES-BENZ AG 1993f, o.S.)

3.4 Total-Quality-Management-Evaluierung bei MB

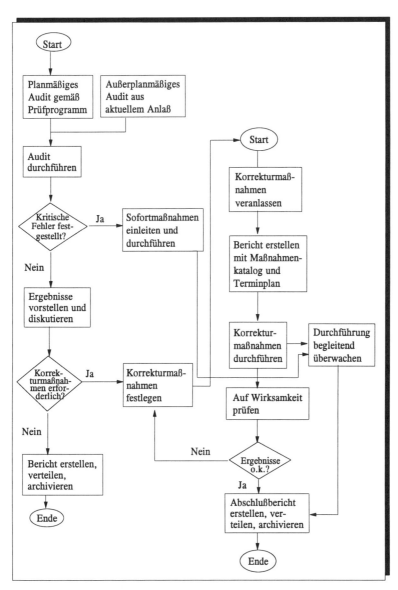

Darst. 3.4-3: Ablauf von Produktaudits bei Mercedes-Benz

3.4.1.2 Systemaudits

Interne und externe (also Zulieferer-)Systemaudits werden von *Mercedes-Benz* nach dem Fragebogen des VDA-6-Audits realisiert[35]; es handelt sich also um an die DIN-EN-ISO-9001-Normen angelehnte Audits. Die *internen* Audits werden nacheinander in einzelnen "Funktionseinheiten" realisiert[36]; sie nehmen jeweils ca. fünf "Mann-Tage" in Anspruch. Als Minimum sind 30 solcher Audits im Jahr geplant. Bei externen Zulieferern wird zusätzlich noch ein *MB-Technologie-Audit* durchgeführt, mittels dessen die für die Lieferungen an *Mercedes-Benz* relevanten maschinellen Anlagen und Prozesse begutachtet werden.[37] Die Materialien von Lieferanten werden teilweise zusätzlich in den Labors von MB getestet. Einige dieser Labors sind *akkreditiert*, d.h. hier wird auch an unternehmensexterne Stellen die Dienstleistung der Zertifizierung entsprechender Teile und Materialien angeboten. Der Anstoß zu dieser neuen Einrichtung kam aus dem Bereich QST selbst und verfolgt das Ziel, einen Beitrag zur Deckung der durch diese Abteilung verursachten Kosten zu leisten.[38]

Seit 1993 läuft bei *Mercedes-Benz* ein Projekt mit dem Ziel, u.a. die Werke in Bremen, Hamburg und Sindelfingen nach DIN EN ISO 9001 zu zertifizieren. Hintergrund dafür ist eine entsprechende Auflage vom Kraftfahrbundesamt: Bisher erfolgte für neue Produktionsmodelle nach einer Typprüfung die Erteilung einer "Allgemeinen Betriebserlaubnis" (ABE) durch den TÜV. Werksintern wurden dann entsprechende Produktprüfungen auf Konformität mit der ABE vorgenommen. Zukünftig wird wahrscheinlich neben der Typprüfung von den Werken verlangt, daß sie sich nach DIN EN ISO 9001 zertifizieren lassen.

Eingegangen wird im folgenden kurz auf den **Ablauf des Zertifizierungsprojektes** im Bremer Werk. Am 16.12.1994 erhielt das Bremer Werk dieses Zertifikat. Mitglied des Zertifizierungs-Projektteams waren Mitarbeiter aller Produktleistungs- und Dienstleistungscenter (im Hinblick auf letztere vor allem die Qualitätssicherung, die Logistik und die Verwal-

---

35 Vgl. hierzu VDA (HRSG.) 1991.
36 Dies sind kleine Bereiche im Werk, die von ihren Aufgaben her leicht abgrenzbar sind und von denen es im Werk Bremen etwa 100 gibt.
37 Die folgenden Informationen stammen aus Gesprächen der Verfasserin mit dem Teamleiter QFR, Herrn Tiburg, am 14.7.1992, 15.6.1993, 29.6.1993 u. 7.1.1994.
38 Diese Praxis ist inzwischen in manchen Unternehmen gerade der Automobilindustrie etabliert: So sind Labors von BMW für bestimmte Prüfungen im Bereich des Umweltschutzes akkreditiert und erstellen entsprechende Zertifikate auch für unternehmensexterne Kunden im gesamten Raum München/Regensburg.

tung). Projektleiter war der Abteilungsleiter der "Qualitätssicherung Gesamtfahrzeug", die Projektkoordination erfolgte durch den Teamleiter "Qualitätsförderung und Revision".[39]

Am 13.4.1993 begannen offiziell die Phasen der *Projektplanung und -strukturierung*. Die Leiter der verschiedenen Leiter waren verantwortlich dafür, bis zum 26.5.1994 zu eruieren, welche Maßnahmen in ihren jeweiligen Bereichen ergriffen werden mußten, um die Zertifizierbarkeit zu erreichen. Insbesondere waren die durch die Normen geforderten *Verfahrensanweisungen* zu erstellen bzw. zu aktualisieren. Die Zeitspanne zwischen Anfang Juli und Anfang November diente der Abarbeitung dieser Maßnahmen. Inzwischen war auch ein spezielles Teil-Projektteam gebildet worden, das zwischen Februar und November 1994 die entsprechenden *Arbeitsanweisungen* erstellte.[40]

Im September 1994 wurden in bestimmten Schwerpunktbereichen *Voraudits* durchgeführt. Deren Ergebnisse zeigten, an welchen Stellen die Bemühungen noch verstärkt werden mußten. Am 25.10.1994 begannen die ersten *Systemaudits*; das gesamte Projekt war am 16.12.1994 erfolgreich abgeschlossen.

In einer nachfolgenden *Projektevaluierung* durch das Projektteam wurde als *problematisch* eingeschätzt, daß das Projektteam zu klein und daher in zeitlicher Hinsicht überfordert war. Trotz intensiver Bemühungen[41] wurde zudem die Information aller Mitarbeiter nicht so erreicht, wie das geplant worden war. Durch Umstrukturierungen innerhalb der Qualitätsabteilung kam es außerdem zu Doppelbelastungen mancher Beteiligter. *Positiv* hervorgehoben wurde dagegen die Zusammenarbeit innerhalb des Projektteams sowie mit einer weiteren Mitarbeiterin, die für "Gruppendynamik" und zur Bewältigung "zwischenmenschlicher Probleme"

---

39 S. zu den Organisationseinheiten Abschnitt 3.5. Die folgenden Informationen stammen aus einem Gespräch mit dem Teamleiter der QFR, Herrn Tiburg, am 11.1.1995.
40 Vgl. allgemein hierzu Teil II, Abschnitt 4.1.2.
41 Hervorzuheben ist hier insbesondere die an alle Mitarbeiter verteilte Broschüre "Zertifizierung nach DIN 9001" (vgl. MERCEDES-BENZ AG 1994c), in der neben einer ausführlichen Begründung und Beschreibung des Projektes unter anderem eine nach den 20 Elementen der DIN EN ISO 9001 aufgebaute Checkliste zu finden ist, auf der anzukreuzen war, inwieweit sich jeder einzelne in den Normen auskennt und weiß, inwiefern er durch die Anforderungen der Zertifizierung betroffen ist. Die einzelnen Statements sollten (anonym) mit "ja" oder "nein" angekreuzt werden.

im Laufe des Projektes zuständig war. Außerdem wurde der Beitrag einer externen Unternehmensberatung und auch der Einsatz des Projektmanagement-Instrumentariums betont. Schließlich empfanden es viele Beteiligte als angenehm, daß durch das Projekt die persönliche Bekanntheit und ein besseres Verständnis untereinander gefördert worden seien.

3.4.2 Messung der Kundenzufriedenheit

Kundenzufriedenheitsstudien werden bei *Mercedes-Benz* zentral durchgeführt, und zwar getrennt nach Modellen. Dabei kommen verschiedene Befragungen zur Anwendung[42]:

1. Der Qualitätssensor

Im Auftrag von MB führt die *Vector GmbH Automobilmarktforschung* in Zusammenarbeit mit *Infratest* eine Studie durch, bei der Käufer von *Mercedes*-Fahrzeugen einer Monatsproduktion - deren Adressen mit Einverständnis der Käufer von MB zur Verfügung gestellt werden - auf telefonischem Wege nach ihrer Zufriedenheit mit der Auslieferungsqualität befragt werden. Das Interview wird etwa *vier Wochen* nach der Auslieferung durchgeführt, im Schnitt werden monatlich 300 Kunden befragt. Die Interviews dauern jeweils etwa zwanzig Minuten und werden vorher schriftlich angekündigt.

Den Anfang jeden Interviews machen einige *allgemeine Fragen* zum gekauften Modell, zum Vorbesitz sowie zu Punkten wie Übernahmeort, Zulassungswoche, Kilometerstand. Daran schließen Fragen zur Zufriedenheit mit der *Auslieferung* an. Explizit wird die Einhaltung des Liefertermins angesprochen; dann folgen die beiden Fragen:
- "Wenn Sie noch einmal an den Zeitpunkt der Auslieferung und Übergabe Ihres Mercedes-Benz zurückdenken, sind Ihnen in diesem Zusammenhang irgendwelche Dinge besonders positiv aufgefallen?"
- "Gab es etwas, was Ihnen bei der Auslieferung und Übergabe weniger gut gefiel und Ihrer Meinung nach verbessert werden sollte?"

Für die Beantwortung der Fragen sind verschiedene Möglichkeiten vorgegeben, bei ersterer z.B. "gute Bedienung/Service", "freundlich", "per-

---

[42] Die Informationen dieses Abschnittes entstammen einem Gespräch mit Herrn Wolf und Herrn von Teege (Teamleiter *Gütesicherung* und Mitarbeiter) am 22.6.1993.

sönlich", "Flasche Sekt im Auto", bei der zweiten Frage etwa "Wartezeit bei Übergabe dauerte zu lange", "arrogant", "kleinlich bei Sonderwünschen", "Bewirtung schlecht, Preise, Raum", "primitiv".

Es folgen Fragen danach, ob *Werkstatt*personal und -bereich vorgestellt und ein Terminvorschlag für die Erstinspektion unterbreitet wurde. Schließlich folgt noch die Bitte um eine Beurteilung der *Atmosphäre, Betreuung* und *Zufriedenheit* insgesamt. Nach diesen, die Übergabe selbst betreffenden Aspekten wird auf die *Nachbetreuung* eingegangen - in Form der Frage, ob sich die Niederlassung bzw. der Vertreter nach der Übergabe schon einmal gemeldet und erkundigt hat, ob alles mit dem neuen Fahrzeug in Ordnung ist. Dies wird für das Gefühl des Kunden, daß man sich um ihn "kümmert", als wichtig angesehen.

Schließlich wird nach der Zufriedenheit mit dem *Fahrzeug selbst* gefragt. Probleme bzw. Mängel bei und nach der Fahrzeugübernahme werden nach verschiedenen Bereichen getrennt angesprochen: Lack, Karosserie, Räder, Reifen, Achsen, Motor, Kupplung, Getriebe, Bremsen usw.; danach werden die Zahl der Mängel und weitere Details abgefragt. Es schließen sich Erkundigungen nach den Umständen der Mängelbehebung und der Dauer des Werkstattaufenthaltes an. Auf einer Skala von 1 (sehr zufrieden) bis 6 (sehr unzufrieden) ist dann zu beurteilen, wie man zur Zeit (also etwa vier Wochen nach Auslieferung) den *Mercedes* einschätzt; es folgt die Frage, für welche Marke und für welches Modell man sich entscheiden würde, wäre die Kaufentscheidung *heute* zu treffen.

Den Abschluß des Interviews bilden Erkundigungen nach Alter, Geschlecht und Beruf des Käufers. Den Bericht über die Befragungsergebnisse ergänzt ein Anhang, in dem sich noch Angaben zur Ausschöpfung der Stichprobe finden sowie der gesamte Fragebogen, anhand dessen die Interviews geführt wurden.

Für eine wirksame Problembekämpfung wird es als notwendig angesehen, genau festzuhalten, welche Mängel und Beanstandungen die Kunden konkret genannt haben. Daher wird der Qualitätssensor ergänzt durch einen zweiten Band, in dem die *wörtlichen Formulierungen* hierzu einzeln aufgeführt sind, und zwar nach den verschiedenen Bereichen gegliedert und dort nach Häufigkeit sortiert. Diese beiden Qualitätssensor-Berichte erhält das Team *Gütesicherung* und kann dann die betroffenen Verursacherbereiche direkt darauf ansprechen.

2. Die Neuwagenkäuferbefragung

Die Neuwagenkäuferbefragung ähnelt dem Qualitätssensor. Sie wird einmal jährlich durchgeführt und wendet sich an Kunden, die *vier Monate* zuvor einen *Mercedes* gekauft haben. Auch hier werden die Antworten so weit wie möglich "heruntergebrochen" und die wörtlichen Nennungen schriftlich festgehalten, so daß die *Gütesicherung* möglichst konkret reagieren kann. Dabei wird besonderer Wert gelegt auf "subjektive" Empfindungen, die von den Käufern geäußert werden (etwa: "Die Sitze sind zu knautschig"), um Trends in den Kundenwünschen zu erfassen.

3. Befragung nach vier Jahren

Die letzte regelmäßig durchgeführte Befragung erfolgt vier Jahre nach dem Fahrzeugkauf durch die von *J.D. Power* gegründete amerikanische Unternehmensberatung *Power and Associates*, die sich u.a. auf Kundenzufriedenheitsbefragungen spezialisiert hat. Dieser Bericht wird der Presse und somit auch der Öffentlichkeit zugänglich gemacht.

In diesen dreifachen Befragungen werden bei *Mercedes-Benz* zweckmäßige Instrumente zur Einschätzung der Kundenzufriedenheit gesehen. Da die Auswertung der Berichte dem Team *Gütesicherung*, das - wie oben beschrieben - auch die Produktaudits durchführt, obliegt, laufen hier Informationen über die Qualität zum einen direkt aus der Sicht der Kunden und zum anderen aus unternehmensinternen Analysen zusammen. Es ist daher auch möglich, die bei den Produktaudits zutage getretenen Fehlerschwerpunkte mit den Kundenäußerungen zu vergleichen bzw. die Aussagefähigkeit der Produktaudits anhand der mehr oder weniger großen Übereinstimmung mit der Beurteilung durch die Kunden in ihrer Aussagekraft einzuschätzen.

3.4.3 Qualitätskostennachweise

Der Qualitätskostennachweis wird bei *Mercedes-Benz* unternehmensweit *nicht* einheitlich gehandhabt. Die Aufschlüsselung der Kosten erfolgt meist noch ähnlich der traditionellen Einteilung, wie sie in Teil II, Abschnitt 4.3.1 beschrieben wurde. Dabei steht nach Aussage des damaligen Abteilungsleiters *"Zentrale Qualitätsförderung"* in Stuttgart, Herrn Dr. Büchner[43], fest, daß dies *nicht* ausreicht, um Fehlleistungskosten wirklich

---
43 Im Gespräch mit der Verfasserin am 26.10.1992.

transparent zu machen. Man behilft sich u.a., indem wichtige *Prozesse* und ihre Kosten im Zeitablauf verglichen werden; dies geschieht zumindest jedes Jahr. Für die aufgezeigten Fehlleistungen werden Kostenschätzungen vorgenommen, und es wird versucht zu beurteilen, welche Probleme und Kosten hätten vermieden werden können. Im Schnitt handelt es sich dabei um immerhin 20 bis 30% dieser Kosten! Ein solches Verfahren ist allerdings nicht flächendeckend, sondern nur punktuell möglich.

Im bisherigen Vorgehen wird - trotz der erkannten Unzulänglichkeiten - in Qualitätskostennachweisen vor allem eine sinnvolle Grundlage für die *Information* des Managements gesehen: "Wenn es gelingt, die teilweise dramatische absolute Größe von Fehlleistungsaufwänden in einigen besonders exemplarischen Fällen zu erfassen, kann dem Topmanagement gegenüber die Wichtigkeit von vorbeugenden qualitätssichernden Maßnahmen zur deutlichen Kostenreduzierung und damit zum Erhalt der internationalen Wettbewerbsfähigkeit nachgewiesen werden."[44]

Kritik an der bisherigen Vorgehensweise wird von Mitarbeitern der QFR in Bremen in dem Punkt geübt, daß nicht in ausreichendem Maße eine Trennung der durch Fehlerverhütungs- und -erkennungsmaßnahmen entstandenen Kosten vorgenommen werde. Ein wesentliches Problem wird zudem darin gesehen, nicht-fertigungsgerechte Konstruktionen nur schlecht im Hinblick auf ihre Qualitätskosten quantifizieren zu können. Für umfassende Qualitätskostennachweise ist schließlich der Einfluß struktureller Veränderungen, etwa der Realisierung einer neuen Organisationsstruktur, zu berücksichtigen. So führt die Integration von Prüfaufgaben in die Fertigung zu einer Komplizierung der Trennung von Fertigungs- und Prüfkosten.

Seit einiger Zeit bestehen an verschiedenen Stellen im Unternehmen *Mercedes-Benz* Bemühungen um eine Umgestaltung der Qualitätskostennachweise. So befürwortet der Leiter der *"Produktionskostenoptimierung"*, W. Enßlin, eine Kostengliederung gemäß Darst. 3.4-4. Dabei wird

---

[44] KÖSTER (ehemaliger Leiter der Zentralen Qualitätssicherung bei MB) 1991, S. 14f. Glaubt man einer MIT-Studie (WOMACK/JONES/ROOS 1992, S. 94), so entfällt beispielsweise ein Drittel der gesamten Montagezeit im Bremer Werk von MB - dieses Werk verbirgt sich nach WILLIAMS/HALAM (1992, S. 41) hinter dem in der Studie so bezeichneten "deutschen Luxuswagenwerk" - auf die Nacharbeit von Montagefehlern. "Zwischenzeitlich wurden diese Werte für Nachbesserungen allerdings vom Bremer Management bestritten. Die Bremer nehmen für sich in Anspruch, daß nur elf Prozent ihrer Wagen einer Nachbearbeitung bedürfen" (ebenda, S. 41).

282 3. Zweite Fallstudie: Total Quality Management bei Mercedes-Benz

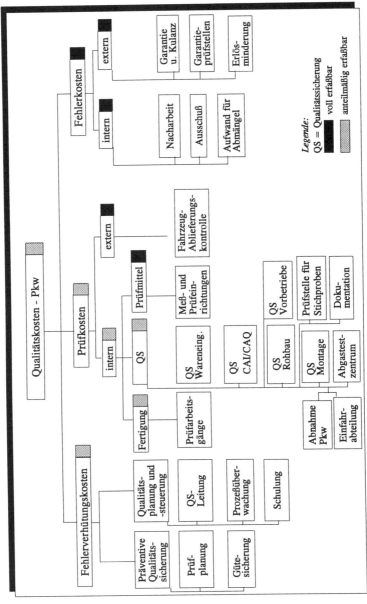

Darst. 3.4-4: Mögliche Systematik der Qualitätskosten (modifiziert nach ENßLIN 1993, S. 85)

zunächst nach solchen Kostenumfängen, die voll, und solchen, die nur anteilmäßig *erfaßbar* sind, differenziert. Zur zweiten Gruppe gehören *Fehlerverhütungskosten* (mit den Unterkategorien "Präventive Qualitätssicherung" und "Qualitätsplanung und Steuerung") sowie die internen *Prüfkosten*; allein die *Fehlerkosten* und externe Prüfkosten sowie *Prüfmittelkosten* auch für interne Kontrollen werden als voll erfaßbar eingeschätzt.

Gütesicherung, QS-Leitung, Garantieprüfstellen sowie die weiteren Teams der Qualitätssicherung bilden eigene *Kostenstellen*. Im Hinblick auf Meß- und Prüfeinrichtungen sowie die verschiedenen internen Fehlerkosten und die Kosten aus Garantieleistungen sowie Kulanz ist die *Kostenartenrechnung* heranzuziehen. Im Hinblick schließlich auf die Prüfplanung, Prozeßüberwachung, Schulung und einige andere Größen sind *Sonderrechnungen* durchzuführen. Betont werden muß, daß es sich bei dem hier beschriebenen Konzept lediglich um einen Plan, nicht um den bereits realisierten Stand bei *Mercedes-Benz* handelt.

3.5 Organisation des Total Quality Managements bei Mercedes-Benz

Die Organisationsstruktur des Gesamtunternehmens *Mercedes-Benz* zeigt Darst. 3.5-1. Die verschiedenen Produktionswerke - so auch das im folgenden eingehender beschriebene Werk Bremen - sind in erster Linie funktional gegliedert. Ergänzend bestehen zahlreiche bereichsübergreifende Projekte; entsprechend wird hier von einer Kombination aus *funktionaler* und *Projektorganisation* gesprochen. Beispiele für solche Projekte sind vor allem im strategischen Produktbereich zu finden, z.B. für die neue C-Klasse, für die S-Klasse und den Stadtwagen. Für sie werden überfunktional zusammengesetzte Teams gebildet.

Während die meisten *Mercedes*-Werke nur *einen* Werksleiter haben, gibt es deren in Untertürkheim, Sindelfingen und Bremen zwei. Dem Werkleiter I in Bremen sind die *Produktleistungszentren (PLZ)* Preßwerk, Rohbau, Oberfläche und Montage zugeordnet. Die aktuelle Organisationsstruktur wurde erst Anfang 1993 im Werk Bremen etabliert, wobei im Vergleich zur vorherigen Struktur zwei Hierarchieebenen eingespart wurden. Der Umstrukturierungsprozeß betraf das gesamte Werk (und auch die meisten anderen Werke von *Mercedes-Benz*); es wird von einer

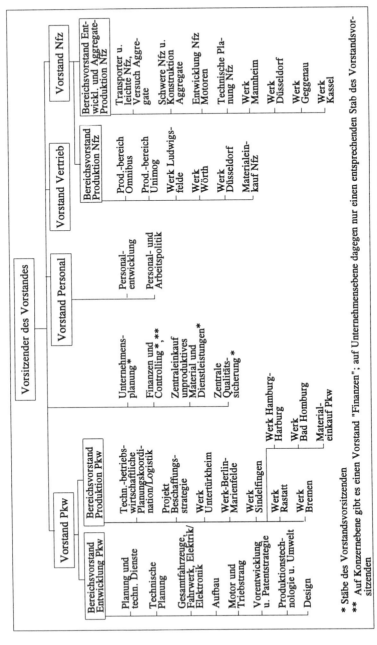

Darst. 3.5-1: Organisationsstruktur von Mercedes-Benz, Stand: Anfang 1995 (modifiziert nach o.V. 1994d, o.S.)

3.5 Organisation des Total Quality Managements bei MB

"neuen Führungsorganisation" gesprochen. Die Aufgabenverteilung unterliegt dabei auch weiterhin einem Wandel, dessen Ende noch nicht abzusehen ist. Ziel ist die Einführung von mehr eigenverantwortlichen und sich weitergehend als bisher "selbststeuernden" Teileinheiten. Diese sollen mittels Erfolgs-Zielvereinbarungen und -kontrollen gesteuert werden, anstelle der bisher üblichen detaillierten Verfahrenskontrollen.

Die Produktleistungszentren erbringen in aller Regel solche Leistungen, die am Markt absetzbar bzw. am Markt beschaffbar sind. Diese Alternative wird im Normalfall zwar nicht in Erwägung gezogen, die einzelnen PLZ können also nicht eigenständig entscheiden, z.B. Vorprodukte extern zu beschaffen. Man geht jedoch davon aus, daß sich mit Hilfe eines solchen Konzeptes eher effiziente interne Kunden-Lieferanten-Beziehungen durchsetzen lassen als etwa bei einer rein funktionalen Organisationsform.[45]

Bisher stark gesplittete Funktionen wurden zu diesem Zweck in den PLZ zusammengeführt. "In den Werken entstanden Leistungszentren, die auf der Basis von Prozeßkettenanalysen so strukturiert wurden, daß sie die zur Eigenständigkeit notwendigen Funktionen wie Planung, Instandhaltung und Controlling enthalten. Nur wenige Funktionen (Personalwesen, Logistik, Vertrieb [, Qualitätssicherung, die Verf.] u.a.) wurden aus wirtschaftlichen Gründen als übergreifende *Querschnittsbereiche (Dienstleistungscenter)* beibehalten."[46] Auch diese Dienstleistungscenter sollen jedoch Planungs- und Steuerungskompetenzen an die PLZ abgeben und sich zukünftig vor allem auf Zielvereinbarungen mit den PLZ und eine Evaluierung der Zielerreichung sowie auf strategische und koordinierende Aktivitäten konzentrieren. Dem Werkleiter I im Bremer Werk sind die DLZ Technische Planung, Werkslogistik und die - unten näher betrachtete - Qualitätssicherung (QS) zugeordnet.[47]

Die *Zentrale Qualitätssicherung (ZQ)* in Stuttgart, seit dem 1.1.1993 geleitet von Dr. *Wohlfahrt* ist direkt dem Vorstandsvorsitzenden des Unter-

---

45 Vgl. GOLD 1992, S. 128-130.
46 CLUSS 1994, S. 139 - Hervorhebung durch die Verf.
47 Dem Werkleiter II sind die Zentren Zulieferbetriebe, Personalwesen, Controlling/RW, Materialeinkauf, Organisation und der Werksärztliche Dienst zugeordnet. Die verschiedenen PLZ und DLZ treffen untereinander Leistungsvereinbarungen. Hiervon ausgenommen ist die Gütesicherung, damit die Möglichkeit verhindert wird, daß einzelne PLZ, um Kosten zu sparen, etwa auf die Produktaudits verzichten. Die Kosten dieser Produktaudits werden daher auch separat erfaßt.

nehmens unterstellt. Neben der *Qualitätstechnik für Pkw und Nfz* gibt es die *Zentrale Qualitätsförderung*, die für Grundsatzfragen und die Koordination zuständig ist. Zwischen der Zentralen QS in Stuttgart und der QS der einzelnen Werke besteht ein fachliches Weisungsrecht bzw. umgekehrt eine Berichtspflicht.

Die Qualitätssicherungsabteilungen auf Werksebene unterstehen direkt den jeweiligen Werksleitungen. Ihre weitere Strukturierung variiert von Werk zu Werk. Im weiteren wird auf die Organisation dieser Abteilung im Bremer Werk eingegangen. Darst. 3.5-2 zeigt das Organigramm.

Die *Abteilung Qualitätssicherung Produkte (QSP)* ist für die Qualitätssicherung in Rohbau und Montage der in Bremen gefertigten Modelle zuständig. Ihre Aufgabe ist die *Beratung* dieser Fertigungsbereiche sowie die Durchführung von *Prüfungen*. Hier wird seit 1989 das Projekt "*Reorganisation der Arbeitsstrukturen*" durchgeführt, bei der es um eine Integration von Qualitätssicherungs-Aktivitäten in die Fertigung geht.[48]

Der Abteilung *Qualitätssicherung Technik (QST)* obliegen unterschiedliche Aufgabenfelder. Zunächst sind hier die QS Kaufteile 1, 2 und 3 eingeordnet.[49] Wie weiter oben erläutert[50], sind diese Bereiche bisher erst relativ wenig in die *Auswahl* von Lieferanten einbezogen, dafür aber mehr in die Lieferanten*beurteilungen*. Außerdem liegt hier die Verantwortung für die Behebung aller Qualitätsprobleme mit zugelieferten Teilen. Dazu wird z.B. ein Katalog für eine *Kaufteilebewertung* angelegt, in dem alle Beanstandungen aufgeführt sind. Weiter ist es Aufgabe dieser Abteilung, *Lieferantenaudits* durchzuführen. Hinzu kommt die Prüfung von Werkstoffen sowie von Fertigungs- und Oberflächentechnik.

Der dritte Bereich der Qualitätssicherung im Werk Bremen trägt die Bezeichnung *Qualitätssicherung Gesamtfahrzeug (QSG)*. Neben einem Bereich *Meßtechnik*, der für das Messen von Versuchs-, Erstmuster- und Serienteilen verantwortlich ist und Maßabweichungen an Betriebsmitteln

---

48 S. hierzu noch unten, S. 290f.
49 Die QS 1 ist zuständig für die Kaufteil-Bereiche Fahrwerk, Mechanik, Textil, Hydraulik und Klima sowie für die Koordination der QS Kaufteile insgesamt und die Dokumentation. Die QS Kaufteile 2 ist verantwortlich für die Bereiche Außenteile, Rohbauteile, Innenausstattung, Fahrzeugverglasung, Abgasanlagen, Räder/Reifen, Kraftstoffbehälter und das Werklieferprogramm. Der QS Kaufteile 3 obliegen schließlich die Bereiche Elektrik, Elektronik sowie die Physikalische Meßtechnik für Fahrzeugkomponenten und Fertigungsanlagen.
50 S. Abschnitt 2.2.1.

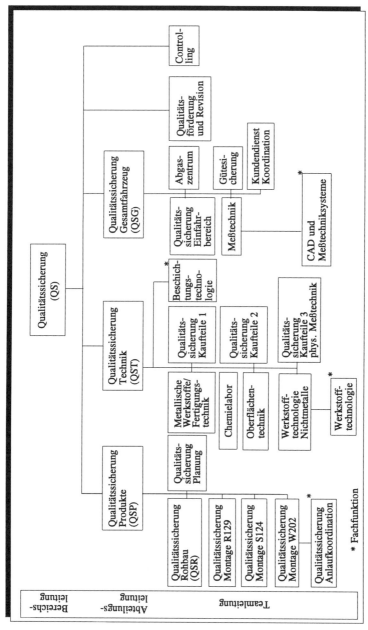

Darst. 3.5-2: Organisation der Qualitätssicherungs-Abteilung im Werk Bremen (nach MERCEDES-BENZ AG 1993g)

(z.B. Preßwerkzeugen) möglichst schon im Vorfeld der Serienproduktion erkennen und beheben soll, bestehen hier folgende Aufgaben: Das Team QS *Einfahren* nimmt nach Ablauf aller Montagearbeiten sowohl Prüfungen als auch Einstellarbeiten vor. Ihm obliegt auch die Durchführung von Probefahrten, um etwa die Geräuschentwicklungen unter verschiedenen Fahrbedingungen festzustellen. Es werden zudem Funktionskontrollen vorgenommen, soweit sie dynamisch erfolgen müssen, etwa an Motor, Getriebe, Lenkung, Tachometer, ABS usw. Ferner erfolgt hier die Abnahme des Fahrzeugs in fahrtechnischer Hinsicht. Sind Beanstandungen zu konstatieren, findet eine Fehlerbehebung an Nacharbeitsbändern oder Stellplätzen statt. Schließlich werden im Einfahrbetrieb Kundenbeanstandungen überprüft.

Die *Gütesicherung* (GS) erstellt mittels *Produktaudits*[51] sowie einer Auswertung von Schadensfällen und Kundenzufriedenheitsbefragungen ein Abbild des Qualitätsstandes der im Werk Bremen gefertigten Fahrzeuge. Außerdem ist es ihre Aufgabe, mit den Fertigungsbereichen die anzustrebenden Qualitätszahlen auszuhandeln, nachdem die für das Gesamtfahrzeug zu erreichende Zahl gemeinsam mit der Werksleitung festgelegt wurde. Die *Kundendienstkoordination* (KDK) erstattet Bericht über Kundenbeanstandungen und ist verantwortlich für die Einleitung und Verfolgung von Abhilfemaßnahmen. Sie ist zudem die Verbindungsstelle zum Zentralkundendienst in Stuttgart. Schließlich ist das *Abgaszentrum* (AGZ) zu nennen, in dem Abgasuntersuchungen vorgenommen werden. Deren konkrete Ausprägung hängt ab von den entsprechenden Bestimmungen der Behörden im In- und Ausland, die die Prüfergebnisse jederzeit einsehen können und sie auch regelmäßig zugesandt bekommen.

Schließlich gehört zur Qualitätssicherung das Team *Qualitätsförderung und Revision (QFR)*, dessen Aufgabe es ist, die Leitung der gesamten Qualitätssicherung sowie die einzelnen QS-Teams zu unterstützen, auch in der Planung von die Qualitätssicherung betreffenden DV-Anwendungen. Von diesem Team werden System- und Verfahrensaudits im eigenen Werk durchgeführt.[52] Ein weiterer Aufgabenbereich besteht in der Qualitätskostenüberwachung.[53] Die QFR erfüllt somit auch die Aufgaben des bisher erst in der Planung befindlichen "Controlling" innerhalb der Qualitätssicherung. Schließlich legt die QFR gemeinsam mit den anderen Bereichen und mit der Konstruktion fest, welche Produktionsteile als doku-

---

51 S. hierzu Abschnitt 4.1.1.
52 S. hierzu Abschnitt 4.1.2.
53 S. hierzu Abschnitt 4.4.

mentationspflichtig eingestuft werden. Für sie müssen besonders ausführliche Aufzeichnungen im Hinblick auf die realisierten Qualitätsprüfungen angefertigt werden.[54]

Wie oben dargestellt, befindet sich das TQM bei *Mercedes-Benz* noch in der Einführungsphase. Der "TQM-Prozeß" wird geführt und verantwortet von Mitarbeitern der *Zentralen Qualitätssicherung* in Stuttgart.[55] Für einen Zeitraum von drei Jahren wurde hierfür eine *Unterstützungsstruktur* aufgebaut, in deren Zentrum *Prozeßberater* stehen. Bei diesen handelt es sich um Mitarbeiter aus den verschiedensten Bereichen und von unterschiedlichen hierarchischen Ebenen, die sich für diese Aufgabe freiwillig meldeten, nachdem sie brieflich von dieser Möglichkeit informiert wurden. Im Geschäftsbereich "Pkw/Entwicklung" nahmen an entsprechenden Info-Tagen 400 der insgesamt etwa 5000 in Frage kommenden Mitarbeiter teil. 200 bewarben sich schließlich, von denen 23 ausgewählt wurden. In den anderen Geschäftsbereichen wurde analog vorgegangen.

Die insgesamt 70 Prozeßberater sind für die gesamten drei Jahre vollständig von ihren "normalen" Aufgaben freigestellt. Sie werden sowohl von Führungskräften aus Projekten und der Linie als auch von externen Beratern geschult, und zwar einerseits in Qualitätsmanagement-Themen, andererseits in Bereichen wie Persönlichkeitsentwicklung und Arbeitsplatzanalyse. Zusätzlich werden mit ihnen Möglichkeiten der Schulung von Moderatoren und Multiplikatoren trainiert, da in einem nächsten Schritt ihre Aufgabe darin besteht, Mitarbeitern aus den verschiedenen Bereichen das Gelernte weiterzugeben.

Insbesondere die Prozeßberater, aber auch alle weiteren geschulten Mitarbeiter sollen dazu beitragen, Funktionen und Abläufe im Unternehmen zu optimieren. Der erste Schritt besteht dabei in umfassenden *Systemau-*

---

54 Die Notwendigkeit hierzu ergibt sich in erster Linie aus gesetzlichen Vorschriften. So schreibt die Gesetzgebung in den USA vor, daß die Kraftstoffanlage bei einem Aufprall, unabhängig von welcher Richtung, nur sehr geringe Mengen Kraftstoff verlieren darf. Alle mit dieser Eigenschaft zusammenhängenden Teile werden bei *Mercedes-Benz* daher als dokumentationspflichtig ausgewiesen; alle entsprechenden Prüfvorgänge gelten als Sicherheitsprüfungen und müssen dokumentiert werden.
55 Vor allem von Herrn Dr. Geesmann, Direktionsassistent der Zentralen Qualitätssicherung. Die folgenden Informationen stammen aus seinem Vortrag im Rahmen des TQM-Seminars "Qualitätsmanagement als Unternehmensstrategie" (25.-27.8.93) in Hamburg sowie aus einem Gespräch mit der Verfasserin am 17. Mai 1994 in der Stuttgarter Zentrale.

dits[56], um Engpässe, Fehlerquellen, Doppelarbeiten etc. aufzudecken; im Anschluß daran sind Verbesserungsvorschläge zu erarbeiten und umzusetzen. Nicht in allen Werken wird eine solche Unterstützungsstruktur zusätzlich zur bestehenden etabliert; im Werk Bremen etwa übernimmt die QFR die beschriebenen Aufgaben.

Am Beispiel des schon mehrfach angesprochenen Projekts der Integration von Prüfumfängen in die Fertigungsbereiche sollen noch einmal kurz Veränderungen im Zusammenhang mit der neuen Führungsorganisation angesprochen werden. Traditionell entschied bei *Mercedes-Benz* der *Prüfplaner* über die vorzunehmenden Prüfmerkmale und -orte. Zu diesem Zweck wurden Informationen über von nacharbeitenden Bereichen entdeckte Fehler, über den Schadensbefund bei Feldreklamationen und schließlich über die Ergebnisse von Produktaudits an den Prüfplaner weitergegeben. Aufgabe der ehemaligen *Kontrolle Montage/Kontrolle Rohbau* war bis vor kurzem unter anderem eine (z.T. 100%-)Kontrolle der Merkmale. Seit 1989 beschäftigen sich *Qualitätssicherung Produkt* und *Montage* im Bremer Werk in diesem Zusammenhang jedoch mit dem Thema "Reorganisation der Arbeitsstrukturen in der Montage und KMO".[57] Dabei kommt es zu einer Aufgaben*entlastung* der QS Montage und der QS Rohbau durch Integration von Prüfaufgaben in die Fertigungsbereiche. Gleichzeitig erfolgt eine Aufgaben*erweiterung*, da die operative Prüfplanung aus der QS Planung in diese Bereiche verlagert wird.[58] Ziel ist es, die Entstehung von Fehlern in sämtlichen Herstellphasen eines Produktes zu *vermeiden* und eine volle *Eigenverantwortung* produkterstellender und -verarbeitender Bereiche zu erreichen.

Gewisse Meinungsunterschiede bestehen im Hinblick auf die Frage, inwieweit schon die Voraussetzungen für eine solche Integration von Prüfaufgaben geschaffen sind: *Einerseits* bestehen auf seiten der *QS Planung* Bedenken, ob die Mitarbeiter in den Fertigungsbereichen schon so weit geschult und auch sonst in der Lage - und willens - sind, die Planung der und die Verantwortung für die Durchführung von Qualitätsprüfungen zu übernehmen. *Andererseits* wird in den Bereichen *Montage* und *Rohbau* hierin weniger ein Problem gesehen als vielmehr darin, die Bereitschaft

---

56 S. hierzu Abschnitt 4.1.2.
57 Vgl. auch zu folgendem MERCEDES-BENZ AG 1992b.
58 Mit der Aufgabenintegration verbunden ist eine Reduzierung des Kontroll- und Nacharbeitsaufwands um etwa 40% (lt. Herrn Schumacher, im Gespräch am 1.9.1993).

3.5 Organisation des Total Quality Managements bei MB 291

der Planungsabteilungen zu erreichen, Kompetenzen auf diesem Gebiet abzugeben.

Für die Zukunft wird jedenfalls eine möglichst vollständige Dezentralisierung der Fertigungskontrollfunktionen angestrebt. Mit gleichem Ziel soll eine Zuordnung der *Abnahme Pkw* und des *Einfahrbetriebs* zum *PLZ Montage* erfolgen sowie eine Dezentralisierung der den PLZs zuordenbaren Werkstoff- und Verfahrenstechnik-Funktionen.[59]

Darst. 3.5-3 stellt den Versuch dar, für das Werk Bremen aufzuzeigen, welche Funktionsbereiche bisher an welchen Aktivitäten des Qualitätsmanagements beteiligt sind. (Dabei ist zu berücksichtigen, daß Qualitätsmanagement-Strategien vor allem in der Zentrale in Stuttgart geplant werden.) Aufgrund der eben beschriebenen Umstrukturierungs-Bemühungen war es nicht zweckmäßig, in Analogie zu den Darstellungen III.2.4-1 und III.2.4-2[60] zwischen Durchführungs- und Mitwirkungsverantwortung zu unterscheiden. Die jeweiligen Grade der Beteiligung funktionaler Bereiche an den Qualitätsmanagement-Aktivitäten variieren (noch) stark und hängen auch vom jeweiligen Projektverlauf ab. Wie beschrieben, ist für die Zukunft jedoch geplant, die Durchführungsverantwortung zumindest für die statistische Qualitätssicherung noch stärker aus der Qualitätssicherungs-Abteilung in die Fertigungsbereiche zu verlagern. Im Hinblick auf Verfahren wie die FMEA wird dies nicht in gleichem Maße angestrebt; hier soll zwar eine stärkere Beteiligung der Mitarbeiter an entsprechenden Projekten erreicht werden, nicht aber eine vollständige Integration der Durchführungsverantwortung in die funktionalen Abteilungen.[61]

Deutlich wird, daß zumindest bis zum jetzigen Zeitpunkt noch eher wenige Aktivitäten in größerem Ausmaß in den Fertigungsbereichen selbst realisiert werden. Allerdings sind Tendenzen in diese Richtung durchaus erkennbar: In der *QS Kaufteile* 1 sind bereits Ansätze zu sehen, bei Qualitätsproblemen den direkten Kontakt zwischen Lieferanten und den betroffenen Fertigungsbereichen zu forcieren, anstatt - wie bisher grundsätzlich der Fall - selbst eine Vermittlerfunktion einzunehmen. Ein solches Vorgehen, bei dem die verschiedenen QS-Teams Aufgaben *abgeben*, setzt voraus, daß ein entsprechendes Verständnis von TQM vorliegt. Da-

---

59 So Herr Stemme, Mitarbeiter in der Abteilung Organisation und Datenverarbeitung, im Gespräch mit der Verfasserin am 1.9.1993.
60 Die Darstellungen finden sich auf S. 176f.
61 So Herr Tiburg, Teamleiter QFR, im Gespräch am 11.1.1995.

TQM-Komponenten	Bereich	Preßwerk	Rohbau	Oberfläche	Montage	ZLB	Technische Planung	QS	LOG	Personal	OD	RW
Strategien im TQM	Interne Qualitätsstrategien							x				
	Lieferantenstrategien							x				
Instrumente im TQM	SQS	x	x	x	x	x	x	x				
	Taguchi-Methode						x	x				
	FMEA	x	x	x	x	x	x	x	x			
	Werkstattkreise		x	x	x	x		x	x	x		
	BVW	x	x	x	x	x	x	x	x			
TQM-Evaluierung	Qualitätsaudit							x				
	Messung der Kundenzufriedenheit							x				
	Qualitätskostenrechnung							x				

Legende: ZLB = Zuliefererbetriebe   OD = Organisation und Datenverarbeitung   SQS = Statistische Qualitätssicherung
LOG = Logistik   RW = Rechnungswesen   BVW = Betriebliches Vorschlagswesen
FMEA = Fehlermöglichkeits- und -einflußanalyse

Darst. 3.5-3: Beteiligung verschiedener Bereiche im Bremer Werk von Mercedes-Benz an den Elementen des Total Quality Managements

3.5 Organisation des Total Quality Managements bei MB

von kann bisher erst in einigen Bereichen ausgegangen werden. Als positiv ist in diesem Zusammenhang zu werten, wenn - wie bei der Durchführung der FMEA durch den Bereich Logistik und einen Zulieferer[62] - aus den verschiedenen Fachbereichen selbst die Initiative zur Anwendung von Instrumenten des Qualitätsmanagement kommt und die QFR dabei unterstützend mitwirkt.

In engem Zusammenhang mit den Bemühungen um eine Integration von Qualitätsmanagement-Aktivitäten in die Fertigungsbereiche stehen Veränderungen hin zu mehr *gruppenbezogenen Formen der Arbeitsorganisation*. Seit Anfang 1992 werden in Form von Pilotprojekten, seit Mitte 1993 in verschiedenen Bereichen auch schon flächendeckend, verstärkt Gruppenarbeitskonzepte eingeführt. Basis hierfür ist eine Betriebsvereinbarung. Es wurde ein *Steuerkreis* etabliert, der sich aus den Abteilungsleitern, Mitarbeitern der Personalabteilung, insbesondere der Fort- und Weiterbildung, sowie dem Betriebsrat zusammensetzt. Er hat vor allem koordinierende Aufgaben zu erfüllen und soll bei Problemen vermittelnd eingreifen. Weisungsbefugnisse kommen ihm hinsichtlich der Einführungsvorgänge nicht zu, diese liegen allein bei den Bereichsleitungen.

Im Rohbau waren im Dezember 1994 70% der Mitarbeiter (also etwa 1000 Menschen), in der Lackierung 40% (etwa 200 bis 300) und in der Montage 70% (etwa 2500-3000) der Beschäftigten bereits in Form von Gruppenarbeit beschäftigt. In die Aufgaben der Gruppen einbezogen sind Produktionstätigkeiten über mehrere Stationen. (Das "Kenntnisvolumen" ist allerdings recht unterschiedlich ausgeprägt, es beträgt 10 Minuten bis zu 2,5 Stunden. In der Lackierung bleiben die Aufgaben eher einfach, in Rohbau und Montage gestalten sie sich schon eher komplex.) Hinzu kommen Routine-Wartungstätigkeiten (einschließlich der Behebung von Kleinstörungen), möglichst weitgehende Selbstprüfungen, die Durchführung von "Qualitätsgesprächen", die Abstimmung mit vor- und nachgelagerten Bereichen, Urlaubs- und Freischichtplanung sowie die Arbeitseinsatzplanung innerhalb der Gruppe.

Der Einführungsprozeß von Gruppenarbeit ist geprägt durch verschiedene Phasen, in die recht frühzeitig auch die betroffenen Mitarbeiter einbezogen sind. Zu diesem Zweck setzen sich auch besondere *Werkstattkreise* für drei bis zehn Tage zusammen und verhandeln mit Mitarbeitern aus Arbeitswirtschaft, Planungsabteilung und Bereichsvorgesetzten über die jeweilige Ausgestaltung der Gruppenarbeit.

---

62 S. hierzu Abschnitt 3.1.2.

294   3. Zweite Fallstudie: Total Quality Management bei Mercedes-Benz

Zusammenfassend kann festgestellt werden, daß in verschiedener Hinsicht Bemühungen um eine Integration von Qualitätsmanagement-Aktivitäten in funktions- und prozeßorientierte Organisationseinheiten bei *Mercedes-Benz* bestehen. Die Aufbauorganisation des Unternehmens ist zudem verstärkt durch die Verbreitung von Gruppenarbeit gekennzeichnet. In wachsendem Ausmaß werden schließlich überfunktionale Teams zwecks Anwendung von TQM-Instrumenten institutionalisiert. An die Primärorganisation angebunden werden diese in erster Linie an Mitarbeiter der Qualitätssicherung, während Prozeßmanager im oben beschriebenen Sinne[63] noch wenig etabliert sind und die funktionsorientierten Abteilungsleiter zumindest teilweise selbst noch zu wenig mit den Verfahren vertraut sind, um hier stärker einbezogen werden bzw. auch selbst die Initiative ergreifen zu können. Dies könnte sich jedoch in absehbarer Zeit ändern, wenn die Bemühungen um ein dezentrales Total Quality Management weiter forciert werden.

---

63 S. Teil III, Abschnitt 3.3.2.

4. Zwischenergebnisse

Drei Fragen lagen den Fallstudien zugrunde (s. Abschnitt 1): *Erstens* sollte herausgefunden werden, ob mit der in Teil II dieser Arbeit entwickelten Systematik das Qualitätsmanagement von *Mercedes-Benz* und *Ford* angemessen zu erfassen und darzustellen ist. *Zweitens* ging es darum zu ermitteln, welche Komponenten des Total Quality Managements warum und mit welchem Erfolg in den betrachteten Unternehmen angewandt werden. *Drittens* schließlich war es Ziel zu untersuchen, Mitarbeiter welcher funktionaler Bereiche und hierarchischer Ebenen in das TQM einbezogen sind und welche organisatorischen Implikationen in den Unternehmen im Zusammenhang mit dem TQM überhaupt gesehen werden.

Die in Teil II dieser Arbeit verwandte *Systematisierung* der Bestandteile des TQM stieß bei den befragten Mitarbeitern von *Mercedes-Benz* und *Ford* insgesamt auf Zustimmung. Sowohl die Einteilung der Komponenten in die verschiedenen Gruppen als auch ihre Zuordnung überhaupt zum Qualitätsmanagement wurden kaum in Frage gestellt. Unterschiedliche Meinungen ergaben sich einerseits im Hinblick auf die *Annahmestichproben*, die von einem Mitarbeiter bei *Ford* als so veraltet, daß sie nicht mehr aufgenommen und diskutiert werden sollten, bezeichnet wurden. (Ihre Anwendung in vielen Unternehmen zeigt aber, daß wohl doch noch mit ihnen "gerechnet" werden muß.) Zum anderen wurde angeregt, personalwirtschaftlichen Aspekten noch größeren Raum zu widmen, insbesondere solchen Fragestellungen, die sich auf Möglichkeiten der Motivationssteigerung beziehen.

Im Hinblick auf die in den Unternehmen *realisierten Bestandteile des TQM* läßt sich feststellen, daß alle drei Komponentengruppen in beiden Unternehmen diskutiert und angewendet werden, allerdings mit unterschiedlichen Schwerpunkten.

Das *strategische Qualitätsmanagement* bei *Ford* und *Mercedes-Benz* umfaßt teilweise ähnliche Vorstellungen und auch Formulierungen. Beide Unternehmen versuchen, eine verstärkte Kundenorientierung sowie "Null-Fehler-Strategien" zu verwirklichen. Außerdem wird - neben einer präventiven Ausrichtung des Qualitätsmanagements - das Ziel der Einbeziehung möglichst aller funktionalen Bereiche formuliert. Es wird die Notwendigkeit gesehen, die Anwendung der verschiedenen Instrumente in die jeweiligen funktionalen Bereiche zu integrieren. Bei *Ford* ist dieser

Aspekt schon relativ weit verwirklicht; auch bei *Mercedes-Benz* sind Ansätze hierzu erkennbar.

Den Einsatz der *produkt- bzw. prozeßbezogenen* **Instrumente** betreffend gab es kaum Überraschungen. Alle drei Instrumentengruppen - Statistische Qualitätssicherung (SQS), FMEA und Taguchi-Verfahren - sind bekannt. Die SQS gilt in beiden Unternehmen seit Jahren als unverzichtbar. (Annahmestichproben kommen bei *Ford* allerdings nicht mehr zur Anwendung, SPC dafür in um so größerem Umfang.) Bei *Mercedes-Benz* ist die Anwendung der Methoden noch stark auf die SQS konzentriert, was sicher auch damit zusammenhängt, daß erst seit relativ kurzer Zeit überhaupt eine Beschäftigung mit weitergehenden Verfahren des Qualitätsmanagements erfolgt. Das Taguchi-Verfahren wird bisher gar nicht und die FMEA in erster Linie im Rahmen von Pilotprojekten angewandt; gleiches gilt für das QFD. *Ford* ist hier zumindest formal bereits weiter als *Mercedes-Benz*. In beiden Unternehmen werden aber tendenziell immer mehr Instrumente neben der SQS eingesetzt, insbesondere mit dem Ziel, ein stärker präventiv ausgerichtetes Qualitätsmanagement zu etablieren. Gerade die Anwendung der FMEA wird aufgrund der bisherigen Erfahrungen in diesem Zusammenhang als sehr erfolgreich beurteilt. Bei *Ford* gilt dies - allerdings (noch?) nicht in gleichem Ausmaß - auch für die Taguchi-Methode.

Bezüglich der *mitarbeiterbezogenen* Instrumente werden ebenfalls unterschiedliche Schwerpunkte sichtbar. Dies gilt weniger für das in beiden Unternehmen seit langem etablierte Betriebliche Vorschlagswesen als vielmehr für die *Qualitätszirkel*-Arbeit. Bei *Mercedes-Benz* werden hier zahlreiche Bemühungen unternommen, um den Einsatz dieses Instruments weiter zu forcieren (allerdings mit wechselndem Erfolg). Bei *Ford* dagegen stehen zumindest in den deutschen Werken *QOS-Teams* im Vordergrund, die sich in erster Linie aus Ingenieuren der verschiedenen Bereiche zusammensetzen. Zwar ist das Führen und teilweise auch das Auswerten von Qualitätsregelkarten seit Jahren Aufgabe von Fertigungsmitarbeitern; andere Formen der Einbeziehung direkter Fertigungsmitarbeiter in das Qualitätsmanagement, wie z.B. eben Qualitätszirkel, werden jedoch vergleichsweise wenig gefördert.

Hinsichtlich der *Qualitätsmanagement-Evaluierung* lassen sich ebenfalls Unterschiede ausmachen, insbesondere die traditionellen Qualitätskostennachweise betreffend. Hier werden bei *Ford* weniger Bemühungen als bei *Mercedes-Benz* um Fortschritte sichtbar; in beiden Unternehmen spielen dagegen Kennzahlen und Auditierungen sowie Kundenzufriedenheitsbefragungen eine wichtige Rolle.

In einem Punkt sind besonders deutliche Unterschiede zwischen den Vorgehensweisen in beiden Unternehmen erkennbar: Das gesamte Qualitätsmanagement bei *Ford* scheint durch das Bestreben geprägt, die Anwendung der meisten Elemente zur Routine, stärker noch: zur Pflicht werden zu lassen. Jedenfalls existieren hier sehr strikte und bis ins kleinste Detail gehende Vorschriften für die Anwendung der verschiedenen Methoden durch interne und externe Zulieferer. Bei *Mercedes-Benz* dagegen sind solche Tendenzen wesentlich weniger ausgeprägt. Von verschiedenen Gesprächspartnern wurde vielmehr der Standpunkt vertreten, daß eine *Verpflichtung* zur Anwendung solcher Methoden wie etwa der Fehlermöglichkeits- und -einflußanalyse nur dazu führe, daß die entsprechenden Formblätter mehr oder weniger plausibel klingend ausgefüllt würden, während ein wirkliches Nachdenken über Verbesserungsmöglichkeiten so nicht zu gewährleisten sei. Daher werde den Mitarbeitern in den verschiedenen Werken wie auch internen und externen Zulieferern wesentlich mehr Entscheidungsspielraum über die Anwendung der Verfahren gegeben, solange die Ergebnisse "stimmen".

Im Hinblick auf *organisatorische* Aspekte des Total Quality Managements werden in beiden Unternehmen Umstrukturierungsnotwendigkeiten gesehen und teilweise auch schon realisiert. Die aktuellen Reorganisationsprojekte sowohl bei *Ford* als auch bei *Mercedes-Benz* sind dabei nicht ausschließlich auf mit dem TQM zusammenhängende Überlegungen zurückzuführen. Vielmehr spielt gerade auch die Suche nach Möglichkeiten zu Kosteneinsparungen eine wichtige Rolle und führt z.B. zur "Verflachung" von Hierarchien.

Trotzdem wird auch von den Mitarbeitern des Qualitätsmanagement hierin ein zweckmäßiges Vorgehen gesehen, sofern dabei der Forderung entsprochen wird, Qualitätsmanagement-Aufgaben in die verschiedenen Fertigungsbereiche zu integrieren. Hiermit zusammenhängende Aspekte stehen in beiden Unternehmen - neben der Verstärkung von Gruppenarbeit - im Mittelpunkt der die Organisation betreffenden Diskussionen. Diese Bestrebungen werden insbesondere mit dem Ziel gefördert, daß das Total Quality Management das gesamte Unternehmen umfassen soll.

Zukünftig wird die wichtigste Aufgabe einer - nach wie vor möglichst direkt unter der Unternehmens- bzw. Werksleitung anzusiedelnden - zentralen Qualitätsabteilung darin gesehen, die die Qualität betreffenden Aktivitäten zu koordinieren und zu steuern, außerdem soll hier nach neuen Möglichkeiten eines effizienten Qualitätsmanagements gesucht werden. Bei *Ford* findet schon etwas weitergehend als bei *Mercedes-Benz* (wo die QFR im Werk Bremen noch fast immer an FMEA- und ähnlichen Projekten beteiligt ist, weil das methodische Wissen und vielleicht auch das Einsehen in die Notwendigkeit hierzu noch nicht flächendeckend verbreitet sind) zumindest eine entsprechende Aufgaben*teilung* statt: Während sich die den verschiedenen Vorstandsbereichen zugeordneten QS-Abteilungen vornehmlich mit aktuellen Qualitätsproblemen beschäftigen, sieht der *Europäische Stab für Qualitätsstrategien* seine Aufgaben vor allem in der umfassenden Suche nach neuen Wegen der Fehler- und überhaupt Problemvermeidung sowie einer kontinuierlichen Verbesserung.

In der Literatur heftig diskutierte Themen wie "Business Reengineering" und "Prozeßorganisation" haben zwar auch bereits Eingang in die Unternehmen *Ford* und *Mercedes-Benz* gefunden, und dies auch im Zusammenhang mit dem Total Quality Management, ihre Umsetzung steht jedoch noch sehr am Anfang. Auf jeden Fall wird jedoch die Notwendigkeit gesehen, Schnittstellen zu verringern und im Zusammenhang mit den meisten die Qualität betreffenden Problemen und Bemühungen funktionsübergreifende Teams zu bilden.

Schlußbetrachtung

Zusammenfassung der Ergebnisse

Die Ergebnisse dieser Arbeit sollen kurz zusammengefaßt werden (s. ausführlicher die Zwischenergebnisse jeweils am Ende der verschiedenen Teile). Zu diesem Zweck erfolgt eine kurze Stellungnahme zu den in der Einleitung gestellten Fragen:

1. Fragenblock: Was bedeutet der schillernde Begriff "Total Quality Management"? Welche Komponenten umfaßt das Konzept, und wie können sie zusammengefaßt werden? Wie lassen sich die Beziehungen zwischen diesen Komponenten(gruppen) beschreiben?

Der *Begriff* des Total Quality Managements umfaßt alle Aktivitäten in einem Unternehmen, die eine erhöhte Qualität zum Ziel haben, wobei sowohl der produkt- bzw. prozeßbezogene als auch der kundenorientierte Qualitätsbegriff zugrunde zu legen sind. In Abhängigkeit von der stärkeren Betonung einer dieser Qualitätsbegriffe variieren der Anwendungsschwerpunkt und die inhaltliche Ausrichtung der verschiedenen Komponenten(gruppen) des Total Quality Managements.

Für die vorliegende Arbeit wurde eine *Systematik* dieser Komponenten vorgeschlagen, die zwischen Strategien, Instrumenten und Möglichkeiten der Evaluierung unterscheidet. TQM-*Strategien* dienen einer *Konkretisierung der* übergeordneten, die Qualität betreffenden *Ziele*. Inhaltlich betreffen die Strategien vor allem folgende Aspekte: (a) den Grad der *präventiven* Ausrichtung des TQM im Vergleich zur Bedeutung, die nachträglichen Prüfungen zukommt, (b) das Ausmaß der *Kundenorientierung* der Qualitätsmanagement-Aktivitäten und (c) der Umfang der *Einbeziehung aller Mitarbeitergruppen*. In den strategischen Bereich fällt zudem die Institutionalisierung interner *Kunden-Lieferanten-Beziehungen*. Ein wichtiges Ziel ist das Schaffen eines *Handlungsrahmens* für den *Einsatz der Instrumente* gemäß den jeweiligen inhaltlichen Strategie-Ausprägungen.

Der Steuerungsfunktion von Strategien kommt ein um so größeres Gewicht zu, je mehr unterschiedliche *Instrumente* angewandt werden, deren Einsatz zu koordinieren ist. Es lassen sich *produkt- bzw. prozeßorientierte* Instrumente von *mitarbeiterorientierten* unterscheiden. Letztere - Qualitätszirkel und verwandte Konzepte sowie das Betriebliche Vorschlagswesen - werden meist ausdrücklich deshalb eingeführt, um auch Mitarbeiter unterer Hierarchie-Ebenen stärker in das Total Quality Management einzubeziehen. Dies schließt jedoch in keiner Weise aus, daß auch andere Instrumente von diesen Mitarbeitern angewandt werden, sofern qualifikatorische, motivationale und organisatorische Voraussetzungen hierfür geschaffen sind. Die Besonderheit dieser Instrumente besteht auch darin, daß sie der Mitbestimmungspflicht unterliegen und daher nicht ausschließlich von der Unternehmensleitung bzw. dem Management in ihrem Einsatz gesteuert werden können.

TQM-*Evaluierung* als dritte Komponentengruppe umfaßt Qualitätsaudits, Kundenzufriedenheitsbefragungen sowie *Qualitätskostennachweise*. Letztere betonen insbesondere Wirtschaftlichkeits- und Effizienzaspekte von Qualitätsmanagement-Aktivitäten. *Kundenzufriedenheitsbefragungen* gewinnen bei einer Schwerpunktsetzung auf den kundenorientierten Qualitätsbegriff an Bedeutung: Durch eine Erfassung von Kunden(un)zufriedenheit soll ermittelt werden, ob - und wenn ja, in welchem Maße - die hergestellten Produkte den Anforderungen von Kunden entsprechen. Eine eingehende Einschätzung der Zweckmäßigkeit und des Erfolgs von Qualitätsmanagement-Systemen sollen System-Audits als umfassendste Form von *Qualitätsaudits* ermöglichen. Bedeutung gewinnen solche Audits auch und gerade in der Automobilindustrie durch Zertifizierungs-Bestrebungen. Wesentlich umfassender und eher an einem *Total*-Quality-Management-Begriff, wie er auch in dieser Arbeit verwandt wurde, orientiert sind allerdings solche Audits, die in Zusammenhang mit der Vergabe bestimmter Qualitätspreise (z.B. des Malcolm Baldrige National Quality Award oder des European Quality Award) realisiert werden.

Die Einteilung von TQM-Komponenten in Strategien, Instrumente und Möglichkeiten der Evaluierung weist m.E. wichtige *Vorteile* auf:
(a) Durch die Entwicklungen der letzten Jahrzehnte ist eine so *große Anzahl an Instrumenten* und ein so weites *inhaltliches Spektrum* auch strategischer Aspekte des Total Quality Managements entstanden, daß ohne eine entsprechende Systematik die Gefahr großer Unübersichtlichkeit besteht.
(b) Im Vergleich zu der Systematik von *Feigenbaum* (in vier Gruppen: "New Design Control", "Eingangskontrollen", "Produkt- und Prozeßkontrollen" und "Spezielle Prozeßstudien") werden zum einen *Überschneidungen* und *Doppelnennungen* im Hinblick auf die Zuordnung der Instrumente usw. zu diesen Gruppen vermieden. Zum anderen werden auch *Strategien* des Total Quality Managements einbezogen.

(c) Eine Unterscheidung zwischen den Komponentengruppen, so wie sie im Rahmen dieser Arbeit vorgenommen wird, ermöglicht eine deutliche Herausarbeitung ihrer *unterschiedlichen Zielrichtungen* und *gegenseitigen Abhängigkeiten*: Die inhaltlichen Ausprägungen der Strategien sind entscheidend für die Schwerpunkte bei der Auswahl und Anwendung der Instrumente und der Evaluierungsaktivitäten, und sie haben zudem entscheidende Auswirkungen auf die Gestaltung der organisatorischen Rahmenbedingungen.

2. *Fragenblock: Wie kann ein alle Abteilungen und hierarchische Ebenen umfassendes Total Quality Management organisatorisch umgesetzt werden?*

Die Ausführungen im III. Teil des ersten Hauptteils haben gezeigt, daß die drei Komponentengruppen in unterschiedlichem Maße organisatorische *Gestaltungsspielräume* aufweisen. Über TQM-*Strategien* entscheidet letztlich die Unternehmensleitung, ihre *Ausarbeitung* kann durch die Qualitätsabteilung und/oder durch funktionsübergreifend zusammengesetzte Teams erfolgen. Hier bestehen insgesamt eher wenig Variationsmöglichkeiten. Dies gilt in noch stärkerem Maße für die TQM-*Evaluierung*: Qualitätsaudits können mehr oder weniger ausschließlich durch die Qualitätsabteilung realisiert werden. Diese kann auch zuständig für Kundenzufriedenheitsbefragungen und Qualitätskostennachweise sein, sofern diese Aufgaben nicht durch Marktforschung/Marketing bzw. Rechnungswesen/Controlling erfolgen.

Das größte Dezentralisierungs-Potential findet sich im Bereich der Instrumente: Weite Teile dieser Aktivitäten können in verschiedene Unternehmensbereiche integriert und/oder an Einheiten sekundärorganisatorischer Art abgegeben werden. Solche Möglichkeiten liegen dann nahe, wenn TQM-Strategien verfolgt werden, die auf eine Einbeziehung möglichst vieler Mitarbeiter abzielen.

Eine Folge ist dann allerdings ein vermehrter Abstimmungsbedarf zwischen den sehr unterschiedlichen am Total Quality Management beteiligten Stellen. Mit daraus entstehenden Problemen erfolgt bisher in der Literatur eher selten eine Auseinandersetzung. Häufig wird in diesem Zusammenhang neben der Qualitätsabteilung lediglich die Einrichtung von *Lenkungsausschüssen* vorgeschlagen. Dagegen wird im Rahmen dieser Arbeit dafür plädiert, die Anbindung von bereichs- und/oder hierarchieübergreifenden Teams an Qualitätsabteilung und Lenkungsausschüsse, aber auch - jeweils den individuellen Umständen entsprechend - an *funktionsübergrei-*

fende Stellen im Unternehmen vorzunehmen. In Frage kommen vor allem *Produkt-* und *Prozeßmanager*. Welche Koordinationsbedarfe zwischen diesen Institutionen vorliegen, hängt auch davon ab, wie eigen- oder fremdbestimmt TQM-Teams entstehen und arbeiten sollen sowie welche Instrumente überhaupt im Zusammenhang mit den verschiedenen Problemen angewendet werden.

Bei der Erarbeitung der Fallstudien zum Total Quality Management in zwei Unternehmen der Automobilindustrie erwies es sich als zweckmäßig, die Komponenten in Strategien, Instrumente und Möglichkeiten der Evaluierung einzuteilen und auf dieser Grundlage folgende Fragen zu beantworten:

3. Fragenblock: In welchem Umfang und mit welchem Erfolg werden welche Komponenten des Total Quality Managements in den Unternehmen Ford und Mercedes-Benz angewandt? Wie werden die jeweiligen Konzepte organisatorisch umgesetzt, d.h., in welcher Weise und in welchem Ausmaß sind Mitarbeiter der verschiedenen Abteilungen und hierarchischen Ebenen beteiligt?

Zwischen den Vorgehensweisen in beiden Unternehmen zeigen sich durchaus Abweichungen: So sind alle *Instrumente* und Möglichkeiten der *Evaluierung* des Total Quality Managements zwar bekannt. Sie werden aber in unterschiedlichem Maße genutzt, und auch die organisatorischen Rahmenbedingungen differieren. Im Unternehmen *Ford* werden alle *Instrumente* - wenn auch teilweise unsystematisch und noch nicht sehr koordiniert - angewandt. Bei *Mercedes-Benz* liegt der Schwerpunkt der produkt- und prozeßorientierten Instrumente (noch) deutlich auf der statistischen Qualitätssicherung; die Taguchi-Methode wurde bisher nicht realisiert. Die Anwendung der Fehlermöglichkeits- und -einflußanalyse wird inzwischen jedoch forciert. Ein deutlich stärkeres Gewicht als bei *Ford* scheint bei *Mercedes-Benz* auf die verbreitete Anwendung mitarbeiterorientierter Instrumente (insbesondere von Qualitätszirkeln -"Werkstattkreisen" -) gelegt zu werden. Im Hinblick auf die TQM-*Evaluierung* liegt der größte Unterschied darin, daß *Mercedes-Benz* die Bedeutung der Qualitätskostennachweise stärker betont. Kundenzufriedenheitsbefragungen kommt in beiden Unternehmen ein hoher Stellenwert zu. Auch die Qualitätsaudit-Konzepte weisen weitreichende Ähnlichkeiten auf und sind beide an den DIN-EN-ISO-Normen orientiert.

Die Unterschiede im Hinblick auf den Einsatz der Instrumente und die Evaluierung des Total Quality Managements, von denen hier nur einige aufgezählt wurden, überraschen insofern, als im *strategischen* Bereich wenig Differenzen auszumachen sind. In beiden Unternehmen wird eine stärkere Kundenorientierung sowie eine präventive Ausrichtung des TQM, das zudem möglichst alle funktionalen Bereiche und die Mitarbeiter aller hierarchischen Ebenen umfassen soll, angestrebt. Teilweise erklären lassen sich diese Befunde dadurch, daß bei *Mercedes-Benz* erst seit wesentlich kürzerer Zeit eine Beschäftigung mit dem Thema Total Quality Management erfolgt. Die Strategien sind inzwischen weitgehend formuliert (obwohl sie natürlich auch weiterhin Änderungen unterliegen können), jedoch erfordert die Einführung und Verbreitung der Instrumente viel Zeit.

Ein weiterer Grund für die Unterschiede besteht m.E. in der grundsätzlichen Herangehensweise an das Thema TQM: Es fällt auf, daß bei *Ford* ein wesentlich stärkeres Bestreben, die Anwendung der meisten Komponenten zur Routine oder sogar zur Pflicht werden zu lassen, besteht. Bei *Mercedes-Benz* sind solche Tendenzen zu strikten und detaillierten Vorgaben wesentlich weniger ausgeprägt, und den einzelnen Werken, aber auch Mitarbeitern, werden größere Freiräume gelassen.

Die Erfahrungen mit verschiedenen Elementen des Total Quality Managements bei *Ford* und *Mercedes-Benz* zeigen, daß die praktische Anwendung in manchen Fällen mehr *Probleme* aufwirft, als dies nach den theoretischen Beschreibungen zu erwarten wäre. Besonders deutlich wurde das im Hinblick auf das *Quality Function Deployment*. Allerdings gilt dies für die beiden untersuchten Unternehmen in unterschiedlichem Maße: Während das Verfahren bei *Ford* offenbar fast selbstverständlich und häufig entsprechend der Darstellungen in der Literatur angewandt wird, besteht bei *Mercedes-Benz* die Überzeugung, dies sei insbesondere für komplexere Projekte gar nicht möglich, da der Umfang zu berücksichtigender Daten zu groß würde und es insbesondere nicht mehr ermögliche, die Matrizen der vier QFD-Phasen in der vorgeschriebenen Art und Weise zu bearbeiten. Jedoch wird auch hier der Vorteil des Verfahrens darin gesehen, daß es genutzt werden kann, um einen Rahmen für den Einsatz der Instrumente des Total Quality Managements durch alle Phasen der Produkt- und Prozeßentwicklung sowie -verbesserung zu schaffen. Auch die Anwendung der *Fehlermöglichkeits- und -einflußanalyse* erwies sich bei *Mercedes-Benz* in manchen Fällen als schwieriger, zumindest als aufwendiger, als dies nach den Ausführungen in weiten Teilen der Literatur erwartet worden war.

Im Hinblick auf *organisatorische Aspekte* befinden sich beide Unternehmen in einem Wandlungsprozeß, bei dem *Ford* allerdings schon etwas weiter vorangekommen ist. Es werden insbesondere Bemühungen unternommen, um eine stärkere Dezentralisierung der Qualitätsmanagement-Aktivitäten zu erreichen. Hinsichtlich der *statistischen Qualitätssicherung* ist diese Vorhaben inzwischen großenteils umgesetzt. Gefördert wird dies auch dadurch, daß in beiden Unternehmen - u.a. mit den Bemühungen um die Verwirklichung von Total Quality Management in Zusammenhang stehend - *Gruppenarbeitskonzepte* forciert werden. Auch die Leitung von *QFD-*, *FMEA-* und *Taguchi-Projekten* wird bei *Ford* teilweise schon in Fertigungsbereiche integriert. Dagegen sollen bei *Mercedes-Benz* auch zukünftig Mitarbeiter der Qualitätssicherungs-Abteilung die *Leitung* solcher Projekte übernehmen. Lediglich eine weitergehende *Beteiligung* von Mitarbeitern der Fertigungsbereiche wird angestrebt.

In keinem der Unternehmen sind *Produktmanager* institutionalisiert, so daß diese Möglichkeiten der Anbindung sekundärorganisatorischer Teams nicht möglich ist. Ansätze eines *Prozeßmanagements* finden sich dagegen in beiden Unternehmen. Ein enger Zusammenhang zum Total Quality Management ist allerdings nicht festzustellen. Eine Ausnahme sind die "strategischen Projekte" für neue Modelle bei *Mercedes-Benz*. Diese können als prozeßorientierte Produktentwicklung betrachtet werden. Auch eine Anbindung von TQM-Teams (etwa zur Durchführung von FMEA- oder QFD-Projekten) ist hier leicht möglich und wird teilweise auch verwirklicht.

Ausblick: Total Quality Management anstelle des Marketing als "kundenorientierte Unternehmensführung"?

Zum Abschluß soll noch einmal der Bogen zurück zu einer bereits in der Einleitung angesprochenen und im Verlauf der Arbeit mehrfach berührten Fragestellung geschlagen werden. Die Frage um eine "Vormachtstellung" des Marketing oder des Total Quality Managements im Hinblick auf eine kundenorientierte Unternehmensführung ergibt sich aus drei unterschiedlichen Aspekten:

Erstens: In weiten Teilen der absatzwirtschaftlichen Literatur wird der Anspruch erhoben, Marketing sei nicht nur als *ein* Funktionsbereich neben anderen im Unternehmen zu betrachten. Dem Marketing komme vielmehr die integrierende Rolle der "markt-" bzw. "kundenorientierten" Unternehmensführung zu, mit Auswirkungen auf *alle* Unternehmensbereiche. Seit einiger Zeit finden sich allerdings vereinzelt kritische Beiträge, die das Marketing im Hinblick auf diese umfassende Rolle wenn nicht gescheitert, so doch weitgehend in seiner Wirksamkeit beschränkt sehen: Zwar wird eine Kundenorientierung "nach außen" durch einen intensiven Einsatz von Strategien und Instrumenten des Marketing ermöglicht. Dagegen fehlen Ansätze einer *unternehmensinternen* Umsetzung der Kundenorientierung. Die Vorschläge, die hierzu unterbreitet werden, greifen letztlich zu kurz, gemessen am Anspruch der Erfassung aller Unternehmensbereiche. Dies gilt auch für das Konzept des Produktmanagers, der sich zumindest in deutschen Unternehmen schwerpunktmäßig eben doch meist mit der Integration und Abstimmung der *marketinginternen* Aktivitäten beschäftigt.

Zweitens: Je stärker im Rahmen des Total Quality Managements auf den kundenorientierten Qualitätsbegriff abgestellt wird, um so deutlicher fallen *Überschneidungen* mit dem Marketing auf. Dies gilt bezüglich der Marktforschungs-Aktivitäten zwecks Eruierung von Kundenanforderungen und -zufriedenheit. Weitere Überschneidungen ergeben sich im Hinblick auf die Produktentwicklung. Auch im strategischen Bereich können sich Überlappungen ergeben, wenn das strategische Total Quality Management so weit gefaßt wird, daß auch die Marktfeldstrategien hier eingeschlossen werden. Eine solche Einteilung findet sich etwa bei Oess.[1] Marketing und Total Quality Management beanspruchen, für eine markt- bzw. kundenorientierte Unternehmensführung zu stehen.

Drittens: Total Quality Management umfaßt Komponenten, die die *interne* Umsetzung einer Kundenorientierung im Unternehmen und die dazu notwendige Koordination auch von Entwicklungs-, Fertigungs- und anderen Abteilungen ermöglichen, z.B. in Form der Etablierung interner Kunden-Lieferanten-Beziehungen. Mit dem *Quality Function Deployment* liegt zudem ein Verfahren vor, das geeignet scheint, eine Ausrichtung der Aktivitäten in Produkt- und Prozeßentwicklung sowie Fertigung an Anforderungen von Kunden zu gewährleisten.[2] Diese Überlegungen sollen nicht darüber hinwegtäuschen, daß manche Komponenten des Total Quality Managements - das gilt sowohl für einige Instrumente als auch für Auditierungen und Qualitätskostennachweise im Rahmen der TQM-

---

1 S. hierzu Teil II, Abschnitt 2.2.1, S. 61.
2 Wie dies geschieht, wurde im ersten Hauptteil, in Teil II, Abschnitt 2.1.2 beschrieben.

Evaluierung - in ihrem Einsatz nicht in jedem Fall auf Kundenwünsche ausgerichtet sein *müssen*. Jedoch *kann* eine solche Orientierung bei entsprechenden Ausprägungen der *TQM-Strategien* erreicht werden.

Diese drei Aspekte führen zu der Frage nach der Möglichkeit und Zweckmäßigkeit einer *Integration* von Marketing und Total Quality Management. Je mehr dem Vorschlag, die Kompetenzen und Aufgaben des Produktmanagers in Richtung der Übernahme wichtiger Funktionen im Rahmen des Total Quality Managements zu erweitern, gefolgt wird und die entsprechenden Voraussetzungen (z.B. Qualifikation der Produktmanager) hierfür geschaffen werden, desto eher ist eine Integration beider Konzepte denkbar. Dies wurde in Abschnitt 3.3 in Teil III dargestellt. Dort wurden allerdings auch die Grenzen solcher Möglichkeiten ausgeführt. Diese hängen insbesondere damit zusammen, daß auf diese Weise die Verantwortung für ein sehr weites inhaltliches Gebiet (das z.B. die Gestaltung der Kommunikationspolitik einerseits und die statistische Versuchsplanung andererseits beinhaltet) in einer Stelle zusammengefaßt würde. Aus einer solchen Situation wären in vielen Fällen mehr Vor- als Nachteile zu erwarten. Das gilt insbesondere dann, wenn insgesamt eine eher dezentrale Organisationsstruktur angestrebt wird.

Wenn eine Integration beider inhaltlicher Bereiche nicht zweckmäßig scheint, stellt sich die Frage, ob das Total Quality Management den Anspruch, für eine *kundenorientierte Unternehmensführung* zu stehen, vom Marketing *übernehmen* sollte bzw. kann. Auch wenn dies befürwortet wird, bedeutet es nicht, daß Marketing-Strategien oder -Instrumente an Bedeutung verlieren. Es erscheint m.E. jedoch zweckmäßig, das Marketing insgesamt wieder ausschließlich als *Funktion* zu betrachten. Da es sich beim Total Quality Management eher um ein Konzept handelt, das *alle* Bereiche im Unternehmen betrifft, kommt eher ihm die Rolle zu, für eine kunden- bzw. qualitätsorientierte Unternehmensführung insgesamt zu stehen. Beide Bereiche zusammen ermöglichen letztlich erst eine erfolgreiche Umsetzung dieses Anspruchs.[3]

---

3 Eine solche Konstellation ist allerdings wohl nur dann zweckmäßig, wenn es sich um Unternehmen handelt, die eher eine Präferenz- als eine Preis-/Mengenstrategie verfolgen. Insofern besteht eine widersprüchliche Situation: Eine Entscheidung im Rahmen des strategischen Marketing bestimmt möglicherweise über die "Vormachtstellung" des Total Quality Managements über das Marketing! Allerdings sind, wie in Abschnitt 2.1.1 in Teil III ausgeführt, die letzten Entscheidungen im strategischen Bereich, auch im Hinblick auf das Marketing, Sache der Unternehmensleitung und nicht eines funktionalen Bereichs.

Bleibt die Frage, ob die bisher gemachten Vorschläge zur organisatorischen Institutionalisierung des Total Quality Managements ausreichen, um zu gewährleisten, daß es nicht bei den Planungen bleibt, sondern auch zu deren Umsetzung kommt. Es könnte zweckmäßig sein, das TQM möglichst unmittelbar in der Unternehmensführung zu verorten. Für eine AG - z.B. *Mercedes-Benz* - würde dies etwa bedeuten, die Qualitätsabteilung nicht nur als Stab des Vorstandes (oder auch des Vorstandsvorsitzenden), sondern als *Vorstandsbereich* zu etablieren. Eine solche Einrichtung weist dann Vorteile auf, wenn es dadurch eher gelingt, auf die anderen Vorstandsbereiche bzw. -mitglieder Einfluß im Sinne einer Umsetzung des Total Quality Managements nehmen zu können. Bisher scheinen zumindest innerhalb der Automobilbranche jedoch keine Vorstöße in diese Richtung zu verzeichnen zu sein. Dies mag damit zusammenhängen, daß bei einem solchen Vorgehen die Gefahr bestünde, daß von den anderen Vorstandsbereichen das TQM als nicht mehr in ihren Bereich fallende Aufgabe mißverstanden wird. In jedem Fall ist davon auszugehen, daß die Schaffung zweckmäßiger organisatorischer Rahmenbedingungen und gerade auch die Abstimmung der Aufgabenverteilung zwischen Marketing- und Qualitätsabteilung wichtige Voraussetzungen für eine erfolgreiche Anwendung der Komponenten des Total Quality Managements darstellen.

Literaturverzeichnis

Vorbemerkungen
1. Aufgeführt ist stets nur der erstgenannte Verlagsort.
2. Mehrmals zitierte Zeitschriften sind gegebenenfalls abgekürzt. Es bedeuten

AP	Automobil-Produktion
asw	Die Absatzwirtschaft
BFuP	Zeitschrift für betriebswirtschaftliche Forschung und Praxis
BVW	Betriebliches Vorschlagswesen
DBW	Die Betriebswirtschaft
DGQ	Deutsche Gesellschaft für Qualität
FB/IE	Fortschrittliche Betriebsführung und Industrial Engineering
HBR	Harvard Business Review
IQC	Industrial Quality Control
JAVF	Jahrbuch der Absatz- und Verbrauchsforschung
JMR	Journal of Marketing Research
JQT	Journal of Quality Technology
M&M	Marktforschung & Management
QP	Quality Progress
QZ	Qualität und Zuverlässigkeit
WiSt	Wirtschaftswissenschaftliches Studium
WISU	Das Wirtschaftsstudium
ZfB	Zeitschrift für Betriebswirtschaft
ZfbF	Schmalenbachs Zeitschrift für betriebswirtschaftliche Forschung
zfo	Zeitschrift Führung + Organisation
ZfV	Zeitschrift für Vorschlagswesen
ZögU	Zeitschrift für öffentliche und gemeinwirtschaftliche Unternehmen

A

Abbott, R.A./Leaman, D.C. (1982): Quality Control and Quality Assurance, in: Heyel (Hrsg.) (1982), S. 998-1009

Abel, V. (1994): Vertrauensbereiche für Prozeßfähigkeitsindizes, in: QZ, 11/94, S. 1262-1265

Abend, J. (1992): Aktivitäten strategisch aufbauen, in: AP, 10/92, S. 48-52

Ackermann, M.P. (1989): Quality Circles in der Bundesrepublik Deutschland: Hemmende und fördernde Faktoren einer erfolgreichen Realisierung, Frankfurt/Main

Aigner, J./Kuckelhorn, W. (1991): Die weltweite Verflechtung konzerneigener und selbständiger Lieferbetriebe im Hause Ford, in: Mendius/Wendeling-Schröder (Hrsg.) (1991), S. 131-142

Akao, Y. (1987): An Introduction to Quality Deployment, in: Akao, Y. (Hrsg.) (1987), S. 1.1-1.22

Akao, Y. (Hrsg.) (1987): Quality Deployment. A Series of Articles, Methuen, Mass. 1987

Akao, Y. (Hrsg.) (1992): Quality Function Deployment, 3. Aufl., Landsberg/Lech

Alemann, H.v./Ortlieb, P. (1975): Die Einzelfallstudie, in: Koolwijk, J.v./Wieken-Mayso, M. (Hrsg.): Techniken der empirischen Sozialforschung, Bd. 2, München 1975, S. 157-177

Alexander, C.W. (1990): SPC - Why not the quality department?, in: QP, 5/90, S. 112

Andreasen, A.R. (1982): Verbraucherzufriedenheit als ein Beurteilungsmaßstab für die unternehmerische Marktleistung, in: Hansen, U./Stauss, B./Riemer, M. (Hrsg.): Marketing und Verbraucherpolitik, Stuttgart 1982, S. 182-195

Antoni, C.H. (1990): Qualitätszirkel als Modell partizipativer Gruppenarbeit, Bern

Antoni, C.H./Bartscher, S./Bungard, W. (1992): Zur Übertragbarkeit des Qualitätszirkel-Konzeptes vom Produktions- auf den Büro-/Verwaltungsbereich, in: Bungard, W. (Hrsg.) (1992), S. 241-261

B

Back-Hock, A. (1988): Lebenszyklusorientiertes Produktcontrolling, Heidelberg

Backhaus, K. (1992): Investitionsgütermarketing, 3. Aufl., München

Bär, K. (1985): Wie Qualitätskosten zum Führungsinstrument werden, in: io Management-Zeitschrift, 11/85, S. 492-494

Banks, J. (1989): Principles of Quality Control, New York

Bartölke, K. (1992): Teilautonome Arbeitsgruppen, in: Frese (Hrsg.) (1992), Sp. 2384-2399

Bauer, C.-O. (1990): Das Qualitätsprüf-Zertifikat - eine rechtlich gefährlich auslegbare Bescheinigung?, in: QZ, 9/90, S. 507-510

Bauer, C.-O. (1992a): Wirkungsvolle Qualitätsaudits, in: QZ, 2/92, S. 82-86

Bauer, C.-O. (1992b): Bezeichnungen hierarchie- und funktionsbezogen eindeutig verwenden, in: QZ, 12/92, S. 725-728

Becker, J. (1993): Marketing-Konzeption, 5. Aufl., München

Behrens, G./Schneider, R./Weinberg, P. (1978): Messung der Qualität von Produkten - eine empirische Studie, in: Topritzhofer, E. (Hrsg.): Marketing. Neue Ergebnisse aus Forschung und Praxis, Wiesbaden 1978, S. 131-143

Benkenstein, M. (1987): F&E und Marketing, Wiesbaden

Benkenstein, M./Henke, N. (1993): Der Grad der vertikalen Integration als strategisches Entscheidungsproblem, in: DBW, 1/93, S. 77-91

Benz, J. (1991): Kundenzufriedenheit im Dienstleistungsbereich, in: M&M, 1/91, S. 77-82

Berens, N. (1989): Anwendung der FMEA in Entwicklung und Produktion, Landsberg/Lech

Beuermann, G. (1992): Zentralisation und Dezentralisation, in: Frese (Hrsg.) (1992), Sp. 2611-2625

Beuthner, A. (1992): Horchposten im Markt, in: AP, 9/92, S. 50-54

Bicking, C.A. (1967): Reliability and Quality Control, in: IQC, 4/67, S. 490-493

Bieber, D./Sauer, D. (1991): "Kontrolle ist gut! Ist Vertrauen besser?" "Autonomie" und "Beherrschung" in Abnehmer-Zulieferbeziehungen, in: Mendius/Wendeling-Schröder (Hrsg.) (1991), S. 228-254

Biethahn, J./Staudt, E. (Hrsg.) (1982): Der Betrieb im Qualitätswettbewerb. Von der Qualitätssicherung zur offensiven Qualitätspolitik, Berlin

Bläsing, J.P. (1990): CAQ (Computer Aided Quality Management), Braunschweig

Blechschmidt, H. (1988): Qualitätskosten?, in: QZ, 8/88, S. 442-445

Bleicher, K. (1991): Organisation, 2. Aufl., Wiesbaden

Bleicher, K. (1992): Organisatorische(n) Gestaltung, Theorie der, in: Frese (Hrsg.) (1992), Sp. 1883-1900

Bode, K.-H. (1989): Aus- und Weiterbildung in der Qualitätssicherung, in: QZ, 4/89, S. 211-213

Boehm, G.A.W. (1963): "Reliability" Engineering, in: Fortune, 4/63, S. 124-127 u. 181-186

Bonoma, T. v. (1985): Case Research in Marketing: Opportunities, Problems, and a Process, in: JMR, 5/85, S. 199-208

Box, G./Kackar, R.N./Nair, V.N./Phadke, M./Shoemaker, A.C./Wu, C.F.J. (1988): Quality Practices in Japan, in: QP, 3/88, S. 37-41

Breisig, T. (1986): Veränderungen im unteren Politikfeld durch maschinelle und psychologische Kontrollen und ihre Auswirkungen auf das System der industriellen Beziehungen, in: Seltz, R./Mill, U./Hildebrandt, E. (Hrsg.): Organisation als soziales System, Berlin 1986, S. 173-198

Breisig, T. (1990): It's Team-time, in: Personal · Mensch und Arbeit, 8/90, S. 318-322

Breisig, T. (1991): Betriebsvereinbarungen zu Qualitätszirkeln - Eine Inhaltsanalyse, in: DBW, 1/91, S. 65-77

Brinkmann, E.P. (1992): Das Betriebliche Vorschlagswesen, Berlin

Brinkmann, E.P./Heidack, C. (1982): Betriebliches Vorschlagswesen, Bd. 1: Standard in Wirtschaft und Verwaltung, Freiburg i. Breisgau

Brockhoff, K. (1989): Schnittstellen-Management, Stuttgart

Bröckelmann, J. (1995): Entscheidungsorientiertes Qualitätscontrolling, Wiesbaden

Bruhn, M. (1987): Der Informationswert von Beschwerden für Marketingentscheidungen, in: Hansen/Schoenheit (Hrsg.) (1987), S. 123-140

Bruhn, M. (1994): Anforderungen des Marktes, in: Masing (Hrsg.) (1994), S. 332-254

Brunner, F.J. (1989): Die Taguchi-Optimierungsmethoden, in: QZ, 7/89, S. 339-244

Brunner, F.J. (1990): Kombination FMEA-WA, in: QZ, 4/90, S. 203-207

Buchholz, W. (1994): Inhaltliche und formale Gestaltungsaspekte der Prozeßorganisation, Arbeitspapier der Justus-Liebig-Universität Gießen, FB Wirtschaftswissenschaften Nr. 1/94, Gießen

Budne, T.A. (1982): Reliability Engineering, in: Heyel (Hrsg.) (1982), S. 1023-1028

Budne, T.A./Dooley, K. (1989): The Deming Prize and Baldrige Award: How They Compare, in: QP, 1/89, S. 28-30

Bühner, R. (1986): Personalentwicklung für neue Technologien in der Produktion, Stuttgart

Bühner, R. (1993): Der Mitarbeiter im Total Quality Management, Stuttgart

Bühner, R. (1994): Betriebswirtschaftliche Organisationslehre, 7. Aufl., München

Bullinger, H.-J. (1992): Innovative Produktionsstrukturen - Voraussetzung für ein kundenorientiertes Produktionsmanagement, in: Warnecke, H.J./Bullinger, H.-J. (Hrsg.): IAO-Forum vom 26.5.1992 - Kundenorientierte Produktion - Ablauforientierte Integration, ganzheitliche Logistikkonzepte, dezentrale Verantwortungsbereiche, Berlin 1992, S. 10-34

Bungard, W. (1986): Zukunftsperspektiven der Qualitätszirkel-Bewegung in der Bundesrepublik Deutschland, in: Bungard/Wiendieck (Hrsg.) (1986), S. 307-325

Bungard, W. (Hrsg.): Qualitätszirkel in der Arbeitswelt, Stuttgart 1992

Bungard, W./Antoni, C./Lehnert, E. (1993): Gruppenarbeitskonzepte mittlerer Industriebetriebe, Ludwigshafen

Bungard, W./Wiendieck, G. (1986): Zusammenfassende Diskussion - Definition und Abgrenzung des QZ-Konzeptes, in: Bungard/Wiendieck (Hrsg.) (1986), S. 53-57

Bungard, W./Wiendieck, G. (Hrsg.) (1986): Qualitätszirkel als Instrument zeitgemäßer Betriebsführung, Landsberg/Lech

Burmann, C. (1991): Konsumentenzufriedenheit als Determinante der Marken- und Händlerloyalität, in: Marketing ZFP, 4/91, S. 249-258

Burn, G.R. (1990): Quality Function Deployment, in: Dale, B.G./Plunkett, J.J. (Hrsg.): Managing Quality, New York 1990, S. 66-88

Burr, J.T. (1990): The Tools of Quality, Part I: Going with the Flow(chart), in: QP, 6/90, S. 64-67

Burt, D.N. (1990): Hersteller helfen ihren Lieferanten auf die Sprünge, in: Harvardmanager, 1/90, S. 72-79

Bush, D./Dooley, K. (1989): The Deming Prize and Baldrige Award: How They Compare, in: QP, 1/89, S. 28-30

C

Camp, R.C. (1989a): Benchmarking: The Search for Best Practices that Lead to Superior Performance, Part I: Benchmarking Defined, in: QP, 1/89, S. 62-68

Camp, R.C. (1989b): Benchmarking: The Search for Best Practices that Lead to Superior Performance, Part II: Key Process Steps, in: QP, 2/89, S. 70-75

Case, K.E./Bigelow, J.S. (1992): Inside the Baldrige Award Guidelines, Category 6: Quality and Operational Results, in: QP, 11/92, S. 47-52

Chao, J.L. (1994): Benchmarking Service Laboratories, in: QP, 5/94, S. 24-31

Chrysler Corporation/Ford Motor Company/General Motors Corporation (1994): Quality System Requirements. QS-9000, Draft Exemplar, o.O. (unveröffentlicht)

Clark, K.B./Fujimoto, T. (1992): Automobilentwicklung mit System, Frankfurt

Cleary, T.J./Cleary, M.J. (1993): Designing an Effective Compensation System, in: QP, 4/93, S. 69-72

Cluss, E. (1994): Prozeßorientierung in Einkauf und Logistik unter Berücksichtigung einer partnerschaftlichen Zusammenarbeit mit Lieferanten (TANDEM-Konzept), in: Koppelmann, U./Lumbe, H.-J. (Hrsg.): Prozeßorientierte Beschaffung, Stuttgart 1994, S. 137-156

Coase, R.H. (1937): The Nature of the Firm, in: Economica, 4, 1937, S. 386-405

Coase, R.H. (1960): The Problem of Social Cost, in: Journal of Law and Economics, 3, 1960, S. 1-44

Coenenberg, A.G./Fischer, T.M. (1991): Prozeßkostenrechnung - Strategische Neuorientierung in der Kostenrechnung, in: DBW, 1/91, S. 21-38

Corsten, H. (1987): Vergleichende Gegenüberstellung des Quality-Circle-Ansatzes mit anderen mitarbeiterorientierten Qualitätsförderungskonzepten (II), in: WISU, 5/87, S. 250-253

Cravens, D.W./Holland, C.W./Lamb Jr., C.W./Moncrief, W.C. (1988): Marketing's Role in Product and Service Quality, in: Industrial Marketing Management, 1988, S. 285-304

Crawford, C.M. (1992): Neuprodukt-Management, Frankfurt/Main

Crosby, P.B. (1967): Cutting the Cost of Quality - the defect prevention workbook for managers, Boston

Crosby, P.B. (1970): Zero Defects in a Worldwide Corporation, in: QP, 9/70, S. 14-16

Crosby, P.B. (1986): Qualität bringt Gewinn, Hamburg

Crosby, P.B. (1990): Qualität ist machbar, 2. Aufl., New York

Cuhls, K. (1993): Qualitätszirkel in japanischen und deutschen Unternehmen, Heidelberg

Cullen, J. (1987): An introduction to Taguchi methods, in: Quality today, 9/87, S. 43-46

Cuntze, E.-O. (1992): Das Qualitätsaudit - ein Führungsinstrument, in: QZ, 2/92, S. 87-88

D

Dahms, P. (1989): Kundendienst als Profit-Center, Nürnberg

Daimler-Benz AG (1985): Betriebsvereinbarung zur Einrichtung von Werkstattkreisen in der Daimler-Benz AG, Stuttgart (unveröffentlicht)

Daimler-Benz AG (1992): Betriebsvereinbarung "Werkstattkreise zur Verbesserung der Kostenstruktur", Stuttgart (unveröffentlicht)

Dale, B. (1984): Facilitator Viewpoints on Specific Aspects of Quality Circle Programms, in: Personnel Review, 4/84, S. 22-29

Dale, M.W. (1994): The reengineering route to business transformation, in: Journal of Strategic Change, 2/94, S. 3-19

DeCarlo, N.J./Sterett, W.K. (1990): History of the Malcolm Baldrige Award, in: QP, 3/90, S. 21-27

Deckers, J./Schäbe, H. (1992): FMECA rechnerunterstützt erstellen, in: QZ, 6/92, S. 366-369

Dehnad, K. (Hrsg.) (1988): Quality Control, Robust Design, and the Taguchi Method, Pacific Groove

Deming, W.E. (1956): On the Use of Theory, in: IQC, 7/56, S. 12-14

Deming, W.E. (1975): My View of Quality Control in Japan, in: Reports of Statistical Application Research, Union of Japanese Scientists and Engineers, 2/75, S. 25-32

Deming, W.E. (1982): Quality, Productivity, and Competitive Position, Cambridge, Mass.

Deming, W.E. (1986): Out of the Crisis, 2. Aufl., Cambridge, Mass.

Deppe, J. (1992): Quality Circle und Lernstatt. Ein integrativer Ansatz, 3. Aufl., Wiesbaden

Derrick, F.W./Desai, H.B./O'Brien, W.R. (1989): Survey shows Employees at different organizational Levels define Quality differently, in: Industrial Engineering, 4/89, S. 22-27

Desatnick, R.L. (1992): Inside the Baldrige Award Guidelines, Category 7: Customer Focus and Satisfaction, in: QP, 12/92, S. 69-74

De Vera, D./Glennon, T./Kenny, A.A./Khan, M.A.H./Mayer, M. (1988): An Automotive Case Study, in: QP, 6/88, S. 35-38

DGQ (Hrsg.) (1987): Qualitätszirkel, DGQ-Schrift Nr. 14-11, Berlin

DGQ (Hrsg.) (1990): Entscheidungshilfen bei der Auswahl von CAQ-Systemen, DGQ-Schrift Nr. 14-21, Berlin

DGQ (Hrsg.) (1992): SPC 2 - Qualitätsregelkartentechnik, DGQ-Schrift Nr. 16-32, Berlin

DGQ (Hrsg.) (1993): Begriffe zum Qualitätsmanagement, DGQ-Schrift Nr. 11-04, 5. Aufl., Berlin

DGQ (Hrsg.) (1994): Qualitätsmanagement und Elemente eines Qualitätsmanagementsystems, (ISO 9000-9004), Berlin

Dichtl, E. (1991): Dimensionen der Produktqualität, in: Marketing ZFP, 3/91, S. 149-155

Dierkes, M.J. (1994): Qualität im Hause Ford. Definition, Philosophie, Strategie, Köln (unveröffentlichtes unternehmensinternes Manuskript)

DIN EN ISO 9000 (1994): Normen zum Qualitätsmanagement und zur Qualitätssicherung/QM-Darlegung, Berlin

DIN EN ISO 9001 (1994): Qualitätsmanagementsysteme; Modelle zur Darlegung des Qualitätsmanagementsystems in Design/Entwicklung, Produktion, Montage und Kundendienst, Berlin

DIN EN ISO 9002 (1994): Qualitätsmanagementsysteme; Modelle zur Darlegung des Qualitätsmanagementsystems in Produktion, Montage und Kundendienst, Berlin

DIN EN ISO 9003 (1994): Qualitätsmanagementsysteme; Modelle zur Darlegung des Qualitätsmanagementsystems bei der Endprüfung, Berlin

DIN ISO 9004-Serie: Haupttitel: Qualitätsmanagement und Elemente eines Qualitätsmanagementsystems, Berlin

Dion, P.A./Banting, P.M./Hasey, L.M. (1990): The Impact of JIT on Industrial Marketers, in: Industrial Marketing Management, 1/90, S. 41-46

Disney, J./Bendell, A. (1990): The Potential for the Application of Taguchi Methods of Quality Control in British Industry, in: Dale/Plunkett (Hrsg.) (1990), S. 193-206

Dixon, J.R./Arnold, P./Heineke, J./Kim, J.S./Mulligan, P. (1994): Business Process Reengineering: Improving in New Strategic Directions, in: California Management Review, Summer 1994, S. 93-108

Dodge, H.F. (1969a): Notes on the Evolution of Acceptance Sampling Plans, Part I, in: JQT, 4/69, S. 77-88

Dodge, H.F. (1969b): Notes on the Evolution of Acceptance Sampling Plans, Part II, in: JQT, 7/69, S. 155-162

Dodge, H.F. (1969c): Notes on the Evolution of Acceptance Sampling Plans, Part III, in: JQT 10/69, S. 225-232

Dögl, R. (1986): Strategisches Qualitätsmanagement im Industriebetrieb. Pragmatischer Ansatz zur Erklärung und methodischen Handhabung des Qualitätsphänomens, Göttingen

Dönicke, J. (1986): Bringen uns rechnergestützte Qualitätsdatenverarbeitungssysteme bessere Qualität?, in: Qualitätssicherung und CIM (Computerintegrierte Fertigung), SAQ-Informationstagung am 23. Mai 1986, hrsg. von der SAQ (Schweizerische Arbeitsgemeinschaft für Qualitätsförderung) und ASPQ (Association Suisse pour la Promotion de la Qualité), 1986, S. 57-64

Doleschal, R. (1991): Daten und Trends der bundesdeutschen Automobil-Zulieferindustrie, in: Mendius/Wendeling-Schröder (Hrsg.) (1991), S. 35-60

Domsch, M. (1985): Qualitätszirkel - Baustein einer mitarbeiterorientierten Führung und Zusammenarbeit, in: ZfbF, 5/85, S. 428-441

Domsch, M./Gerpott, T.J./Gerpott, H. (1992): Wie sehen Industrieforscher Mitarbeiter aus dem Marketing?, in: DBW, 1/92, S. 71-89

Done, K. (1994): Europe to handle smaller-sized cars, in: Financial Times Weekend, 23.4.1994, S. 11

Dorfmann, R./Steiner, P.O. (1954): Optimal Advertising and Optimal Quality, in: American Economic Review, 12/54, S. 826-836

E

Edenhofer, B./Köster, A. (1991): Systemanalyse: Die Lösung, FMEA optimal zu nutzen, in: QZ, 12/91, S. 699-704

E.F.Q.M. (Hrsg.) (1992a): The European Quality Award 1992, Eindhoven

E.F.Q.M. (Hrsg.) (1992b): Total Quality Management. The European Model for Self-Appraisal 1992, Eindhoven

Eicke, H.v./Femerling, C. (1991): Einkaufsstrategien der Zukunft, in: AP, 6/91, S. 54-56

Eiff, W. von (1991): Organisation - Unternehmerische Gestaltungsaufgaben im gesellschaftlichen und marktwirtschaftlichen Umfeld, in: Eiff, W. von (Hrsg.): Organisation der Unternehmensführung, Landsberg/Lech 1991, S. 19-78

Ellis, V. (1994): Der European Quality Award, in: Stauss (Hrsg.) (1994), S. 277-296

Engel, P. (1981): Japanische Organisationsprinzipien, Zürich

Engelhardt, H.W. (1989): Absatzfunktionen und strategisches Marketing - eine Schnittstellenanalyse, in: Specht/Silberer/Engelhardt (Hrsg.) (1989), S. 103-115

Engelhardt, W.H./Schütz, P. (1991): Total Quality Management, in: WiSt, 8/91, S. 394-399

Enßlin, W. (1993): Qualitätskostenüberwachung - Baustein in einem umfassenden Leistungscontrolling, in: Wildemann, H. (Hrsg.): Qualität und Information - Strategien für den Wettbewerb, München 1993, S. 75-93

Eyer, E. (1990): Verknüpfung von Kleingruppenarbeit und Berieblichem Vorschlagswesen, in: Angewandte Arbeitswissenschaft, Nr. 124 (1990), S. 33-44

F

Feigenbaum, A.V. (1952): The Significance of Quality Control to Present Day Management, in: IQC, 5/52, S. 29-34

Feigenbaum, A.V. (1956a): Management of the Quality Control Function, in: IQC, 5/56, S. 22-25

Feigenbaum, A.V. (1956b): Total Quality Control, in: HBR, 11-12/56, S. 93-101

Feigenbaum, A.V. (1958): The Professional Work of the Quality Control Engineer, in: IQC, 2/58, S. 5-8

Feigenbaum, A.V. (1968): Quality Programs for the 1970s, in: QP, 12/68, S. 9-16

Feigenbaum, A.V. (1991): Total Quality Control, 3. Aufl., New York

Felk, M. (1995): Anforderungen an den BVW-Beauftragten, in: BVW, 1/95, S. 25-27

Fischer, T. (1993): Sicherung unternehmerischer Wettbewerbsvorteile durch Prozeß- und Schnittstellen-Management, in: zfo, 5/93, S. 312-318

Fitting, K./Auffarth, F./Kaiser, H./Heither, F./Engels, G. (1992): Betriebsverfassungsgesetz. Handkommentar, München

Flick, U. (1992): Entzauberung der Intuition. Systematische Perspektiven-Triangulation als Strategie der Geltungsbegründung qualitativer Daten und Interpretationen, in: Hoffmeyer-Zlotnik, J.H.P. (Hrsg.): Analyse verbaler Daten, Opladen 1992, S. 11-55

Ford Motor Company (1990a): Weltweite Qualitätssystem-Richtlinie Q-101 (unveröffentlicht)

Ford Motor Company (1990b): Ford - Leitfaden Systemüberprüfung und -Bewertung (unveröffentlicht)

Ford Motor Company (1991): Design of Experiments: Process Solderflow, Ford CDW 27, Köln (unveröffentlicht)

Ford Motor Company (1992a): Potential Failure Mode and Effects Analysis, o.O. (unveröffentlicht)

Ford Motor Company (1992b): Quality Operating System, o.O. (unveröffentlicht)

Ford Motor Company (1992c): Supplier Quality Improvement Guidelines for Prototypes, o.O. (unveröffentlicht)

Ford Motor Company (1993): Quality Operating System - Implementation. A How-to Guide for Ford and Ford Suppliers, o.O. (unveröffentlicht)

Ford-Werke AG (1995): Geschäftsbericht, Köln

Fortuna, R.M. (1988): Beyond Quality: Taking SPC Upstream, in: QP, 6/88, S. 23-28

Foster, J. (1978): Teams und Teamarbeit in der Unternehmung, Berne

Fourier, S. (1991): Ohne Qualitätsbewußtsein bleibt ein QS-System wirkungslos, in: QZ, 11/91, S. 616-617

Franke, H. (1994): Qualitätsmanagement bei Zulieferungen, in: Masing (Hrsg.) (1994), S. 531-551

Franke, W.D. (1989): FMEA. Fehlermöglichkeits- und -einflußanalyse in der industriellen Praxis, 2. Aufl., Landsberg/Lech

Franzkowski, R. (1994): Versuchsmethodik, in: Masing (Hrsg.) (1994), S. 491-528

Frehr, H.-U. (1994): Total-Quality-Management, in: Masing (Hrsg.) (1994), S. 31-48

Frehr, H.-U./Hormann, D. (Hrsg.) (1993): Produktentwicklung und Qualitätsmanagement, Berlin

Frese, E. (1993): Grundlagen der Organisation, 5. Aufl., Wiesbaden

Frese, E. (Hrsg.) (1992): Handwörterbuch der Organisation, 3. Aufl., Stuttgart

Frese, E./Noetel, W. (1992): Kundenorientierung in der Auftragsabwicklung, Stuttgart

Friedrichs, J. (1990): Methoden empirischer Sozialforschung, 14. Aufl., Opladen

Fritz, W. (1994): Die Produktqualität - ein Schlüsselfaktor des Unternehmenserfolgs?, in: ZfB, 8/94, S. 1045-1062

Fromm, H. (1994): Benchmarking, in: Masing (Hrsg.) (1994), S. 121-128

Frost, P.F. (1992): Größerer Erfolg durch Wertanalyse nach DIN 69910 (Ausg. 1987), Eschborn

Füssinger, G. (1980): Entwicklung der Qualitätssicherung im Management, in: QZ, 12/80, S. 388-391

Fuhr, H./Stumpf, T. (1993): DGQ-Zertifikate - Ausbildungskonzept 2000, in: QZ, 1/93, S. 25-30

G

Gaitanides, M. (1983): Prozeßorganisation, München

Gaitanides, M. (1992): Ablauforganisation, in: Frese (Hrsg.) (1992), Sp. 1-18

Gaitanides, M./Scholz, R./Vrohlings, A. (1994): Prozeßmanagement - Grundlagen und Zielsetzungen, in: Gaitanides, M./Scholz, R./Vrohlings, A. (Hrsg.): Prozeßmanagement, München 1994, S. 1-19

Garvin, D.A. (1984a): Product Quality: An Important Strategic Weapon, in: Business Horizons, 3-4/84, S. 40-43

Garvin, D.A. (1984b): What does "Product Quality" really mean?, in: Sloan Management Review, Fall 1984, S. 25-43

Garvin, D.A. (1988): Managing Quality. The Strategic and Competitive Edge, New York

Gaster, D. (1987): Aufbauorganisation der Qualitätssicherung, DGQ-SAQ-ÖVQ-Schrift Nr. 12-61, Berlin

Gaster, D. (1994): Qualitätsaudit, in: Masing (Hrsg.) (1994), S. 927-948

Gaugler, H. (1988): Ansatzpunkte der modernen Qualitätssicherung, in: QZ, 9/88, S. 503-505

Geiger, W. (1986): Qualitätslehre. Einführung, Systematik, Terminologie, Braunschweig

Geiger, W. (1992): Geschichte und Zukunft des Qualitätsbegriffs, in: QZ, 1/92, S. 33-35

Geiger, W. (1994): Die Entstehung, Erstellung und Weiterentwicklung der DIN ISO-Familie, in: Stauss (Hrsg.) (1994), S. 27-62

Geschka, H./Herstatt, C. (1991): Kundennahe Produktinnovation, in: Die Unternehmung, 3/91, S. 207-219

Ghose, S./Mukhopadhay, S.-K. (1993): Quality as the Interface Between Manufacturing and Marketing: A Conceptual Model and an Empirical Study, in: Management International Review, 9/93, S. 39-52

Giacobbe, R.W./Segal, M.N. (1994): Certifying Researchers: Segmentation by Attitudes, in: Marketing Research, 3/94, S. 23-29

Görgens, J. (1994): Just-in-Time-Fertigung, Stuttgart

Gold, E. (1992): Centerkonzeption und Einsatz der Prozeßkostenrechnung im Pkw-Bereich der Mercedes-Benz AG, in: Horváth, P. (Hrsg.): Effektives und schlankes Controlling, Stuttgart 1992, S. 127-140

Golightly, R. (1989): Moving the Quality Learning Curve, in: Quality, 6/89, S. 18-20

Golüke, H./Steinbach, W. (1986): Wirtschaftliche Qualitätssicherung in der Wälzlagerfertigung, in: ZfB, 8/86, S. 755-785

Gomez, P. /Zimmermann, T. (1993): Unternehmensorganisation, 2. Aufl., Frankfurt/Main

Goode, W.J./Hatt, P.K. (1972): Die Einzelfallstudie, in: König, R. (Hrsg.): Beobachtung und Experiment in der Sozialforschung, 8. Aufl., Köln 1972

Graf, K. (1990): Die Behandlung von Verbraucherbeschwerden im Unternehmen, Berlin

Grant, E.L./Lang, T.E. (1991): Statistical Quality Control in the World War II Years, in: QP, 12/91, S. 31-36

Grayson, C.J. (1994): Back to the Basics of Benchmarking, in: Quality, 5/94, S. 20-23

Grenier, R. (1985): Total Quality Assurance, Part III, in: Quality, 6/85, S. 44-50

Grenier, R. (1987): Total Quality Assurance, Part VI, in: Quality, 3/87, S. 48-51

Grochla, E. (1981): Unternehmungsorganisation, 4. Aufl., Reinbek

Groocock, J.M. (1988): Qualitätsverbesserung, Hamburg

Gryna, F.M. (1991a): The Quality Director of the '90s, Part 1, in: QP, 4/91, S. 37-40

Gryna, F.M. (1991b): The Quality Director of the '90s, Part 2, in: QP, 5/91, S. 51-54

Günther, R. (1994): Neues versuchen, ohne auf Bewährtes zu verzichten, in: ZfV, 4/94, S, 154-158

H

Hagan, J.T. (1984a): The Management of Quality: Preparing for a Competitive Future, in: QP, 11/84, S. 12-15

Hagan, J.T. (1984b): The Management of Quality: Preparing for a Competitive Future, in: QP, 12/84, S. 21-25

Hahn, D. (1982): Stand und Entwicklungstendenzen der strategischen Planung (Eröffnungsvortrag anläßlich der Schmalenbach-Tagung am 13.5.1982), in: Hahn, D./Taylor, B. (Hrsg.): Strategische Unternehmensplanung - Strategische Unternehmensführung, 6. Aufl., Heidelberg 1992, S. 5-30

Hahner, A. (1981): Qualitätskostenrechnung als Informationssystem zur Qualitätslenkung, München

Haist, F./Fromm, H. (1989): Qualität im Unternehmen. Prinzipien - Methoden - Techniken, München

Hall, G./Rosenthal, J./Wade, J. (1993): How to make reengineering *really* work, in: HBR, 11-12/93, S. 119-131

Haller, S. (1993): Methoden zur Beurteilung von Dienstleistungsqualität, in: ZfbF, 1/93, S. 19-40

Halpin, J.F. (1966): Zero defects: A new dimension in quality assurance, New York

Hammer, M./Champy, J. (1994): Business Reengineering, Frankfurt/Main

Hansen, U./Raabe, T. (1991): Konsumentenbeteiligung an der Produktentwicklung von Konsumgütern, in: ZfB, 2/91, S. 171-194

Hansen, U./Raabe, T./Stauss, B. (1985): Verbraucherabteilungen als strategische Antwort auf verbraucher- und umweltpolitische Herausforderungen, in: Raffée, H./Wiedmann, K.-P. (Hrsg.): Strategisches Marketing, Stuttgart 1985, S. 637-661

Hansen, W. (1981): Selbstprüfung - Erfahrungen und neue Wege, in: QZ, 8/81, S. 256-259

Hansen, W./Schoenheit, I. (1987): Verbraucherzufriedenheit und Beschwerden - Strategische Herausforderung für Unternehmen und Verbraucherorganisationen, in: Hansen, U./Schoenheit, I. (Hrsg.): Verbraucherzufriedenheit und Beschwerdeverhalten, Frankfurt/Main 1987, S. 11-27

Harting, D. (1989): Lieferanten-Wertanalyse, Stuttgart

Hauser, J.R./Clausing, D. (1988): Wenn die Stimme des Kunden bis in die Produktion vordringen soll, in: Harvardmanager, 4/88, S. 57-70

Heaphy, M.S. (1992): Inside the Baldrige Award Guidelines, Category 5: Management of Process Quality, in: QP, 10/92, S. 74-79

Helper, S. (1991): How much has really changed between U.S. Automakers and their Suppliers?, in: Sloan Management Rewiew, Summer 1991, S. 15-28

Hempfling, M. (1992): Operative Umsetzung einer Strategie zur Beurteilung von Lieferanten in der Automobilindustrie (unveröffentlicht)

Hentschel, B. (1992): Dienstleistungsqualität aus Kundensicht, Vom merkmals- zum ereignisorientierten Ansatz, Wiesbaden

Hermle, F./Ribbecke, H.D. (1994): Die KUSUM-Regelkarte in der Qualitätsüberwachung, in: QZ, 2/94, S. 143-146

Herter, R.N. (1992): Weltklasse mit Benchmarking, in: FB/IE, 5/92, S. 254-258

Heß, M. (1995): TQM/Kaizen-Praxisbuch, Köln

Heyel, C. (Hrsg.) (1982): The Encyclopedia of Management, 3. Aufl., New York

Hill, H. (1991): Das "überladene" Qualitätsaudit, in: QZ, 7/91, S. 395-398

Hinterhuber, H.H. (1992a): Strategische Unternehmensführung, Bd. 1, Berlin

Hinterhuber, H.H. (1992b): Strategische Unternehmensführung, Bd. 2, Berlin

Hinterhuber, H.H./Levin, M.L. (1994): Strategic Networks - the Organization of the Future, in: Long Range Planning, 3/94, S. 43-53

Hoffmann, A. (1980): Selbstprüfung, in: QZ, 12/80, S. 391-393

Hoffmann, H. (1982): Wertanalyse und Betriebliches Vorschlagswesen - Partner oder Konkurrenz?, in: BVW, 2/82, S. 62-69

Hohmann, H.-G. (1993): Ein Weg zur Erhöhung der Kundenzufriedenheit - Von der Spartenorganisation zur prozeßorientierten Organisation, Hewlett-Packard GmbH, unveröffentlichtes Manuskript

Holst, J. (1992): Der Wandel im Dienstleistungsbereich, in: Controlling, 9-10/92, S. 260-267

Homburg, C./Rudolph, B. (1995): Wie zufrieden sind Ihre Kunden tatsächlich?, in: Harvard Businessmanager, 1/95, S. 43-50

Hondrich, K.O. (1988): Verwandlungen, Verlagerungen und Grenzen der Leistungsbereitschaft, in: Hondrich, K.O./Schumacher, J. et. al.: Krise der Leistungsgesellschaft? Empirische Analysen zum Engagement in Arbeit, Familie und Politik, Opladen 1988, S. 297-335

Hopfenbeck, W./Jasch, C./Jasch, A. (1995): Öko-Audit, Landsberg/Lech

Horovitz, J. (1989): Service entscheidet: im Wettbewerb um den Kunden, Frankfurt/Main

Horváth, P./Herter, R.N. (1992): Benchmarking: Vergleich mit den Besten der Besten, in: Controlling, 1-2/92, S. 4-11

Horváth, P./Mayer, R. (1993): Prozeßkostenrechnung - Konzeption und Entwicklung, in: Kostenrechnungs-Praxis, Sonderheft 2/93 (hrsg. von Männel, W.), S. 15-28

Horváth, P./Urban, G. (1990): Qualitätscontrolling; im Auftrag des Förderkreises Betriebswirtschaft der Universität Stuttgart e.V., Stuttgart

Hounshell, D.A. (1983): From the American system to mass production. 1800-1932. The development of manufacturing technology in the United States, Baltimore

Hoyningen-Huene, G. v. (1993): Beriebsverfassungsrecht, München

Hucklenbroich, U. (1993): Qualitätsmanagementsystem durch Motivation wirksam unterstützen, in: QZ, 3/93, S. 154-158

Hüttel, K. (1993): Produkt-Manager in den neunziger Jahren. Für die Zukunft gerüstet, in: asw, 9/93, S. 94-100

Hüttner, M. (1989): Grundzüge der Marktforschung, 4. Aufl., Wiesbaden

Hüttner, M. (1995): Betriebswirtschaftslehre, 2. Aufl., München

Hüttner, M./Pingel, A./Schwarting, U. (1994): Marketing-Management, München

Hull, F./Azumi, K. (1988): Quality Circles: Do They Work in Japan?, in: Journal for Quality and Participation, 4/88, S. 60-64

Hungenberg, H. (1992): Die Aufgaben der Zentrale, in: zfo, 6/92, S. 341-354

Hutchins, D. (1984a): The Historical Development of Quality Control in the West, in: Sasaki/Hutchins (Hrsg.) (1984), S. 43-47

Hutchins, D. (1984b): Organization of Company Wide Quality Control, in: Sasaki/Hutchins (Hrsg.) (1984), S. 83-91

I

Imai, M. (1993): Kaizen. Der Schlüssel zum Erfolg der Japaner im Wettbewerb, Berlin

Inglehart, R. (1979): Lebensqualität: Eine Generationenfrage, in: Psychologie heute, 9/79, S. 24-29

Ishikawa, K. (1967): Tributes to Walter A. Shewhart, in: IQC, 8/67, S. 111-122

Ishikawa, K. (1972): Quality Control Starts and Ends with Education, in: QP, 8/72, S. 18

Ishikawa, K. (1982): Quality Control in Japan, in: ZfB, 11-12/82, S. 1104-1107

Ishikawa, K. (1984): Quality and Standardization: Program for Economic Succes, in: QP, 1/84, S. 16-20

Ishikawa, K. (1985): What is Total Quality Control? The Japanese Way, New York

Ishikawa, K. (1986): Guide to Quality Control, 4. Aufl., Tokyo

Ishikawa, K. (1989): How to Apply Companywide Quality Control in Foreign Countries, in: QP, 9/89, S. 70-74

J

Jahn, H. (1988): Zertifizierung von Qualitätssicherungssystemen, in: Masing, W. (Hrsg.): Handbuch der Qualitätssicherung, 2. Aufl., München 1988, S. 923-934

Jammernegg, W. (1992): Integriertes Qualitätsmanagement: Konzepte und Methoden, in: Zsifkovits (Hrsg.) (1992), S. 147-156

Joiner, B.L./Gaudard, M.A. (1990): Variation, Management, and W. Edwards Deming, in: QP, 12/90, S. 29-37

Jung, M. (1994): Business Process Management: Eine TQM-Voraussetzung, in: Mehdorn/Töpfer (Hrsg.) (1994), S. 137-163

Junghans, W. (1991): Qualität und Kostenmanagement, in: QZ, 5/91, S. 252-253

Juran, J.M. (1955): The Top Executive's Responsibilities for Quality, in: IQC, 5/55, S. 34-38

Juran, J.M. (1957): Cultural Patterns and Quality Control, in: IQC, 10/57, S. 8-13

Juran, J.M. (1967): The QC Circle Phenomenon, in: IQC, 1/67, S. 329-336

Juran, J.M. (1969): Mobilizing for the 1970s, in: QP, 8/69, S. 8-17

Juran, J.M. (1972): Product Safety, in: QP, 7/72, S. 30-32

Juran, J.M. (1982): Production Quality - ... a prescription for the West, in: Quality, 4/82, S. 16-22

Juran, J.M. (1988a): Managing for Quality, in: Journal for Quality and Participation, 1/88, S. 8-12

Juran, J.M. (1988b): Quality in the United States of America, in: Juran/Gryna (Hrsg.) 1988, S. 35G.1-35G.13

Juran, J.M. (1989): Handbuch der Qualitätsplanung, Landsberg/Lech

Juran, J.M./Gryna, F.M. (1970): Quality Planning and Analysis. From Product Development through Usage, New York

Juran, J.M./Gryna, F.M. (Hrsg.) (1988): Juran's Quality Control Handbook, 4. Aufl., New York

K

Kaas, K.P./Runow, H. (1984): Wie befriedigend sind die Ergebnisse der Forschung zur Verbraucherzufriedenheit?, in: DBW, 3/84, S. 451-460

Kackar, R.N. (1985): Off-Line Quality Control, Parameter Design, and the Taguchi Method, in: JQT, 4/85, S. 176-188

Kackar, R.N. (1986): Taguchi's Quality Philosophy, in: QP, 12/86, S. 21-29

Kackar, R.N. (1988a): Taguchi's Quality Philosophy: Analysis and Commentary, in: Dehnad (Hrsg.) (1988), S. 3-21

Kackar, R.N. (1988b): Off-Line Quality Control, Parameter Design, and the Taguchi Method, in: Dehnad (Hrsg.) (1988), S. 51-76

Kamiske, G.F. (1992): Das untaugliche Mittel der "Qualitätskostenrechnung", in: QZ, 3/92, S. 122-123

Kamiske, G.F./Brauer, J.-P. (1993): Qualitätsmanagement von A bis Z, München

Kamiske, G.F./Füermann, T. (1995): Reengineering versus Prozeßmanagement, in: zfo, 3/95, S. 142-148

Kamiske, G.F./Krämer, F. (1994): Der moderne Qualitätsmanager als Leiter des Qualitätswesens, in: Masing (Hrsg.) (1994), S. 991-1000

Kamiske, G.F./Tomys, A.-K. (1990): Länderspiegel Qualitätssicherung. Qualitätssicherung in Japan, in: QZ, 9/90, S. 493-497

Kandaouroff, A. (1994): Qualitätskosten, in: ZfB, 6/94, S. 765-786

Kane, E.J. (1992): Process Management Methodology Brings Uniformity to DBS, in: QP, 6/92, S. 41-46

Kaplan, R.B./Murdock, L. (1991): Core process redesign, in: The McKinsey Quarterly, 2/91, S. 27-43

Karmarkar, U. (1990): Just-in-Time, Kanban oder was?, in: Harvardmanager, 3/90, S. 84-91

Karmeli, A./Seidel, G. (1994): Die Ressource Mensch im Qualitätsmanagement, in: QZ, 10/94, S. 1093-1098

Kassebohm, K./Malorny, C. (1993): Die Anforderungen der Rechtsprechung an Qualitätsmanagementsysteme steigen, in: ZfB, 6/93, S. 569-585

Kassebohm, K./Malorny, C. (1994): Auditierung und Zertifizierung im Brennpunkt wirtschaftlicher und rechtlicher Interessen, in: ZfB, 6/94, S. 693-715

Katz, L.E./Phadke, M.S. (1988): Macro-Quality with Micro-Money, in: Dehnad (Hrsg.) (1988), S. 23-30

Kawlath, A. (1969): Theoretische Grundlagen der Qualitätspolitik, Wiesbaden

Kellen, M. (1993): Fit für den Mondeo, in: AP, 2/93, S. 82-86

Keller, A.Z./Sohal, A.S./Teasdale, D. (1990): Product Reliability, in: Dale, B.G./Plunkett, J.J. (Hrsg.): Managing Quality, New York 1990

Keller, B./Klein, H.-W./Müller, U. (1993): Der Kunde als Controller, in: Planung und Analyse, 6/93, S. 44-49

Kendrick, Y.J. (1992): Benchmarking Survey Builds Case for Looking to Others for TQM Models, in: Quality, 3/92, S. 13

Kenny, A.A. (1988): A New Paradigm for Quality Assurance, in: QP, 6/88, S. 30-32

Kern, W. (1989): Qualitätssicherung als eine Voraussetzung zwischenbetrieblicher produktionssynchroner Anlieferungen, in: DBW, 3/89, S. 287-298

Kersten, G. (1994): Fehlermöglichkeits- und -einflußanalyse (FMEA), in: Masing (Hrsg.) (1994), S. 469-490

Kindlarski, E. (1984): Ishikawa Diagrams for Problem Solving, in: QP, 12/84, S. 26-30

Kirschfink, F.-J. (1993): Prozeßorientierung als ein Baustein im TQM-Konzept, Deutsche Lufthansa Aktiengesellschaft, unveröffentlichtes Manuskript

Kirstein, H. (1991): Audit als Managementinstrument zur Prozeßverbesserung, in: QZ, 4/91, S. 207-212

Kivenko, K. (1984): Quality Control for Management, New York

Klages, H. (1987): Indikatoren des Wertewandels, in: Rosenstiel, L. v./Einsiedler, H.E./Streich, R.K. (Hrsg.): Wertewandel als Herausforderung für die Unternehmenspolitik, Stuttgart 1987, S. 1-16

Klatte, H./Sondermann, J.P. (1988): Qualitätsplanung von Prozessen, in: QZ, 4/88, S. 190-194

Kleinsorge, P. (1994): Geschäftsprozesse, in: Masing (Hrsg.) (1994), S. 49-64

Kleppmann, W.G. (1992): Statistische Versuchsplanung - Klassisch, Taguchi oder Shainin?, in: QZ, 2/92, S. 89-92

Kmieciak, P. (1976): Wertstrukturen und Wertwandel in der Bundesrepublik Deutschland - Grundlagen einer interdisziplinären empirischen Wertforschung mit einer Sekundäranalyse von Umfragedaten -, Göttingen

Knotts, U.S./Parrish, L.G./Evans, C.R. (1993): What does the U.S. Business Community Really Think About the Baldrige Award?, in: QP, 5/93, S. 49-53

Köhler, R. (1989): Marketing-Accounting, in: Specht/Silberer/Engelhardt (Hrsg.) (1989), S. 117-139

Köhler, R. (1993): Beiträge zum Marketing-Management, 3. Aufl., Stuttgart

Köster, A. (1991): Total Quality Management, Stuttgart (unveröffentlicht)

Köster, A. (1994): Dokumentation, in: Masing (Hrsg.) (1994), S. 979-990

Kogure, M./Akao, Y. (1983): Quality Function Deployment and CWQC in Japan, in: QP, 10/83, S. 25-29

Kohli, M. (1978): "Offenes" und "geschlossenes" Interview: Neue Argumente zu einer alten Kontroverse, in: Soziale Welt, 1/78, S. 1-25

Kondo, Y. (1988): Quality in Japan, in: Juran/Gryna (Hrsg.) (1988), S. 35F.1-35F.30

Koppelmann, U. (1993): Produktmarketing, 4. Aufl., Heidelberg

Kosiol, E. (1962): Organisation der Unternehmung, Wiesbaden

Kreikebaum, H. (1992): Zentralbereiche, in: Frese (Hrsg.) (1992), Sp. 2603-2610

Kreikebaum, H. (1993): Strategische Unternehmensplanung, 5. Aufl., Stuttgart

Kroeber-Riel, W. (1992): Konsumentenverhalten, 5. Aufl., München

Kromrey, H. (1986): Empirische Sozialforschung, 3. Aufl., Opladen

Krones, S. (1989): Methodik des Quality Function Deployment und deren Verhältnis zu ausgewählten Analysetechniken der Qualtätsgestaltung, Diplomarbeit an der Universität Darmstadt

Krottmaier, J. (1991): Taguchi, Shainin - Stein der Weisen?, in: QZ, 2/91, S. 90-93

Krüger, W. (1993a): Organisation der Unternehmung, 2. Aufl., Stuttgart

Krüger, W. (1993b): Die Transformation von Unternehmungen und ihre Konsequenzen für die Organisation der Information und Kommunikation, in: BFuP, 6/93, S. 577-601

Krüger, W./Werder, A.v. (1995): Zentralbereiche als Auslaufmodell?, in: zfo, 1/95, S. 6-17

Küchler, J. (1981): Theorie und Praxis der Qualitätszirkel, Köln

Kuehn, A.A./Day, R.L. (1962): Strategy of Product Quality, in: HBR, 11-12/62, S. 100-110

Kunesch, H. (1993): Grundlagen des Prozeßmanagements, Wien

L

LaForge, R.L. (1981): Education, in: QP, 6/81, S. 13-15

Leffler, K.B. (1982): Ambiguous Changes in Product Quality, in: American Economic Review, 12/82, S. 956-967

Leifeld, N. (1992): Inside the Baldrige Award Guidelines, Category 4: Human Resource Development and Management, in: QP, 9/92, S. 51-55

Lerner, F. (1968): Qualitätsüberwachung in den vorindustriellen Epochen, in: CIBA-Rundschau, 1968/4, S. 1-16

Lerner, F. (1973): Qualitätskontrolle der Zunftzeit, in: QZ, 6/73, S. 155-158

Lerner, F.L. (1994): Geschichte der Qualitätssicherung, in: Masing (Hrsg.) (1994), S. 17-29

Lin, P.K.H./Sullivan, L.P./Taguchi, G. (1990): Using Taguchi Methods in Quality Engineering, in: QP, 9/90, S. 55-59

Linde, R. (1977): Untersuchungen zur ökonomischen Theorie der Produktqualität, Tübingen

Lingenfelder, M./Schneider, W. (1991a): Die Kundenzufriedenheit, in: Marketing ZFP, 2/91, S. 109-119

Lingenfelder, M./Schneider, W. (1991b): Die Zufriedenheit von Kunden - Ein Marketingziel?, in: M&M, 1/91, S. 29-34

Link, J. (1985): Organisation der Strategischen Planung, Heidelberg

Link, J. (1989): Strategie und Organisation, in: Riekhof, H.-C. (Hrsg.): Strategieentwicklung, Stuttgart 1989, S. 395-408

Lisowsky, A. (1928): Qualität und Betrieb. Ein Beitrag zum Problem des wirtschaftlichen Wertens, Stuttgart

Lisson, A. (Hrsg.) (1987): Qualität. Die Herausforderung. Erfahrungen - Perspektiven, Berlin

Logothetis, N. (1992): Managing for Total Quality. From Deming to Taguchi and SPC, New York

Logothetis, N./Wynn, H.P. (1989): Quality Through Design, Oxford

Lohoff, P./Lohoff, H.-G. (1993): Verwaltung im Visier, in: zfo, 4/94, S. 248-254

Lowenthal, J.N. (1994a): Reengineering the organization, Part 1, in: QP, 1/94, S. 93-95

Lowenthal, J.N. (1994b): Reengineering the organization, Part 2, in: QP, 2/94, S. 61-63

Lowenthal, J.N. (1994c): Reengineering the organization, Part 3, in: QP, 3/94, S. 131-133

M

Mack, M. (1992): Total Quality Management (TQM) in USA, in: Zink (Hrsg.) (1992), S. 109-124

Mackrodt, D. (1992): TQM - Total Quality Management im Vertrieb, in: Zink (Hrsg.) (1992), S. 185-202

Madauss, B.J. (1994): Handbuch Projektmanagement, 5. Aufl., Stuttgart

Marquardt, J.A. (1992): Inside the Baldrige Award Guidelines, Category 3: Strategic Quality Planning, in: QP, 8/92, S. 93-96

Masing, W. (1961): Vorbemerkung zu: Enrick, N.L. (1961): Qualitätskontrolle im Industriebetrieb. Methoden und Anwendungen, München, ohne Seitenangabe

Masing, W. (1978): Die Entwicklung der Qualitätssicherung seit Ende der zwanziger Jahre, in: QZ, 3/78, S. 57-59

Masing, W. (Hrsg.) (1994): Handbuch der Qualitätssicherung, 3. Aufl., München

Matschke, M./Lemser, B. (1992): Entsorgung als betriebliche Grundfunktion, in: BFuP, 2/92, S. 85-101

Meffert, H./Bruhn, M. (1981): Beschwerdeverhalten und Zufriedenheit von Konsumenten, in: DBW, 4/81, S. 597-613

Megen, R. v./Bons, H. (1985): Qualität XIV/Sicherung der Qualität von Software: Nachträgliche Korrekturen von Softwarepaketen werden sehr teuer, in: Handelsblatt vom 12.3.1985, S. 19

Mehdorn, H./Töpfer, A. (Hrsg.) (1994): Besser - schneller - schlanker. TQM-Konzepte in der Unternehmenspraxis, Neuwied

Melchior, K.W./Lübbe, U. (1994): Prüfplanung, in: Masing (Hrsg.) (1994), S. 589-602

Mendius, H.G./Weimer, S. (1991): Betriebsübergreifende Zusammenarbeit bei der Belegschaftsqualifizierung in kleinen Zulieferunternehmen, in: Mendius/ Wendeling-Schröder (Hrsg.) (1991), S. 274-303

Mendius, H.G./Wendeling-Schröder, U. (Hrsg.) (1991): Zulieferer im Netz - Zwischen Abhängigkeit und Partnerschaft, Köln

Mercedes-Benz AG (1990a): Integrierte Qualitätssicherung: Produkt-Audit, Stuttgart (unveröffentlicht)

Mercedes-Benz AG (1990b): Fehlermöglichkeits- und Einflußanalyse (FMEA), Stuttgart (unveröffentlicht)

Mercedes-Benz AG (1991): Statistische Prozeßregelung (SPC) planen, einführen, betreiben. Leitfaden zur Anwendung, Stuttgart (unveröffentlicht)

Mercedes-Benz AG (1992a): Werkstattkreise und andere Formen der Mitarbeiterbeteiligung (verfaßt von Graf v.Schwerin/Grützner, Mercedes-Benz-Werk Bremen, unveröffentlicht)

Mercedes-Benz AG (1992b): Integrierte Qualitätssicherung Werk Bremen. Realisierungsmaßnahmen zur Umsetzung, (verfaßt von H. Schumacher, Bremen, unveröffentlicht)

Mercedes-Benz AG (1992c): Werkstattkreise zur Verbesserung der Kostenstruktur, Stuttgart (unveröffentlicht)

Mercedes-Benz AG (1992d): Werkstattkreise. Leitfaden für Führungskräfte und Moderatoren, Bremen (unveröffentlicht)

Mercedes-Benz AG (1992e): FMEA - Technikzentrum Scheiben, Bremen (unveröffentlicht)

Mercedes-Benz AG (1992f): Entwicklung der Anzahl von Werkstattkreisen, unternehmensinterne Mitteilung, Bremen (unveröffentlicht)

Mercedes-Benz AG (1993a): Der Total Quality Management-Prozeß in der Pkw-Entwicklung zur Unterstützung der großflächigen Veränderungsprojekte der SGP, Vorlage der ZQ, Stuttgart (unveröffentlicht)

Mercedes-Benz AG (1993b): Der Kontinuierliche Verbesserungsprozeß bei Mercedes-Benz, Bremen (unveröffentlicht)

Mercedes-Benz AG (1993c): Kriterienkatalog zur Beurteilung von Lieferanten, Stuttgart (unveröffentlicht)

Mercedes-Benz AG (1993d): Pkw- und Nfz-Werke von Mercedes-Benz in der Bundesrepublik Deutschland, (unveröffentlicht)

Mercedes-Benz AG (1993e): Einige aktuelle Aspekte der Zusammenarbeit von Lackindustrie und Automobilherstellern (am Beispiel Mercedes-Benz, Bremen), verfaßt von B. Voigt, Bremen (unveröffentlicht)

Mercedes-Benz AG (1993f): Monatsbericht Produkt-Audit Gesamtfahrzeug Mai 1993, Werk Bremen, Gütesicherung (unveröffentlicht)

Mercedes-Benz AG (1993g): Organisation der Qualitätsabteilung Werk Bremen, Bremen (unveröffentlicht)

Mercedes-Benz AG (1994a): Tatsachen und Zahlen, Stuttgart

Mercedes-Benz AG (1994b): Projekt Zertifizierung; Zeit- und Aufwandplanung, Bremen (unveröffentlicht)

Mercedes-Benz AG (1994c): Zertifizierung nach DIN ISO, Bremen (unveröffentlicht)

Mercedes-Benz AG Arbeitskreis Weiterentwicklung Werkstattkreise (1992): Werkstattkreisarbeit in der Mercedes-Benz AG, Bremen (unveröffentlicht)

Messina, W.S. (1987): Statistical Quality Control for Manufacturing Managers, New York

Methner, H. (1994): Aus- und Weiterbildung, in: Masing (Hrsg.) (1994), S. 1049-1060

Meyer, T.J. (1991): Statistische Sicherung der Prozesse in der Serienfertigung, in: VDI (Hrsg.) (1991), S. 79-93

Miles, L.D. (1969): Value Engineering. Wertanalyse, die praktische Methode zur Kostensenkung, Landsberg/Lech

Mills, D. (1993): Quality Auditing, London

Mittag, H.-J. (1993): Qualitätsregelkarten, München

Mittmann, B. (1990): Qualitätsplanung mit den Methoden von Shainin, in: QZ, 4/90, S. 209-212

Mohr, G. (1991): Qualitätsverbesserung im Produktionsprozeß, Würzburg

Morgan, N.A./Piercy, N.F. (1992): Market-Led Quality, in: Industrial Marketing Management, 1992, S. 111-118

Müller, B./Kienzler, E. (1992): Qualitätsaudits rechnerunterstützt durchführen, in: QZ, 5/92, S. 285-288

Müller, D. (1984): Qualitätssicherung und Personalpolitik, Düsseldorf

Müller, D./Krupp, A.D. (1982): Japanische Qualitätspolitik - Lehren für die Betriebswirtschaftslehre, in: ZfB, 11-12/82, S. 1114-1117

Müller, H.W. (1992): Quality Engineering - ein Überblick über neuere Verfahren, in: Zink (Hrsg.) 1992, S. 275-298

Müller, M.E. (1992): Das strategische Umfeld von Zulieferunternehmen, in: der markt, 4/92, S. 172-187

Müller-Stewens, G. (1992): Strategie und Organisationsstruktur, in: Frese (Hrsg.) (1992), Sp. 2344-2355

Munkelt, I. (1991): Qualität überzeugt, in: asw, 11/91, S. 42

N

Nakhai, B./Neves, J.S. (1994): The Deming, Baldrige, and European Quality Awards, in: QP, 4/94, S. 33-37

Neubauer, F.-F./Luchs, R.H. (1991): Qualitätsmanagement (Lose-Blatt-Sammlung), Marketing 17, 2. Aufl., Juli 1991, S. 1-53

Neves, J.S./Nakhai, B. (1994): The Evolution of the Baldrige Award, in: QP, 6/94, S. 65-70

Niifugi, H./Kubota, Y. (1987): Using the Demanded Quality Deployment Chart, in: Akao (Hrsg.) 1987, S. 2.1-2.17a

Nieschlag, R./Dichtl, E./Hörschgen, H. (1994): Marketing, 17. Auflage, Berlin

Nippa, M. (1995a): Anforderungen an das Management prozeßorientierter Unternehmen, in: Nippa/Picot (Hrsg.) (1995), S. 39-58

Nippa, M. (1995b): Bestandsaufnahme des Reengineering-Konzepts. Leitgedanken für das Management, in: Nippa/Picot (Hrsg.) (1995), S. 61-77

Nippa, M./Picot, A. (Hrsg.) (1995): Prozeßmanagement und Reengineering: Die Praxis im deutschsprachigen Raum, Frankfurt/Main

Nowak, H. (1982): Abgrenzung des Aufgabenbereiches für Verbesserungsvorschläge, in: BVW, 2/82, S. 70-76

Nussbaum, B./Port, O./Brandt, R./Carlson, T./Wolman, K./Kapstein, J. (1988): Smart Design: Quality is the new style, in: Business Week, April 11, 1988, S. 80-93

O

Oess, A. (1993): Total Quality Management. Die Praxis des Qualitäts-Managements, 3. Aufl., Wiesbaden

Ohno, T. (1993): Das Toyota-Produktionssystem, Frankfurt/Main

Olshagen, C. (1991): Prozeßkostenrechnung, Wiesbaden

Olson, E.M./Walker, O.C./Ruekert, R.W. (1995): Organizing for effective new product development: The moderating role of product innovativeness, in: Journal of Marketing, 1/95, S. 48-62

Omdahl, T. (1992): Inside the Baldrige Award Guidelines, Category 2: Information and Analysis, in: QP, 7/92, S. 41-46

O'Neal, C./LaFief, W.C. (1992): Marketing's Lead Role in Total Quality, in: Industrial Marketing Management, 1992, S. 133-143

Orsini, J.L. (1994): Making Marketing Part of the Quality Effort, in: QP, 4/94, S. 43-46

Ortlieb, P. (1993): Qualitätsmanagement und betriebliche Anreizsysteme, Pfaffenweiler

o.V. (1974): Qualitäts-Kontroll-Richtlinien der FORD-Werke AG für Produktions- und Ersatzteil-Lieferanten - Q-101, in: QZ, 9/74, S. 208

o.V. (1985): Ford's Q1 program drives suppliers, in: Quality, 9/85, S. 36-38

o.V. (1991a): Amerika nimmt den Qualitätswettbewerb an, in: asw, 1/91, S. 18-25

o.V. (1991b): System-Audits binden Personal, in: AP, 6/91, S. 54-57

o.V. (1991c): Alles unter einem Dach, in: AP, 11/91, S. 72-76

o.V. (1992a): Six Sigma - das große Einmaleins der Qualität, in: AP, 5/92, S. 82-84

o.V. (1992b): Schlechte Noten für Manager, in: AP, 5/92, S. 48-49

o.V. (1993a): Opel holt die Zulieferer ans Band, in: AP, 2/93, S. 28-34

o.V. (1993b): Den Audit-Tourismus eindämmen, in: Beschaffung aktuell, 4/93, S. 46-50

o.V. (1993c): Der Teiletausch verdoppelt sich, in: AP, 9/93, S. 28-34

o.V. (1993d): Weniger Zeit für picking, thinking, walking, in: AP, 2/93, S. 14-16

o.V. (1993e): Kreativität nach Kostenplan, in: AP, 8/93, S. 28-30

o.V. (1994a): Qualität kennt keine Grenzen, in: AP, 6/94, S. 36-38

o.V. (1994b): Ergebnisse einer Umfrage des DIB: Die Stellung des BVW-Beauftragten, in: ZfV, 1/94, S. 37-42

o.V. (1994c): Radikalkuren sind angesagt, in: AP, 4/94, S. 126-128

o.V. (1994d): Mercedes-Benz: Organisation, in: AP, 6/94, o.S.

o.V. (1995a): Wird in Unternehmen Kundenzufriedenheit gemessen?, in: Direktmarketing, 2/95, S. 40

o.V. (1995b): DQS-Zertifikate, in: QZ, 5/95, S. 508-510

o.V. (1995c): Reengineering - Top oder Flop, in: zfo, 3/95, S. 153-154

o.V. (1995d): Die Produktionsstätten der Ford-Werke AG, in: AP, 2/95, S. 86f.

o.V. (1995e): Ideenwettbewerb als Philosophie, in: AP, 2/95, S. 56

P

Pabst, W.R. (1972): Motivating People in Japan, in: QP, 10/72, S. 14-18

Pärsch, J.G. (1991): Nachweis eines Qualitätssicherungssystems, in: QZ, 12/91, S. 677-680

Pall, G.A. (1987): Quality Process Management, New Jersey

Pansegrau, C. (1994): Sind Betriebsvereinbarungen zum BVW notwendig?, in: ZfV, 1/94, S. 24-30

Pappi, F.U. (1987): Die Fallstudie in der empirischen Sozialforschung, in: Ohe, W. von der (Hrsg.): Kulturanthropologie. Beiträge zum Neubeginn einer Disziplin, Berlin 1987, S. 365-378

Peacock, R.D. (1992): Ein Qualitätspreis für Europa, in: QZ, 9/92, S. 525-528

Pennucci, N.J. (1987): Supplier SPC And Process Capability, in: Quality, 11/87, S. 43-44

Petermann, F. (1989): Einzellfallanalyse - Definitionen, Ziele und Entwicklungslinien, in: Petermann, F. (Hrsg.) (1989): Einzelfallanalyse, 2. Aufl., München

Peterson, H.G. (1985): Is computerized SPC the answer?, in: Quality, 8/85, S. Q22-Q24

Petrasek, K.-H. (1992): Quo vadis, BVW?, in: BVW, 4/92, S. 149-153

Petrick, K. (1994): Auditierung und Zertifizierung von Qualitätssicherungssystemen gemäß den Normen DIN ISO 9001 bis 9004 mit Blick auf Europa, in: Stauss (Hrsg.) (1994), S. 107-126

Petrick, K./Reihlen, H. (1994): Qualitätsmanagement und Normung, in: Masing (Hrsg.) (1994), S. 89-108

Pfeifer, T. (1993): Qualitätsmanagement. Strategien, Methoden, Techniken, München

Pfeifer, T./Grob, R./Schmid, R. (1991): Expertensystem für die SPC, in: QZ, 7/91, S. 432-436

Pfeiffer, W./Weiß, E. (1992): Lean Management, Berlin

Phadke, M.S. (1988): Quality Engineering Using Design of Experiments, in: Dehnad (Hrsg.) (1988), S. 31-50

Phadke, M.S. (1989): Quality Engineering using Robust Design, Prentice-Hall

Phadke, M.S./Kackar, R.N./Speeney, D.V./Grieco, M.J. (1988): Off-Line Quality Control in Integrated Circuit Fabrication Using Experimental Design, in: Dehnad (Hrsg.) (1988), S. 99-141

Picot, A. (1991): Ein neuer Ansatz zur Gestaltung der Leistungstiefe, in: ZfbF, 4/91, S. 336-357

Picot, A./Böhme, M. (1995): Zum Stand der prozeßorientierten Unternehmensgestaltung in Deutschland, in: Nippa/Picot (Hrsg.) (1995), S. 227-247

Picot, A./Franck, E. (1995): Prozeßorganisation. Eine Bewertung der neuen Ansätze aus Sicht der Organisationslehre, in: Nippa/Picot (Hrsg.) (1995), S. 13-38

Picot, A./Reichwald, R. (1994): Auflösung der Unternehmung? Vom Einfluß der IuK-Technik auf Organisationsstrukturen und Kooperationsformen, in: ZfB, 5/94, S. 547-570

Pistorius, G. (1973): Qualitätssicherung in Japan. Entstehung, Tätigkeit und Erfolge der Q.C.-Zirkel, in: QZ, 10/73, S. 253-259

Pleschak, F. (1991): Prozeßinnovationen, Stuttgart

Popp, K. (1994): Qualitätssicherungsvereinbarungen, in: Masing (Hrsg.) (1994), S. 555-566

Price Waterhouse (o.J.): Ergebnisse einer Befragung von Unternehmen mit zertifiziertem QS-System, ohne Ortsangabe

Probst, G.J.B. (1992): Selbstorganisation, in: Frese (Hrsg.) (1992), Sp. 2255-2269

Pütz, R. (1992): Totale Qualität, in: Personalführung, 3/92, S. 164-168

Q

Quentin, H. (1992): Grundzüge der Anwendungsmöglichkeiten und Grenzen der Shainin-Methoden, in: QZ, 6/92, S. 345-348

Quentin, H./Kaminski, M. (1989): Ausbildung, Training und Einführung der Statistischen Versuchsmethodik in einem Unternehmen, in: QZ, 12/89, S. 644-646

R

Raffée, H./Wiedmann, K.-P. (1987): Die künftige Bedeutung der Produktqualität unter Einschluß ökologischer Gesichtspunkte, in: Lisson (Hrsg.) (1987), S. 349-377

Reckenfelderbäumer, M. (1994): Entwicklungsstand und Perspektiven der Prozeßkostenrechnung, Wiesbaden

Reddy, J. (1980): Incorporating Quality in Competitive Strategies, in: Sloan Management Review, Spring 1980, S. 53-60

Redel, W. (1982): Kollegienmanagement, Bern

Reihlen, H./Petrick, K. (1987): "Made in Germany" hat Zukunft - Systematische Qualitätssicherung und ihr Nachweis anhand von Normen schaffen Vertrauen, in: Lisson (Hrsg.) (1987), S. 129-150

Reimann, C.W./Hertz, H.S. (1994): Der Malcolm Baldrige National Quality Award und die Zertifizierung gemäß den Normen ISO 9000 bis 9004: Die wichtigsten Unterschiede, in: Stauss (Hrsg.) (1994), S. 333-264

Reinecker, H. (1995): Einzelfallanalyse, in: Roth, E. (Hrsg.) (unter Mitarbeit von K. Heidenreich): Sozialwissenschaftliche Methoden, 4. Aufl., München 1995, S. 267-281

Reiß, M. (1992): Integriertes Projekt-, Produkt- und Prozeßmanagement, in: zfo, 1/92, S. 25-31

Reiß, M. (1993): In Prozessen denken, in: Gablers Magazin, 6-7/93, S. 49-54

Reißinger, L. (1982): Quality Circles, in: BVW, 1/82, S. 9-14

Rempel, K. (1973): Zum Geleit von: Schaafsma/Willemze (1973), S. V-VI

Reschke, H. (1989): Formen der Aufbauorganisation in Projekten, in: Reschke, H./Schelle, H./Schnopp, R. (Hrsg.): Handbuch Projektmanagement, Bd. 2, Köln 1989, S. 863-883

Richter, H.-J./Neuhäuser, U. (1993): QM-System-Zertifizierung in Deutschland, in: QZ, 3/93, S. 136

Ringbeck, J. (1986): Qualitäts- und Werbestrategien bei Qualitätsunsicherheit der Konsumenten, Beiträge zur betriebswirtschaftlichen Forschung (hrsg. von H. Albach u.a.), Wiesbaden

Rinne, H./Mittag, H.-J. (1995): Statistische Methoden der Qualitätssicherung, 3. Aufl., München

Rittenburg, T.L./Murdock, G.W. (1994): Highly sensitive issue still sparks controversy within the industry, in: Marketing Research, 2/94, S. 5-10

Ritter, A. (1992): Qualitätszirkel als Instrumentarium partizipativer Arbeitsgestaltung, in: Bungard (Hrsg.) (1992), S. 37-50

Ritter, A./Zink, K.J. (1992): Differenzierte Kleingruppenkonzepte als wesentlicher Bestandteil eines umfassenden, integrierenden Qualitätsmanagements (im Sinne von TQM), in: Zink (Hrsg.) (1992), S. 245-273

Rosa, J. De La (1985): Process vs. specification, Process capability studies produce numbers that can show whether or not the process meets specifications, in: Quality, 4/85, S. 57-58

Ross, P.J. (1988a): The Role of Taguchi Methods and Design of Experiments in QFD, in: QP, 6/88, S. 41-47

Ross, P.J. (1988b): Taguchi Techniques for Quality Engineering, New York

Ross, L.R./Campbell, J.H. (1969): A Quality Control Systems Approach, in: QP, 2/69, S. 11-14

Roy, R. (1990): A Primer on the Taguchi Method, New York

Rudnitzki, J. (1990): Nur das Ziel zählt, in: AP, 5/90, S. 108-114

Runge, J.H. (1994): Quality Management - in die Praxis umgesetzt, in: IBM Nachrichten 1994, Heft 316, S. 71-75

Runow, H. (1982): Zur Theorie und Messung der Verbraucherzufriedenheit, Frankfurt/Main

Ryan, J. (1989a): Is U.S. Quality Competitiveness back?, in: QP, 12/89, S. 37-39

Ryan, J. (1989b): Statistical Methods for Quality Improvement, New York

S

Saatweber, J. (1994): Quality Function Deployment (QFD), in: Masing (Hrsg.) (1994), S. 445-468

Sager, O. (1993): Profitcenter und Lean Management - Ergänzung oder Widerspruch?, in: Management Zeitschrift io, 12/93, S. 77-82

Sandholm, L. (1983): Japanese Quality Circles - A Remedy for the West's Quality Problems?, in: QP, 2/83, S. 20-23

Saniga, E.M./Shirland, L.E. (1977): Quality Control in Practice ... A Survey, in: QP, 5/77, S. 30-33

Sarazen, J.S. (1990): The Tools of Quality, Part II: Cause-and-Effect Diagrams, in: QP, 7/90, S. 59-62

Sasaki, N./Hutchins, D. (Hrsg.) (1984): The Japanese Approach to Product Quality. Its Applicability to the West, Oxford

Sauter, U. (1959): Die moderne statistische Qualitätskontrolle unter besonderer Berücksichtigung ihrer Bedeutung für die Wirtschaftlichkeit der Unternehmung, Mannheim

Schaafsma, A.H./Willemze, F.G. (1973): Moderne Qualitätskontrolle. Statistische und organisatorische Grundlagen der Qualitätsgestaltung, 7. Aufl., Hamburg

Schanz, G. (1992): Partizipation, in: Frese (Hrsg.) (1992), Sp. 1901-1914

Scharrer, E. (1991): Qualität - ein betriebswirtschaftlicher Faktor?, in: ZfB, 7/91, S. 695-720

Scheuch, E.K. (1973): Das Interview in der Sozialforschung, in: König, R. (Hrsg.): Handbuch der empirischen Sozialforschung, Bd. 2, erster Teil, 3. Aufl., Stuttgart 1973, S. 66-190

Schildknecht, R. (1992): Total Quality Management. Konzeption und State of the Art, Frankfurt

Schilling, E.G. (1984): An Overview of Acceptance Control, in: QP, 4/84, S. 22-25

Schilling, E.G./Sommers, D.J. (1988): Acceptance Sampling, in: Juran/Gryna (Hrsg.) (1988), S. 25.1-25.103

Schlötel, E. (1988): Quality in the Federal Republic of Germany, in: Juran/Gryna (Hrsg.) (1988), S. 35D.1-35D.8

Schmidt, E. (1985): Führen und Rationalisieren durch Qualitätszirkel, 2. Aufl., Berlin

Schmidtchen, G. (1984): Neue Technik - Neue Arbeitsmoral. Eine sozialpsychologische Untersuchung über Motivation in der Metallindustrie, Köln

Schmitz, W. (1994): ISO 9000: Vorteile für Zulieferer?, in: AP, 6/94, S. 30-34

Schneidewind, D. (1991): Zur Struktur, Organisation und globalen Politik japanischer Keiretsu, in: ZfbF, 3/91, S. 255-274

Schneidewind, D. (1993): Vergleich japanischer Keiretsu mit Flexibilität in Management-Prozessen und westlicher Konzerne mit kompakten Management-Strukturen, in: ZfbF, 10/93, S. 890-901

Scholz, C. (1995): Personalmanagement, 4. Aufl., München

Schubert, M. (1994): Qualitätszirkel, in: Masing (Hrsg.) (1994), S. 1075-1100

Schütze, R. (1992): Kundenzufriedenheit: After-Sales-Marketing auf industriellen Märkten, Wiesbaden

Schuler, W. (1991): FMEA-Rahmenschema unantastbar? in: QZ, 9/91, S. 531-534

Schultz, F./Selzner, J./Wachsmuth, R. (1992): Organisationspsychologie und Interessenvertretung: Weiterentwicklung des QZ-Konzeptes, in: Bungard (Hrsg.) 1992, S. 89-106

Schwab, B. (1991): Aktuelle Rechtsprobleme im BVW, in: BVW, 4/91, S. 145-150

Schwab, B. (1992): Rechtliche Überlegungen zum BVW-Teilnehmerkreis, in: BVW, 3/92, S. 102-104

Schwab, B. (1993): Die Schwierigkeiten einer Definition des VV, in: BVW, 4/93, S. 184-188

Schwarting, U. (1993): Institutionalisierung des Marketingkonzeptes durch Produkt-Management, Frankfurt/Main

Schweitzer, M. (1992): Profit-Center, in: Frese (Hrsg.) (1992), Sp. 2078-2089

Schweitzer, W./Baumgartner, C. (1992): Off-Line-Qualitätskontrolle und Statistische Versuchsplanung. Die Taguchi-Methode, in: ZfB, 1/92, S. 75-100

Seghezzi, H.D. (1994): Qualitätsplanung, in: Masing (Hrsg.) (1994), S. 373-400

Seidel, E. (1992): Gremienorganisation, in: Frese (Hrsg.) (1992), Sp. 714-724

Seidel, E./Redel, W. (1987): Führungsorganisation, München

Sell, A. (1994): Internationale Unternehmenskooperationen, München

Selzle, H. (1994): Unter Ausschluß der Wirklichkeit (Kommentar), in: AP, 6/94, S. 3

Shainin, P.D. (1990): The Tools of Quality, Part III: Control Chart, in: QP, 8/90, S. 79-82

Shainin, D./Shainin, P.D. (1988a): Statistical Process Control, in: Juran/Gryna (Hrsg.) (1988), S. 24.1-24.40

Shainin, D./Shainin, P.D. (1988b): Better than Taguchi Orthogonal Tables, in: Quality and Reliability Engineering International, 1988, S. 143-149

Shingo, S. (1986): Zero Quality Control: Source Inspection and the Poka-yoke System, Cambridge, Mass.

Shingo, S. (1992): Das Erfolgsgeheimnis der Toyota-Produktion, Cambridge, Mass.

Shoemaker, A.C./Kackar, R.N. (1988): A Methodology for Planning Experiments in Robust Product and Process Design, in: Quality and Reliability Engineering International, 4/88, S. 95-103

Siegwart, H./Overlack, J. (1986): Langfristiger Erfolg durch Qualitätsstrategien, in: Harvardmanager, 3/86, S. 64-69

Simmons, D.A. (1970): practical quality control, Reading, Mass.

Simon, C. (1992): Simultan und qualitätsgesteuert planen, in: QZ, 11/92, S. 672-675

Sondermann, J.P./Leist, R. (1989): Methodenbausteine für eine qualitätsorientierte Prozeßplanung, in: QZ, 12/89, S. 656-662

Sower, V.E./Motwani, J./Savoie, M.J. (1993): Are Acceptance Sampling and SPC complementary or incompatible?, in: QP, 9/93, S. 85-89

Specht, G. (1995): Institutionalisierung eines Technologiemanagements, in: Zahn, E. (Hrsg.): Handbuch Technologiemanagement, Stuttgart 1995, S. 491-519

Specht, G./Schmelzer, H.J. (1991): Qualitätsmanagement in der Produktentwicklung, Stuttgart

Specht, G./Schmelzer, H.J. (1992): Instrumente des Qualitätsmanagements in der Produktentwicklung, in: ZfbF, 6/92, S. 531-547

Specht, G./Silberer, G./Engelhardt, H.W. (Hrsg.) (1989): Marketing-Schnittstellen, Stuttgart

Spekman, R.E. (1988): Strategic Supplier Selection: Understanding Long-Term Buyer Relationships, in: Business Horizons, 7-8/88, S. 75-81

Spiller, K. (1982): Unternehmerische Qualitätspolitik zur Erhaltung der internationalen Wettbewerbsfähigkeit, in: Biethahn/Staudt (Hrsg.) (1982), S. 41-53

Spöhring, W. (1989): Qualitative Sozialforschung, Stuttgart

Staal, R. (1987): Qualitätszirkel - Handbuch für Praktiker, Stuttgart

Staal, R. (1990): Qualitätsorientierte Unternehmensführung. Strategie und operative Umsetzung, Düsseldorf

Staehle, W. (1994): Management, 7. Aufl. (überarbeitet von P. Conrad und J. Sydow), München

Staudinger, R. (1988): Quality Circles als Teilelement flexibler Organisationsformen, in: Personal · Mensch und Arbeit, 8/88, S. 309-312

Staudt, E. (1982): Die Produktion von Lebensqualität - Beiträge der Wirtschaft zur Füllung einer Leerformel -, in: Biethahn/Staudt (Hrsg.) (1982), S. 11-19

Staudt, E./Hinterwäller, H. (1982a): Forschungsprogramm für eine integrale unternehmerische Qualitätspolitik, in: Biethahn/Staudt (Hrsg.) (1982), S. 133-149

Staudt, E./Hinterwäller, H. (1982b): Von der Qualitätssicherung zur Qualitätspolitik - Konzeption einer integralen unternehmerischen Qualitätspolitik, in: ZfB, 11-12/82, S. 1000-1042

Stauss, B. (1987): Beschwerdemanagement in öffentlichen Unternehmen, in: ZögU, 3/87, S. 306-318

Stauss, B. (1991): Service-Qualität als strategischer Erfolgsfaktor, in: Stauss, B. (Hrsg.): Erfolg durch Service-Qualität, München 1991, S. 7-35

Stauss, B. (1994): Total Quality Management und Marketing, in: Marketing ZFP, 3/94, S. 149-159

Stauss, B. (Hrsg.) (1994): Qualitätsmanagement und Zertifizierung, Wiesbaden

Stauss, B./Hentschel, B. (1990): Verfahren der Problementdeckung und -analyse im Qualitätsmanagement von Dienstleistungsunternehmen, in: JAVF, 3/90, S. 32-259

Stauss, B./Scheuing, E.E. (1994): Der Malcolm Baldrige National Quality Award und seine Bedeutung als Managementkonzept, in: Stauss (Hrsg.) (1994), S. 303-332

Steigerwald, H.J. (1989): Quality Circles, 2. Aufl., Köln

Steinbach, W. (1994): Qualitätsbezogene Kosten, in: Masing (Hrsg.) (1994), S. 65-88

Steinborn, S./Hartelt, M. (1994): Taguchi-Methoden - das japanische Geheimnis?, in: QZ, 1/94, S. 29-33

Steinle, C. (1992): Delegation, in: Frese (Hrsg.) (1992), Sp. 500-513

Stippel, P. (1991): Restlos bedient, in: asw, 11/91, S. 76f.

Stockinger, K. (1989): FMEA, ein Erfahrungsbericht, in: QZ, 3/89, S. 155-158

Stowell, D.M. (1989): Quality in the Marketing Process, in: QP, 10/89, S. 57-62

Striening, H.-D. (1988): Prozeß-Management, Frankfurt/Main

Striening, H.-D. (1992): Qualität im indirekten Bereich durch Prozeß-Management, in: Zink (Hrsg.) (1992), S. 153-183

Sullivan, L.P. (1984): Reducing Variability: A New Approach to Quality, in: QP, 7/84, S. 15-21

Sullivan, L.P. (1986a): Japanese quality thinking at Ford, in: Quality, 4/86, S. 32-34

Sullivan, L.P. (1986b): Quality Function Deployment, in: QP, 6/86, S. 39-50

Sullivan, L.P. (1988): Policy Management Through Quality Function Deployment, in: QP, 6/88, S. 18-20

Sullivan, L.P. (1992): Inside the Baldrige Award Guidelines, Category 1: Leadership, in: QP, 6/92, S. 25-28

Suzaki, K. (1989): Modernes Management im Produktionsbetrieb: Strategien, Techniken, Fallbeispiele, München

Swann, R.C.G. (1991): Lieferanten-Audit als Element der vorbeugenden Qualitätssicherung, in: QZ, 11/91, S. 631-634

Swanson, R. (1993): Quality Benchmark Deployment, in: QP, 12/93, S. 81-84

Sydow, J. (1991): Strategische Netzwerke in Japan, in: ZfbF, 3/91, S. 238-254

T

Taguchi, G. (1989): Einführung in Quality Engineering, New York

Taguchi, G. (1991a): System of Experimental Design, Volume One, Dearborn, Michigan

Taguchi, G. (1991b): System of Experimental Design, Volume Two, Dearborn, Michigan

Taguchi, G./Clausing, D. (1990): Radikale Ideen zur Qualitätssicherung, in: Harvardmanager, 4/90, S. 35-48

Taguchi, G./Phadke, M.S. (1988): Quality Engineering Through Design Optimazation, in: Dehnad (Hrsg.) (1988), S. 77-96

Taguchi, G./Wu, Y.-I. (1979): Introduction to off-line quality control, Meieki Nakamura-Ku Magaya

Talwar, R. (1993): Business Re-engineering - a strategy-driven approach, in: Long Range Planning, 6/93, S. 22-40

Takamura, H. (1992): Prozeßtabellen zur Qualitätskontrolle: QFD in der Phase der Vorproduktion, in: Akao (Hrsg.) (1992), S. 113-142

Takeuchi, H./Quelch, J.A. (1983): Quality is more than making a good product, in: HBR, 7-8/83, S. 139-145

Tannock, J.D.T. (1992): Automating Quality Systems, London

Thom, N. (1990): Unsere wertvollste Ressource: Menschen mit Ideen, in: BVW, 3/90, S. 124-129

Thom, N. (1993): Betriebliches Vorschlagswesen - Ein Instrument der Betriebsführung, 4. Aufl., Bern

Thom, N./Volanthen, J.-M. (1994): Neue Chancen für das Vorschlagswesen, in: ZfV, 2/94, S. 58-64

Thoman, A. (1982): Produktsicherung, in: Management-Zeitschrift io, 5/82, S. 203-208

Thomas, J. (1994): Qualitätsförderung aus rechtlicher Sicht, in: Masing (Hrsg.) (1994), S. 733-744

Tietz, B. (1992): Produktmanagement(s), Organisation des, in: Frese (Hrsg.) (1992), Sp. 2067-2077

Timischl, W. (1995): Qualitätssicherung, München

Tlach, H. (1993): FMEA, ein strategisches Element des Qualitätsmanagement-Systems, in: QZ, 5/93, S. 278-280

Töpfer, A./Mehdorn, H. (1992): Total Quality Management III / Unzufriedene Kunden wirken als negative Multiplikatoren. Wird der Standard nicht erreicht, sind kostspielige Nachbesserungen erforderlich, in: Handelsblatt vom 3.2.1992, S. 12

Töpfer, A./Mehdorn, H. (1993): Total Quality Management. Anforderungen und Umsetzung im Unternehmen, 2. Aufl., Neuwied

Tvedt, A.M. (1994): Total Quality Management, Hallstadt

U

Uhlig, A. (1995): Prüfplanung für Selbstprüfung muß wirtschaftlich sein, in: QZ, 1/95, S. 104-107

V

Vaziri, H.K. (1992): Using Competitive Benchmarking to Set Goals, in: QP, 10/92, S. 81-85

VDA (Hrsg.) (1991): Qualitätssicherungs-Systemaudit, Qualitätskontrolle in der Automobilindustrie, Bd. 6, Frankfurt/Main

VDI (Hrsg.) (1991): Integration der Qualitätssicherung in CIM, VDI-Bericht Nr. 929, Düsseldorf

W

Wadsworth, H.M./Stephens, K.S./Godfrey, A.B. (1986): Modern Methods For Quality Control And Improvement, New York

Wallechner, H. (1992): Sechs-Sigma - Motorolas Antwort auf TQM, in: Zsifkovits (Hrsg.) (1992), S. 132-146

Walter, T. (1993): Toyota optimiert immer noch, in: AP, 5/93, S. 44-48

Walther, J. (1993): Rechnergestützte Qualitätssicherung und CIM, Heidelberg

Watson, G.H. (1993): Benchmarking, Landsberg/Lech

Webb, E.J./Campbell, D.T./Schwartz, R.D., Sechrest, L. (1975): Nichtreaktive Meßverfahren, Weinheim

Weigang, F. (1990): Auf der Suche nach Qualität, in: QZ, 9/90, S. 503-506

Welge, M.K./Al-Laham, A. (1992): Strategisches Management, Organisation, in: Frese (Hrsg.) (1992), Sp. 2355-2374

Weltz, F./Bollinger, H./Ortmann, R.G. (1989): Qualitätsgruppen im Büro, in: QZ, 9/89, S. 492-494

Werkmann, G. (1989): Strategie und Organisationsgestaltung, Frankfurt/Main

Wessel, T. (1993): Kundenreklamationen prozeßorientiert lösen, in: QZ, 12/93, S. 681-685

Westkämper, E. (Hrsg.) (1991): Integrationspfad Qualität, Berlin

Wheelwright, A.C./Clark, K.B. (1994): Revolution in der Produktentwicklung, Frankfurt/Main

White, B.D. (1984): Marketing Quality, in: Quality, 6/84, S. 84-85

Wicke, L./Haasis, H.-D./Schafhausen, F./Schulz, W. (1992): Betriebliche Umweltökonomie, München

Wiedekind, W. (1995): Reengineering und Restrukturierung am Beispiel der Porsche AG, in: Schmalenbach-Gesellschaft - Deutsche Gesellschaft für Betriebswirtschaft e.V. (Hrsg.): Reengineering. Konzepte und Umsetzung innovativer Strategien und Strukturen, Stuttgart 1995, S. 205-217

Wiendieck, G. (1986): Warum Qualitätszirkel? Zum organisationspsychologischen Hintergrund eines neuen Management-Konzeptes, in: Bungard/Wiendieck (Hrsg.) (1986), S. 61-74

Wiendieck, G. (1992): Teamarbeit, in: Frese (Hrsg.) (1992), Sp. 2375-2384

Wildemann, H. (1982): Strategien zur Qualitätssicherung - Japanische Ansätze und ihre Übertragbarkeit auf deutsche Unternehmen, in: ZfB, 11-12/82, S. 1043-1052

Wildemann, H. (1988): Das Just-in-Time-Konzept, 2. Aufl., München

Wildemann, H. (1992a): Qualitätsentwicklung in F&E, Produktion und Logistik, in: ZfB, 1/92, S. 17-41

Wildemann, H. (1992b): Entwicklungsstrategien für Zulieferunternehmen, in: ZfB, 4/92, S. 391-413

Wildemann, H. (1992c): Kosten- und Leistungsbeurteilung von Qualitätssicherungssystemen, in: ZfB, 7/92, S. 761-781

Wildemann, H. (1992d): Gestaltungsaspekte indirekter Funktionen in Fertigungssegmenten: Die Bestimmung des Autonomiegrades, in: DBW, 6/92, S. 777-806

Wilhelm, H. (1992): QS-Systeme zielgerichtet dokumentieren, in: QZ, 8/92, S. 462-465

Williams, K./Halam, C. (1992): Was die MIT-Studie verschweigt, in: AP, 8/92, S. 40-44

Winkellage, J. (1995): "Das Wichtigste ist messen, messen, messen", in: Handelsblatt vom 6.-7.1.1995, S. K2

Winkler, J. (1994): Kundendienst, in: Masing (Hrsg.) (1994), S. 653-680

Winterhalder, L./Dolch, K. (1991): EDV-Unterstützung (CAQ) für Qualitätssicherungssysteme gemäß DIN ISO 9000 bis 9004, in: QZ, 4/91, S. 229-231

Wirz, W. (1915): Zur Logik des Qualitätsbegriffs, in: Jahrbücher für Nationalökonomie und Statistik, 1915, S. 1-11

Wittig, K.-J. (1991): Selbstprüfer im QS-System, in: QZ, 8/91, S. 465-467

Wolak, J. (1989): Quality In Automation, in: Quality, 10/89, S. 18-21

Wolf, G. (1992): Wege zum effektiven Motivations-Management, in: QZ, 3/92, S. 133-137

Womack, J.P./Jones, D.T./Roos, D. (1992): Die zweite Revolution in der Autoindustrie. Konsequenzen aus der weltweiten Studie aus dem Massachusetts Institute of Technology, 4. Aufl., Frankfurt/Main

Wonigeit, J. (1994): Total Quality Management, Wiesbaden

Wübbenhorst, K. (1984): Konzept der Lebenszykluskosten, Darmstadt

Y

Yin, R.K. (1985): Case Study Research. Design and Methods, Beverly Hills

Yoshida, J. (1989): Produktinnovation in Japan - Ein Weg zum ganzheitlichen Produktmarketing, Wien

Z

Zeller, H. (1994): Organisation des Qualitätsmanagements im Unternehmen, in: Masing (Hrsg.) (1994), S. 903-926

Zenk, G. (Hrsg.) (1995): Öko-Audits nach der Verordnung der EU, Wiesbaden

Zimmermann, D.K. (1984): Management Courses: Are They Overlooking Quality?, in: QP, 5/84, S. 26-28

Zink, K.J. (1992a): Qualitätszirkel und Lernstatt, in: Frese (Hrsg.), Sp. 2129-2139

Zink, K.J. (1992b): Total Quality Management, in: Zink (Hrsg.) (1992), S. 9-52

Zink, K.J. (Hrsg.) (1992): Qualität als Managementaufgabe = Total quality management, 2. Aufl., Landsberg/Lech

Zink, K.J./Hauer, R./Schmidt, A. (1992a): Quality Assessment. Instrumentarium zur Analyse von Qualitätskonzepten auf der Basis von EN 29000, Malcolm Baldrige Award und European Quality Award, Teil 1, in: QZ, 10/92, S. 585-590

Zink, K.J./Hauer, R./Schmidt, A. (1992b): Quality Assessment. Instrumentarium zur Analyse von Qualitätskonzepten auf der Basis von EN 29000, Malcolm Baldrige Award und European Quality Award, Teil 2, in: QZ, 11/92, S. 651-658

Zink, K.J./Schick, G. (1981): Zur Übertragbarkeit japanischer Konzepte der Qualitätsförderung, in: FB/IE 5/81, S. 360-364

Zink, K.J./Schildknecht, R. (1990): German Companies react to TQM, in: Dale, B./Williams, A.R.T. (Hrsg.) 1990: Education, Training and Research in Total Quality Management, Proceedings of the 1st European Conference, 25.-26.4.1990 in Brussels, Belgium, Kempston, Bedford, October 1990, S. 259-262

Zink, K.J./Schildknecht, R. (1992a): Total Quality Konzepte - Entwicklungslinien und Überblick, in: Zink (Hrsg.) 1992, S. 73-107

Zink, K.J./Schildknecht, R. (1992b): Total Quality Management: Bausteine einer umfassenden Qualitätsförderung, in: QZ, 12/92, S. 720-724

Zöller, W./Ziegler, A. (1992): Qualität auf dem Prüfstand. Studie zur Erfassung des Stellenwertes und der Umsetzung von Total Quality Management in Deutschland, Studie erarbeitet von der PA Consulting Group, Fachbereich Total Quality Management in Zusammenarbeit mit Karriere/Handelsblatt, Frankfurt/Main

Zorn, J. (1991): Gedanken zum Umfang des Begriffs Qualität, in: QZ, 10/91, S. 583-585

Zsifkovits, H.E. (Hrsg.) (1992): Total Quality Management (TQM) als Strategie im internationalen Wettbewerb, Köln

Anhang: Interviewleitfaden

A. Allgemeine Angaben zum Unternehmen und zum Werk sowie zur befragten Person

1. Machen Sie bitte einige Angaben zur Unternehmens- bzw. Werksgröße (Umsatz, Anzahl der Mitarbeiter).
2. Welche Produkte werden im Unternehmen insgesamt und in diesem Werk insbesondere hergestellt?
3. Welche Funktionen erfüllen Sie im Unternehmen bzw. Werk?
4. Wie wird Ihre Stelle offiziell bezeichnet?

B. Zum Begriff des "Total Quality Managements" und zur Systematik der Bestandteile

1. Welche wichtigen Bestandteile umfaßt der Begriff "Total Quality Management" in Ihrem Unternehmen?
2. Halten Sie eine Unterscheidung zwischen TQM-Strategien, -Instrumenten und -Evaluierung für sinnvoll? (Warum/warum nicht?)
3. Welche Inhalte verbinden Sie mit den drei Komponenten-Gruppen?

C. Zu den einzelnen Komponenten des Total Quality Managements

1. Strategische Komponenten des Total Quality Managements

1.1 Gibt es in Ihrem Unternehmen (schriftlich fixierte) Qualitätsmanagement-Strategien? (Was umfassen diese?)

1.2 Wer ist für das strategische Qualitätsmanagement in Ihrem Unternehmen (Werk) zuständig?

1.3 Welche Anforderungen werden im Zusammenhang mit dem TQM an Zulieferer gestellt?

1.4 Wird die Anwendung bestimmter Qualitätsmanagement-Verfahren verlangt?

1.5 Wer entscheidet über die Verpflichtung von Zulieferern? Wer beurteilt Zulieferer im Hinblick auf die Weiterverpflichtung/Vertragsverlängerung? Nach welchen Kriterien werden Zulieferer beurteilt?

1.6 Ist in diesem Unternehmen das Verfahren des *Quality Function Deployment* bekannt, und wurde es im Rahmen des strategischen Qualitätsmanagements schon einmal angewandt?

(Falls ja: Halten Sie das *Quality Function Deployment* für ein zweckmäßiges Planungs-Instrument? Wie und von wem wird das Team zusammengesetzt? Gibt es eine - einsehbare - Fallstudie?)

2. *Instrumente des Total Quality Managements*

2.1 Welche Instrumente des Total Quality Managements werden in Ihrem Unternehmen/in Ihrem Werk angewandt?

2.2 Welche Vorteile und Probleme sind nach Ihren Erfahrungen mit den verschiedenen Instrumenten verbunden?

2.3 Wer ist für die jeweilige Planung und wer für die Durchführung verantwortlich? Welche Mitarbeiter(gruppen) sind beteiligt?

2.4 Liegen Unterlagen über den Ablauf und die Ergebnisse durchgeführter *FMEA-* und/oder *Taguchi-Projekte* vor?

3. *Total-Quality-Management-Evaluierung*

3.1 Welche Möglichkeiten einer TQM-Evaluierung werden in Ihrem Unternehmen genutzt?

3.2 Welche Vorteile und Probleme sind nach Ihren Erfahrungen mit den verschiedenen Möglichkeiten einer TQM-Evaluierung verbunden?

3.3 Wer entscheidet über den Einsatz der verschiedenen Möglichkeiten, wer ist für die Durchführung zuständig?

C. *Zu den einzelnen Komponenten des Total Quality Managements*

1. Wo ist das Qualitätsmanagement in Ihrer Organisation eingeordnet (sowohl auf Werks- als auch auf Unternehmensebene)?

2. Welche Unternehmenseinheiten sind für die Planung und Realisierung der verschiedenen Komponenten des Total Quality Managements verantwortlich?

3. Entsteht (entstand) durch die Einführung von Total Quality Management die Notwendigkeit organisatorischer Änderungen?

4. Wird - und wenn ja: in welchem Umfang und im Hinblick auf welche Bestandteile - in Ihrem Unternehmen ein dezentralisiertes Total Quality Management angestrebt bzw. verwirklicht?

(Inwieweit sind mit dem Qualitätsmanagement verbundene Aufgaben in Fertigungsbereiche integriert? Werden z.B. Qualitätsregelkarten von den Fertigungsmitarbeitern selbst geführt? In welchen Feldern werden weitere Möglichkeiten einer Aufgabenverlagerung gesehen?)

5. Welche Bedeutung kommt dem *Produktmanagement* in Ihrem Unternehmen - auch im Zusammenhang mit dem Total Quality Management - zu?

6. Welche Bedeutung kommt Konzepten wie dem *Prozeßmanagement* in Ihrem Unternehmen - auch im Zusammenhang mit dem Total Quality Management - zu?

7. Welche Bedeutung kommt Konzepten wie dem *Projektmanagement* in Ihrem Unternehmen - auch im Zusammenhang mit dem Total Quality Management - zu?

SCHRIFTEN ZUM CONTROLLING

Herausgegeben von Prof. Dr. Thomas Reichmann

Band 1 Wilfried Geiß: Betriebswirtschaftliche Kennzahlen: Theoretische Grundlagen einer problemorientierten Kennzahlenanwendung. 1986.

Band 2 Roland Rick-Lenze: Controllingsystem in der Elektroindustrie. Struktur und Aufbau eines DV-gestützten Informationssystems. 1987.

Band 3 Hugo Fiege: Informationssysteme in Gütertransportketten. System-, Kosten- und Leistungsanalyse auf der Grundlage eines unternehmensübergreifenden Informationssystems. 1987.

Band 4 Hermann J. Richter: Theoretische Grundlagen des Controlling. Strukturkriterien für die Entwicklung von Controlling-Konzeptionen. 1987.

Band 5 Detlef Hesse: Vertriebs-Controlling in Versicherungsunternehmen. 1988. 2., unveränderte Auflage 1991.

Band 6 Helmut Ammann: PC-gestützte Systeme der Erfolgslenkung. Anwendungsmöglichkeiten und Ausgestaltung in Klein- und Mittelbetrieben. 1989.

Band 7 Roland Keller: Deckungsbeitragsrechnung in der mittelständischen Bauindustrie. Integrierte Grundrechnungen als Ausgangsbasis für ein effizientes Controlling. 1989.

Band 8 Michael Kohler: Mehrjährig schwebende Geschäfte des Industrieanlagenbaus. Bilanzielle Behandlung in Deutschland, Frankreich, Großbritannien, Japan und den USA unter Berücksichtigung steuerlicher Auswirkungen. 1989.

Band 9 Ulrike Hesse: Technologie-Controlling. Eine Konzeption zur Steuerung technologischer Innovationen. 1990.

Band 10 Rainer Lochthowe: Logistik-Controlling. Entwicklung flexibilitätsorientierter Strukturen und Methoden zur ganzheitlichen Planung, Steuerung und Kontrolle der Unternehmenslogistik. 1990.

Band 11 Monika Palloks: Marketing-Controlling. Konzeption zur entscheidungsbezogenen Informationsversorgung des operativen und strategischen Marketing-Management. 1991.

Band 12 Bernhard Becker: Ausgestaltung einer integrierten Erfolgs- und Finanzlenkung mit Hilfe von Expertensystem-Komponenten. 1993.

Band 13 Herbert Krause: Konzeptionelle Grundlagen eines Logistikinformationssystems. Logistikverfahrens- und -kapazitätsoptimierung, dargestellt am Beispiel Flüssiggas und artverwandte Güter. 1994.

Band 14 Martin Georg Nonnenmacher: Informationsmodellierung unter Nutzung von Referenzmodellen. Die Nutzung von Referenzmodellen zur Implementierung industriebetrieblicher Informationssysteme. 1994.

Band 15 Lutz Krüger: Fixkostenmanagement als Controllingaufgabe. Betriebswirtschaftliche Grundlagen und DV-orientiertes Informationsmodell. 1996.

Band 16 Anette von Ahsen: Total Quality Management. Komponenten und organisatorische Umsetzung einer unternehmensweiten Qualitätskonzeption. 1996.

Die Reihe "Schriften zum Controlling" ist auf das Spannungsfeld zwischen Theorie und Praxis gerichtet. Es sollen Entwicklungen aus den Bereichen Rechnungswesen und Controlling aufgegriffen und kritisch diskutiert werden.

Reimund Hauer

Total Quality Management in der Softwareproduktion
Industrielle Leistungserstellung und Modelle eines Umfassenden Qualitätsmanagements - Merkmalsausprägungen zur Situation in der Softwareproduktion

Frankfurt/M., Berlin, Bern, New York, Paris, Wien, 1996. 637 S., zahlr. Abb. u. Tab.
ISBN 3-631-49782-2 br. DM 148.--*

Die Softwareproduktion ist durch eine hohe Problemkomplexität gekennzeichnet: Fehleranfälligkeit der Programme, Termin- und Budgetüberschreitungen, kurze Innovationszyklen und ein durch Kleinstanbieter gekennzeichneter Markt mit Tendenz zu Standardsoftware. Qualitätsmodelle wie Malcolm Baldrige Award (MBA) oder European Quality Award (EQA) besitzen das Potential zur Problemlösung. Die vorliegende Arbeit diskutiert daher Erfahrungen mit Total Quality Management im industriellen Umfeld und überträgt diese auf Softwarehersteller. Dabei wird eine neue, prozeßorientierte Sichtweise von Unternehmen zugrunde gelegt. Auch werden MBA, EQA und DIN EN ISO 9001 miteinander verglichen. Bootstrap - ein Qualitätsmodell für die Softwareproduktion - wird in diesen Vergleich einbezogen. Die Diskussion der Einzelergebnisse mündet schließlich in Empfehlungen zu Vorgehen und Umsetzung von TQM für Softwarehersteller.
Aus dem Inhalt: Ausgangssituation eines Umfassenden Qualitätsmanagement in Industrie und Dienstleistung · Beschreibung eines prozeßorientierten Unternehmensmodells · Definition von Rahmenprozessen · Darstellung von Merkmalsausprägungen zur Situation in der Softwareproduktion · Beschreibung der Bausteine von Total Quality Management · Darstellung der Vergleiche von Malcolm Baldrige Award, European Quality Award, der DIN EN ISO 9001/9000-3 · Beschreibung von Prognosen zu Vorgehen und Umsetzung von TQM in der Softwareproduktion

Peter Lang — Europäischer Verlag der Wissenschaften
Frankfurt a.M. · Berlin · Bern · New York · Paris · Wien
Auslieferung: Verlag Peter Lang AG, Jupiterstr. 15, CH-3000 Bern 15
Telefon (004131) 9402121, Telefax (004131) 9402131
- Preisänderungen vorbehalten - *inklusive Mehrwertsteuer